职业教育教材·新形态教材　公共素质教育类

新时代劳动教育教程

刘广益　主编

北京交通大学出版社
·北京·

内 容 简 介

本书是职业院校劳动教育特色教材、公共素质教育类教材、劳动能力提升·劳动实践训练教材、微课+电子活页版。本书旨在贯彻落实党的二十大报告提出的“在全社会弘扬劳动精神”“培养德智体美劳全面发展的社会主义建设者和接班人”的时代要求，围绕新时代劳动教育而编写，全书分为六个项目，即认识劳动和劳动教育、劳动精神、劳模精神、工匠精神、劳动保护、劳动能力（含认知管理、情绪管理、压力管理、学习管理、时间管理、目标管理、自我激励、有效沟通、健康管理九大劳动能力），每个项目下设若干任务，共计25个任务。全书每章基本内容中穿插“微课小视频”“话题探讨”“劳动人物”“小贴士”“小故事”“小案例”“小训练”等。每章前后设有学习目标、项目导入、课堂活动、课后练习、劳动实践电子活页等栏目，突出思想性、知识性、时代性、职业性、实践性。

图书在版编目（CIP）数据

新时代劳动教育教程/刘广益主编. —北京：北京交通大学出版社，2023.10
ISBN 978-7-5121-5061-4

Ⅰ.①新…　Ⅱ.①刘…　Ⅲ.①劳动教育-高等职业教育-教材　Ⅳ.①G40-015

中国国家版本馆CIP数据核字（2023）第145505号

新时代劳动教育教程
XINSHIDAI LAODONG JIAOYU JIAOCHENG

责任编辑：郭东青
出版发行：北京交通大学出版社　　电话：010-51686414　　http://www.bjtup.com.cn
地　　址：北京市海淀区高梁斜街44号　　邮编：100044
印 刷 者：北京鑫海金澳胶印有限公司
经　　销：全国新华书店
开　　本：185 mm×260 mm　　印张：19　　字数：486千字
版 印 次：2023年10月第1版　　2023年10月第1次印刷
印　　数：1~1000册　　定价：59.00元

本书如有质量问题，请向北京交通大学出版社质监组反映。对您的意见和批评，我们表示欢迎和感谢。
投诉电话：010-51686043，51686008；传真：010-62225406；E-mail：press@bjtu.edu.cn。

前言
FOREWORD

在2018年全国教育大会上，习近平指出："要努力构建德智体美劳全面培养的教育体系，形成更高水平的人才培养体系。"2020年3月20日，中共中央、国务院印发《关于全面加强新时代大中小学劳动教育的意见》（以下简称《意见》），同年7月7日，教育部印发《大中小学劳动教育指导纲要（试行）》（以下简称《纲要》）。在新时代，劳动教育的重要性上升到新的高度，成为大中小学人才培养的必备环节。

党的二十大报告明确指出，"在全社会弘扬劳动精神"，"培养德智体美劳全面发展的社会主义建设者和接班人"。

职业院校和高等院校承担着为社会培养职业人才和专业人才的重要使命。今天的大学生是明天各行各业的劳动者，大学生对劳动的认知将直接影响未来的工作状态和职业发展，也将影响所在单位和行业的发展。因此，大学生在校期间有必要学习劳动通识，学校也有必要开设劳动通识课程。这门课程，主要面向大学生未来就业和职业生涯发展，旨在讲授全面的劳动知识，培养深厚的劳动情怀，打造优良的劳动品质，全方位提升劳动能力，使大学生树立正确的劳动价值观，展现积极向上的劳动精神面貌，为在校期间全面发展、未来从事相关职业打下坚实的基础。

正是基于以上考虑，我们编写了《新时代劳动教育教程》。按照《意见》和《纲要》对职业院校劳动教育的内容要求，由辽宁省第二批劳动教育示范学校——大连职业技术学院组建编写团队，深入各类企业开展调研，对接企业人才需求，确定该教材的框架体系、编写提纲和编写体例。这本教材是职业院校劳动教育特色教材、劳动能力提升·劳动实践训练教材、微课+电子活页版·公共素质教育类教材。全书突出思想性、知识性、时代性、职业性、实践性，选用鲜活的案例和训练内容，设计了丰富多样的课堂活动和课后练习题，每章中以二维码呈现的"劳动实践电子活页"系统展示了自我服务、家庭劳动、勤工助学、志愿服务、实训实习、职场劳动等劳动实践的丰富内容，增加了全书容量，为读者投身劳动实践、提升劳动能力提供助益。

本书既可作为应用型本科和职业院校"劳动教育"通识课程教材，也可作为生产生活劳动实践的指导用书，还可作为劳动能力训练的参考资料。可教可学，可用可练。既涵盖了《意见》和《纲要》要求的劳动精神、劳模精神、工匠精神、劳动安全及劳动法规等内容，也包含了提升认知管理、情绪管理、压力管理、学习管理、时间管理、目标管理、自我激励、有效沟通、健康管理等劳动能力的内容以及自我服务、家庭劳动、勤工助学、志愿服务、实训实习、职场劳动等大学生劳动实践内容。它必将发挥树德、增智、强体、育美的劳动教育综合育人功能，促进大学生全面协调发展。

在使用本教材进行劳动教育的全过程中，广大教师一定要承担起教育者的神圣职责，深入贯彻党的二十大精神，落实党的二十大报告的各项要求，不断强化课程思政，对学生进行社会主义核心价值观教育，强化学生顾全大局意识、责任担当意识、团队合作意识和诚信守法意识，切实提高学生的道德水准和职业素养，促进学生的全面发展，培养和造就新时代合格的社会主义建设者和接班人。

本书由刘广益担任主编，高琳、韩金、张岩松担任副主编。具体分工如下：项目1、项目4和项目5由刘广益编写；项目2和项目3由高琳编写并制作微课、PPT课件、电子教案等教学资源；项目6由刘广益、高琳、韩金编写；劳动实践电子活页内容由张岩松编写。全书由高琳、韩金统稿。

本书在编写过程中参阅了大量文献，有些材料是参考互联网上发布的或转发的信息，在此向各位作者深表谢忱。

受限于编者的条件、水平和时间，书中不足之处在所难免，敬请读者批评、指正。

反馈信息或索取相关教学资源，可与本书责任编辑联系，邮箱：764070006@qq.com。

编　者

2023年7月

CONTENTS 目 录

项目1

认识劳动和劳动教育

劳动和科学是世界上最伟大的两种力量。

——〔苏〕高尔基

劳动创造世界和创造人类是普遍真理。

——徐特立

生活即教育，社会即学校。

——陶行知

学习目标

目标分类	具体内容
知识	1. 深入理解劳动的概念、本质和价值 2. 理解马克思主义劳动观，树立正确的劳动观 3. 了解劳动教育的基本内涵和历史渊源
能力	1. 能够列举劳动的价值 2. 能够深刻理解劳动教育的内容 3. 能够触类旁通地领会劳动教育的意义
态度	1. 端正对劳动的认识 2. 养成崇尚劳动和尊重劳动的态度 3. 树立热爱劳动的意识，认同开展劳动教育的重要性

项目导入

快递小哥评上杭州高层次人才

快递小哥李庆恒，被评定为“高层次人才”，获得100万元政府补贴的新闻火了。

只有高中学历的他，在普通人眼里，高层次人才跟他就是截然对立的两面。作为“90后”的李庆恒，高中毕业后就独自开始闯荡社会，在不起眼的快递行业已工作5年。从客服岗到一线快递员工，李庆恒的能力也在不断提升，真可谓厚积薄发。在被领导看到娴熟的业务能力后，李庆恒被指派参加了快递员有奖比赛，这也是他第一次参赛，却捧回了一个奖杯。此后，每年的比赛他都会参加，即使在最难的环节，李庆恒也能带领团队突破难关，结果就是奖励证书铺满了整个桌子。

而在浙江省第三届快递职业技能竞赛中，李庆恒更是带领团队拿下了金牌大奖，由于此次比赛的含金量较高，李庆恒最终获评杭州市高层次人才。

随着快递业的迅猛发展，需要的快递员越来越多，对技能的要求也越来越高。俗话说："三百六十行，行行出状元"，李庆恒的热情和努力为他带来了许多荣誉，而这些荣誉是支撑他继续前行的力量。新时代大学生，应该树立正确的劳动观，干一行，爱一行，在喜欢的领域努力钻研，终有出彩的一天！

马克思认为，"整个所谓世界历史不外是人通过人的劳动而诞生的过程"。劳动是理解人类社会历史和人自身的钥匙，对一切社会问题都应该从劳动实践出发去理解。新时代的大学生必须清楚什么是劳动，才能更好地理解其他社会问题。同时，高等学校肩负着为国家培养社会主义事业建设者和接班人的重任；担负着"为人民服务、为中国共产党治国理政服务、为巩固和发展中国特色社会主义制度服务、为改革开放和社会主义现代化建设服务"的神圣使命。新时代加强大学生的劳动教育，是构建德智体美劳全面培养的教育体系、形成更高水平的人才培养体系的必然要求。所以，劳动是什么？什么是劳动教育？这是必须厘清的基本概念。

【话题探讨】

在生活中，常见的、经常能参与的劳动有哪些？这些劳动对我们的学习和生活有何意义和作用？

任务 1.1　认识劳动

马克思认为，物质生产是"一切历史的基本条件"，劳动是人类特有的属性，劳动是人类生存和发展的基础。因此，劳动是一切财富的源泉，是促进社会发展的动力。

微课
认识劳动

1.1.1　劳动的内涵

对于"劳动"这一概念，人类的认识其实已经相当长了，在很早以前，古人便揣摩到了"劳动"的真谛，如"日出而作，日落而息"便是对劳动的一种解释，其有从事某种劳动之意。"春种一粒粟，秋收万颗子"就是"农作"的直观解释。"劳动"是隐藏于民间口口相传的农作行为，也是现代国家法律涉及的有明确界定的"劳动"行为。

1. "劳动"一词探源

劳动开启了人类历史，人们对劳动的关注从未停止。

1）中文的“劳动”

从中文来看，“劳”与“动”的含义相对独立。“劳”作为会意字。金文字形下从“廾”（双手），上从“爵”（酒器），中间断线像酒流出的形状，意为双手举爵以酒对辛劳有功者进行慰问、犒劳之意；篆文承接古文另加义符“力”，成了从力，从熒省，字形上面是“焱”，表灯火，通明的意义，表明劳作时间长；其中间是“冖”，表示房屋，下面是“力”，表示用力，在古代特指“干力气活的人”。隶书变楷书后写作“勞”，如今简化为“劳”。由此可见，古人在造“劳”字的时候，指出劳动者夜以继日的辛劳之义贯穿其中。动，会意兼形声字。金文从“土”，用一个背重物的人站在地上会背得起来之意。

2）西语中的“劳动”

从西方词源发展来讲，英语“labor”与中文“劳动”意思基本一致。“labor”源于拉丁语“labor”，在拉丁语中是“艰辛”的意思，在古英语里有“痛苦”“悲伤”的意思。从16世纪开始，其意涵被延伸扩大，用来指“分娩的阵痛”。从17世纪起，除了“分娩的阵痛”这个特定的含义，大家逐渐不会将labor与pain（痛苦）联系在一起，虽然其普遍的与延伸的含义——“费力”仍然常被使用。labor的现代词义主要有：①劳动，（尤指）体力劳动；②劳动者，劳工、工人、劳动力；③分娩，分娩期、分娩、生产；④政治，英国工党；⑤奋斗，努力做（困难的事）；⑥努力工作，干苦力活；⑦努力地进行，困难吃力地进行。

尽管汉语中的“劳动”和西语中的“labor”分属两种不同的语系，不存在词源上的某种联系，但是从“体力劳动”的意义上讲，中西方存在一定的关联。后来，“劳动”一词的运用范围不断扩大，描述对象越来越多，但是其中蕴含的基本意义并未出现质的飞跃。直到马克思发现辩证唯物主义和历史唯物主义，“劳动”的概念才得以正名。

劳动之所以高尚，就在于这一行为本身创造了人类财富，推动了社会发展。马克思在考察人类历史发展的过程中，揭示资本主义发展的内在矛盾、挖掘“剩余价值”的由来、直面以工人阶级为代表的劳苦大众的地位与生活境地以及其创造的极大的物质和精神财富的历史事实，揭开人类社会发展推动力的“秘密”，指出以劳动者为主体的人民群众的社会主体性地位。至此，劳动者的历史地位和历史作用得到全面提高，对劳动的内涵以及树立什么样的劳动观也有了更深层次的探讨。

2. 劳动的定义

小贴士
古诗歌的劳动美

《中国大百科全书》将劳动定义为：人类特有的基本的社会实践活动。人通过有目的的活动改造自然对象，并在这一活动中改造人自身的过程。劳动体现了人与自然，人与人两方面关系的统一。

《教育大辞典》将劳动定义为：劳动力的使用和消费。人以自身活动来引起、调整和控制人和自然之间的物质变换过程。制造和使用生产工具，并在一定的社会关系中进行劳动，是人和动物的本质区别。

《辞海》写道：人们改变劳动对象使之适合自己需要的有目的的活动。即劳动力的支出或使用。是人类社会存在和发展的最基本条件。

《现代高级英汉双解词典》中对劳动的解释为“劳动是心或身之劳作”。劳动是指人们使用一定的劳动工具作用于一定的劳动对象，创造某种使用价值或效用以满足人类自身需要的有目的的活动。

《50000词现代汉语词典》将劳动解释为：人类创造物质或精神财富的活动。

《现代汉语词典》把劳动定义为：人类创造物质或精神财富的活动。

在马克思主义经典著作中，关于劳动的论述有很多。马克思认为，劳动是物质生产活动，是“人和自然之间的物质变换的过程”，是一种自由的、自觉的活动，是现实的人改造客观世界的活动。马克思从现实和理想两个层面揭示了劳动的内涵。从现实的操作层面看，劳动是实现人和自然之间物质变换的物质性活动。劳动作为使用价值的创造者，作为有用劳动，是不以一切社会形式为转移的人类生存条件，是人和自然之间的物质变换即人类生活得以实现的、永恒的自然必然性。从理想层面看，马克思提出劳动是一种“自由的自觉的活动”，是以异化劳动为对立面并以克服异化劳动为目标的。在资本主义社会，劳动的异化使生产劳动不再是自由自觉的活动，劳动者“在自己的劳动中不是肯定自己，而是否定自己，不是感到幸福，而是感到不幸，不是自由地发挥自己的体力和智力，而是使自己的肉体受折磨、精神遭摧残”。

有学者对劳动的概念进行了阐释。李申俊认为：“劳动就是人们耗费一定的劳动力进行的创造物质财富和精神财富的活动，是人类生存和发展的最基本的条件。”① 李申俊对劳动的定义把人类的劳动同动物的本能活动区别开来，同时又把劳动同人类有意识、有目的的非劳动活动区别开来。比如，看电影、打游戏、游泳、滑雪、旅游，这些虽然也是人类有意识的、有目的的实践活动，但并没有进行物质财富和精神财富的创造，而是一种休闲娱乐。陈俊宏以劳动的物质规定性和社会规定性为依据，将劳动表述为：“劳动是人们在一定的社会关系下，制造和使用工具来改造自然物，使其适合自己需要的有目的的活动。”② 吴远则认为：“劳动就是按照预定的目的、运用某种生产工具及劳动资料、在特定的社会历史条件下，以改变自然物的方式来满足某种需要的生产活动。”李太森则认为：“劳动是人类通过改变外在于劳动主体的客观条件以满足人类生存、发展、享受等多层次消费需要的有目的的体力和脑力活动。”③

综上所述，我们可以把劳动定义为：劳动是指在一定的社会关系中，人类实现人和自然之间的物质变换，以满足人类需要的有目的的创造物质财富和精神财富的社会实践活动。

劳动具有广义和狭义之分。狭义的劳动仅指体力劳动。广义的劳动包含体力劳动和脑力劳动。我们这里探讨的劳动主要指广义的劳动。传统的劳动观念更多指向狭义的劳动。比如，当学生只知道学习，不帮家长做力所能及的家务活，不愿意参加劳动实践，我们通常会认为他不爱劳动，甚至称其为“书呆子”。其实学生学习也是一种劳动，是另外形式的劳动，一种脑力劳动，是一种广义的劳动。之所以有这种观念，和人类的历史发展有着密切的关系。孟子对劳动者进行了划分，分为劳心者与劳力者。提出“劳心者治人，劳力者治于人”，这虽然是对脑力劳动和体力劳动的区分，但古代的劳心者并不是我们今天所指的脑力劳动者，不是进行科学研究和科技发明的人，而主要是指统治者。

① 李申俊．劳动的定义应该是什么？[J]．国内哲学动态，1981（10）：27-29.

② 陈俊宏．论马克思主义劳动概念的形成及其在创立唯物史观过程中的作用［J］．哲学研究，1984（5）：9-16，23.

③ 李太森．刍论劳动范畴［J］．江汉论坛，2003（1）：41-45.

小贴士

与劳动相关的概念

(1) 劳动力。“劳动”一词也容易与“劳动力”混同。《辞海》对劳动力的定义为“人的劳动能力，即人所具有的能运用于劳动过程的体力和脑力的总和。有时也指具有劳动能力的人”。从这个定义来看，劳动力有两层意思：一方面，是指具有劳动能力的人口，比如在统计劳动力人数时，通常会考虑劳动年龄和劳动能力，这两方面同时达标才称得上是劳动力；另一方面，劳动力是社会生产力中的能动要素，指劳动过程的体力和脑力的总和。在马克思主义学说中，劳动和劳动力是两个不同的概念，劳动要么是具体的行动，要么是抽象的行为，劳动力更多与剩余价值有关，是“肉体力和精神力的总体，存在于人的身体中，存在于活的人格中，其发动，通常会生产某种使用价值”。马克思主义学说认为，雇佣劳动的特点是劳动者出卖他们自己的劳动力，这样劳动力就成为一种商品，具有价值。

(2) 劳动者。跟“劳动”和“劳动力”相关的概念还有劳动者。劳动者是在一定的社会分工体系下，具有一定的劳动能力，处于一定的劳动岗位，遵循一定的劳动规范，有目的、相对持续地从事或向他人提供有价值物品或服务的社会人。

(3) 工作。人们常将“劳动”与“工作”两个概念混淆，其实二者存在一定的区别。工作是劳动的一个层面，工作更多的是指人类通过劳动分工而进行的有组织的以获得劳动报酬为目的的生产活动。因此，工作更强调以获得报酬为目的，比如我们在家打扫卫生是一种劳动，但不是一种工作，保洁员在写字楼打扫卫生既是一种劳动，也是一种工作。

3. 劳动的特征

无论是人与自然之间的物质交换还是劳动力的支出，抑或主体对客体的目的性改造，劳动都有着共同的特征。

1) 客观性

劳动是主体凭借物质手段改造客观对象的过程。劳动者、劳动手段和劳动对象都是在一定历史条件下的客观存在，劳动的结果即所造成的“事实”，也是处于人们意识之外的客观存在，人的劳动必须遵循客观世界自身固有的规律，这便昭示了劳动的客观性。

小案例

李冰父子治水的三字经和八字真言

李冰是我国战国时期杰出的水利工程学家，都江堰的设计者和兴建该工程的组织者。两千多年来，都江堰水利工程一直发挥着巨大的排灌作用，确保了当地的农业生产。“深淘滩，低作堰”是李冰父子治水的三字经；“逢正抽心，遇弯截角”是治水的八字真言。“深淘滩”是指掏挖淤积在江底的泥沙要深些，以免内江水量过小，不敷灌溉用；“低作堰”是指飞沙堰堰顶不可修筑太高，以免洪水季节泄洪不畅，危害成都平原。“遇弯截角”是指岁修时遇河流弯段，在凸岸截去沙滩角，在凹岸设挑流护岸工程，改变主流方向，使其顺直一些，减轻主流对凸岸的冲刷。“逢正抽心”是指遇到顺直淤塞的河道，应当深挖清淤河床的中间部位，达到主流集中的目的，使江水“安流顺轨”，避免冲毁河岸，毁坏农田。

李冰父子在治水的劳动实践中正是对治水规律的科学认识和利用，才成功地修建了都江堰，使成都平原成为天府之国。劳动实践必须尊重客观规律，才能事半功倍。这真实反映了劳动的客观性。

2）能动性

劳动是人主观的、感性的活动。通过劳动过程，人不仅使自然物发生形式上的变化，而且在自然物上实现了自己的目的。劳动的自觉目的性和能动性表明人不是消极地适应自然界，而是能动地支配自然界，这是人和动物的本质区别。马克思在论述劳动过程时曾说：“最蹩脚的建筑师从一开始就比最灵巧的蜜蜂高明的地方，是他在用蜂蜡建筑蜂房以前，已经在自己的头脑中把它建成了。”这说明动物虽然也能改变环境，但这只是一种自然本能，不是有意识、有目的的活动；而人能用意识指导自己的行动，从而有计划、有目的、能动地改造世界，也就是说，人的劳动具有主观能动性。

3）社会性

劳动是人们社会化的共同活动，任何劳动都是社会的人在一定社会关系中的活动，一定的社会条件和社会关系是劳动的前提。在《鲁滨孙漂流记》中，鲁滨孙并不能证伪人的劳动的社会性，相反，鲁滨孙头脑中拥有人类社会传承下来的知识，他刚漂到荒岛时，浑身上下都在消耗人类社会生产出的能量，他利用大量来源于人类社会的工具和物资，与原始形态的人类社会（指食人族）接触并斗智斗勇，最后回归了人类社会，这一切更加充分地证明了劳动的社会性。

4）历史性

劳动不是一成不变的，而是历史地变化和发展着的，是人们世代连续的历史活动。在这种连续性的活动中，人们不断增强认识世界和改造世界的能力，从而使劳动的内容和形式不断丰富和发展。在原始社会，人们的劳动活动（主要是采猎）往往局限于氏族、部落等狭小的范围。现在，它已超出了民族国家的范围而建立了全球性的社会联系。人类劳动的发展同人类历史的发展一样，是一个客观的、不断进步的历史过程。从茫茫宇宙到浩瀚海洋，从量子科学到基因工程，劳动对象的范围日益拓展；从古代“丝绸之路”“郑和下西洋”到现在的“一带一路”倡议和实践；从古代中国的“四大发明”到新时代中国的现代化建设都充分证明了这一点。

4. 劳动的发展

劳动是劳动主体自由创造的过程，是使人类社会从野蛮、原始的过去，发展到文明、先进的今天的推动力。没有劳动，就没有人类的生存和发展，就没有人类的今天和明天。恩格斯指出，劳动的作用不仅在于创造财富，而且在某种意义上“创造了人本身”，创造了属于人的世界。在自由自觉的劳动中，人的生命得到了确证，意义和价值得到了彰显。在人类社会漫长的历史演进中，从刀耕火种的原始农业时代到现在的信息化和智能化时代，劳动创造美好生活的事实和规律始终没有改变，变化的只是劳动形式。

1）手工劳动的发展及内涵

（1）手工劳动的发展。劳动不是自古就有的，而是自然长期进化的结果。其中，生物进化的直接结果就是类人猿的产生及其特殊生理结构的发展，在此基础上有了劳动的萌芽，以及动物本能式的劳动形式，即使用天然的石块、木棒来获取食物，这就是最初的“劳动”和“劳动手段”（动物本能式的劳动及天然工具）。

在动物本能式劳动的基础上，类人猿活动范围逐渐扩大，与此相适应的是身体结构的进化，其行为由最初偶然地、不经常地使用天然工具发展到比较频繁地使用天然工具。在使用天然工具的基础上，他们开始偶尔地使用、加工天然工具，然后发展到经常地、大量地使用和加工天然工具，以至于后来利用工具来制造工具，进而完成生产，这就产生了第二种劳动形式——手工劳动。

（2）手工劳动的内涵。手工劳动是指从事以手工技能为主的生产劳动，即用手工操作的劳动。在原始社会，人类就已开始从事简单的手工劳动，如采集野生果实、制造生产工具、耕种田地等。工具的产生和运用又不断促进手工劳动的发展。与工业生产方式相比，手工劳动不仅有低投入、低能耗、低污染，以及小型、分散、灵活、易行、普适等经济技术方面的优势，还有尊重本土文化、博采人文资源、广开就业渠道及丰富劳动形态等社会人文方面的优势。

小贴士

手工劳动是现代学徒制的萌芽

流淌汗水的脊背、长满老茧的双手、叮当作响的捶打声、印着手痕的陶器……手工劳动有一套完整手艺，以匠人为单位展开，以师傅带徒弟的形式进行传承，手工劳动日出而作、日落而息，具有机器无法规划的合理性，在与自然漫长的磨合中生成，它本身蕴含的美，是人类长期向自然习得的。教育部于2014年提出的现代学徒制，与传统的手工劳动有异曲同工之处，它是通过学校与企业深度合作，教师、师傅联合传授，对学生实行以技能培养为主的现代人才培养模式。与普通大专班和以往的订单班、冠名班的人才培养模式不同，现代学徒制更加注重技能的传承，由校企共同主导人才培养，设立规范化的企业课程标准、考核方案等。在某种程度上，它是基于校企深度融合的大规模师傅带徒弟的培养模式。

2）大机器生产的发展与内涵

（1）大机器生产的发展。大机器生产在18世纪最后30多年开始出现，于19世纪在欧洲主要资本主义国家和美国得到扩展。它始于英国，1733年约翰·凯伊在纺织工业中发明了“飞梭”，1764年哈格里夫斯发明了纺纱机，1785年卡特莱特又发明了织布机。从18世纪中叶起，蒸汽机的应用有力地推动了运输业、机器制造业、冶金工业、煤矿工业等产业的迅速发展，西欧各主要资本主义国家先后从工场手工业逐渐过渡到机器大工业。

（2）大机器生产的内涵。以机器生产来代替手工操作，是因为以原始技术和手工劳动为基础的工场手工业不能满足日益扩大的市场对工业品的需求而产生的必然结果。马克思认为机器大生产是榨取相对剩余价值的阶段，这一阶段充分表现了资本主义生产关系与生产力的矛盾、无产阶级与资产阶级的矛盾的进一步发展和激化。

小贴士

大机器生产促进了现代职业教育的产生与发展

大机器生产与手工劳动截然不同，机器本身的结构性质是生产过程的核心，通过机器对生产过程的整合，人类劳动的不确定性得以消除，生产能力得到进一步提高。机器的应用，减少了产品生产时间，大大提高了劳动生产率，增加了社会财富。大机器生产有两大基本特征：一是建立在科学技术基础之上，随着科学技术的进步不断更新自己的技术基础；二是高度的社会化大生产，具体表现为生产资料使用过程、工艺生产过程和产品市场实现过程的社会化程度日益提高。机器大生产的出现，标志着科学技术的进步和人类改造自然的重大进展。

在大机器生产中，生产过程被分为不同的工序，复杂劳动分解为简单劳动，按一定工序和比例组合在一起而形成的总体劳动才能完成产品的生产。劳动者只需要遵循一定的标准，负责其中的一道工序或一个环节。长时间地重复某一固定劳动，会使劳动者的劳动技能逐渐固化在这一特定的岗位上，这就是现代职业人才培养的岗位标准雏形。在这个意义上，大机器生产促进了现代职业教育的产生与发展。

3）人工智能生产的发展与内涵

【话题探讨】

请同学们想一想，人工智能是替代了劳动，还是使劳动升级？人工智能会给你的专业带来什么影响？

（1）人工智能生产的发展。在第一次工业革命后，出现了“自动化”这一概念，其主要强调的是机器自动生产，实现“机器换人”，在过去完全依靠手工操作的岗位此时可以利用机器进行不间断地大规模生产；而“智能化”追求的是机器的柔性生产，本质是“人机协同”，更加看重机器能够自主配合人和环境进行工作。人工智能的概念形成于 20 世纪 50 年代，其发展阶段经历了三次浪潮。第一次浪潮是 20 世纪五六十年代注重逻辑推理的机器翻译时代；第二次浪潮是 20 世纪七八十年代依托知识积累建构模型的专家系统时代；第三次浪潮是 2006 年开始的重视数据、自主学习的认知智能时代。

（2）人工智能生产的内涵。人工智能技术的演进可分为弱人工智能和强人工智能两个阶段。弱人工智能是指人工智能尚未达到人类智能水平，因此不能离开人类的管理而自行活动；强人工智能是指人工智能已达到人类智能水平，可以像人一样独立设定目标和解决问题。当下的人工智能技术，从本质上来说，尚属于弱人工智能阶段。弱人工智能在工作中并不只是简单地执行命令，而是根据收到的命令，通过概率计算，以相对高效快捷的方式完成任务。弱人工智能技术的出现进一步将人类劳动逐出机器机构，它能自主地收集信息，做出简单判断，并在此基础上与其他人工智能或人类进行信息交互。因此，机器机构可以借助弱人工智能技术彻底摆脱人类劳动的束缚，产生更高的生产效率。比如，当主人要求家庭智能机器人“帮我找首好听的歌”，这个弱人工智能程序则首先会根据多数人的选择和以往的记录来概率性地猜测所谓“好听”的标准是什么，并且与人类互动，要求使用者在听到“好听”的歌时加以记录，以进一步提高概率运算的准确性。

小贴士

人工智能对职业教育带来的挑战

人工智能技术重构了人与生产的关系，减少了对低级劳动力的吸纳，提高了对劳动力综合素质的要求。同时，人工智能技术使得机械性、重复性的工作岗位逐渐减少。个性化、柔性化的服务类工作岗位持续增加，造成了当前国内“就业难”与“招工难”并存的现象，给现有的职业教育体系、结构和内容带来巨大挑战。职业教育要实现高质量发展，必须积极变革，快速响应就业市场的变化，创新职业教育人才培养模式，重构职业教育内容体系，将人工智能与职业教育充分结合，有效实现职业教育的现代化。

1.1.2 劳动的本质

由劳动的概念可以看出，劳动是人类社会特有的一种有目的的社会实践活动。这就是劳动的本质。具体可以从以下两个方面来理解。①

1. 从哲学高度看，劳动是主体、客体和意义的内涵集成体

马克思认为：劳动不仅是谋生的手段，更是通向客观世界与主观世界的媒介，也是实现人性至美至善、彻底自由的必由之路。劳动是自然人转化为社会人的基础，人类起源于社会劳动。劳动是人类基本的实践活动和存在方式，是人类生存发展的基本条件。

马克思主义认为，劳动是人之所以为人的内在本质规定性，是人区别于动物的内在本质属性，劳动是人类生活的第一个基本条件，从某种意义上而言，是劳动创造了人。马克思认为：劳动这种生命活动、这种生产生活本身对人来说不过是满足他的需要即维持肉体生存的需要的手段。而生产生活就是类生活，这是产生生命的生活。恩格斯在《劳动在从猿到人转变过程中的作用》一文中详细阐述了劳动在人类从猿进化为人的过程中的作用，会使用和创造劳动工具把人类社会与猿群世界区别开来。人在劳动过程中不但创造客体性存在，而且也建构出人与人之间的社会关系，即人的本质。马克思认为，人的本质不是单个人所固有的抽象物，在其现实性上，它是一切社会关系的总和。个人怎样表现自己的生命，他们自己就是怎样。因此，他们是什么样的，这同他们的生产劳动是一致的，既和他们生产什么一致，又和他们怎样生产一致。因此，一切劳动都是在一定社会关系下进行的，孤立于社会之外的生产劳动是不存在的。

2. 劳动是有目的的活动

人类的生产劳动都是有意识、有目的的活动，其试图创造一个可以满足人类生活需要的物质世界，“当人开始生产自己的生活资料，即迈出由他们的肉体组织所决定的这一步的时候，人本身就开始把自己和动物区别开来。人们生产自己的生活资料，同时间接地生产着物

① 陈国维．大学生劳动教育［M］．北京：高等教育出版社，2020.

质生活本身”。生产生活资料是区分人与动物的关键。“动物仅利用外部自然界，简单地通过自身的存在在自然界中引起变化；而人则通过他所做出的改变来使自然界为自己的目的服务，来支配自然界。这便是人同其他动物最终的本质的区别，而造成这一差别的又是劳动”。劳动是人在理性支配下进行的有目的有意识的实践活动，与动物的天生的本能的生命活动有着本质的区别。

那么，动物界的一些活动是不是劳动？其答案是否定的。小松鼠采集松子并储藏只是一种本能。人类以外的其他动物界既不会制造工具也不会自觉地改造自然，没有改造自然的经验，它们的行为只是一种程序化了的动作反射。比如，蜘蛛织网、蜜蜂酿蜜、鸭子游泳、猫捉老鼠，这些纯属它们各自的本能行为。只有人类社会才存在真正意义上的劳动。因为人的劳动活动具有明确的目的性，劳动是人类社会存在和发展的基础，主要是指生产物质资料的过程，通常是指能够对外输出劳动量或劳动价值的人类运动，劳动是人维持自我生存和自我发展的唯一手段。劳动是人类运动的一种特殊形式。在商品生产体系中，劳动是劳动力的支出和使用。马克思给我们下了这样的定义：“劳动力的使用就是劳动本身。劳动力的买者消费劳动力，就是叫劳动力的卖者劳动。”

小案例

宁肯一人脏， 换来万家净

在共和国的英模录上，铭刻着一位普通淘粪工人的名字——时传祥（见图1-1）。他以“宁肯一人脏，换来万家净”的精神，为首都的干净美丽做出了贡献。刘少奇曾握着他的手说：“你当清洁工是人民的勤务员，我当国家主席也是人民的勤务员。”1966年国庆节前，毛泽东特意把他接进中南海小住。国庆节当天，他被当作贵宾请上了天安门，参加国庆观礼活动。在城楼上，毛泽东握着他的手，亲切地问候了他。

图1-1 时传祥

时传祥，一位普通淘粪工人，因为辛勤劳动、工作兢兢业业，成了一个人人称颂的楷模。用心工作，首先要劳动、要踏实勤奋。劳动没有高低贵贱之分，只有分工的不同，未来无论我们在什么岗位，做什么工作，都应做到踏踏实实、勤奋忘我。一分耕耘，一分收获，美好的人生梦想，只有通过辛勤劳动、诚实劳动和创造性劳动才能实现。

思考题：

（1）结合本案例谈谈你对劳动本质的理解。

（2）你觉得在当今时代，时传祥身上的哪些品格值得我们学习？

1.1.3 劳动的分类

按照不同的分类标准，我们可以把劳动分为以下几种类型：根据劳动主体所耗费的劳动力的形态，劳动可分为体力劳动和脑力劳动；根据劳动对劳动主体的知识、经验和技能的要求，以及劳动主体所实际耗费的劳动力体力、脑力或体力与脑力的综合量的多少，劳动可分为简单劳动和复杂劳动；根据商品生产的劳动二重性，劳动可分为具体劳动和抽象劳动；根据劳动者付出劳动的必要程度可分为必要劳动和剩余劳动；根据劳动主体作用于劳动客体方式的不同，可把劳动分为常规劳动和创新劳动。

1. 体力劳动和脑力劳动

体力劳动是指劳动者以运动系统为主要运动器官的劳动。脑力劳动是劳动者以大脑神经系统为主要运动器官，以其他生理系统的运动为辅的主体运动，如思考、记忆等。

从严格意义上来说，并不存在纯粹的体力劳动和脑力劳动，所有的体力劳动都需要一定的脑力参与，所有的脑力劳动也要消耗体力，将劳动区分为体力劳动和脑力劳动，主要基于在一项具体的劳动中，劳动者主要依靠的是体力还是脑力，即劳动者所使用的主要劳动力形态是体力还是脑力。正如马克思所说：单个人如果不在自己的头脑的支配下使自己的肌肉活动起来，就不能对自然发生作用。正如自然机体中头和手组成一体一样，劳动过程把脑力劳动和体力劳动结合在一起了。

对劳动作这样的区分的必要性在于，自出现脑体分离以来，体力或脑力就呈现出分离状态，体力劳动与脑力劳动就分别由不同阶级或阶层的人承担。需要指出的是，体力劳动与脑力劳动的分离不是从来应有的，也不会永远持续下去。体力是脑力的基础。脑力劳动支配体力劳动，产生劳动价值。人的任何一种活动都是体力劳动和脑力劳动共同的成果，不动脑子种不出好粮食。在未来理想社会中，人类劳动的耗费即体力和脑力也会呈现出有机融合状态，只不过这时的劳动由于脱离了必然性的盲目制约而成为自由而全面发展的劳动。

小贴士

脑力劳动四种形态

（1）创造知识的脑力劳动。其职能是对自然科学和社会科学进行创造性的研究、探讨，劳动成果表现为精神产品。创造知识的脑力劳动是潜在的生产力，一般不直接形成价值，但科学技术日益变为直接生产力。

（2）传授知识的脑力劳动。其职能是从事传授知识和技术的教育工作，劳动成果表现为知识转移，使更多的人掌握更多的文化、科学技术，一般也不直接创造价值，而是通过培养人，提高劳动者的质量，而间接创造价值。

（3）管理知识的脑力劳动。其职能是进行宏观经济和微观经济管理及其他管理、组织生产、调节生产关系与生产力之间的矛盾，调节生产力内部的矛盾，劳动成果表现为国家、社会部门、企业管理水平的提高。这种形态的脑力劳动通过组织管理，将潜在的生产力转化为现实的生产力。

（4）实现知识的脑力劳动。其职能是将人类创造的和学习到的知识技术付诸实践，变为现实的生产力。劳动成果表现为物质产品或劳务的增加，非物质生产的发展。这种类型的脑力劳动属于物质生产领域的部分，直接创造价值，属于非物质生产领域的部分，间接影响价值。

2. 简单劳动和复杂劳动

马克思在《资本论》中谈到，简单劳动“是每个没有任何专长的普通人的机体平均具有的简单劳动力的耗费”。《政治经济学辞典》中的解释是：简单劳动是复杂劳动的对称。此指在一定的社会条件下，不需要经过任何专门训练的，一般劳动者都能胜任的劳动。① 由此可以看出，简单劳动是指不需要经过专门训练和培养、没有专长的一般劳动者都可以从事的劳动。复杂劳动是指需要经过专门的训练和培养，具有一定的文化知识和技能的劳动者才能从事的劳动。在同样的时间里，复杂劳动创造的价值量等于成倍的简单劳动创造的价值量。

简单劳动所产生的产品的剩余价值较低，而复杂劳动所产生的产品的剩余价值相对要高，技能只是劳动力在劳动过程中掌握的熟练程度而已，例如，农民种植的土豆每斤 2 元，而科学家的一些研究发明却价格不菲，形成商品价值的劳动以简单劳动为计量单位，复杂劳动等于多倍的简单劳动，少量复杂劳动的产品等于多量简单劳动的产品。复杂劳动背后有教育等付出，才会在同样时间里，比简单劳动创造更多价值。正因如此，人类才需要教育，需要高级技术，这就是学习的动力之一。“在劳动、资本、知识、技术、管理数据等要素参与的收入分配制度中，所谓按劳分配的‘劳’，不只是指生产一线的直接劳动者的劳动，还有技术、知识、管理、数据的劳动，这些劳动属于复杂劳动，只有复杂劳动的报酬得到体现，连同生产一线的劳动者的报酬加起来能够体现按劳分配为主体。”②

当然，复杂劳动和简单劳动的区分是相对的。在一定条件下的复杂劳动，在另外条件下可能就是简单劳动。劳动由于复杂程度不同，在相同的时间内制造的价值也是不同的。一小时复杂劳动所形成的价值可以是一小时简单劳动形成价值的若干倍，这就要求在分析不同种商品的价值量时，必须把复杂劳动还原为简单劳动。

3. 具体劳动和抽象劳动

具体劳动是指在一定具体形式下进行的劳动，是有形的、看得见的。比如，装修工人粉刷墙壁、木工做家具，就是具体劳动。具体劳动反映的是人与自然之间的关系，是自然属性，是一切社会形态中都存在、永恒的范畴。抽象劳动是指撇开了具体形式的、人类一般的、没有差别的劳动，是人类劳动力（脑力和体力）一般生理学意义上的支出或消耗。抽象劳动反映的是商品生产者之间的经济关系，是劳动的社会属性。抽象劳动形成商品的价值。抽象劳动反映人们之间的社会生产关系，是社会属性，它是商品经济下特有的历史范畴。

也就是说，一切劳动都是人类劳动力在生理学意义上的耗费，因此它们都具有共性，正是基于这种共性，所以存在一种超越各种劳动差异性的抽象劳动，这种抽象劳动形成商品的价值，基于价值形成价格，才能通过商品交换实现各种劳动交换。如果没有统一的抽象劳动，就无法形成商品价值、价格，就无法达成商品交换、劳动交换，没有交换就无法形成分工，没有分工就没有劳动的专业化发展，生产力发展就会停滞。由此可见，生产使用价值的

---

① 许涤新．政治经济学辞典［M］．北京：人民出版社，1980.

② 洪银兴．社会主义基本经济制度的创新和优势［J］．红旗文稿，2020（1）：32-34.

具体劳动是首要的，没有具体劳动就不会有劳动产品——商品的前身；抽象劳动也是重要的分析概念，没有抽象劳动就无法衡量商品价值、确定商品价格、进行商品交换，就没有促进生产所必需的繁荣的市场。

具体劳动和抽象劳动是对立统一的。一方面，二者是统一的，因为商品生产者在进行具体劳动时，同时也支出了抽象劳动，它们在时间上、空间上都是统一的，二者是不可分割的；另一方面，二者又是对立的，因为具体劳动和抽象劳动是生产商品时劳动的两种不同属性，但不是两种不同的劳动。

4. 必要劳动和剩余劳动

马克思主义政治经济学将劳动分为必要劳动和剩余劳动，劳动者为了维持劳动力以及劳动力再生产，需要一定量的社会产品，这部分产品称为必要产品。生产必要产品所耗费的劳动称为必要劳动。从事这种劳动的时间称为必要劳动时间。必要劳动时间的长短一方面取决于必要产品的数量和范围，另一方面取决于劳动生产率的高低。在必要产品的数量和范围既定的条件下，劳动生产率是决定必要劳动时间长短的主要因素。剩余劳动是必要劳动的对称，是指超过维持劳动力和劳动力再生产所需要的劳动，是指超出必要劳动时间以外的劳动，这种劳动生产的是剩余产品，剩余产品中凝聚着剩余价值。必要劳动与剩余劳动、必要劳动时间与剩余劳动时间、必要产品与剩余产品、价值与剩余价值，这些都是马克思主义政治经济学的核心概念，是揭开资产阶级剥削秘密的钥匙。在私有制社会中，剥削者占有剩余价值，并以占有剩余价值为目的组织生产、扩大生产。

5. 常规劳动和创新劳动

劳动者的劳动能力素质各不相同，因此，面对同样的劳动资料，劳动对象。作用方式不尽相同。基于既有的知识、技术、经验进行的劳动，称为常规劳动；基于既有的知识、技术、经验创造出新知识、新技术、新经验，并将其运用于劳动过程、提升效率和效益的劳动，称为创新劳动。

常规劳动是在现有的社会正常的生产条件下生产商品的劳动。它是按照既定生产条件下的常规方式进行的劳动。这种常规劳动未必是简单劳动，有时相当复杂，需要积累大量的经验、技能与诀窍，而且不仅包括体力劳动也包括常规性的脑力劳动。常规劳动的价值创造过程，是通过消耗个体生命以生产为他人服务的商品而建立社会关系的微观过程。

创新劳动则是变革原有生产条件与劳动方式，使之发展为新的社会正常的生产条件的劳动。创新劳动本身虽然也是微观个体的劳动，但其创造劳动价值的过程必须通过改变社会正常生产条件的宏观的社会历史时间来实现，也就是通过将创新性劳动成果向全社会生产结构的渗透扩张来实现。常规劳动与创新劳动的区别并不是复杂劳动与简单劳动之分，也不是脑力劳动与体力劳动之别，而是其劳动产品属于不同的层次。常规劳动通过劳动者在既定的社会生产条件下消耗其个体生命的抽象劳动时间来创造价值，而创新劳动则通过社会历史时间来提升人们创造价值的能力以增加社会价值。①

小贴士
传奇的杰作——都江堰奇功

① 鲁品越．“创新劳动”价值与社会生产历史进程：两层次劳动价值创造论［J］．哲学研究，2009（7）：3-9.

【话题探讨】

生产一支普通的铅笔，看起来很简单，但实际需要多少道工序呢？答案是少则几十道，多则上百道。多么惊人的数字啊！看似简单的劳动环节构成了复杂劳动，正是这些我们完全不熟悉的劳动分工和协作，才让社会更加顺畅地发展下去。你在学习、生活、社会实践中，曾经体验过哪些简单劳动和复杂的创造性劳动呢？你是如何看待两者的关系的？

1.1.4 劳动的价值

从哲学和经济学的角度看，劳动具有两方面的价值：社会价值、个体价值。

1. 劳动的社会价值

1）劳动创造世界

（1）劳动改造了自然人。人类经过长时间的辛勤劳动，克服了寒冷、战胜了天灾、充分利用自然界的力量，如热力、水力等，使它们为人类服务。瓦特发明了蒸汽机，把煤燃烧时产生的热力有效地转变为蒸汽机的动力；人类修建了水力发电厂，利用水位差产生的动能进行发电，供给各方面的需要。随着技术的进步、劳动的发展，人类越来越了解自然界运动、发展的规律，并通过有目的的劳动有意识地改造了自然，在地球上永久地留下了自己劳动的痕迹。

（2）劳动创造了适宜人类生活的世界人。人类劳动有一个根本特点——使用工具和制造工具。人使用工具进行劳动，征服了猛兽、驯养了家畜、改造了植物、种植了农作物、开采矿源并加以冶炼，用工业劳动把原料制作成各种生产工具与生活资料，创造了适宜人类生活的世界。是劳动，建造了今天的万丈高楼；是劳动，筑就了现代化的高速公路；是劳动，让偌大的地球变成了一个小小的村落。

2）劳动创造历史

劳动是历史前进的根本动力。马克思主义理论指出，历史是人类通过主观能动性和客观实践创造的。人类正是通过劳动不断改进自己的实践能力，提高科技水平，推动社会向信息化、智能化的方向发展，从而推动整个历史长河的演变。从哲学的角度看，劳动是主体、客体和意义的内涵集成体。劳动人民创造了物质世界，同时创造了精神世界，而且他们还是社会变革的主体力量。因此，劳动是人类社会生存和发展的基础，是人类维持自我生存和促进自我发展的唯一手段，更是历史前进的根本动力。

3）劳动创造人本身

（1）劳动使人从自然界中分离出来。考古证明，人类历史至少有300万年。考古学和人类学的研究，以及近百年来世界各地所发现的古人类化石和石器时代的遗物，都不断证明劳动在从猿到人进化过程中的重要意义。古猿通过劳动获得丰富的营养，然后前后肢分工、形成手脚，直立行走后获得了开阔的视野，发音器官的发展促进了语言的产生，脑髓的发展促进了思维的形成，最终促进了人脑的发展，这一切都是劳动的结果。正如恩格斯在《劳动在从猿到人转变过程中的作用》一文中指出的：动物仅利用外部自然界，简单地通过自身的存在在自然界中引导起变化；而人则通过他所作出的改变来使自然界为自己的目的服务，以此来支配自然界。这便是人同其他动物的最终的本质的差别，而造成这一差别的又是劳动。可见正是由于劳动，人才从自然界中分离出来，形成了与动物不同的生存方式。

（2）劳动是人类赖以生存、发展的决定力量。在劳动的直接推动下，早期人类大体经历了早期猿人、晚期猿人、早期智人或称古人、晚期智人或称新人4个发展阶段。在从早期猿人到晚期智人的发展过程中，人类的脑容量不断增大，体态特征越来越区别于猿而近似于现代人，劳动工具日益多样化，物质生活逐渐丰富，并开始出现原始精神文明。从晚期智人开始，人类逐渐发展成现代世界的各色人种。物质生产劳动是人类最基本的实践活动，原始人经过了数百万年的劳动实践，才逐渐锻炼出灵巧的双手和发达的头脑，形成了人的各种感觉器官，形成了人所特有的感觉能力和思维能力，并且逐渐形成了表达思想感情的语言系统。从这种意义来讲，劳动创造了人本身，没有劳动就没有人类。

小贴士

劳动最美（节选）

傅玉善

前面是绿油油的庄稼，再前面还是绿油油的庄稼，走在这样的原野，你一定在微笑，走在这样的大地上，你心里能不感到踏实吗？这就是劳动与创造之美，给予你的那份情不自禁的感动。

我以为对爱的抒写，不是一件简单的事情，对大地爱的抒写将更加艰难。当我走在五色融合的大地上，看到无垠大地与人们劳动的和谐画面时，才知道爱的表达如此简单，不需要用心的矫揉造作，才深刻领悟到劳动是对爱、对美的最直白朴实的表达。

我愿意从感情上，对生命以劳作的方式加以诠释，把生存与铧犁紧密联系在一起，把生命与镰刀紧密联系在一起。我害怕，生存被刺刀绑架，生命被枪杆牵引。坚信朴实的泥土，才能滋生美好的事物，勤勉的劳作，才能收获幸福的希望。

在温馨的记忆里，母亲劳作的园子中，蝴蝶的飞舞总是那样动情，庄稼的花儿总是一茬茬开得那样欢畅，庄稼带着沉甸甸的思想一天天成熟了。阳光下，母亲挥动着镰刀，那光亮的声音里，总有英国诗人雪莱的《我们去收割》的朗诵。父亲劳作的田头上，雀儿在深情地高歌，泥土在铧犁上快乐地旅行，在汗水湿透衣背的辛勤里，菜儿青了，菜花黄了，麦苗青了，麦子熟了……

日出日落的乡村，荷锄出入晴天雨天的乡亲，土地上那一串串歪歪斜斜的脚印，都成为永恒的风景，成为我依恋这个世界的底色。

…………

我没有接过父亲手中的铧犁，也没有成为母亲田园里的传承者。读了几本书，识了几个文字，我却幸运地成为太阳底下最光辉的授业者。但是，我依然是那片沃土上的守望者，从父亲母亲那里继承了勤奋自强的劳动本色。因为，我始终能诚诚恳恳踏在父母耕耘的土地上，所以，能在普通的山村教师的岗位上一干就是35年。没有惊天伟业，只是用自己的热情点燃过孩子们的希望；没有勋章的点缀，只是用自己的热爱放飞过孩子们的梦想。父母传承下来的那份诚恳，促使我能在两袖清风的教育事业上任劳任怨，使我能冷静面对充满诱惑的世界。我一天天变得老气横秋了，不变的是执着忠诚教育事业的人生追求。用不变色的劳动热情，送走了一批又一批学生。用敢把石头焐热的精神、爱心、耐心和汗水感化了一个又一个顽劣生。我不敢说，我有点石成金的本领，我却用自己的真情编织了一个又一个爱心童话。

与教育结缘，是我人生不变的信念，我骄傲；与劳动牵手，是我此生最大的幸福，我自豪！

从来就没有什么救世主，也不靠神仙皇帝。是谁创造了人类世界？是我们劳动群众。劳动创造世界，劳动者最可爱，劳动者最美丽！

劳动——大地上最动魄感人的事情！

4）劳动创造文明

劳动使我们丰衣足食，让我们住得舒坦、行得方便。在劳动的过程中，人们通过发明，改进了劳动工具和生产技术，提高了劳动效率，促进了物质文明的发展。在劳动过程中，人们也创造了宝贵的科学、技术和文化成果。专门从事精神劳动的思想家，科学家，艺术家，他们在人类精神生产领域艰苦劳动，辛勤地创造着文化、科学、艺术等精神财富。无论时代条件如何变化，无论技术进步和知识更新到什么样的程度，无论经济社会发展达到什么样的水平，劳动始终是文明进步的重要源泉。①

小案例

珍妮机

18世纪中叶，英国商品越来越多地销往海外，手工工场的生产技术供应不足。为了提高产量，人们想方设法改进生产技术。在棉纺织部门，人们先是发明了一种叫飞梭的织布工具，大幅加快了织布的速度，也刺激了对棉纱的需求。18世纪60年代，织布工哈格里夫斯发明了叫“珍妮机”的手摇纺纱机。“珍妮机”一次可以纺出许多根棉线，极大地提高了生产率，使织布厂得以大规模建立。珍妮机的发明是第一次工业革命的开端。珍妮机比旧式纺车的纺纱能力提高了8倍，开启了影响世界历史进程的英国工业革命。

可见，在劳动过程中，人们为了提高劳动效率，改进劳动方式，通过自己的科学研究，不断发明、改进劳动工具和生产技术，极大促进了物质文明的发展，从而改善了生活条件。

2. 劳动的个体价值

现代科学对劳动价值的研究越来越清晰地揭示出，劳动是我们自身发展的必要条件。它关乎我们的健康、智慧、快乐和美好。

1）劳动是培养意志的良好途径

意志是人自觉地确定目标，根据目标调节并支配自身行动，进而克服困难，去实现预定目标的心理倾向。意志是人的心理素质中非常重要的组成部分，能否做成一件事，首先取决于我们是否有意愿为追求目标付出精力、克服困难。人们的所有行为都需要意志来驱动。追求的目标大小不同，所需要的意志也不同。追求的目标越高远，需要付出的精力就越多，需

① 教育部职业技术教育中心研究所．劳动教育读本［M］．北京：高等教育出版社，2021.

要克服的障碍就越大，所需要的意志也就越强。一个人的成功，不仅取决于他有多强的能力，更取决于他有多强的意志。强大的意志能给予我们巨大的力量。

获得意志的途径多种多样，艰苦学习本身就是锻炼我们意志的一种途径。劳动是锻炼意志的非常重要、有效的一种途径，其效果甚至优于体育运动。一直劳动的人往往都有很坚强的意志。这是为什么？因为劳动过程本身很艰苦，艰苦的过程容易锻炼人的意志，培养吃苦耐劳的精神；同时，劳动是一种以获得成果为目标的活动，获得的劳动成果会使人们产生强烈的满足感和成就感，从而提升人们的意志水平。

2）*劳动是知识的源泉*

我们生活在一个教育普及的社会。一个没有知识的人，或者知识贫乏的人，是无法适应现代生活的。我们往往只看到了教育是获取知识的途径，没有看到劳动也是获得知识的重要途径。其实，在劳动中获得的知识更加实用，这种知识能更加有效地促进智慧的发展，提高人们应对环境的能力。著名作家陶铸先生说："劳动是一切知识的源泉。"这句话告诉我们，劳动可以让我们学到大量书本上没法学到的实用知识，而且我们只有在劳动中才能深刻地理解知识，灵活地运用知识，成为具有真才实学的人才。正所谓实践出真知，要获得真正有用的知识，发展做事的能力，就要勇于投入劳动实践中。

小贴士

在劳动中诞生的二十四节气

二十四节气插画合集

人类许多璀璨的知识和文化艺术作品都是在劳动中诞生的。如二十四节气，它是上古农耕文明的产物，是我国古代文化的瑰宝。上古先民认识到，农耕生产与大自然的节律息息相关，农业耕种只有按照相应的节气进行，顺应农时，才能获得好的收成。先民通过观察天体运行，总结出了一年中时令、气候、物候等方面的变化规律（自然的节律）。他们把地球绕太阳运动一圈划分为24节，每2个节之间相差15°，每个节被分别命名，每个节就是一个节气，如芒种、夏至、小暑等。二十四节气既可以帮助我们很好地把握气候变化，也可以帮助我们很好地把握农作物种植的关键时节，提高收成。这对于农业社会来说尤其重要。如人们总结出了"谷雨前后，种瓜点豆"的口诀，如果要种红薯，就要选择谷雨至立夏，这是最佳时节；再如"处暑就把白菜移，十年准有九不离"，即移栽白菜的最佳时节是处暑。

3）*劳动是思维发展的支柱*

具备语言和思维能力是人区别于动物的重要特征。你能想象人类丧失了思维之后将是什么样子吗？人类没有了思维，就只能像动物那样被动地适应环境，没有能力主动地征服环境、改造环境。人类创造的各种成果，无不是思维的结果。但人刚出生时也只有感知觉，还没有抽象思维能力。抽象思维的成熟要到12岁以后。

我们的思维是从哪里来的？影响思维发育的关键因素是什么？瑞士著名心理学家让·皮亚杰用了一生的精力来研究这个问题。让·皮亚杰是儿童心理学、发生认识论的创始人。他原本是一位生物学家，后来开始对"人的认识能力怎么来的"这个问题感兴趣。他想知道：出生时连对外部的感觉都还不灵敏的人，后面为什么会发展出如此复杂的认识能力，特别是思维能力。此后他转向了心理学研究。让·皮亚杰的研究结论是：人的思维能力是由动作内化而来的。儿童借助动作与外界相互作用进行思维活动；随着活动的积累，心理的成熟，人类逐步学会了摆脱动作、形象等支持手段，直接用语言符号进行思维活动。这就是说，思维的发育需要来自活动情境中的各种因素的刺激。如果一个人从小就被剥夺了活动，比如长辈过度照顾，不让自己活动，或受空间等因素的影响而缺乏充分活动所需要的条件，他的思维发育就会受到严重影响。当个体的抽象思维发展起来后，活动仍然是使他的思维越来越复杂、越来越灵活的重要刺激因素。青少年、成人可以从复杂知识的学习中获得思维能力，比如，学习数学可以刺激我们精确思维能力的发育，但在活动中获得的思维能力更有助于我们适应现实环境。

劳动是一种以劳动成果为追求目标的特殊活动，是一种过程更复杂、目标更具确定性的活动。这种活动更有助于刺激我们思维能力的发育。在劳动过程中，手指会做一些复杂、精细的动作，这会促进大脑血流量的增加，从而使个体的思维更加敏捷。让·皮亚杰的研究说明，不进行一定量的劳动，人的思维发展会受到影响。比如，当我们长期缺乏劳动时，思维会变得越来越迟钝；在繁忙的工作、学习之余安排一点时间从事劳动，会使自己的身心更加放松、思维更加活跃、注意力更容易集中，就是这个道理。

4）*劳动是社会能力发展的基础*

马克思说：人是一切社会关系的总和。人是什么？人成为人，不仅是因为有着人的生理结构，有着人应该掌握的知识和能力，更重要的是每个人身上都有着非常复杂的社会关系，如家庭关系、亲戚关系、朋友关系、同学关系、合作者关系、同事关系、上下级关系等。社会是一个非常复杂的关系网络，每个人都是这个网络中的一个节点。这个复杂社会关系网络中的每个个体，都必须掌握良好的社会能力，这既是社会关系网络正常运行的需要，也是每个个体适应这个社会关系网络、健康生活的需要。不具备良好的社会能力，就会出现社会适应不良问题。

在人类所有活动中，劳动是最为重要、最为基本的活动形式。一个成年人的大部分时间都要用于工作，人们的最大利益也与工作相关，因为工作是人们获得收入的重要途径。因此，在劳动中形成的人际关系，如同事关系、上下级关系，是人类最为基本的社会关系。早期人类由于生存需要聚居在一起，社会本身就起源于人类劳动。随着生产力水平的提高，有了剩余产品，于是人类开始构建起了非常复杂的社会关系。当今世界，围绕“物质”构建起来的关系仍然是最为核心和复杂的关系，比如国际贸易关系、军事关系、政治关系，无不与物质财富有关。

劳动是最能刺激个体社会能力发展的途径之一，这是由劳动的本质特征决定的。劳动是一种以具体成果为追求目标的活动，是一种过程极不确定的活动，而且劳动往往需要以集体的形式进行，需要参与劳动过程的人合理分工、紧密合作。通过劳动过程中的合作和劳动成果的共享，人们最容易建立起紧密的人际关系。劳动对人的社会能力发展的刺激作用是其他类型的活动所不能媲美的。学习活动虽然也是在班级中进行的，老师常常鼓励学生在学习中相互帮助，但学习活动总体上还是一种个体行为，个体只有独立地进行理解、记忆、练习等学习活动，才能获得知识与能力的增长。体育活动虽然有许多是以团队形式进行的，但团队式体育活动有着清晰的规则和角色分工，每个团队成员都是按照规则、以团队分配给自己的角色进行运动的。这对个体之间结成紧密的人际关系、发展高水平的社会能力有一定局限性。因此，尽管社会能力形成的途径多种多样，但只有深刻体验了劳动，懂得劳动在社会关系构建中的基础作用，才能真正懂得人类社会关系的本质，发展良好的社会能力。

5）劳动是肢体运动能力、感知能力发展的条件

肢体发育是个体成长的重要内容。从出生到成熟，个体的体重要增加 20 倍左右。身体各部分增长的比例是：头颅增长 1 倍，躯干增长 2 倍，上肢增长 3 倍，下肢增长 4 倍，足部增长 5 倍。肢体发育的同时伴随着器官的成熟。

人在生理成熟方面与动物相比有巨大差异。动物一出生就能独立活动，灵活地感知世界。成年动物与刚出生动物的肢体运动能力、感知能力没有太大差别，其差别主要是力量大小。而刚出生的婴儿不仅不能独立行走，甚至听觉、视觉都处于非常混沌的状态。出生时的脆弱，一方面说明人的肢体运动能力、感知能力有巨大的发展潜力；另一方面说明人肢体运动能力、感知能力的发展必须依靠后天的活动。锻炼人的肢体运动能力、感知能力的活动形式多种多样。现代人比较喜欢通过体育活动进行锻炼，但劳动对肢体运动能力、感知能力发展的作用是体育活动所不能取代的。体育活动通常能提升肢体的力量和整体协调性，对于个体精细动作的发展作用则比较小，而劳动在这个方面有着非常好的促进作用。如果劳动这种方式运用得当，人的肢体运动能力、感知能力能发展到令人惊叹的程度。比如，通过练习，手表匠能装配精密度极高的手表，推土车司机可以驾驶大型推土车打着竖立在地上的小小打火机，商店售货员可以随手抓出所需重量的糖果。人类肢体运动、感知能力的发展潜力是极大的。

现代社会生活环境有了很大变化，从整体上看，生产、生活中体力劳动的比重越来越少，个体日常活动的场所与生产劳动的场所距离越来越远，使人们离劳动越来越远，进而越来越不喜欢劳动。生活环境的这种变化对我们的肢体运动能力、感知能力发展已经造成了极大伤害。有的青少年反应迟钝、过于肥胖、深度近视，就是缺乏劳动，肢体没有充分活动的结果。①

小贴士

劳动最有滋味

劳动是最有滋味的事。肯劳动，连过新年都更有滋味，更多乐趣。

记得当初我还是个孩子的时候，家里很穷，所以母亲在一入冬季就必须积极劳动，给人家浆洗大堆大堆的衣服，或代人赶做新大衫等，以便挣到一些钱，做过年之用。

姐姐和我也不能闲着。她帮助母亲洗、做；我在一旁打下手儿—— 递烙铁、添火，送热水与凉水，等等。我也兼管喂狗、扫地和给灶王爷上香。我必须这么做，以便母亲和姐姐多赶出点活计来，增加收入，好在除夕与元旦吃得上包饺子！

快到年底，活计都交出去，我们就忙着筹备过年。我们的收入有限，当然不能过个肥年。可是，我们也有非办不可的事：灶王龛上总得贴上新对联，屋子总得大扫除一次，破桌子上已经不齐全的铜活总得擦亮，猪肉与白菜什么的也总得多少买一些。由大户人家看来，我们的这点筹办工作的确简单得可怜。我们自己却非常兴奋。

我们当然兴奋。首先是我们过年的那一点费用是用我们自己的劳动换来的，来得硬

① 徐国庆．劳动教育［M］．2 版．北京：高等教育出版社，2021.

正。每逢我向母亲报告：当铺刘家宰了两口大猪，或放债的孙家请来三堂供佛的、像些小塔似的头号“密供”，母亲总会说：“咱们的饺子里菜多肉少，可是最好吃！”当时，我不大明白为什么菜多肉少的饺子反倒最好吃。在今天想起来，才体会到母亲的话里确有很高的思想性。是呀，第一我们的饺子不是由开当铺或放高利贷得来的，第二我们的饺子是亲手包的，亲手煮的，怎能不最好吃呢？刘家和孙家的饺子必是油多肉满，非常可口，但是我们的饺子会使我们的胃里和心里一齐舒服。

劳动使我们穷人骨头硬，有自信心。回忆起来，在那黑暗的岁月里，我们一家子怎么闯过了一关又一关，终于挣扎过来，得到解放，实在不能不感谢共产党，也不能不提到母亲的热爱劳动。她不懂得革命，可是她使儿女们相信：只要手脚不闲着，便不会走到绝路，而且会走得噔噔响。

我也体会到：劳动会使我们心思细腻。任何工作都不是马马虎虎就能做好的。马马虎虎，必须另做一回，倒不如一下手就仔仔细细，做得妥妥帖帖。劳动与取巧是结合不到一处的，要不怎么劳动能改变人的气质呢。①

6）劳动是增强责任感、培养劳动价值观的重要抓手

培养人们的责任感、义务感是品德教育的核心问题。劳动是衡量一个人综合素质的最后形式，通过劳动教育，人的道德、知识、能力、素质可以得到全面、综合的提升和展示。通过劳动教育，有助于培养大学生独立自主的生活生存能力，有助于增强大学生的公民意识和社会责任感。如果人们从小就承担力所能及的家务劳动、公益劳动，就能在不断实践中逐渐认识到自己是家庭和社会中的一个重要成员，并且知道自己应当做对他人有益的事，应当按照规定的要求和时间完成自己该做的事。而如果没有这样的劳动锻炼，是很难有这种责任感的。国内外大量的调查研究证明，从小养成劳动习惯，长大后更可能具有责任心，也更容易适应家庭生活和职场工作的需要，而不爱劳动的人恰恰相反，他们更可能成为生活与职场的失败者。

思想决定行动，树立什么样的劳动价值观很重要，直接影响着人们对劳动的态度和行为。教育的本质是培养人，从人的发展视角来看，其根本目的就是全面提高劳动者的素质，为了实现这一目的，每个人必须克服轻视劳动教育的观念，把劳动教育提高到全面贯彻教育方针的高度来认识。劳动教育课程是德育、技术意识、创新意识和文明意识相互作用与统一的一门课程，它具有其他课程不可替代的育人的功能。新时代劳动教育是中国特色社会主义教育制度的重要内容，直接决定大学生作为社会主义建设者和接班人的劳动精神面貌、劳动价值取向和劳动技能水平。因此要重视大学生的劳动教育，使其树立正确的劳动观，以劳动为荣，把劳动当作一种乐趣融入物质和精神生活之中。

【劳动人物】

劳动模范张秉贵

张秉贵从1955年11月到北京市百货大楼站柜台，30多年接待顾客数百万人，没有怠

① 老舍．老舍儿童文学作品选［M］．长沙：湖南文艺出版社，2013.

慢过任何一个人。从为国家争光、为人民服务的政治信念出发，他在问、拿、称、包、算、收六个环节上不断摸索，练就了“一抓准”和“一口清”的过硬本领，接待一个顾客的时间从三四分钟减为一分钟。他通过特有的眼神、语言、动作、表情、步伐、姿态等，为顾客提供热情周到的服务，几乎成了那个时代商业领域的服务规范。20世纪50年代，他总结出站好柜台要做到五点：精神饱满、思想集中、耳目灵敏、抬头售货、动作“三快”；20世纪60年代，他总结出“接一、问二、联系三”的售货法，刻苦练就称糖“一抓准”、算账“一口清”的绝技；20世纪70年代，他将自己几十年如一日满腔热情的服务精神归纳概括为“一团火精神”，响亮地提出“心有一团火、温暖顾客心”。他将自己的柜台服务经验，编写成《张秉贵柜台服务艺术》，并到各单位表演、讲课，听众达十多万人次。1979年，张秉贵被授予“全国劳动模范”荣誉称号；2009年9月，张秉贵被评为“100位新中国成立以来感动中国人物”。商业服务业的简单操作被张秉贵升华为艺术境界。在北京，传统的“燕京八景”名扬天下，而他的售货艺术被人们誉为“燕京第九景”。

张秉贵将为人民服务当作自己最大的光荣，将干好工作当作自己的终生追求，不断提升职业技能，不断追求精益求精。张秉贵永远值得我们学习！

7）劳动是个体创造美好生活、实现人生价值的基石

人的本质是通过劳动得以确定和形成的。劳动是人类最基本的生产活动，也是为了生存和发展而采取的最迫切的活动，劳动在人创造幸福生活的过程中发挥着巨大作用，正是通过劳动，人才具有了追求美好生活的基本条件和途径。与此同时，人在劳动的基础上形成各种观念和思想。从哲学上讲，人类区别于动物的最重要的指标就是人能够制造和使用工具，劳动不仅造就了人类的标志特性，使之有能力、有可能追求美好生活，并且在劳动实践的基础上，人的本质力量不断地增强，各种生活需求也更为丰富且广泛。

人的满足感、快乐感、实现感、奉献感、存在感都是由劳动带来的。劳动不但带来个人的幸福，也带来家庭的幸福，因为劳动为每个人和家庭创造生存和发展的物质条件、文化条件和精神条件。唯有劳动能使家庭致富，唯有劳动能使人幸福。我们要认识和建设劳动价值，才能坚守劳动理性，通过劳动促进人类的文明进步，促进世界和平，促进家庭幸福，促进每个人的自由和全面发展。

当前，我国社会的主要矛盾已经转化为人民日益增长的美好生活需要和不平衡、不充分的发展之间的矛盾。人们不再满足于丰衣足食，而是要获取更多的满足感和幸福感，而这些需要通过加倍的劳动获得。从这方面来说，劳动促进了人的自身发展，使人追求美好生活成为一种必然。美好生活，作为一种生活目标，是人们在实践中形成、有可能实现的一种未来理想生活状态。正如马克思所说，劳动不仅是一种谋生的手段，而且本身成了生活的第一需要。这就要求我们把握好“美好生活靠劳动创造”这一基本价值指向，正确认识劳动在人的生存和发展中的重要地位，同时相信通过劳动肯定能实现人的美好向往，实现人生价值。

【劳动人物】

张能瑜：大山深处守护光明

肩挎帆布包、脚蹬防蛇靴、手拿砍刀和“打狗棒”，国家电网重庆长寿供电公司“能瑜

党员隐患排查队”队长张能瑜就是靠着这身装扮，在武隆山区巡查线路、排除隐患，一干就是15年。

2001年，重庆长寿供电公司的220千伏武隆、彭水变电站投入使用。27岁的张能瑜毛遂自荐，成为武隆巡线站站长。虽是巡线站，却没有“站点”，迎接他的只有荒无人烟的崇山峻岭。十几年来，张能瑜带领巡线队员踏遍了武隆山区，巡查线路1 300多千米，看护杆塔1 200余座，守护着大山深处的光明。张能瑜冒雪巡线见图1–2。

图1–2　张能瑜（右）冒雪巡线

记者好奇：张能瑜个子不高、态度温和，这些年“野外生存”般的日子，是怎么度过的？

深山无路，张能瑜身负四五十斤的工具包，以砍刀开路，用木棒防身，一路披荆斩棘、翻山越岭。山路难走，对于长达20多千米的山路，张能瑜要走上一天一夜，披星戴月、饥寒交迫是常态。面对艰苦，军人出身的张能瑜拿出不服输的干劲：“红军长征二万五千里，吃这点苦算什么？”

“我们是‘线路医生’，线路哪里有毛病治哪里，小问题也忽视不得。”张能瑜从不放过任何细小问题，对人对事十分严格。2011年，张能瑜验收一段110千伏高压线路时，发现存在安全隐患，不予过关。为此，施工队不得不返工一年多。“很多施工队都恨我，怕遇到张某人验收。”张能瑜很无奈，“不是我故意找茬，一旦线路出问题，高速铁路系统、居民、企业用电都会受影响，损失就大了。”在张能瑜的严格把关下，他经手的许多项目都被评为优质工程。

作为“巡线能手”，张能瑜也不忘做好“传帮带”。在渝东南的十几年里，张能瑜前后带了60多个年轻人。谢毅便是其中一位，跟着张能瑜巡线10年的他，对师傅又敬又怕。敬的是他的谆谆教导，张能瑜曾带着恐高的谢毅一步一步地爬铁塔；怕的是他的严厉，“犯错都要受到严厉批评”。然而，严师出高徒，张能瑜带出来的年轻人个个都是巡线好手。

巡线十余载，“徒弟”走了一拨又一拨，张能瑜却一直坚守在大山深处。2012年，为发扬张能瑜的榜样作用，“能瑜党员隐患排查队”在渝成立。张能瑜担任队长，统筹生产、营销、农电等领域各个环节的隐患排查和治理工作。成立至今，“隐患排查队”共排查各类隐患1 000余起，隐患消除率达98%。

任务重了，责任大了，张能瑜干得更出色了。在他的带领下，100余人的队伍既巡线排查，也搞科研创新。短短数年间，“排查队”研发了“防坠落登高升级版”“跨越式平衡杆”等8项国家专利，主持承担“输电线路杆塔绝缘子闪络显示装置的研制”等3项科技项目，发表专业学术论文9篇，发布QC（质量控制）创新成果6项。近年来，张能瑜也先后被评为“全国劳动模范”“国家电网公司十大杰出青年”……

成了“大名人”，张能瑜仍初心不改：“事比以前多了，但基础要打扎实，我还是想继续巡线。”目前，张能瑜正计划带队巡线3 600千米，再用脚步丈量一次武隆山。

【小训练】

劳动后的反思

寻找机会参加一项劳动，如居家烹饪、打扫卫生、洗衣物等，或公益劳动。认真体会劳动过程，并反思一下，通过劳动，自己的身体、知识、思维能力、意志等发生了什么变化，并把反思结果填入表 1-1。

表 1-1 劳动反思表

劳动内容：________________

涉及的他人：________________

反思内容	反思结果（观点）
肢体运动能力、感知能力的变化	
知识的变化	
思维能力的变化	
意志的变化	

任务 1.2 认识劳动教育

2018 年全国教育大会，习近平总书记在会上明确指出，要把劳动教育纳入培养社会主义建设者和接班人的总体要求之中，明确提出构建德智体美劳全面培养的教育体系。① 从小培养学生的劳动能力，帮助学生形成正确的劳动态度和劳动价值观，在提高学生劳动技能的过程中实现学生的全面发展。《关于全面加强新时代大中小学劳动教育的意见》（以下简称《意见》）从战略的高度强调了对大中小学生进行劳动教育的重要性，同时《意见》明确了此方面教育的基本思路、基本内涵及对主要育人目标进行了顶层设计②。这预示着各级各类学校要聚焦自己的学段和类型特点对劳动教育进行重新的审视和思考，更预示着新时代劳动教育需要不同于以往的新路径，尤其是肩负着培养高素质技术技能人才的高职院校更要在路径突破上下功夫。

【话题探讨】

有人说要“干一行、爱一行、钻一行”，还有人说“技多不压身，艺多不害人”。对此，你怎么看？

① 习近平．坚持中国特色社会主义教育发展道路 培养德智体美劳全面发展的社会主义建设者和接班人［EB/OL］.（2018-09-10）［2022-09-10］. http://www.cppcc.gov.cn/zxww/2018/09/10/ARTI1536563427496646.shtml

② 中共中央，国务院．关于全面加强新时代大中小学劳动教育的意见［EB/OL］.（2020-03-20）［2022-03-26］. http://www.gov.cn/zhengce/2020-03/26/content_5495977.htm?trs=1.

1.2.1 劳动教育的基本内涵和发展历程

劳动教育是一个动态、发展的概念，其内涵随着时代的变化而不断丰富、发展和完善。

1. 劳动教育的基本内涵

《教育大辞典》对“劳动教育”进行了定义：“劳动、生产、技术和劳动素养方面的教育，旨在培养学生正确的劳动观点、劳动态度、劳动习惯，使学生获得工农业生产基本知识和技能。”著名教育家陶行知曾指出：“劳动教育的目的，在谋手脑相长，以增进自立之能力，获得事物之真知及了解劳动者之甘苦。”劳动教育是使学生树立正确的劳动观点和劳动态度，热爱劳动和劳动人民，养成劳动习惯的教育，是人德智体美劳全面发展的主要内容之一。

劳动教育是帮助学生培养高尚的劳动精神、养成良好的劳动习惯、树立端正的劳动观念、涵养健康的劳动情感，了解和懂得当前生产技术知识，掌握基础生活和劳动技能，在劳动创造中创造幸福感、增强获得感的育人活动。因此，劳动教育是学生全面成长成才的必要途径，充分体现了树德增智、强体育美的多元综合育人导向。实施劳动教育关键在文化知识学习之外，有计划有目的地组织学生参加各种劳动活动，如日常生活、生产或服务性劳动等。学生通过出汗出力、动手操作，既接受体力锻炼，又磨炼意志毅力，并在劳动过程中能够感受到劳动的快乐，树立正确的劳动价值观，为奠定良好的劳动品质打下基础。

劳动教育为人与人、人与社会、人与自然的正确、和谐相处提供方法和指导，是实现劳动的工具性和价值性相统一的重要途径。作为一种教育活动，不等同于简单的体力劳动，也不等同于学习技术或惩罚手段，劳动教育直接决定着劳动者的技能水平和劳动风貌，对正确树立劳动者的世界观、人生观、价值观具有重要的导向作用和实践意义，具有十分丰富的内涵。

小贴士

陶行知先生的生活教育理论

概览中国现代教育史，陶行知先生（1891—1946）是最早提出将教育与生产劳动相结合的教育家，劳动教育思想是其教育思想中的重要内容之一。他一生都在为改造中国教育、服务人民大众而不断奋斗，并且留下了大量的著述。

20世纪20年代至40年代，陶行知先生创办了晓庄学校（乡村师范学校）、山海工学团、育才学校等，在此基础上，他构建了自己的生活教育理论体系。其生活教育理论的核心内容为“生活即教育，社会即学校，教学做合一”，强调在做中教、在做中学，教学做三位一体。由此可知，连接生活与教育的纽带是“做”、活动，表现为“劳力”与“劳心”的结合。而对于什么是生活，陶行知给出了简明扼要的定义——“劳动即生活”（1934年），揭示了生活的基本内涵。

陶行知是我国伟大的人民教育家，其深厚的教育理论体系与丰富的教育实践活动是相辅相成的。他的生活教育理论源于教育实践，同时也指导着教育实践，而劳动教育思想在某种程度上是其生活教育理论的基石与核心。劳动教育的价值和意义被一代又一代的教育家认可并实践着。

2. 新中国劳动教育的发展历程

如何才能更好地贯彻新时代党的教育方针，如何在新时代发展劳动教育，成为当前教育事业重要的科学工程。因此，梳理强化学生劳动教育的发展历程，有助于我们更好地认识当前的教育方针和劳动教育。

1）劳动教育发展的探索时期（1949—1976 年）

1949 年，《中国人民政治协商会议共同纲领》明确了新中国的文化教育政策，提倡国民“爱祖国、爱人民、爱劳动、爱科学、爱护公共财物”①。新中国国民教育五大公德沿袭中华民族传统文化中勤劳的美德和马克思主义劳动观，奠定了“劳动”在教育事业中的地位。1954 年，部分地方学校开始尝试组织学生参加义务劳动，以探索发展青年学生的劳动教育，这是新中国对强化学生劳动教育的最早的实践尝试。如 1954 年 8 月北京市委组织大、中学生参加义务劳动活动。同年 9 月，青年团中央②批转了北京市委做的《关于组织大、中学生参加义务劳动的报告》，对于北京市开展的劳动教育进行了肯定，并认为在青年学生群体当中开展义务劳动一方面可以为国家创造财富，另一方面可以培养学生劳动意识和能力。在总结了前期地方院校的经验基础上，1955 年教育部与共青团中央发布《关于在全国中、小学生中开展种植活动的通知》，提出在全国中小学生中开展种植活动，逐步地开始拓展劳动教育的形式。1955 年 10 月 4 日中共中央对广东省委《关于在初中增加农业课程问题的报告》作出批示，指出对于部分地方在劳动教育方面比较激进的尝试，如将初中改为初级农业技术学校等，要及时地制止，并给出可以适当增加农业生产知识课程和延长农艺实习时长的建议。这种对激进推进劳动教育的及时制止，体现了党和国家对于我国建设初期教育事业发展规律的清晰认知。这些举措与当时新中国的发展现状是紧密联系的，都不断地丰富着学生劳动教育的内容。

1957 年，毛泽东同志指出要“使受教育者在德育、智育、体育几方面都得到发展，成为有社会主义觉悟的有文化的劳动者”③。这明确指出了完成社会主义革命的中国教育方针，虽并未将“劳育”直接提出，与德育、智育、体育并列探讨，但其将成为一名“劳动者”归为教育的目的，可见对学生的劳动教育的高度重视。面对我国当时教育资源有限，多数初中生毕业后不能升学而去参加农业生产的现实状况，1957 年 3 月 7 日教育部为此颁布《关于增设农业基础知识课的通知》，通知条文本着理论与实际相结合的原则，对于初中生的劳动教育的时长和培养内容作了清晰的规定。同年 6 月 15 日，教育部又发布了《关于在农村小学五、六年级增设农业常识和农业常识教学要点的通知》，通知规定了小学五、六年级的劳动教育时长，并指出教育内容可根据各地农业生产实际和时令具体设置，旨在为新中国培养一批“有文化的新农民”。上述通知皆根据当时的社会现状发布，也都一再强调在强化学生劳动教育时要遵循因地制宜，要“理论与实际一致”的原则。1949——1957 年，我国的教育事业得到了长足发展，但是关于劳动教育一直未得到足够的重视。因此，中央明确提出“教育要同劳动相结合”，并在 1957 年年底在全国学校实行勤工俭学制度，试图将学校教育

---

① 中华人民共政治协商会议．中国人民政治协商会议共同纲领（1949-09-29）［2023-02-12］. http://www.cppcc.gov.cn/2011/12/16/ARTI1513309181327976.shtml.

② 即中国新民主主义青年团中央委员会的简称，中国共产主义青年团中央委员会的早期称谓。

③ 毛泽东．毛泽东文集：第七卷［M］. 北京：人民出版社，1999.

同劳动生产结合起来，以打破长期以来学校忽视劳动教育的风气。1957—1959年，国家对于劳动教育进行了深入探讨，丰富了劳动教育的内容，同时问题也慢慢产生，即生产劳动和社会活动越发多了起来，致使学校的教育质量受到影响甚至出现下降现象。但随后的十年劳动教育被政治化，脑力劳动和体力劳动被割裂，劳动教育发展停滞。①

这一时期，我国劳动教育处于探索期，是一段从无到有，从草创到不断丰富内涵的时期。在探索时期，劳动是区别无产阶级与资产阶级的工作，劳动教育一度具有鲜明的阶级属性。这一时期的探索之路是曲折的，正是这些曲折道路为改革开放后劳动教育的快速发展提供了宝贵的经验。这些宝贵经验中，最为突出的是在1959年之前的探索时期，在强化劳动教育时，尤为注重贯彻理论与实际相结合的原则。

【劳动人物】

新中国第一代劳动模范孟泰

孟泰（见图1-3）是新中国成立后第一代全国著名的劳动模范，河北省丰润县（今河北省唐山市丰润区）人，于1898年出生于一个贫苦农民的家庭。他爱厂如家，艰苦创业，在恢复和发展期生产中做出了重大贡献，8次受到毛泽东同志的接见，先后当选为第一届、第二届、第三届全国人民代表大会代表，当选为中国工会第七次、第八次全国代表大会执行委员。

图1-3　孟泰

孟泰于1949年8月加入中国共产党，成为中华人民共和国成立后鞍山发展的第一批产业工人党员之一。他带领广大工人把日伪时期遗留下来的几个废铁堆翻了个遍，建成了当时著名的"孟泰仓库"。抗美援朝战争期间，他主动当了护厂队员，把行李扛到高炉上，冒着遭到空袭的危险，随时准备用身体护卫高炉。他勇于攻克技术难关。在苏联政府停止对我国供应大型轧辊，致使鞍钢面临着停产危机的情况下，他组织了500多名技术积极分子开展了从炼铁、炼钢到铸钢的一条龙厂际协作联合技术攻关，先后解决了十几项技术难题，终于自制成功大型轧辊，填补了我国冶金史上的空白，被誉为"为鞍钢谱写的一曲自力更生的凯歌"，他自己设计制造成功的双层循环水给冷却热风炉燃烧筒提高寿命100倍。他心里时刻装着职工，为生产解难，为工人排忧。在三年困难时期，为使工人保持好的体力，不影响生产，把几个女儿靠挖野菜喂养大的两头猪送到厂里，为全厂职工改善伙食。在一批亟待住院的职工因为没有床位而不能住院治疗影响身体康复的时候，他买来废钢管，组成青年突击队，自制铁床，既缓解了燃眉之急，还节省了费用。在"文化大革命"中，面对遭受严重破坏的鞍钢生产，他顶着各种压力，使鞍钢的生产秩序免于受到各种各样的冲击。在他担任鞍钢炼铁厂副厂长的8年中，被工人们称为"身不离劳动，心不离群众的干部"。1967年9月，积劳成疾的孟泰在北京病逝。

孟泰的精神永远激励着广大职工群众在岗位上为国家的经济发展做贡献。1986年4月，

① 李珂，曲霞．1949年以来劳动教育在党的教育方针中的历史演变与省思［J］．教育学报，2018，14（5）：63-72.

鞍钢公司为孟泰同志举行了塑像揭幕仪式，基座上镌刻着“孟泰精神永放光芒”的题词。1993 年 4 月，鞍钢工会与鞍山市立山区政府共同为孟泰同志在立山公园建进了全身塑像，并将立山公园更名为孟泰公园。

2）劳动教育发展的重建与改革时期（1977—2011 年）

1977 年 5 月 24 日邓小平同志在同中央两位同志内部谈话时指出：“尊重知识，尊重人才……不论脑力劳动，体力劳动，都是劳动……脑力劳动和体力劳动更分不开来……”① 这一讲话深化了党对劳动的认识，纠正了特殊时期将脑力劳动同体力劳动对立的错误认知，为我国改革开放后的劳动教育政策奠定了基调。1978 年通过的《中华人民共和国宪法》再次重申了教育要同生产劳动相结合。1980 年 5 月，教育部发布《关于部属高等学校生产实习问题的通知》，通知再次强调高校学生在生产实习中获得生产管理知识、增长独立生产能力的重要性，对各高校开展实习安排中所面临的渠道、场所、住宿等问题做出了指示。1981 年的《关于建国以来党的若干历史问题的决议》中清晰地指出“要坚持德智体全面发展……脑力劳动与体力劳动相结合”的教育方针。这是新中国成立以来对教育政策的探索经验的总结，充实了劳动教育的内涵。至此，我国的劳动教育发展进入改革期。

从 20 世纪 80 年代开始，我国教育事业改革的步伐越来越坚定，其中劳动教育的发展也越来越快。1981 年 4 月教育部颁布《全日制六年制重点中学教学计划（试行草案）、全日制五年制中学教学计划（试行草案）的修订意见》（以下简称《草案》），文件提出在中学教育阶段开设劳动技术课，强调学生手脑并用，培养青年劳动观念、习惯，推动德智体美全面发展。为了更好地落实《草案》提出开设劳动教育课的要求，教育部在 1982 年《关于普通中学开设劳动技术教育课的试行意见》，文件对于开设劳动技术教育课的目的、意义，课程开设所需遵循的原则、内容和要求，时间和组织安排，以及师资培训、教材等九个方面做了详细的意见指导，对中学贯彻实施劳动教育方针有着较强的指导性和实践性。同时，为了更好地开展中小学勤工俭学的工作，1982 年 7 月 3 日教育部联合财政部出台暂行办法，规范了全国中小学勤工俭学财务管理工作。1983 年国务院批转教育部等部门关于推进勤工俭学工作的请示，并指出勤工俭学是强化学生劳动教育的有效举措，要继续推进，将其提高到一个新水平上。1999 年国务院颁布《关于深化教育改革全面推进素质教育的决定》，提出要面向全体学生推进素质教育，强调教育要与生产劳动相结合，加强与改进对全体学生的生产劳动和实践教育，培养爱劳动的习惯和艰苦奋斗的精神。2010 年国务院印发《国家中长期教育改革和发展规划纲要（2010—2020）》，纲要再次强调教育要同劳动生产和社会实践相结合，注重知行统一，要“加强劳动教育，培养学生热爱劳动、热爱劳动人民的情感”。这一纲要为我国十年间的教育改革发展提供了行动指南，奠定了劳动教育发展的基调。

重建与改革时期，我国的劳动教育通过一系列政策的出台得以重建和改革。可以清晰地发现，这一时期的劳动教育内容得到了极大的丰富，除了早期探索时期的体力劳动，越发地注重脑力劳动。进入 21 世纪，我国依据时代发展的需要，提出素质教育，劳动教育便被纳入其中。这一时期对于劳动教育的认识为后期国家的政策制定奠定了基础。

3）劳动教育发展的深化改革时期（2012 年至今）

尽管在 21 世纪的第一个十年里，党和国家在素质教育的教育方针之下，对劳动教育做

① 何东昌．中华人民共和国重要教育文献（1949—1975）［M］．海口：海南出版社，1997.

出了许多规划，但是仍未受到全社会的高度重视。进入中国特色社会主义新时代，我国开始深度强化青年学生的劳动教育。2015 年教育部、共青团中央同全国少工委印发了《关于加强中小学劳动教育的意见》丰富了“劳动”的内涵，指明了劳动教育的主要目标以及开展相关教育的关键环节。2018 年教师节，习近平总书记在全国教育大会上提出要“培养德智体美劳全面发展的社会主义建设者和接班人”。这是新中国成立以来第一次将“劳育”同其他四育并列写入党的教育方针当中，五育并举，劳动教育被提高到前所未有的高度。2020 年 3 月中共中央、国务院发布《关于全面加强新时代大中小学劳动教育的意见》，文件明确了加强劳动教育的基本原则和相应的教育体系，为新时代青年学生劳动教育的开展提供了明确的思路。这一时期，对劳动教育的重视被提到了前所未有的高度，内容上更加丰富、更贴合时代需求，也更加强调创新劳动。同时，这一时期也明确了劳动育人功能，即树德、增智、强体、育美。树德在于艰苦奋斗、克勤克俭的美德树立，增智在于创新劳动带来的智慧，强体在于体力劳动带来的强健身心，育美在于劳动的创造之美。

小贴士

“德智体美劳”的历史沿革

劳动本意就是操作、干活，而且多指从事劳其筋骨的体力活。把劳动作为一种教育目标也是近现代的事。

中华人民共和国成立之后，非常重视制定教育方针，把它视为统率教育的总目标、总方向。历来的教育方针大致有：

（1）新民主主义教育方针（1949 年）。1949 年 9 月 21 日至 30 日，中国人民政治协商会议第一次全体会议在北京举行。会议一致通过了《中国人民政治协商会议共同纲领》。《共同纲领》第五章“文化教育政策”第一条中明确规定：“中华人民共和国的文化教育为新民主主义的，即民族的、科学的、大众的文化教育。”

（2）“三育”教育方针（1957 年）。1957 年 2 月 27 日，毛泽东在《关于正确处理人民内部矛盾的问题》的讲话中提出：“我们的教育方针，应该使受教育者在德育、智育、体育几方面都得到发展，成为有社会主义觉悟的有文化的劳动者。”

（3）“三个面向”“四有新人”教育方针。改革开放之初，邓小平指示：“教育要面向现代化、面向世界、面向未来，应培养‘有理想、有道德、有文化、有纪律’的人才。”

（4）“三育”教育方针。1993 年提出的教育方针中指出：“教育必须为社会主义现代化建设服务，必须与生产劳动相结合，培养德智体等方面全面发展的社会主义建设者和接班人。”

（5）“德智体美”教育方针。1999 年 6 月《中共中央、国务院关于深化教育改革，全面推进素质教育的决定》指出：“以提高国民素质为根本宗旨，以培养学生的创新精神和实践能力为重点，造就有理想、有道德、有文化、有纪律的德智体美等全面发展的社会主义事业建设者和接班人。”

（6）“立德树人”教育方针。党的十八大提出：“坚持教育为社会主义现代化建设服务、为人民服务，把立德树人作为教育的根本任务，培养德智体美全面发展的社会主义建设者和接班人。”

（7）“德智体美劳”五育并重教育方针。2018 年 9 月 10 日，中共中央总书记习近平首次提出：“培养德智体美劳全面发展的社会主义建设者和接班人。”

首次完整提出“培养德智体美劳全面发展的社会主义建设者和接班人”的教育方针，并写入国家法规文件，而且将全面贯彻落实，付诸行动的，是在 2018 年的教师节。可以预见的是，五育并重的教育方针，将在教育领域深耕，培养出一代代拥抱未来的有用之才。

新中国成立 70 多年来，劳动教育的发展从探索期走向新时代的深化改革期，在内容上也不断得到丰富。对这一历史过程进行梳理，从中吸取经验和教训，将有助于我们更好地把握当前的劳动教育政策，并为我们进一步贯彻新时期的教育方针提供一些新的思考。新时代的教育方针正是在此基础上，以加强劳动教育为突破口，以提高国民综合素质为着眼点，系统推进素质教育，构建全面育人体系。当代青年大学生不仅要努力学习专业知识，还应该积极地参与社会实践，将自身所学与社会实践结合起来，提升自身的劳动能力。同时，青年大学生要勇于开拓进取，抓住时代机遇，敢于创新。唯有青年一代拥有正确的马克思主义劳动观，不懈奋斗，我们第二个一百年的辉煌才能够得以实现。[①]

小贴士

上海中侨职业技术大学：探索“五维四驱”劳动教育模式

上海中侨职业技术大学将劳动教育与“思政教育、就业能力、生活技能、公益志愿、创新创业”等“五维”融合，探索“课程、实训、生活和活动”四个驱动，切实加强青年大学生劳动教育。

（1）劳动教育进入思政课堂。在思想政治理论课程中突出马克思主义劳动观的教学内容，引导学生树立劳动观念，养成劳动习惯，具备劳动能力。同时，学校在校内建立劳模（工匠）育人工作室，开设“劳模大讲堂”主题讲座，开展“劳模进班级”面对面等活动，引导学生正确认识劳动的重要作用，鼓励学生通过“出力流汗，接受锻炼、磨炼意志”来形成正确的劳动价值观和良好的劳动品质。

（2）劳动育人为学生就业“加码”。发挥专业实习实训的劳动育人功能，为学生就业“加码”。结合实践教学、顶岗实习实训、毕业设计等，学校开设以提高学生专业劳动素质、专业技术能力和职业胜任能力为核心的实习实训。

（3）劳动教育使学生养成良好生活习惯。以“每周二集体劳动日”为载体，加强学生日常生活劳动教育。结合校园生活，组织学生参加校园绿化、教室清洁、实验室维护、文明寝室创建等劳动锻炼，定期进行劳动最美主题实践和评比，培养学生掌握日常生活劳动技能和养成良好行为习惯。

（4）劳动实践服务志愿公益事业。积极开展志愿服务劳动育人实践，以校、院两级

① 于腾．新中国成立以来我国强调学生劳动教育的发展历程及启示［J］．佳木斯职业技术学院学报，2023（5）：130-132.

青年志愿者服务队为主体，开设“专业+”志愿服务劳动项目，年度志愿者人数达1万余人次。

（5）不断完善劳动教育体系。学校通过“课程、实训、生活和活动”四个驱动，丰富劳动教育的实施途径和渠道。结合思想政治教育、职业生涯教育、创新创业教育等，打造劳动教育主要依托课程，并挖掘专业课程蕴含的劳动教育元素，推动人才培养模式改革。

职业教育始于劳动实践。职业院校自身有着丰富的劳动资源，因此，职业院校有着劳动教育的独特优势。但一些职业院校将劳动教育简单理解为扫地清洁和志愿服务等，忽略了劳动教育还应该培养学生对劳动价值的认同和劳动态度的达成等核心内容，也就很难发挥劳动教育综合育人的功能。上海中侨职业技术大学将劳动教育与思政教育、就业能力、生活技能、公益志愿、创新创业“五维”融合，探索“课程、实训、生活和活动”四个驱动，创新载体，丰富内容，为新时代加强大学生劳动教育树立了榜样。

1.2.2 新时代劳动教育的新意蕴和特征

1. 新时代劳动教育的新意蕴

1）新时代劳动教育体现了社会主义办学方向

马克思主义认为，劳动创造了世界，劳动创造了历史，劳动创造了人本身。新时代劳动教育是社会主义教育的重要内容，是我国教育体系不可缺少的一部分，是学校教育教学工作的重要一环。针对当前一些青少年不珍惜劳动成果、不想劳动、不会劳动，劳动教育正在被软化、弱化的现象，《意见》明确了劳动教育的定位，指出“劳动教育是中国特色社会主义教育制度的重要内容”，要以习近平新时代中国特色社会主义思想为指导，引导学生理解和形成马克思主义劳动观。

2）新时代劳动教育坚持综合育人理念

新时代劳动教育立足于人的整体性，融合多学科知识，对人、社会和自然进行整合，将理论知识有机融入现实社会，对学生健全人格的发展起着重要作用。但是，一段时期以来，劳动的独特育人价值在一定程度上被忽视。《意见》充分肯定劳动教育“具有树德、增智、强体、育美的综合育人价值”，要求全党全社会必须高度重视，“坚持立德树人”“把劳动教育贯穿于人才培养的全过程”。

3）新时代劳动教育强调教育与劳动相结合

教育与劳动相结合是马克思主义教育的基本思想，也是我国《教育法》规定的明确要求。然而，由于应试教育的惯性作用，教育与劳动分离，导致一些学生身心发展失衡，不能健康成长。因此，《意见》强调劳动教育重点是要让学生在系统的文化知识学习之外有目的、有计划地参加劳动实践，出力流汗，实现知行合一，获得身心全面发展。

4）新时代劳动教育兼顾传统劳动和新型劳动

当今社会，劳动仍然是人类社会赖以生存和发展的基础。掌握必备的劳动知识和技能，树立正确的劳动观念，不仅有利于促进学生的全面发展，还有利于提升学生将来的生存能力和生活质量。另外，随着时代的发展，劳动的构成更加复杂多元，现代化、信息化、智能化的劳动内容不断增加。因此，《意见》强调要以日常生活劳动、生产劳动和服务性劳动为主，特别强调要“结合产业新业态、劳动新形态，注重选择新型服务性劳动的内容”。

5）新时代劳动教育关注劳动素养的培养

传统劳动教育主要侧重教授学生与劳动有关的知识、技能、方法等，而忽视劳动价值观、劳动精神、劳动思维等更深层次素养的培养，容易导致“有劳动无教育”的现象，难以使学生养成终身热爱劳动、尊重劳动的良好品质。新时代劳动教育突破传统劳动教育局限，着眼于学生的终身幸福和全面发展，以培养学生劳动素养为核心，对“劳动精神面貌、劳动价值取向和劳动技能水平”进行全面建构。①

2. 新时期劳动教育的基本特征

新时期高职院校开展劳动教育是促进人的全面发展的重要内容，也是践行立德树人根本任务的重要路径，具有职业性、专业性、整体性、协同性、创造性和时代性等基本特征。

1）职业性

职业性特点是指高职院校在开展劳动教育时，需要彰显自身的职业教育特色，根据专业特点、从业特点，科学设计劳动教育课程，将劳动教育课程和专业课程、实训课程、实践课程进行结合，以此形成德育、劳育的协同发展体系，通过劳动教育实现产教融合。根据专业岗位特点，实施丰富、趣味性的劳动教育活动，激发学生的劳动潜力和兴趣，以此培养学生的职业劳动光荣、尊重劳动的思想情感。

2）专业性

专业性特点是指劳动教育需要和产教融合、校企合作进行结合，鼓励学生在实训的过程中进入到一线工程中、生产车间中、技术岗位中进行专业对口的劳动实践，引导学生充分利用自身的理论、知识和技能做好岗位工作，积极参与到社会生产实践中。最终促使学生在岗位中提高自身的职业技能、专业能力和技术水平，帮助学生形成吃苦耐劳的劳动精神和精益求精的劳动品质，最终将学生培养成符合新时代要求的职业人。

3）整体性

劳动教育作为教育体系的组成部分，具有鲜明的整体性特征。具体来说，一是劳动教育所承担的任务具有整体性，它应该是完整的、全面的，从整体上对某阶段的发展目标进行设计，将劳动教育的阶段目标、学年目标、学期目标、课时目标结合起来进行整体规划并彼此衔接，贯穿教育的每个阶段、每个过程。二是指劳动教育本身具有整体性，它是一个有机体，由劳动观念、劳动能力、劳动知识、劳动精神、劳动习惯和品质等各个部分组成，而且各个部分之间又相互关联、相互制约。只有充分发挥各要素的作用和功能，并加强各要素之间的配合和相互渗透，才能达成教育目标。

4）协同性

教育归根结底来说是一项各部门协同进行的系统性行为，劳动教育作为教育体系中的一项重要内容，也具有协同性。高职院校中开展劳动教育，不仅要加强学校、任课教师、相关教育工作者以及学生之间的相互协同、相互合作，形成统一的工作体系，也要注重学校、家庭、社会之间的互相配合，打造全员育人机制，共同发挥教育合力。

---

① 陈云龙，吴艳玲．新时代劳动教育的内涵、特征与价值［J］．人民教育，2020（7）：35-38.

5）创造性

《意见》中明确指出，要体现中国特色社会主义新时代发展特征，适应科技发展和产业变革，针对劳动新形态，注重新兴技术支撑和社会服务新变化，深化产教融合，改进劳动教育方式，强化诚实合法劳动意识，培养科学精神，提高创造性劳动能力。这不仅要求劳动教育工作者创新教育理念，善于调动各方力量，运用互联网新媒体手段，创造性地采取多种教育方式和教育手段进行育人，还要求他们引导学生在科学探究、创新设计、亲历实践、劳动奋斗的过程中形成正确的马克思主义劳动价值观、劳动素养和劳动品质，具备创造性劳动能力，从而成为适应国家和时代发展需要的社会主义建设者和接班人。[①]

6）时代性

时代性特点是指从时代职业改革基本要求出发，把握新时代的特点，充分认识到技术经济知识时代和信息技术时代下的高职院校劳动教育基本要求，以此明确立德树人基本重任，实现职业教育的改革，保证职业教育的质量，把握时代教育的特点，最终优化劳动教育体系和流程，明确人才培养目标，确保劳动者具备一定的职业素质和专业技能。

小贴士

中山职业技术学院的劳动实践项目

劳动实践教育项目作为中山职业技术学院实践育人的重要组成部分，彰显了其在人才培养过程中的重要作用。

（1）坚持“三爱”育人中心，引领实践新理念。中山职业技术学院劳动实践育人项目以“三爱”教育为中心，全面组织学生走出课本，走下课堂，走进实践，积极参加劳动体验活动。劳动实践教育项目在操作办法上下功夫，在宣传推广上抓重点，使学生将技能学习与劳动实践相结合，将品德提升与劳动实践相结合，形成“爱劳动-爱学习-爱学校-爱社会-爱祖国”的递进引领，从理念上推动了劳动教育的常态化发展。

（2）创设两大开展阵地，覆盖育人全范围。劳动实践教育项目开展包括“教学区”与“宿舍区”两大阵地，教室公共卫生和宿舍卫生两部分各占劳动素质必修课程1学分的百分之五十的考察分值，通过两大阵地的日常考核与活动开展双结合的模式将公共卫生区域清扫与宿舍生活区域自理双结合，实现实践教育在全校范围内的全覆盖。

（3）打造三大活动平台，构筑实践多方位。劳动实践教育项目结合学校人才培养目标，在结合微信新媒体立体宣传的同时夯实班会宣讲和画册印制，并全力开拓以课程为基础、以活动为推手、以分享为助力的平台化建设，推行劳动实践课教育的多方位开展实效：第一平台是课程，通过将劳动实践教育项目纳入学校人才培养方案基础素质必修课程，面向大一新生，每个学生需完成16课时劳动课程计1学分，指导大一全体同学参与劳动实践课，掌握劳动技能，提高劳动素养；第二平台是活动，通过竞赛活动，加深劳动教育成效，三年间分别通过开展“我与劳动课”征文比赛、“我为劳动点个赞”劳动风采展示大赛、“劳动图片展”等活动，加大对劳动实践教育项目的宣传力度，让学生从被动到主动，积极参与，营造人人爱劳动的氛围，使劳动实践教育项目不停留于形式，并推进

① 朱文富，赵秦．新时代高职院校劳动教育的意义、特征及策略［J］．教育与职业，2022（6）：103-106.

文化理念的渗透；第三平台是分享，通过举办不同层面的劳动分享会巩固劳动成果，引导学生在朋辈互动共鸣中领悟劳动精神，懂得珍惜与分享，真正的体会生活中的甘甜与幸福。

（4）整合四维基础保障，整合实践全联动。劳动实践教育的顺利开展，有赖于学校的四维保障机制，在制度、人员、指导、经费方面保障了劳动实践课的开展。一是制度完善，劳动实践教育项目制度完善，各部门分工明确；二是人员参与，各二级学院配有专门的考核小组进行日常检查考核，期末考核结果纳入辅导员、学院考核，形成组织架构与评价体系的双支撑；三是指导有力，为保证劳动实践教育的效果和质量，各二级学院分别为劳动实践教育项目指定了指导教师；四是经费落实，劳动实践教育项目的经费从学生活动专项经费支出，劳动工具的购买、各项课程活动经费都做到有计划、有预算，从而保障了劳动教育的顺利开展。

1.2.3 劳动教育的内容

劳动教育要注重大学生劳动观念、劳动价值观、劳动习惯、劳动精神、劳动技能等方面的培养。

1. 劳动观念

劳动观念是指人们对劳动的认识和看法，它主要通过对劳动进行多方面的综合了解，进而促使人们形成一种对劳动的总体认识。劳动观念是决定劳动行为的前提条件，积极向上的劳动观念，可以指导人们做出正确的劳动行为，而错误的观念则会导致很多问题的产生，不利于学生的身心健康成长。引导大学生树立正确的劳动观念，首先要确定劳动创造了人本身，劳动创造了人类社会，并且推动了社会的发展的理念。劳动是人类所特有的，区别于动物的最基本的社会实践活动，是一切财富的源泉，是社会文明进步的动力。大学生只有树立正确的劳动观念，才会热爱劳动和珍惜世界上的一切劳动成果，才会主动积极地接受劳动，才会从心底里尊重劳动和劳动者。

2. 劳动价值观

小案例
王健林为何能评上“五好战士”？

人们的劳动认识和实践会受到劳动价值观的影响，在正确的价值观指导下人们才会做出正确的行为，因此，要对大学生进行劳动教育需从劳动价值观的教育入手，让观念先行。劳动价值观是人们对劳动的价值、目的和意义等的观念认识，直接影响着人们的劳动态度、劳动价值取向、劳动目标的追求、劳动价值的评判。形成正确的劳动价值观是人们劳动认识和实践活动达到自觉的重要标志。大学生劳动价值观的教育首先是使大学生树立起“劳动光荣，劳动创造价值，劳动实现自身价值”的价值取向，培养起“热爱劳动、尊重劳动、珍惜劳动成果、消除劳动偏见”的态度和情感，实现“以辛勤劳动为荣，以好逸恶劳为耻”的内化。其次是使大学生结合自身实际树立正确的劳动目标，只有目标切合实际才不会让人感觉虚无缥缈，才能避免“眼高手低、好高骛远”现象的出现。

3. 劳动习惯

大学生是备受社会关注、被寄予厚望的一个群体，但是近年来出现的大学生劳动习惯堪忧的问题需要引起我们的重视。一方面，是生活自理能力的下降以及不良行为习惯的产生，如洗衣、做饭、打扫卫生等基本的个人劳动能力不足，公共卫生清洁意识差，体力劳动缺乏，生活懒散，浪费粮食，浪费各种资源等；另一方面，体现在学业学习上的懒惰，如学业上不够勤勉和自律，缺乏刻苦钻研的精神、考试过程中的作弊行为等。因此，大学生劳动教育应重视其劳动习惯的养成，使学生无论是在体力劳动方面，还是在脑力劳动方面都能养成良好的习惯，并形成一种自觉行为。大学教育要培养的是全面发展的人，需要通过劳动教育使学生养成良好的个人生活习惯及勤奋严谨的学习风尚。

【小故事】

巴甫洛夫植树

巴甫洛夫，条件反射学说的创始人，他从小就十分热爱劳动。

在他小时候，有一天，巴甫洛夫和姑弟米加约好去园子里种树，费了很大的劲儿挖了一个坑，正要把苹果树栽下去的时候，爸爸从屋里跑出来了，指着园子里一块突出的高地对兄弟俩说：“你们看，那儿地势高，这里一下雨就会积水，苹果树不就要淹死了吗？”

弟弟听了爸爸的话，小嘴一噘，不高兴地走了。而巴甫洛夫并不灰心，跟着爸爸在高地挑选了一块空地，重新挖起来……

巴甫洛夫从小养成爱劳动的习惯，一直持续到晚年。苏俄国内战争年代，他在实验室周围的空地上种菜，自力更生地解决了吃菜的困难。

4. 劳动精神

劳动精神是人们所表现出来的对劳动的一种积极接受的态度，无惧于劳动过程中的苦累和各种困难，认为都可以通过自己的努力去克服，具体表现为一种对劳动热爱的坚定不移的意志力。热爱劳动是我国的一项传统美德，勤劳勇敢是我们的民族特征之一，我们国家面临着新的改革发展任务，大学生是国家建设的主力军，是国家的未来和希望，担负着建设社会主义、实现社会主义现代化、振兴中华民族的历史重任。因此，我们“热爱劳动、勤劳勇敢、自强不息”的传统美德和精神非但不能丢，还要在新的历史时期让它发扬光大，对大学生进行“辛勤劳动、无私奉献、吃苦耐劳、艰苦奋斗”的劳动精神和“自觉劳动、创新劳动”的劳动意识的教育就显得尤为重要。勤劳是我们一切事业成功的保证，是兴家立国之本。这种精神动力也将激励我们为实现自身价值、为社会进步而脚踏实地，辛勤劳动，在劳动中创造价值、实现价值。

【劳动人物】

铁人王进喜与铁人精神

新中国成立后，广大人民成了国家的主人，劳动热情倍增。振兴中华，改变祖国一穷二白的落后面貌，成了人民群众共同的愿望和行动，被称为“铁人”的王进喜就是胸怀祖国、发奋图强的一代工人的典型。

王进喜本是玉门石油矿的一名普通工人，可他一心为国分忧。他看到汽车没油烧，在车顶上放着大大的煤气包，靠烧煤气行驶。他难过得吃不好、睡不着，心想：“我是石油工人，现在国家缺油，我有责任啊！”不久，他被调到大庆，参加开发新油田的会战，他兴奋得像有使不完的劲儿，恨不得一拳头砸出一口井来。没有住房，他和大家住在干打垒的简易棚子里，吃冷饭，睡地铺。钻井机到了，可没有吊车下不了火车，他一声呐喊，带着工人用绳子拉、肩膀顶，终于把机器卸下来运到工地。第一座井架竖起来了，没有水灌井，他和工人们用脸盆、水桶，硬是把水一盆一桶地弄来，争分夺秒地开了钻。发生井喷事故时，没有搅拌机，他纵身跳进泥浆池，用身体搅拌（见图1-4）。他为什么要这样做？为的是尽快打出石油，改变祖国石油工业落后的面貌。

图1-4 王进喜用身体搅拌泥浆

因为常年劳累，饮食没有规律，王进喜得了严重的胃病，经常疼得不能入睡。可他说：“为了拿下大油田，我宁可少活20年！”正是这种铁人精神，正是这种为国忘我的劳动，使大庆油田很快建成了，使我国摘掉了石油工业落后的帽子。

5. 劳动技能

培养大学生的最终目的是要为社会输送品德与能力兼备的新型劳动者，然而大学课程的设置更多的是偏重理论学习，这就导致了大学生劳动实践能力的不足，这显然是不符合社会对人才的要求。因此，劳动教育就是要通过劳动实践活动使理论能够联系实际，使大学生的所学能够致用，使大学生能够掌握劳动实践的技能。大学生劳动技能教育大致包含两部分内容：一部分是教学计划内的劳动教育，这需要结合大学生所学专业的特点具体安排，包括教学实验、课程设计、专业实习、毕业设计、生产见习等；另一部分是教学计划外的劳动教育，包括学校提供的科技文化服务、勤工助学活动、支教服务以及大学生自主参与、组织的社会公益劳动、生产劳动以及其他形式的社会实践活动等。

【劳动人物】

辽宁舰上的巧匠

翟国成是辽宁舰首个获得国家专利的航空母舰舰员。3本国家专利证书、10余项创新研究成果、4次荣立三等功、“全军优秀士官优秀人才奖”一等奖……这是二级军士长翟国成在航母上收获的一份成绩单。更让这位航空保障部门支持设备区队区队长骄傲的是，有一种工具，能以自己的名字命名——“翟国成扳手”。

翟国成精通所带区队的10多个专业，先后保障过4型战机。车辆应急启动装置、甲板专用警戒杆等十多项研究成果，让翟国成成为战友们眼中的士兵发明专家。其中，管线导引装置、立式开盖扳手、管线升降装置获国家实用新型专利证书。绿色的证书封面上，“实用新型专利证书”8个金色大字醒目耀眼。每次从箱底翻出，他都要细细地端详，将它们在手中抚摸好几遍。这几项成果从立项到研发，从申报到审批，他等了足足两年，这份对航母舰员发明创造“唯一性”的肯定，在他心中分量何其重。

在翟国成的引领下，辽宁舰掀起了装备革新的热潮，涌现出多名“装备革新之星”，为航母建设提出的装备改进建议多达数百条。“是航母给了我平台，让我去创新。”而关于发明创造的初心，翟国成说，一切都为了能打仗、打胜仗。“装备改进一点，航母的战斗力就提高一点。”

工作中的翟国成如图1–5所示。

图1–5　工作中的翟国成
（白杨 摄）

1.2.4　新时代劳动教育的意义

高职院校承担着培养学生劳动技能、提升实训能力等劳动教育职责，深入探讨高职院校开展劳动教育的意义与实践路径，是坚持“以人为本”育人理念和“五育并举”育人方式的重要内容，也是践行“立德树人”根本任务的重要路径，对培养社会主义建设者和接班人具有重要意义。

微课
新时代劳动教育的意义

1. 实现中华民族伟大复兴的必然要求

党的二十大报告指出：“从现在起，中国共产党的中心任务就是团结带领全国各族人民全面建成社会主义现代化强国、实现第二个百年奋斗目标，以中国式现代化全面推进中华民族伟大复兴。”实现中华民族伟大复兴是近代以来中华民族最伟大的梦想。中国梦生动形象地表达了全体中国人民的共同理想追求，昭示着国家富强、民族振兴、人民幸福的美好前景，为坚持和发展中国特色社会主义注入新的内涵和时代精神。新时代的劳动教育，就是坚持把握育人导向、遵循教育规律、体现时代特征、强化综合实施、坚持因地制宜，培养广大的“追梦者”和“圆梦人”。幸福不会从天而降，梦想不会自动成真。广大青年学子通过接受系统的劳动教育，能在投入社会实践中更好地找准努力方向、更好地立足岗位、更好地创新创造，并身体力行地自觉传播劳动精神和劳动观念，让勤奋做事、勤勉为人、勤劳致富在全社会蔚然成风，这既是劳动教育的目标，也是实现中华民族伟大复兴的必然要求。

【劳动人物】

“95后”人大代表邹彬：一手砌墙绝活拿下世界大奖

2023年，邹彬向全国两会提交了一份建议——《关于进一步服务产业工人转型、弘扬工匠精神、推动质量强国建设的建议》，关注重点依然是加强建筑产业工人培育、提升职业技能水平、权益保护等议题。

图 1-6 工作中的邹彬

“我来自这个群体，对他们的处境、诉求都非常了解，为他们代言是理所当然的。”全国人大代表、中建五局总承包公司项目质量总监邹彬说。

邹彬是一位“95 后”的人大代表，十几岁就跟随长辈到建筑工地谋生，做了一名砌筑工。刚入行的邹彬没有什么特别技能，但胜在好学，他认真观察老师傅的操作步骤和技巧，吊线、抹灰、找平……把每道工序都看在眼里、记在心里。为了更好地掌握这门手艺，也是力求将“砌墙”做到极致，只要砌得不美观，灰缝或大或小不均匀、砖面上都是水泥点子，他就会推倒重砌，即使常被工友们笑“冒傻气”也不管。“心里就是憋着一股劲儿。”回忆起最初做小工时的情景邹彬说，这些事大部分人都能做，我只是多了一份坚持。就这样，邹彬逐渐掌握了砌墙要领，他砌的墙横纵两向的灰缝都能控制在 1 厘米标准以内，砖面干净、不沾水泥。工作中的邹彬见图 1-6。

2015 年，靠着练就的一手砌墙绝活，邹彬被中建五局推荐参加第 43 届世界技能大赛砌筑项目全国选拔赛，最终赢得了该比赛唯一一个中国参赛名额，并获得优胜奖，实现了中国在砌筑组奖牌零的突破。2018 年，年仅 23 岁的邹彬当选为全国人大代表，是当时湖南省最年轻的全国人大代表。他说，成为人大代表要为农民工发声。

“我有现阶段的成绩除去个人努力、父母的教育和中建五局的发现和培养外，更重要的是国家重视技能人才、弘扬工匠精神，为我们这些青年提供了可以施展抱负的平台。”邹彬说。

从那以后，他先后奔赴北京、黑龙江、上海等地调研，与一线工人交流，就如何充分发挥建筑产业工人的积极性、创新性和创造力、聚焦工人转型发展等问题，陆续提交了 10 余份建议。让邹彬高兴的是，这些建议都得到了相关部门的书面回复，有关建筑产业工人队伍建设的政策也越来越完善，如 2021 年《关于加快培育新时代建筑产业工人队伍建设的指导意见》出台，就从完善职业技能培训体系等 12 个方面对加强建筑产业工人培育，提高建筑产业工人各方面待遇进行了明确。

“围绕农民工群体调研的这几年，我发现外在的福利保障都只是锦上添花，授人以鱼不如授人以渔，最重要的还是要加强技能培训、提升职业技能水平，让农民工群体有更硬的手艺，更有力的话语权。”邹彬说。

2023 年，邹彬在向两会提交的“建议”中建议加强新时代工匠人才的培育，进一步落实国有企业办职业院校的相关激励政策；加强新时代工匠人才就业导入，进一步推动新型工业化；加强新时代工匠人才保障，进一步营造发扬工匠精神的良好氛围。

“党的二十大报告提出，‘以中国式现代化全面推进中华民族伟大复兴’，‘坚持把发展经济的着力点放在实体经济上，推进新型工业化，加快建设质量强国’。结合我的履职经历调研思考，我认为推进中国式现代化，进一步服务产业工人转型、弘扬工匠精神，对于推动‘中国速度’向‘中国质量’、‘制造大国’向‘质量强国’转变具有重要作用。”邹彬表示，怎么把工人更多地转化为工匠，让这个群体更好地参与到中国式现代化建设中，是需要持续不断关注的一项课题。

未来，邹彬称，他将更多地深入行业去调研去思考，不改初心为农民工群体代言发声，“也希望大家都能够通过自己的双手奋斗出属于自己的光明未来，有一分光发一分热，我会继续为大家发声”。

2. 践行立德树人根本任务的重要途径

立德树人是教育的根本任务，也是高职院校人才培养工作的核心。2021 年 10 月，中共中央办公厅、国务院办公厅联合印发了《关于推动现代职业教育高质量发展的意见》，再次强调坚持立德树人、德技并修，将思想政治教育与技术技能培养深度融合统一。在高职院校开展劳动教育，通过课堂内外的教育向学生传授劳动理论知识，引导学生积极进行劳动实践，在提高劳动技能的同时培养劳动态度、劳动品德，不仅有助于提高学生的道德水平、精神风貌，也有助于磨炼意志、锻炼精神，提升品德修养和行为自律水平，养成艰苦奋斗精神，引导学生树立正确的世界观、人生观、价值观，成为自信自尊自爱、尊德守法爱国、爱岗敬业、实干奉献、开拓进取的时代新人。

3. 促进人的全面发展的现实需要

马克思主义历史唯物观认为，生产劳动是人类社会经济生活、政治生活、道德生活、文化生活和整个人类社会发展的历史源头。马克思主义劳动观认为，劳动创造了人与人类社会，也唯有劳动才是实现社会全面发展的根本动力。马克思认为，教育同生产劳动相结合是提高社会生产的一种方法，是改造现代社会的最强有力的手段，是造就全面发展的人的唯一方法。坚持德智体美劳“五育并举”，将劳动教育作为人才培养体系的重要环节，不仅有助于培养高素质技术技能人才，也有助于培养具有正确劳动价值观、体力劳动与脑力劳动相结合、身心全面发展的优秀人才，体现了党和国家的教育全局观和学生整体发展的综合教育理念。

【劳动人物】

焊花飞溅写青春

“一点都不能差，差一点都不行”，这是中国第十九冶金建设公司职教中心教师、中冶集团首席技师周树春（见图 1–7）在他焊接世界里践行的工作准则。

全国“五一劳动奖章”、全国冶金建设行业技术能手、全国冶金建设高级技能专家、全国青年岗位能手、全国技术能手……多年来周树春不断获得各种荣誉。不仅如此，作为焊接项目中国代表队主教练，周树春带领参赛选手连续参加最近三届世界技能大赛，取得了该项赛事中国首枚银牌、首枚金牌。

图 1–7　周树春

从入行时的茫然无措到现在的“焊接之星”，20 多年来，周树春用焊花书写着青春之歌。1974 年出生的周村春在 18 岁时作为一名轮换工走进了父亲曾经工作的企业。上班第一天，面对自己从未见过的机械构件，周树春感到茫然无措。但性格质朴的他却不肯服输，暗下决心：无论多苦、多难、多累都不能退缩，一定要成为一名优秀的焊工。从此，焊枪成了他形影不离的“伴侣”，从来没有接受过专业学习的他勤勉努力，虚心求教，白天忙干活，晚上学理论，他发誓要做一名技术过硬、理论扎实的现代工人。多年来，他自学了《管道焊接技术》《焊接热过程与熔池形态》等几十本专业书籍，读书笔记达数十万字。

功夫不负有心人，辛勤的耕耘终获丰厚的回报。周树春先后掌握了12种国内外前沿焊接技术，提炼总结出13种焊接操作方法。他不但成长为公司的技术精英，而且在专业学术领域收获颇丰。

熟悉周树春的人对他评价最多的就是“这是一个踏实勤奋、善于钻研、肯动脑筋的年轻人”。在许多施工项目中，都有他凭借精湛技艺攻坚克难的故事。

在昆钢高炉工程焊接施工中，作业面狭窄，焊口隐蔽，管道内空气流动性大。周树春主动请缨，大胆采用在管道中充氩气置换、隐蔽部位用镜子反射焊口的巧妙办法，一举攻克难关。300多道焊口检测合格率达98%，展示了他独树一帜的精湛技艺。

邯郸高炉炉体风口大套焊接，坡口及工艺措施不当，使接头产生严重层状撕裂。他仔细分析接头产生层状撕裂的原因，运用“Z因子”控制原理，编制了炉皮与风口大套现场焊接工艺，严格按施工工艺操作，成功地解决了焊接裂纹问题，挽回经济损失上千万元。

作为一名普普通通的中国共产党党员，周树春在平凡的岗位上，用勤勉敬业的态度、敢为人先的冲劲、大公无私的奉献演绎出了新时代工人党员的本色。

课堂活动

劳动故事知多少

1. 活动目标

通过收集、分享劳动故事，帮助学生树立科学的劳动观。

2. 活动时间

建议20分钟。

3. 活动准备

每个人通过查找资料、上网搜索等方式收集、整理各类劳动故事，每人不低于3个，越多越好。

4. 活动流程

1）教师将学生按照4~6人划分小组，并每组推选一名组长。

2）组内进行劳动故事分享，并讨论这些故事背后的启示，形成小组统一观点。

3）教师要求每组汇报整理劳动故事数量，组内重复的劳动故事按照1个统计，按照每组整理的故事数量遵循由多到少次序进行班级分享。

4）每组挑选2~3个典型故事，由组长代表本组进行劳动故事和劳动观点分享，其他小组可以对其进行提问，小组内其他成员也可以回答提出的问题；通过问题交流将每个需要研讨的问题都弄清楚。前面组已分享的故事后面组不能再分享。

5）教师进行分析、归纳、总结。

6）教师根据各组在活动过程中的表现，给予点评并赋分。

（资料来源：刘培胜，张世荃，张志祥．劳动教育理论与实践教程［M］．哈尔滨：哈尔滨工程大学出版社，2020.）

课后练习

1. 简答题

1）你是如何理解劳动和劳动教育的？

2）请谈谈你对劳动的本质的理解。

3）劳动分为哪些类型？

4）劳动有何价值？

5）在此之前你接受过哪些劳动教育？有哪些收获？

6）新时代劳动教育的新意蕴体现在哪些方面？

7）劳动教育有何特征？

8）劳动教育的内容有哪些？请选择其中两项结合自身实际展开论述。

9）新时代劳动教育有何意义？

2. 思考与探索

1）不少学生缺乏基本的劳动尝试与能力，这种现象正常吗？有什么影响？

2）学业负担能否成为不劳动的理由？为什么？

3）职业院校学生开实训、实习课，是否还需要参加日常劳动？

4）有人提出，智能化时代加速到来，还有必要提倡劳动教育吗？谈谈你的想法。

5）如何看待有些人破坏公共环境、轻视清洁工人劳动成果的行为？

6）我们应该如何对待劳动任务中的“苦差事”和“分外事”？

7）在有余力的情况下，是否应该帮助他人完成劳动任务？

8）伟大出自平凡，平凡造就伟大，很多时候，给我们最深感动的正是那些最平凡的劳动者，请你举出几个现实生活中的例子进行说明。

9）近年来，许多家长望子成龙心切，为了让孩子有更多时间“专心”学习，把孩子必要的劳动，包括自我服务性劳动全包了下来。孩子劳动的机会被剥夺了，久而久之他们习以为常，养成了衣来伸手、饭来张口的习惯，劳动意识日益淡薄。而据中国材料科学泰斗、高温合金之父师昌绪生前回忆，1934 年他考入河北省立保定师范学校后获得的最大收获就是劳动。当时保定师范实行的劳动教育，是让学生们真正下地干活，每周有 4 个半天的劳动时间。在此期间，师昌绪学会了育种、给梨树剪枝、耕地等，他认为在后来的学习和科学研究中坚持的一些原则，就是得益于这一时期劳动教育的熏陶。

对此，你有何看法？请与同学展开讨论。

10）抗日战争时期，战争消耗和经济封锁导致根据地粮食紧张，加之连年战乱，土匪肆虐，位于延安城东南方向约 45 千米处的南泥湾，变成了人烟稀少的荒僻之所。在这种形势下，毛主席亲笔题词“自己动手，丰衣足食”。于是，一场轰轰烈烈的大生产运动在陕甘宁边区迅速开展起来。经过三五九旅一年多的艰苦奋斗，昔日荒草丛生、沼泽遍地的“烂泥湾”变成了到处是庄稼、遍地是牛羊的陕北“好江南”。60 多年后的今天，拥有 1 万多人口的南泥湾镇，种植业和养殖业蓬勃发展，红色旅游也吸引着越来越多的游客，南泥湾镇正在成为历史文化旅游名镇。①

南泥湾从荒无人烟的“烂泥湾”到陕北“好江南”，你怎么看待这个变化？请与同学展开讨论。

11）来自北京教育科学研究院基础教育科学研究所的报告显示：美国学生平均每天的劳动时间为1.2小时，韩国0.7小时，法国0.6小时，英国0.5小时，而中国学生平均每天的劳动时间只有12分钟。针对这种现象，首都青少年劳动教育调研组赴北京市党政机关、教育机构、企事业单位、基层社区实地走访并发放千余份调查问卷，对首都青少年劳动教育现状进行了摸底调查。据了解，只有不足三成的学生会整理房间、打扫卫生，很多孩子根本不做或者不会做。随着数据一起出来的还有结论：中国孩子现在自理能力缺失，对于劳动的意识也很淡薄。对此，有些家长表示：不是孩子不爱做劳动，是孩子没有时间做，也不会劳动。②

你认为造成孩子现在自理能力缺失的根源是什么？如何解决？请与同学展开讨论。

12）“互联网+”以及人工智能的发展，使得人们可以从很多“日常劳动”中解放出来。动动手指，美团外卖很快就会送餐；发布语音指令，机器人就可以帮我们擦地。有人说，随着产业结构变化、社会分工细化，劳动的内涵和外延有了明显变化，劳动离我们已经越来越远了。

对这种说法，你怎么看？

13）据一位网友分享，他近两年没有固定工作，不劳动，一天两餐，一个月花销200元左右，没事就去钓鱼、游泳、锻炼，心情好的时候就去横店当群众演员，角色同样是“躺平”。

对这种“躺平学”你有何看法？请与同学展开讨论。

14）请以“劳动”为主题在班级内开展演讲比赛，可探讨劳动与收获、劳动与人生、劳动与发展的关系，可结合本专业的发展趋势创新立意。

---

① 教育部职业技术教育中心研究所．劳动教育读本［M］．北京：高等教育出版社，2021.

② 瑀辰．报告称中国小学生日均劳动仅12分家长：学习压力大［EB/OL］．（2019-01-16）［2023-05-21］．https://baijiahao.baidu.com/s?id=1622796432838085339&wfr=spider&for=pc.

劳动实践电子活页：自我服务

一、自我服务劳动的概念

二、自我服务劳动的技能

三、自我服务劳动意识建立的意义

四、自我服务劳动能力的提升

学生工作页

自我服务劳动认知与实践训练					
任务一	掌握自我服务劳动的概念				
任务二	掌握自我服务劳动的技能				
任务三	建立自我服务劳动意识				
任务四	提升自我服务劳动能力				
任务五	用短视频的方式进行自我服务劳动成果展示				
班　级		学　号		姓　名	

学生自评

我的心得：

建议或提出问题：

教师评价

项目2

劳动精神

我觉得人生求乐的方法，最好莫过于尊重劳动。一切乐境，都可由劳动得来，一切苦境，都可由劳动解脱。

——李大钊

青春啊，永远是美好的，可是真正的青春，只属于那些永远力争上游的人，永远忘我劳动的人，永远谦虚的人！

——雷锋

我们世界上最美好的东西，都是由劳动、由人的聪明的手创造出来的。

——高尔基

学习目标

目标分类	具体内容
知识	1. 深入了解劳动精神的嬗变和发展 2. 了解劳动精神的概念、特征 3. 把握劳动精神的内涵
能力	1. 复述劳动精神的内容并用于指导自己的工作 2. 能够触类旁通地领会弘扬劳动精神的价值 3. 提高劳动技能，自觉做到辛勤劳动、诚实劳动、创造性劳动
态度	1. 养成崇尚劳动、尊重劳动、热爱劳动的态度 2. 认同弘扬新时代劳动精神的价值 3. 端正对劳动精神的认识，自觉弘扬劳动精神

项目导入

地铁检修中的劳动精神

尹星是青岛地铁集团有限公司运营分公司运营二中心车辆部的一名工程车检修工，是青岛地铁的首位“全国劳动模范”、山东省“齐鲁首席技师”、青岛市“青岛大工匠”。

虽年近不惑，但学业务理论钻劲十足；言语不多，但在疑难故障面前眼睛发亮。多年来，他主导实施技术创新项目20多项，获得国家实用新型专利10项；发表技术论文35篇。实现“科技保安全”目标，主导完成的科技创新项目《运行监控系统在青岛地铁工程车的应用研究》在深圳地铁全线网内47辆车上得到了广泛应用，推广应用效益1 070万元，实现了以“机器人+机器视觉+信息化”为手段，融入轨道交通列车检修作业中，是国内外首次在城市轨道交通车辆日常检修领域应用人工智能机器人技术的项目，每年可节省人工成本3 000万元以上。

在这背后，是尹星多年来扎根一线、大胆实践、心无旁骛致力轨道技术研究的成果。他19岁技校毕业后，在工程车检修工作岗位上一干就是26年，参与完成的科技创新项目，填补了国内城市轨道交通行业轨道车安全防护设备的空白，他用脚步丈量轨道，用双手为青岛地铁安全运行保驾护航。他力求每件事情都做到最完美，在每次检修作业当中，他总是不放过把螺丝拧到最紧，不会放过任何一个细节。根据安全运行的要求，工程车每月都进行检修，一台车检修下来，需要三四个人通力合作3天。而每次检修完毕，尹星必须对整车1 000多个螺丝再检查一遍。对尹星而言，干一行、爱一行、精一行是技术工人的职业准则，他从一名普通检修工成长为地铁技工行业中的佼佼者，他在坚持自己梦想的道路上不断前进。

尹星的付出和努力得到了人们的认可，他先后荣获山东省劳动模范、齐鲁首席技师、山东省创新能手、山东省富民兴鲁劳动奖章、青岛市创新能手、青岛市首席技师、青岛大工匠、青岛地铁集团优秀共产党员等称号。他用两年的时间打造了一张属于青岛地铁的亮丽名片，他所带领的工作站和劳模创新工作室共产生山东省劳动模范1人、山东省富民兴鲁劳动奖章获得者2人、青岛市劳动模范1人、齐鲁首席技师1人、青岛市首席技师3人、青岛大工匠1人。

他充分发挥高技能人才引领作用，组织开展各类劳动竞赛和技术比武活动5次，技能培训200余次，3 000多人次受训，授课培训时间达到500多课时。多年来，带领培养多人成为技师和工程师，其中1人既具有钳工技师职业资格又具有电工技师职业资格，成为“双师人才”，1人荣获“青岛市首席技师”和青岛市“劳动模范”等称号，团队成员共获得市级荣誉奖励10余项，为城轨事业的发展提供了坚实的人才保障，为青岛地铁的“畅达幸福”服务品牌增光添彩。

精于工，匠于心，品于行。光荣属于劳动者，幸福属于劳动者。2020年11月24日，习近平总书记在全国劳动模范和先进工作者表彰大会上强调“大力弘扬劳模精神、劳动精神、工匠精神”，并总结了“三种精神”的深刻内涵，即“爱岗敬业、争创一流、艰苦奋斗、勇于创新、淡泊名利、甘于奉献的劳模精神”“崇尚劳动、热爱劳动、辛勤劳动、诚实劳动的劳动精神”“执着专注、精益求精、一丝不苟、追求卓越的工匠精神”。习近平总书记指出：“劳模精神、劳动精神、工匠精神，是以爱国主义为核心的民族精神和以改革创新为核心的时代精神的生动体现，是鼓舞全党全国各族人民风雨无阻、勇敢前进的强大精神动力。”①

---

① 习近平出席全国劳动模范和先进工作者表彰大会并发表重要讲话［EB/OL］.(2020-11-24)［2023-05-21］. http://www.gov.cn/xinwen/2020-11/24/content_5563856.htm.

新时代的大学生要积极投身为实现中华民族伟大复兴而奋斗的时代主题，把劳模精神、劳动精神、工匠精神落实到积极推动经济社会高质量发展，构建新发展格局，践行社会主义核心价值观行动中，在圆梦中实现我们的人生价值。

劳动是人的本质，是人类社会生存和发展的基础。劳动精神指的是广大劳动人民在劳动过程中秉持的劳动观念、价值理念以及展现出来的劳动态度、精神风貌。劳动精神是民族精神和时代精神的生动体现，是国家繁荣、民族强盛、人民幸福的强大精神动力，具有深厚的历史积淀和丰富的思想内涵。

党的二十大报告提出“在全社会弘扬劳动精神”[①] 的时代要求。中国特色社会主义进入新时代以来，习近平总书记多次对劳动精神及其弘扬问题进行深刻阐释，形成了习近平关于新时代弘扬劳动精神的重要论述。这将激励青年学子新时代把劳动精神内化于心，外化于行，在社会主义现代化建设的征程中将劳动精神发扬创新。

【话题探讨】

有人认为，宿舍是检验大学生劳动精神、劳动素养和劳动技能的最直观的场所。对此你怎么看?

任务 2.1　劳动精神的嬗变和发展

新时代弘扬劳动精神体现了对历史智慧和历史经验的继承和发扬。基于对历史的学习和研究，劳动精神的嬗变和发展有着来自中华文明史包括社会主义发展史的文化资源、思想理论、历史经验的撑持。正是以习近平同志为主要代表的中国共产党人对历史资源的优化整合和创新运用，新时代劳动精神才体现出了鲜明的逻辑连续性和历史必然性。

2.1.1　中华优秀传统文化中劳动精神的继承和转化

五千多年的中华优秀传统文化，积淀着中国劳动人民最深层的精神追求，是中国精神之根。中华民族自古以来就是勤俭朴素、善于创造的民族，在社会实践中创造的传统文化“不仅源远流长、博大精深，而且一以贯之、不坠于地”[②]，蕴含着丰富的劳动精神生成资源。在古代社会，生产力极其低下，劳动作为谋生的手段，始终为中华民族所尊崇。盘古开天、女娲补天、神农尝百草、精卫填海、愚公移山等世代相传的神话故事，无不展现了中华民族以劳动精神追求美好生活的愿望。新时代中国共产党弘扬劳动精神，继承和发扬了中华民族的勤劳美德、自强不息精神和信义一致的思想。

1. 中华优秀传统文化中的勤劳美德内蕴劳动精神

勤劳是中华民族最基本的道德规范。《尚书·周书·周官》中写道：“功崇惟志，业广惟勤。”认为取得伟大的功业是由于有伟大的志向，而完成伟大的功业在于辛勤不懈地工

① 习近平．高举中国特色社会主义伟大旗帜　为全面建设社会主义现代化国家而团结奋斗：在中国共产党第二十次全国代表大会上的报告［M］．北京：人民出版社，2022.

② 左亚文，高晓英．中国精神的本质规定及其内在逻辑［J］．理论探讨，2021（5）：40-46.

作。墨子在《墨子·非乐上》中提出“赖其力者生，不赖其力者不生”的观点，充分说明了人只有通过自己的力量，也就是通过自己的勤劳努力才能生存下去，反之亦然。中华优秀传统文化倡导的不懈工作、勤劳努力之理，正是劳动精神倡导的热爱劳动、辛勤劳动的鲜明体现。

2. 中华优秀传统文化中的自强不息精神内蕴劳动精神

《周易·象传》提出“天行健，君子以自强不息”，指出天体强健运行，永不衰竭，人们应该仿效天体运行，要努力自求上进，绝不停息。不仅如此，自强不息精神在强调坚持不懈的同时，还蕴含勇于改革、敢于创新的精神。刘禹锡提出“以不息为体，以日新为道”，强调人们做任何事情都要以持之以恒、永远向前为禀性，以日日创新为宗旨。这种日新精神与劳动精神倡导的崇尚劳动、创造性劳动内涵相契合。

3. 中华优秀传统文化中的信义一致思想内蕴劳动精神

《孟子》提出：“诚者，天之道也；思诚者，人之道也。”强调人应该追求天道真实的品德，要求人们诚实无欺、言行一致、重诺守信。古代先贤们提倡的诚信品德建立在讲仁义的基础上，他们认为讲信用必须合乎道义的原则，不能违背国家、人民和民族的利益，要做到信义一致。这一思想恰好与劳动精神提倡的诚实劳动的精神实质相一致。

小贴士

曾国藩治家“八字诀”中的劳动精神

曾国藩治家有道、教育有方，离不开他亲手制定的“治家八字诀”，分别是早、扫、考、宝、书、蔬、鱼、猪。这八个字让曾家得以长期保持农耕生活方式，子弟勤奋好学，家风严谨、和善而又朴实。早，就是起早，或者喝早茶。一年之计在于春，一日之计在于晨。扫，要干净、要整洁。流水不腐，户枢不蠹，即要经常打扫卫生，贵在持之以恒。养成良好的习惯不是一朝一夕的事情。考，“考”就是“孝”，指祖先祭祀，敬奉考妣，不忘先辈教诲。这里就是要教导中华民族的优良传统，尊老爱幼，孝敬父母，关爱他人。宝，“亲族邻里，时时周旋，贺喜吊丧，问疾济急”，所谓“人待人，无价之宝也”。以邻为宝，和亲睦邻，建立自己周边互帮互助的友好朋友圈，多沟通、多交流，不仅能够得到互相帮助，更能开阔眼界，舒展胸怀。书，就是读书治学。养成读书的好习惯，同时要建立良好的学风，“三人行、必有我师焉”，同时知书达理，修身养性。蔬，代表着农耕；鱼，代表着“渔”，猪，代表着“畜牧养殖”，意思是保持农耕的生活方式，注意健康的饮食习惯，五谷杂粮不偏食。同时告诉我们技不压身，农田耕作、捕鱼狩猎、种植养殖等技术都要掌握，没有职业的高低之分，只有分工的不同。这句话也预示了要自力更生、艰苦奋斗、不要坐享其成。

八字诀中饱含重视劳动精神的内容，正是曾国藩对家庭严格要求和教育，才使整个家族繁荣兴旺，连绵不衰。

由此可见，新时代劳动精神根植于中华优秀传统文化之中，与传统劳动美德紧密相连，成为中华文化和中国精神的重要因子，共同发挥着以劳养德、以劳立身、以劳树人的价值作用。习近平总书记在关于劳动精神的重要论述中，对中华优秀传统文化中名言警句的旁征博引，体现了新时代劳动精神对中华优秀传统文化的继承和转化。

2.1.2 中国共产党弘扬劳动精神历史经验的总结和发展

劳动精神是中国共产党领导劳动人民在百余年劳动奋斗中淬炼升华的宝贵精神品质，是激励全党全国各族人民砥砺前行的伟大精神动力。一百多年来，中国共产党在马克思主义劳动理论的指导下，充分肯定劳动的创造价值和引领价值，以多种方式和路径激发劳动者的积极性、主动性和创造性，积累了丰富的弘扬劳动精神的宝贵经验。

在新民主主义革命时期，中国共产党结合革命战争的特殊需要，通过唤起劳动者觉悟、保障劳动者权利、开展革命劳动教育和大生产运动等方式，弘扬和培育了广大劳动群众的革命精神。在烽火连天的岁月里，中国共产党意识到要夺取革命的胜利，就必须获取最广大劳动群体的支持和拥护，而唤起劳动者的思想觉悟就成为早期共产党人弘扬劳动精神的逻辑起点。李大钊民权宣言的发布，陈独秀撰写的《劳动者底觉悟》《中国劳动者可怜的要求》等著作，无不体现了特定历史时期党对劳动精神唤起的初步尝试。劳动在革命时期的特殊意义，意味着斗争，意味着解放，意味着建立和发展“劳动群众自己的政权”①。为维护和保障劳动者权益，中国共产党在中华苏维埃一大通过制定《中华苏维埃共和国宪法大纲》《中华苏维埃共和国劳动法》《中华苏维埃共和国土地法》等重要文件，在法律上对革命的目的、劳动者的权利义务等做出明文规定，从而促使劳动成为革命的手段，成为增强工农群众劳动主动性、积极性、创造性的有效途径。精神的锻造离不开实践活动的涵养，劳动精神的弘扬和培育需要劳动实践提供场域。在延安时期，为了解决经济困难问题，边区政府开展了轰轰烈烈的大生产运动。从“自己动手”解决衣食住口号的提出，到“自己动手，丰衣足食”目标的实现；从部队的生产，到机关学校的投入，再到党政军民学大家一齐干。这场独立自主、自力更生的大生产运动不仅保障了边区党和人民的物质生活，而且极大地增强了革命队伍和人民群众的劳动观念。

【小故事】

毛泽东和他的菜园

1939年，大生产运动在陕甘宁边区展开。当时，边区政府成立了生产委员会，采取有效措施，鼓励生产。在延安，党政军学各界人士都被动员起来，数万人投入大生产运动中，掀起了“人人动手”的大生产热潮。

一时间，延安的沟沟岔岔都是锄头的碰击声、人畜的嘈杂声，每个机关、每个部队、每个学校都有自己的生产计划、生产任务。“到生产战线上去”“我们要做劳动的先锋”“我们要做劳动的英雄”成为当时大家的誓言。

作为党政军负责人的毛泽东，不仅是大生产运动的倡导者，而且也是实践者。

大生产运动一开始，毛泽东就向大家发出了“一面工作，一面学习，一面生产”的号

① 建党以来重要文献选编（1921—1949）：第7册［M］. 北京：中央文献出版社，2011.

召。他在窑洞门前选了一块空地，自己动手开荒种地。众所周知，自长征以来，毛泽东喜欢在夜间办公，一直到次日凌晨。因此，一大早，延安城和周围的窑洞还在沉睡中，劳累了一夜的毛泽东在未睡觉之前，就扛着镢头出来开荒了。干一会儿后，他才回窑洞休息。办公一阵，又出去挖地。

警卫员、勤务员一见毛泽东下地，急忙回到窑洞里，拿起锄头跟上去，和毛泽东一起挖。毛泽东立刻阻止说："你们有你们的生产计划，我有我的生产任务，就这点地，你们都挖了，我没有挖的了。"

大家一边笑，一边挖。毛泽东满脸淌着汗水，衬衫都被浸湿了，还是不肯放下锄头。手握锄头，毛泽东有一种说不出的亲切感。他六岁时就开始学着干轻微的体力活；13 岁时，家里缺少劳动力，父亲让他停了学，翻田、锄草，什么活儿都干。他锄草特别认真，别人的田只锄两遍，他的田却总要锄上三遍，有时根本不管遍数，见到草就锄。结果，他种的庄稼总是比人家的好。

毛泽东这位种地能手现在又派上了用场。挖了不多久，他根据小时候种田的经验，认为挖得差不多有一亩地了。叫人来一量，果然一亩地。

地挖好了，毛泽东和警卫员们在地里垒起了个小水坝，用来引水浇地。几天后，毛泽东的地里就种上了洋芋，栽上了茄子、西红柿以及他最爱吃的辣椒。

菜种好了，毛泽东站起身，拍拍手，乐呵呵地把警卫员及临时来帮忙的警卫排其他战士叫过来。

"来吸烟，来吸烟。"毛泽东逐一给战士敬烟，然后关心地问，"你们天一明就上山生产，夜晚还要放哨，很辛苦吧？"

大家争着回答说："我们青年人，都是庄稼汉出身，不觉得辛苦。"

毛泽东细细地问着："你们警卫排订了生产计划没有？除了开荒种谷子、糜子，是否还种菜、养猪、打柴、烧炭呀？"

排长回答说："根据大队部（中央教导大队）的指示订了计划，养猪、打柴、烧炭，我们去年就这样干了。"

毛泽东接着说："耕田种地也要讲究技术，深耕细作，多犁地、多除草、多上粪才行。老百姓不是说'一籽下地，万籽归仓'吗，你们说对不对？"

大家一齐回答："对，一点也没有错！"

毛泽东接着问："你们谁会种菜？"

排长指着一位班长说："他是延安县的人，在家就种过菜。"

毛泽东笑着说："那很好，我就拜你做师傅。西红柿我还不会种，你教教我好吗？"

那位班长的脸忽然变得通红，低着头，羞羞答答地笑着对毛泽东说："务菜我是务过，但务得不好。"

毛泽东笑着说："经验不多不要紧，我们大家一齐来研究研究吧！三个臭皮匠，合成一个诸葛亮呀！"

一场春雨过后，毛泽东的那块地里的菜齐刷刷地出了苗，谁看了都夸奖。村里的人从地边经过，都要好好看看周围，怕有猪呀、鸡呀的把毛泽东的这块地里的苗给毁了。

第二年，毛泽东请来杨家岭的老乡当顾问，他一有空便到菜地里施肥、浇水、锄草，不久，地里便有了黄瓜、白菜和丝瓜。最让毛泽东感到高兴的，是地里种出了他最喜爱的红辣椒，吃着自己种的红辣椒，心里特别舒坦。除了供自己吃，他还经常拿这些劳动果实来招待客人，或送给周围的同志。

在社会主义革命和建设时期，以毛泽东同志为核心的中国共产党第一代领导集体在带领人民建设新中国的征程中，高度重视劳动精神的弘扬和培育。承继革命时期的历史经验，弘扬劳动精神首先要解放劳动主体，确立劳动者主人翁地位。中华人民共和国成立初期，生产资料私有制的社会主义改造的完成和社会主义制度的建立，彻底解放了被“三座大山”剥削、压迫、奴役的劳苦大众，使他们获得了真正的政治民主和劳动自由，在历史上第一次实现了人民当家作主，第一次成为社会生产资料和社会财富的拥有者和享用者。人民群众作为社会主义劳动者、国家主人翁的地位被中国共产党以新生的社会主义制度确立并规定下来。进入全面建设社会主义时期，毛泽东强调：“社会主义制度的建立给我们开辟了一条到达理想境界的道路，而理想境界的实现还要靠我们的辛勤劳动。”为此，党和国家高度重视人民群众的主体力量，强调要把他们组织起来，“向一切可以发挥自己力量的地方和部门进军，向生产的深度和广度进军”，并依靠文化教育和政治教育来提升劳动者的思想文化素质。对于领导干部而言，也“要以一个普通劳动者的姿态出现”，这是一种“高尚的共产主义精神”①。可见，中国共产党提倡的普通劳动者的姿态，意味着在社会主义新中国，无论是领导干部还是普通劳动者，人人都是平等的、自食其力的社会主义劳动者。

小贴士

国际劳动节

国际劳动节，又称“五一国际劳动节”，是世界上80多个国家的全国性节日，也是全世界劳动人民共同的节日，一般会举行相应的庆祝活动。

1889年7月，恩格斯领导的第二国际在巴黎举行代表大会。会议通过决议，规定1890年5月1日国际劳动者举行游行，并决定将5月1日这一天定为国际劳动节。这一决定立即得到世界各国工人的积极响应。中华人民共和国成立后，中央人民政府政务院于1949年12月做出决定，将5月1日确定为法定的劳动节。

在改革开放和社会主义现代化建设新时期，中国共产党总结经验教训，解放思想、实事求是，把党和国家的工作重心转移到经济建设上来，作出实行改革开放的重大决策，开启了中国特色社会主义现代化建设的新征程，自此，党对劳动精神的弘扬和培育也进入一个新时期。

在中国特色社会主义开创阶段，以邓小平同志为主要代表的中国共产党人抓住历史机遇，承继前人经验，结合社会主要矛盾已经发生转变的实际，明确解放生产力、发展生产力的中心战略目标，提出贫穷不是社会主义、科学技术是第一生产力、发展才是硬道理等观点和思想。早在革命时期，邓小平就强调要发扬“极艰苦的劳动”② 精神，面对新时期的使命

---

① 毛泽东文集：第7卷［M］. 北京：人民出版社，1999.

② 邓小平文选：第1卷［M］. 北京：人民出版社，1994.

任务，这一精神同样被他反复提及。针对科学技术不断发展创新，需要更多脑力劳动者支持的现实诉求，邓小平强调“尊重知识、尊重人才”，指出具备科学文化知识的脑力劳动者也是社会主义劳动者的一部分，只有尊重、鼓励和支持他们发挥进取精神，在主动自觉中把事业干成、干好，才能不断推动中国特色社会主义事业向前发展。针对党内和社会上不少人在改革开放中迈不开步子、不敢闯的现象，邓小平提出判断改革开放成败得失的“三个有利于”标准。这一标准符合马克思主义劳动理论的立场观点方法，为中国共产党领导人民群众发扬劳动精神以支持改革开放伟大事业提供了理论指导和价值支撑。在“三个有利于”标准下，邓小平倡导实行“按劳动数量和质量进行分配”①，提倡勤劳致富，鼓励多劳多得，允许一部分地区、一部分人依靠自己的智慧和辛勤劳动通过合法手段先富起来，这一主张既能够激发人们的劳动积极性和创造性，又符合中国的国情。

随着经济全球化迅猛发展，科技进步日新月异，市场经济改革不断深入，以江泽民同志为主要代表的中国共产党人结合时代要求，深刻阐述这一背景下劳动的新变化、新特点，为提高劳动者素质、完善劳动分配制度，对弘扬和培育劳动精神提出了新要求。以胡锦涛同志为主要代表的中国共产党人继承前人弘扬劳动精神的思路，从劳动理念、人才队伍建设、完善社会保障体系等方面提出弘扬劳动精神的路径和方法。

中国特色社会主义进入新时代，以习近平同志为核心的党中央在总结和发展前人关于劳动精神重要论述的基础上，对劳动精神的内涵和弘扬进行了深刻阐释，形成了习近平关于新时代弘扬劳动精神的重要论述。首先，阐释何为劳动精神，为全社会弘扬劳动精神提供遵循依据。习近平提出的劳动精神内涵崇尚劳动、热爱劳动的思想理念，辛勤劳动、诚实劳动的行为原则，这一劳动思想理论和行为原则为新时代劳动者的劳动实践提供了理论指导和行动指南。其次，阐释为何弘扬劳动精神，为劳动精神的价值进行科学定位。习近平总书记提出的劳动精神是时代精神和民族精神的集中体现，是鼓舞全党全国各族人民义无反顾、勇往直前的强大精神力量，特别是其中的劳模精神和工匠精神，是在具备合格劳动者精神要求的基础上发展和升华而来，具有激励教育、示范引领的重大作用。最后，何以弘扬劳动精神，为弘扬和践行新时代劳动精神指明实践路径。习近平总书记强调尊重劳动者，充分发挥人民群众的首创精神、建设高素质劳动者大军、开展贯彻人才培养全过程的劳动教育、完善劳动政策和劳动保障制度的体制机制等，都是调动劳动者积极性、主动性和创造性的有效方法和路径。

可见，从中国共产党成立到中国特色社会主义新时代，弘扬劳动精神是中国共产党一以贯之的优良传统，具体在弘扬路径和方法上，既体现连续性、一致性，又因时而进、因事而新，彰显了党对劳动精神持之以恒的重视，也标示着党坚定不移弘扬和培育劳动精神的执着追求。②

---

① 邓小平文选：第2卷［M］. 北京：人民出版社，1994.

② 周石峰，施承成. 历史、理论、实践：新时代弘扬劳动精神的三重逻辑［J］. 理论探讨，2023（3）：23-30.

任务 2.2 劳动精神的概念、特征和内涵

2.2.1 劳动精神的概念

近年来，学术界对劳动精神给予了高度关注，不少专家学者对劳动精神的概念、特征、内涵及其功能价值进行了论述。从已有的研究来看，对于“何谓劳动精神”这一问题，学术界仍旧存在一些不同的观点和认识。

一些专家学者对劳动精神所作的定义如下：①劳动精神是人们关于劳动的思想意识和心理状态的总括；②劳动精神是关于劳动的理念认知和行为实践的集中体现；③劳动精神是每位劳动者为创造美好生活而在劳动中秉持的劳动态度、劳动理念及其展现出的劳动精神风貌。

综合以上不同观点，可将劳动精神定义为：一定社会中的人们在长期劳动实践中形成的由相对稳定的劳动态度、理念、情感和习惯所共同构成的观念体系和精神风貌。

2.2.2 劳动精神的特征

从以上定义出发，我们不难发现，劳动精神具有以下特征。

1. 劳动精神的主体性

劳动精神的主体是广大的劳动者。作为社会整体的精神系统来说，劳动精神的主体性牵涉的必然是全体劳动者，社会整体的精神系统只有在每个人都共同实践和执行的时候才具有“活性”。正是广大劳动者的一致行动，才整体地激活了劳动精神。需要注意的是，劳动精神并不是所有劳动者的精神力量的总和或简单的机械相加。

2. 劳动精神的实践性

劳动精神是在劳动实践过程中产生的。人们如果不参加劳动，就很难或无法产生劳动精神；反之，人们只有在劳动过程中才能体验劳动的甘苦、锤炼劳动的品性、端正劳动的态度、树立劳动的理念。当下，培养和弘扬劳动精神，也应该在劳动过程中完成。

3. 劳动精神的指向性

劳动精神体现了劳动的目的。劳动精神反映了人类劳动的最高目的是创造美好生活。劳动可以创造财富，更可以创造幸福；可以实现梦想、破解难题，也可以成就生命和创造人类文明。

4. 劳动精神的稳定性

劳动精神具有较强的稳定性。劳动精神的这种稳定性是源于人们在长期劳动实践过程中积淀和形成的对于劳动的态度、情感、习惯等，一旦这样的劳动态度、情感、习惯等形成之后，在一个相对长的时期中，都会比较稳固，而且具有延续性和传承性。

5. 劳动精神的时代性

劳动精神具有鲜明的时代性。劳动精神的时代性与稳定性是辩证统一的，随着时代变迁和社会发展进步，人们的劳动能力、劳动方式、劳动形式、劳动对象等都将发生深刻变化，劳动精神随之也会发生动态转化。不同时代的劳动精神会有不一样的时代烙印，不同时代也将赋予劳动精神不一样的时代内涵。

小贴士
习近平给郑州圆方集团全体职工回信

6. 劳动精神的民族性

劳动精神是在一定社会中人们的劳动实践过程中产生和形成的，这就意味着，不同国家、地域和民族的劳动精神是各不相同的。这就能够很好地解释为什么我们在生活现实中看到的，不同国家地域、民族的人们在劳动过程中，展现出的精神面貌并不相同。①

2.2.3 劳动精神的内涵

微课
劳动精神的内涵

在不同的社会形态下，由于对劳动的理解不同，劳动精神也有差异。新时代劳动精神的科学内涵包含两个方面的内容，即思想认知方面和行动实践方面。新时代劳动精神在思想认知方面体现为崇尚劳动、尊重劳动、热爱劳动，懂得劳动最光荣、劳动最美丽、劳动最伟大的道理，在行动实践方面体现为辛勤劳动、诚实劳动和创造性劳动的要求。新时代劳动精神的内涵如图 2-1 所示。②

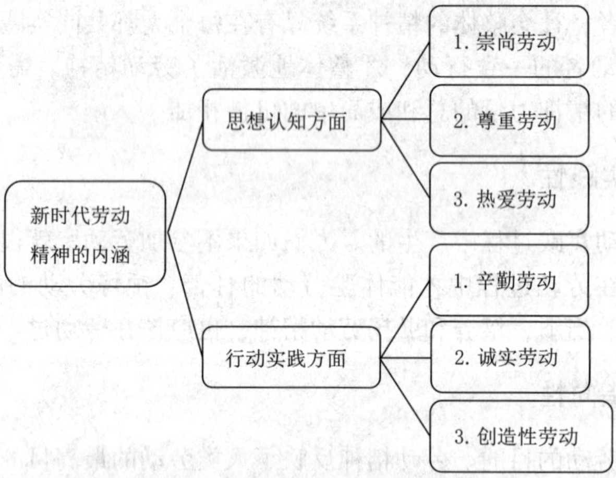

图 2-1 新时代劳动精神的内涵

1. 崇尚劳动、尊重劳动、热爱劳动

1）崇尚劳动

劳动最崇高、劳动最伟大、劳动最美丽。“崇尚”指推崇提倡，经常用于表述推崇某种

① 周利生．劳动教育概论［M］．北京：高等教育出版社，2021.

② 侯守军，张道平．新时代劳动教育教程［M］．北京：机械工业出版社，2021.

观念，如崇尚正义、崇尚简朴、崇尚勤劳等。崇尚往往表现为一种感觉、知觉和表象等直观形式的认识，如我国自古就有崇尚农业的风尚，为了鼓励耕种，从西周时就设立了“耕籍礼”，每年春耕之前，由国家的最高统治者（一般是皇帝）率领群臣、农夫等在籍田内行亲耕礼，皇帝还要亲自扶犁耕田，以示重视。当今时代，无论是体力劳动还是脑力劳动，都值得尊重和鼓励：一切创造，无论是个人创造还是集体创造，也都值得尊重和鼓励。我们建设富强民主文明和谐美丽的社会主义现代化强国，要靠党的领导，更要靠劳动、劳动者的创造。劳动是推动人类文明进步的根本力量，是实现中国梦的物质力量和精神力量。中国位居世界第二大经济体的突出成就，就凝聚着亿万劳动者的辛勤劳动。

新时代的大学生无论从事什么劳动，都要干一行、爱一行、钻一行。劳动之美，不仅仅有轰轰烈烈、震撼眼球的“经济大手笔”，更有默默无闻、波澜不惊的“技术小奉献”。以平和的心境、任劳任怨的劳动心态，经营好小细节、小技术，发挥劳动者的“螺丝钉效应”，也是“微而著”“小而实”的劳动之美。如孟广彬注册“雷锋号”小鞋摊，几十年如一日，用一针一线穿写出诚实守信的人生信条，以一个平凡劳动者的坚守，诠释了一名草根工匠的社会价值。他的鞋摊旁有块小黑板，上面写着：鞋子穿坏请别愁，广彬为您解忧愁；生活之中互帮助，雷锋精神记心头。无独有偶，2020 年 6 月 23 日 9 时 43 分，我国在西昌卫星发射中心用长征三号乙运载火箭，成功发射北斗系统第五十五颗导航卫星暨北斗三号最后一颗全球组网卫星。北斗导航系统是为全球用户提供全天候、全天时、高精度的定位、导航和授时服务的国家重要空间基础设施。参与研制的科研人员磨剑二十年，把梦想的天际线拓展至太空，再次彰显劳动的重大意义和重要价值。

综上所述，劳动创造了辉煌的人类历史，书写了地球家园的绚烂篇章。新时代劳动精神的提出，是党中央对我国广大劳动者的伟大实践所作出的高度凝练和本质概括，是对马克思主义劳动观的再丰富、再创新、再发展，具有鲜明的中国特色，是全体劳动者实现中国梦的巨大精神财富。因此，无论时代条件如何变化，我们始终都要崇尚劳动、尊重劳动，始终重视发挥工人阶级和广大劳动群众的主力军作用。立足新时代，只有大力弘扬和践行劳动精神，树立正确的劳动价值观，撸起袖子加油干，才能用辛勤汗水书写精彩人生、成就伟大梦想。

2）*尊重劳动*

尊重劳动一般指对劳动的认识，旨在把劳动作为人类的本质活动，作为创造财富和获得幸福的源泉，尊重一切有益于人民、造福于社会的劳动者及其劳动价值。

“尊”始见于商代甲骨文及商代金文。甲骨文的“尊”字上面是个“酉”字，“酉”在甲骨文中像一个尖底的酒坛子。“尊”字下面的符号指双手，表示高举双手向人敬酒的意思。“重”最早也见于甲骨文，其构形更像一个弯着腰的人正吃力地用背驮着东西，步履蹒跚地往前走，看起来所背的东西异常沉重，可以理解为分量重。后来，人们就把“尊”和“重”两个字合起来使用，意为尊敬、重视，它是一个社会、一个人发自内心地对某个人、某项工作的理性认知。

在我们社会主义国家，一切劳动，无论是体力劳动还是脑力劳动，都值得尊重和鼓励；一切创造，无论是个人创造还是集体创造，也都值得尊重和鼓励。当前还有人看不起农民，也看不起工人。但是，我们看着教室里的一切，电视、投影仪、电灯、桌椅、黑板、文具等，想想我们身上的校服、中午吃的饭、回家时乘坐的公交车等，无一不是这些常被人忽略甚至被人看不起的工人和农民的劳动成果。尊重劳动，尊重劳动者才是我们应有的态度。

3）*热爱劳动*

热爱劳动一般指劳动者在劳动过程中发自内心的热爱、自觉自愿的行动和对劳动成果的珍视。热爱劳动要求我们尽己所能地爱岗敬业，创造属于自己的小幸福，实现自己的人生价值。

劳动是财富的源泉，也是幸福的源泉，劳动满足了人们对于温饱的需求，也提升了生活品质，更缔造了人类的幸福。从两弹一星到嫦娥探月，从第一艘潜艇到蛟龙入海，从杂交水稻到基因组芯片，从第一台巨型计算机银河到今天的互联网大数据，这是无数劳动者爱岗敬业、辛勤劳动的成果。没有挥洒过劳动的汗水，没有体会过劳动的艰辛，就很难真正理解劳动的内涵、珍视劳动的价值。清洁工人爱岗敬业，换来了我们生活环境的干净美丽；产业工人爱岗敬业，换来了企业不断发展，为富民强国提供了雄厚的物质基础……我们应尽其所能爱岗敬业，在平凡的岗位上做出力所能及的贡献。

热爱劳动是人类共有的传统美德。劳动创造了人类和世界，劳动不仅带给我们衣食，而且带给我们欢乐。我国第一部诗歌总集《诗经》中记载："夙兴夜寐，洒扫庭内，维民之章。"启示我们要把劳动当成一种习惯，否则"一屋不扫，何以扫天下"？劳动是对一个人最起码的要求，也是最高的要求。这是因为任何一个人要从社会中获得生活物资，就要从事一种职业，不劳者不得食，任何一个人要安身立命，必须通过劳动来维持生计。从更高的层面来看，一个人要想干出一番事业来，就要坚持不懈地付出劳动，全身心地投入事业中，为社会多做贡献。

干一行爱一行，兢兢业业地做好本职工作，干一行爱一行是一种优秀的职业品质，是我们应该遵从的基本价值观，是一种明智的人生选择和追求。一个人能否脱颖而出，固然需要他的能力突出，更需要他的态度积极。雷锋一生不愧为一个永不生锈的"螺丝钉"。无论在何种岗位，他总是干一行、爱一行、钻一行。在农村，他是优秀拖拉机手、治水模范；在工厂，他是标兵、红旗手、先进工作者；在部队，他是"节约标兵""模范共青团员"，多次立功受奖。无论是当公务员，还是当工人和军人，他都脚踏实地、兢兢业业。工作在哪里，就在哪里发光发热，竭尽所能为国家、为社会创造财富。"干一行爱一行"告诉我们要有百折不挠的精神，一个人要达到事业、人生的顶点必定要经历一系列的磨难。每克服一个困难，自身的水平就上升到一个新的高度，同时距离成功就又近了一步。

热爱劳动，热爱生活劳动精神是美好生活的原动力。我们的幸福生活离不开父母的劳动，更离不开工人、农民、警察、教师等各行各业劳动者的辛勤劳动。任何人的劳动，都理应受到称赞；任何人的劳动，都应该得到尊重。让我们养成良好的习惯，去爱惜和尊重他人的劳动成果，为创造更加美好的生活而砥砺前行。

历史一次次向我们证明，世间凡能成大事者，必定是极其热爱自己所从事工作的那些人，因为只有热爱，才能坚持、才能专注、才能舍得付出时间和精力。从古到今，热爱劳动就是中华民族的传统美德，中华民族正是凭借辛勤劳动的精神，创造了光耀世界的华夏文明。在社会主义社会，劳动者成为社会的主人，劳动不仅是公民的义务，而且是一种权利。由此，热爱劳动也就成为劳动者道德品质的重要表现，成为衡量公民道德的又一个重要标准。

【劳动人物】

“马班邮路”上的传奇

1984 年，19 岁的王顺友接过父亲的班，当上了木里县邮政局的邮递员，从此过上了与马为伴的日子。

在 21 世纪以前，木里大部分乡镇都不通公路和电话。以马驮人送为手段的邮路是当地乡政府和百姓与外界保持联系的唯一途径。全县除县城外，15 条邮路全部是“马班邮路”，而且绝大部分在海拔 4 000 米以上的高山上。

王顺友负责的是从木里县城至白碉乡、三桷桠乡、倮波乡、卡拉乡的邮路，一个月里，他有 28 天奔走在路上，往返 584 千米。一个人，一匹马，一条路，一壶酒。路，似乎永远没有尽头，先翻越海拔 5 000 米、一年中有一半时间被冰雪覆盖的察尔瓦梁子，再走进海拔 1 000 米、最热时气温高达 40 摄氏度的雅砻江河谷，途中穿越大大小小的原始森林和山峰沟梁。季节的变换浓缩在每趟 28 天的路途中。有时候，甚至在一天里也能经历从严冬到酷暑。冬天一身雪，夏天一身泥，饿了吞几口糌粑面，渴了喝几口山泉水或啃几口冰块，晚上蜷缩在山洞里、大树下或草丛中与马相伴而眠，如果赶上下雨，就得穿着雨衣在雨水中躺一夜。王友顺在邮路上行进见图 2-2。

图 2-2 王顺友在邮路上行进

冰雹、暴雪、大雨、泥石流，不期而遇的自然灾害让这条无人相伴的道路变得危机四伏，1998 年 8 月，木里县遭遇泥石流，进入白碉乡的路、桥全被冲毁，白碉乡成为“孤岛”。按规定，王顺友可以不跑这趟邮班，但当他在邮件中发现两封大学录取通知书时，骑上了马，急急忙忙地出发了。到达目的地时，15 千克的邮件干干净净、完好无损，而污水、泥土却沾了他一身。看到手捧通知书的王顺友，学生和家长感动得流出了泪水。

他在中国的西南山区遥远的一隅，用自己在路上每天、每步的奉献和执着，汇聚成撑起发展、进步和希望的脊梁。

2. 辛勤劳动、诚实劳动、创造性劳动

1）辛勤劳动

辛勤劳动一般指劳动者勤奋敬业、埋头苦干。《左传》记载：“民生在勤，勤则不匮。”意为民众的生计、生活在于勤劳，勤劳就不会出现物资匮乏。这就表明，要求劳动者辛勤劳动，古已有之。从古至今，我们中国人都非常看重劳动。“勤能补拙”“业精于勤，荒于嬉”“黑发不知勤学早，白发方悔读书迟”说的都是要勤劳。勤劳是中华民族的优良传统，中国人的勤奋是为世人所称道和公认的，这是中国人的基因里传承下来的一种宝贵品质，是中华

民族所倡导的一种精神和力量。我们弘扬劳动精神，就是要认同、践行辛勤劳动，就是要反对懒惰、反对敷衍塞责、反对怨天尤人、反对贪腐等不良行为。

“以辛勤劳动为荣，以好逸恶劳为耻”。只要我们以勤劳的双手去工作、奋斗，那么一定能创造出美好生活！

2）诚实劳动

诚实劳动是指脚踏实地、恪尽职守，遵守法律法规和政策，遵循职业道德规范和工作标准，实事求是地认识和对待劳动过程和劳动成果，是辛勤劳动的升华，也是创造性劳动的前提。人世间的美好梦想，只有通过诚实劳动才能实现；发展中的各种难题，只有通过诚实劳动才能破解；生命里的一切辉煌，只有通过诚实劳动才能铸就。

《管子·枢言》记载：“诚信者，天下之结也。”意思是诚信是集结人心，使天下团结一致的保证。诚实劳动因何会如此受到大家的重视呢？首先，诚实劳动是社会和谐的基础，它要求社会各阶层的劳动者，要以诚信为基础，合理有序地展开竞争，劳动者应把对社会的义务和责任，诚实无私地落实到劳动中，这是实现社会和谐稳定的重要基础。其次，诚实劳动是经济发展的基础。劳动过程中，劳动者遵循诚实劳动的道德准则，并将其转化为敬业行为与奉献行为，这对经济发展具有积极的促进作用。再次，诚实劳动是企业信誉的基石，市场经济越发达，诚实劳动的道德因素所起的作用就越大，如中华老字号品牌同仁堂，300 多年来始终恪守“炮制虽繁必不敢省人工，品味虽贵必不敢减物力”之古训，使产品因“配方独特、选料上乘、工艺精湛、疗效显著”而享誉海内外。最后，诚实劳动是人全面发展的基础，人在实践的过程中，诚实的劳动者从本心出发，尽心竭力做好本职工作，心无愧怍，自然能赢得他人的尊重和爱戴，最终铸就个体生命的辉煌，从而为社会做出较大的贡献，他们的行为有力地证明诚实劳动确实是人全面发展的基础。

小贴士

小贴士
你知道讲诚信的保定油条哥吗？

诚实劳动承诺书

在职场中，从事每份工作都有其任务和职责。为了加强自我管理和约束，切实履行工作职责，有时候需要书写一份《员工工作岗位承诺书》。对自己的实际情况进行说明，并对工作的完成度作出承诺。以下是一则化工公司的员工在入职时所提交的岗位承诺书。在承诺书中，他对自己的能力和水平作出实事求是的陈述，并对工作中应遵守的规范作出承诺。这则承诺书也将是检验他劳动诚信度的一个凭证。

员工工作岗位承诺书

为满足×××化工有限责任公司安全管理要求，本人对个人基本情况和岗位操作规范作出如下承诺：

一、本人接受过正规的安全培训活动，并获得相关证书，能严格执行公司“安全生产、预防为主”的方针；遵守各项安全操作规定和管理制度，能做到保护他人，保护自己。

二、工作中杜绝“三违”行为：不违反公司纪律，不违章操作，不违章指挥。

三、积极接受和参与公司组织的各种安全培训和考核活动，更新知识，做到持证上岗。

四、严格执行公司安全操作规程和安全管理规定。

五、上岗着装标准，始终穿戴好劳动保护用品。

六、严格遵守防火防爆、禁烟禁火规定，不带火种进入生产区，不在厂区吸烟。

七、不乱排放废气、废水、废渣。

八、会使用灭火器等消防、气防设施。会报警，懂得紧急自救和互救方法。

本人已经接受完岗位培训，完全理解公司的各项安全生产和操作规定，并严格遵守。如有违反，自愿接受处罚。

部门名称__________ 承诺人（签名）：__________

年 月 日

3）创造性劳动

创造性劳动是指敢闯敢试、开拓创新，体现了体力劳动和脑力劳动、简单劳动和复杂劳动的结合，是辛勤劳动、诚实劳动的发展。

美好的生活需要靠劳动去创造。南泥湾的开荒、黑土地的耕耘、超级稻的攻关，把浩瀚原野变成万顷良田，让十几亿中国人把饭碗牢牢端在自己手里。华为中兴的探索、南车北车的突破、北京中关村的创新创业，推动“中国制造”不断迈向“中国创造”。新中国的劳动者中既有“出大力流大汗”“苦干加实干”的劳动模范，又有知识型、专业型、技能型、创新型的先进典型，他们的事迹在历史发展的长河中画上了浓墨重彩一笔，他们身上所体现的劳动精神始终熠熠生辉。社会主义事业大厦是一砖一瓦砌成的，人民的幸福是靠一点一滴创造得来的。

小贴士

工程师王辉是怎样研发无人驾驶农机的？

尊重劳动者的首创精神，在全社会形成劳动光荣、知识崇高、人才宝贵、创造伟大的价值导向，让一切劳动与创新的活力竞相迸发，让一切创造社会财富的源泉充分涌流。我国经济从高速增长进入高质量发展阶段，需要更多知识型、技能型、创新型劳动者，也为劳动者、奋斗者实现人生出彩提供了广阔舞台。

【劳动人物】

包起帆用智慧创造性地劳动

包起帆（见图2-3）多次荣获国家发明奖、国家科学技术进步奖。荣获“全国优秀共产党员”“改革先锋”“最美奋斗者”“全国五一劳动奖章”“全国道德模范”等。2009年，当选“100位新中国成立以来感动中国人物”。

走进位于上海市第二工业大学的“包起帆创新之路展示馆”，包起帆数十年的成就历历在目：他与同事们共同完成了130多个技术创新项目，先后获得80余项国际国内重大奖项。

包起帆于1968年参加工作，1978年调到上海南浦港务公司机修车间工作，专门负责修理码头上的起重机。当时，码头上木材装卸全靠工人下舱，用钢丝绳捆扎后，再用吊机起吊，是一项危险的工作。“1981年10月，中国港口史上第一只用来卸大船的木材抓斗诞生了。包起帆发明的‘双索门机抓斗’，用两根起重索使抓斗顺利地打开和闭合，抓原木似老鹰抓小鸡，'轻轻一抓就起来'。人木分离的目标实现了！木材装卸工的安全有保障了。"一篇报道这样写道。

包起帆成为闻名遐迩的"抓斗大王"，科技成果不仅在国内 20 多个行业、1 000 多家企业广泛推广应用，还出口到 20 多个国家和地区，创造了显著的经济和社会效益。

图 2-3　包起帆

1996 年，包起帆任上海龙吴港务公司经理，提出中国港口内贸标准集装箱水运工艺系统理念，在 1996 年 12 月 15 日开辟了中国水运史上第一条内贸标准集装箱航线。

2003 年，包起帆担任上海国际港务集团公司副总裁，分管科技、装备和基本建设工作。他充分利用新岗位提供的平台，把创新发明推向新高度，带领技术团队开展港口信息化、自动化和智能化等诸多项目的研究。

2006 年 5 月 10 日，法国巴黎国际发明展览会上，包起帆一人获得 4 枚金奖，成为 105 年来这一展会上单次获得金奖最多的发明家。评委会主席参观了包起帆团队的发明——"集装箱电子标签系统"后赞叹道："这将是一场改变人们运输方式的革命！"

2009 年 5 月，国际标准化组织（ISO）通过投票表决，正式任命由包起帆负责领导由 9 个国家专家组成的工作组编写集装箱电子标签国际标准，2010 年 7 月 1 日作为国际可公开提供的规范由 ISO 正式发布，这标志着中国物流和物联网领域在获准制定国际标准方面担纲主角。

"工人不仅要用汗水来辛勤劳动，更要用智慧创造性地劳动。"包起帆带领团队开展技术创新，获国家发明奖 3 项、国家科学技术进步奖 3 项，9 次荣获"上海市劳动模范"称号，连续 5 届荣获"全国劳动模范"称号，两次获得"全国五一劳动奖章"，被评为"全国优秀共产党员""全国道德模范"，入选"100 位新中国成立以来感动中国人物"，2018 年被授予"改革先锋"称号。

【小训练】

提出创造性劳动的创意

选择下列物品：灯、汽车、台历，或你感兴趣的任何物品，使用检核表法，尝试进行一次创意，并记录你的创意思维过程，形成你的最终创意。

提示：就现在这个样子加以改变能有新的用途吗？能不能借用别的经验或发明？能不能对它做一些改变（如改变颜色、形状、运动方式等）？能不能增加一些东西？能不能减少一些东西？能不能把某些东西颠倒过来？能不能相互替换？能不能进行组合？……

任务 2.3 新时代弘扬劳动精神的价值和方法

2.3.1 新时代弘扬劳动精神的价值

新时代弘扬劳动精神，对于培养各领域高素质的劳动者，全面建设社会主义现代化国家，具有十分重要的意义。大学生是青年群体中的中坚力量，肩负着实现国家富强，民族复兴，人民幸福的时代重任。在新时代的时代际遇和历史方位下，培育和弘扬劳动精神对于大学生而言，有着重要的价值意蕴。

1. 弘扬劳动精神是全面建设社会主义现代化国家的时代诉求

劳动是助推社会发展的引擎，是通往美好未来的阶梯。实现我们的奋斗目标，开创我们的美好未来，必须依靠辛勤劳动、诚实劳动、创造性劳动。当前，“第一个百年目标”已经实现，全面建设社会主义现代化国家新征程已经开启。建设社会主义现代化强国，呼唤敢为人先、开拓进取的创新性劳动精神，推动我国实现科技自立自强，解决“卡脖子”的技术难题；呼唤刻苦钻研、精益求精的劳动精神，以知识和技能作为核心驱动力，推动实现高质量发展；呼唤敬业担当、苦干实干的劳动精神，脚踏实地，把实体经济做实、做强、做优；建设现代化强国，需要一支知识型、技能型、创新型劳动者大军，在劳动精神的号召下，发挥工人阶级主力军作用，撸起袖子加油干。

2. 弘扬劳动精神是培养高尚道德情操的实践要求

中华民族自古以来就是热爱劳动的民族，以崇尚劳动，尊重劳动者为表征的劳动精神是中华民族的宝贵精神财富，是培育和践行社会主义核心价值观的原生要素，理应成为全社会每个人的精神底色。然而，随着科技和社会的急速发展，劳动主体、劳动形式等发生了巨大的变化，劳动范畴的丰富化、经济主体的多元化、思想的多元化、价值多元化、利益诉求多元化等对人们传统的劳动价值观念产生了巨大冲击。在这种环境下，更需要大力弘扬劳动精神，端正人们对劳动的认知，培养高尚道德品质，提高中华民族整体思想道德水平，推进社会主义精神文明建设。

3. 弘扬劳动精神是贯彻落实以人民为中心发展思想的重要支撑

以人民为中心的发展理念贯穿习近平谈治国理政思想和实践，是马克思主义价值观的时代彰显，是中国共产党的最高价值遵循。劳动精神坚持以人民为中心的价值导向，奉行“发展依靠人民，发展为了人民，发展成果由人民共享”的理念，体现了劳动主体与劳动目的的统一。一方面，劳动精神充分肯定了劳动人民的主体地位，尊重和鼓励一切劳动者以及他们的劳动创造，使广大人民群众在劳动中感受到幸福感和获得感。另一方面，劳动精神坚持劳动使人幸福的共享理念，通过辛勤劳动获得实实在在的利益，更加公平地享有劳动成果。新时代弘扬劳动精神，就是激励广大劳动者积极投身于中国特色社会主义伟大事业建设之中。

4. 弘扬劳动精神是培育社会主义建设者和接班人的必备举措

当前，加快建设宏大的知识型、技能型、创新型劳动者大军迫在眉睫。劳动精神培育是培养和造就时代新人的必然要求。围绕培育时代新人这个重大命题，在全社会尤其是学校教育中培育和弘扬劳动精神，引导青少年树立正确的劳动价值观，培养良好劳动态度，涵养深厚的劳动情怀，培养高尚的劳动品质，激发广大青少年的积极性、主动性和创造性。在劳动过程中，促进青少年的道德品质、智力水平、体力水平和审美能力充分提升，并实现自我价值与社会价值的统一，最终实现人的自由全面发展。①

【劳动人物】

扎根农村， 一心为民的甘祖昌、 龚全珍夫妇

甘祖昌、龚全珍（见图2-4）荣获“最美奋斗者”称号。龚全珍荣获“全国优秀共产党员”“全国道德模范”“全国三八红旗手标兵”等称号。

甘祖昌，1905年生，江西莲花县人，1927年加入中国共产党，1928年参加中国工农红军，从井冈山起步，历经长征、抗日战争、解放战争，革命足迹遍布大半个中国，为党和人民的事业出生入死、数次负伤。1955年被授予少将军衔，荣获八一勋章、独立自由勋章、解放勋章等。龚全珍，1923年生，山东烟台人，甘祖昌之妻。

图2-4　甘祖昌（右）、龚全珍夫妇

1957年，甘祖昌因公受伤，伤愈后谢绝组织安排，带领全家老少回到家乡江西省莲花县沿背村当农民。他对妻子龚全珍说：“比起那些为革命牺牲的老战友，我的贡献太少了，组织上给我的荣誉和地位太高了！”

回乡后，甘祖昌带领群众开沟排水、兴建水库。当时，甘祖昌每月工资330元，生活上十分节俭，却把2/3的工资用来修水利、建校舍、扶贫济困。他参与建起了3座水库、4座水电站、3条公路、12座桥梁、25千米长的渠道。

1985年，甘祖昌旧病复发。住院期间，新疆军区派人来慰问，提出让他到南昌定居。甘祖昌说：“感谢组织上和同志们对我的关心，我已经80岁了，还盖房子干什么？为国家节省点开支吧。”1986年3月28日，甘祖昌逝世，终年81岁。

龚全珍与甘祖昌相濡以沫几十载，龚全珍也将自己全部的爱和热情投入这片红色的土地，在乡村教师岗位上几十年如一日，兢兢业业、教书育人。2003年，离开教育岗位的龚全珍，加入了莲花县县镇两级的老干部宣讲团。“我始终坚信，跟着共产党走人生才有意义，我也有决心跟党走到底，为共产主义奋斗终身！”龚全珍这样阐述自己的初心。

甘祖昌与夫人龚全珍的故事，生动诠释了劳动是中华儿女淳朴踏实的民族节操。幸福是奋斗出来的，奋斗是劳动者最美的姿态。作为新时代青年，我们要正确认识劳动的价值，将

① 郑子君．劳动精神在新时代的内涵和价值［J］．人民论坛，2021（19）：82-84.

劳动精神内化于心、外化于行，为实现中华民族伟大复兴不懈奋斗！

2.3.2 大学生弘扬新时代劳动精神的方法

“纸上得来终觉浅，绝知此事要躬行。”除学习正确的劳动观，懂得崇尚劳动，热爱劳动的道理外，弘扬和发展劳动精神重在实践，知行合一。大学生投身劳动实践，需要向身边的普通劳动者学习，通过日常生活劳动、生产劳动、服务性劳动等劳动实践，培养自己的劳动精神，大力弘扬时代新风，强化劳动者社会责任意识，做合格的劳动者和富有劳动精神的社会主义建设者与接班人。

微课

大学生弘扬新时代劳动精神的方法

1. 自觉树立正确的劳动观，努力培育劳动精神

在认知层面，大学生应该自觉树立正确的劳动观和努力培育劳动精神，真正发自内心地做到崇尚劳动、尊重劳动，懂得劳动最光荣、劳动最崇高、劳动最伟大、劳动最美丽的道理。这就要求大学生做到以下两点：

一是要加强理论学习，要站在自身成长成才成功的高度上，认真学习领会习近平总书记关于劳动和劳动精神的系列重要讲话精神，深刻认识劳动的价值、劳育的重要性和劳动精神的伟力，正确认识德智体美劳五育并举的重要意义，努力追求“德智体美劳”全面发展。

二是要注重在开展学习和实践等脑力劳动和体力劳动的过程中，消除对劳动的一些错误认识和不尊重劳动、劳动者和劳动成果的错误行为，充分体会劳动的价值和劳动带来的身心愉悦感，充分体会脑力劳动和体力劳动的不同甘苦，充分认识“劳动只有分工之别，而没有贵贱之分”。

通过以上两个方面的体认，大学生就能逐步树立正确的劳动观念和理念，做到崇尚劳动、尊重劳动，认识到劳动最光荣、劳动最崇高、劳动最伟大、劳动最美丽。

2. 积极行动，切实做到辛勤劳动、诚实劳动、创造性劳动

在行动层面，大学生应该切实做到辛勤劳动、诚实劳动、创造性劳动。大学生应该努力学习、刻苦钻研，大学生从事的劳动以脑力劳动居多，除了进行脑力劳动，还应该适量进行一些体力劳动；除了课堂学习，课后还要拓展学习深度，要努力跟踪了解学术前沿动态和挖掘学术热点问题；除了专业学习，还要增加阅读量，多涉猎其他学科知识，扩充知识面，既要博又要专。此外，大学生在学习中要注重理论与实践相结合，还要有效利用好课余和假期时间，积极参与社会实践、专业实习实训等，做到学以致用、学有所用，大学生应该在学习、工作和生活中，坚守诚信，将诚信作为治学与为人处世的重要准则。在日常学习中，要自觉遵守学习纪律，踏踏实实学习，认认真真思考，少一点“拿来主义”，多一些“独立自主”，在开展学术研究时，要遵守学术规范，恪守学术道德；在考试、考核和评价中，要坚守诚信，不能投机取巧、弄虚作假。大学生应该在学习和实践过程中，注重培养批判性思维和创新思维，要勇于突破固化思维，能够运用批判性思维和创新思维进行学习、思考、研究和工作，努力使自己成为独立性强、善于思考、富有创造性的时代所需的高素质创新型人才。

3. 尊重劳动者，向优秀劳动者学习

劳动创造了世界，劳动让我们有了更加美好的生活，优秀劳动者以他们的出色劳动，艰辛付出，为我们诠释了劳动的价值和榜样的力量。烈日下的建筑工人的劳动，为我们建成了今天的高楼大厦，筑就了现代化的高速公路；计算机软、硬件工程师及通信工人使我们拥有了移动互联网，将大大的地球变成了一个小小的村落；也正是农业科学家和农民，让我们能够品尝丰盛的食物。新时代的中国，需要更多的普通劳动者涌现出来，成为家喻户晓的人物，从而营造一个积极向上、崇尚劳动、劳动光荣的氛围，为社会传递朝气蓬勃的正能量，汇聚起经济社会发展的强大动力。

改革开放 40 多年的成就史，也是一部伟大的劳动史。只有靠辛勤而诚实的劳动，才能创造更多财富，国家才能繁荣昌盛，人民才能安居乐业。在这一过程中，到处都活跃着劳动者的身影，都流淌着劳动者的汗水。所有创造物质财富和精神财富的劳动者，都是值得尊重的人。通过向全社会宣传劳动者的感人瞬间，让“劳动最光荣、劳动最崇高、劳动最伟大、劳动最美丽”深入人心，蔚然成风。我们通过学习模范，从自我做起，从身边事做起，从小事做起，必定能实现自我劳动意识的飞跃。在我们这个社会、我们这个时代，先进劳动者不断涌现，他们的业绩、精神和品质是我们取之不尽、用之不竭的力量源泉。大学生应积极从身边的劳动者身上获取前进的动力，做劳动精神的积极传播者和践行者。

【劳动人物】

最美劳动者“王牌驾驶员”——李晓鹏

李晓鹏（见图 2-5）是银川公交公司的一名驾驶员，从业 14 年来，凭借突出的节能水平、出色的驾驶技术、细致的服务态度，做到了车辆零抛锚、安全零事故、服务零投诉，被同事们称为“王牌驾驶员”。

李晓鹏从初出茅庐的公交新手，到小有名气的行家里手用了整整 14 年。2008 年，李晓鹏通过考试进入银川公交公司，成了一名 105 路公交驾驶员。新手上路，李晓鹏技术还不够熟练，有时甚至会跟不上线路运营节奏，让他有些慌乱。

图 2-5　“王牌驾驶员”李晓鹏

为了不耽误发车时间，李晓鹏总是提前准备好饼子，错过饭点，饿了就吃几口。一次到达终点站，一个小姑娘给正在吃饼的李晓鹏递了一瓶水，让他备受感动与鼓舞。

李晓鹏说：“有一个十岁左右的小女孩，她看我正在啃干饼子呢。她就递了一瓶矿泉水给我说‘叔叔，你慢点吃，别噎着了，这瓶水给你喝。’当时我看她清澈的眼神里面充满爱意的目光，我当时心很感动，心里暗暗地下定决心，要做一名优秀的驾驶员。”

105 路公交车单程 24 千米，是贯穿城市东西的主要

干线，往返60多个站点，途经医院、学校、展览馆等场所，人流量、车流量大，乘客中老人、学生居多，最能考验驾驶员技术水平和综合素质。靠站、行进、红绿灯，李晓鹏每天细细计算着每站和信号灯的时间，并适时调整时速，确保一路平稳开到终点站。

李晓鹏说："起步的时候一定要缓起步、轻给油，然后在行驶中还要有预见性驾驶，尽可能少停车，减少制动次数，避免二次启动，起步是耗油耗电量最大的。"

他还通过网络、电视、报纸、杂志等多种渠道，认真学习汽车构造、驾驶技能、节能技术、车辆维护等知识，努力让自己成为一名综合素质过硬的"老驾驶员"。通过深入钻研，李晓鹏的驾驶技能很快就在全公司4 000多名驾驶员中脱颖而出。

李晓鹏说："2015年，我代表银川公交参加中国技能大赛第七届交通运输行业全国城市公交驾驶员职业技能大赛宁夏赛区选拔赛，获得了全区第一名的好成绩，被授予'全国节能标兵'。"

作为一名公交驾驶员，安全永远是首位。不论是早班还是下午班，李晓鹏总是提前1小时到岗对车辆进行"三检"，哪怕一点点小毛病，都及时上报修理，从不带"病车"上路，还对车辆进行仔细打扫、消毒，给乘客一个窗明几净的环境。

在日常行车中，时常会遇到横冲直撞的行人或车辆，李晓鹏总是宁停三分、不抢一秒，确保行人和乘客生命安全。当遇到腿脚不便的老人或病人时，他贴心地将车辆停靠在与站台15厘米左右的距离，方便乘客上下车。

李晓鹏："我们一般遇到腿脚不便的老年人，帮助他们找好座位，问清他们在哪儿下车，然后再起步，一定要留意后视镜，看到他们有起身的动作，我就会告诉他们不要着急，等车停稳了再下。"

春去秋来，寒来暑往，李晓鹏常年如一日地往返穿行在街头，在银川公交公司，他也带出了一批批像他一样的节能标兵。他说，虽然每天工作辛苦，但乐在其中。

李晓鹏说："其实我觉得这个车厢就是我实现人生价值的一个舞台，服务乘客的一个载体，传播精神文明的一个阵地，挺好的。"

4. 将劳动同实现个人价值及社会价值融合起来

我们要正确看待劳动与个人成长、成才的关系，即通过劳动才能实现人生价值，付出了劳动必然会收获应有的人生果实。我们首先必须树立自食其力的思想，依靠自己的劳动所得来满足自己的生活，就是我们常说的自己养活自己。通过劳动满足我们的自身需要，实现自我温饱、他人尊重乃至自我实现。靠劳动养活自己和家人是伟大与值得尊敬的。同样，我们在岗位上投入更多劳动，就能实现我们更大的社会价值，我们作为劳动者应自觉弘扬劳动精神、工匠精神，开展劳动和技能竞赛，投身大众创业、万众创新。我们要充分挖掘创新创造潜能，以劳动创造助力改革，谱写新时代的劳动者之歌。这就是中国人常说的穷则独善其身，达则兼济天下。在困难的时候，通过劳动实现个人的独立，做一个受人尊重的劳动者，在此基础上，通过持续的自强不息、努力奋斗，从而还可以实现更大的人生价值，为社会贡献更大的青春力量。

小贴士

电视政论片《劳动铸就中国梦》

该片围绕“劳动托起中国梦”的主题，以多种艺术手法，深入阐释“劳动是人类的本质活动，劳动光荣、创造伟大是人类文明进步规律”的深刻道理，从“劳动改变命运”“劳动创造财富”“劳动点亮智慧”“劳动提升品质”“劳动缔造幸福”“劳动彰显国魂”六个侧面，精心选取了典型的优秀劳动者进行介绍。农民的耕耘、工人的车床、科技工作者的实验数据、从城市来到高原的新能源工作者的坚守……一个个看似简单平凡的劳动场景，铸就了实现“中国梦”的基石。那一个个感人的故事，就是真正精彩的“中国故事”。

抄表工王炳益、护士长王克荣、中学美术教师王伟……他们在不同的岗位上，充分地展示了基层劳动者的风采。他们无私、尽责、勤奋，只要一走上工作岗位，他们就全身心地投入。祖国，正是因为有无数像他们一样朴实无华的劳动者，各项事业才能蒸蒸日上。这些故事集中地体现了劳动者的巨大能量。餐厅经理冉志平原来只是个传菜工，但他用自己的勤奋和真诚换来了尊重与价值；中化东方储运员虞纪春那句“做储运，先做人；人品佳，无不欢”并非空洞的口号，而是实实在在地成就了他20年成功保持码头安全无事故记录的卓越；安哥拉中国建设者，“80后”女孩李慧星以自己的智慧与勇气，在中安两国人民心中架起了一座友谊的桥……正是因为祖国有无数这样在自己的岗位上付出汗水和智慧的劳动者创造的一个个奇迹，改革开放的步伐才如此矫健而沉稳。

电视政论片《劳动铸就中国梦》剧照如图2-6所示。

图2-6　电视政论片《劳动铸就中国梦》剧照

5. 参与社会服务性劳动，提升劳动素养和劳动能力

志愿服务是指志愿贡献个人的时间及精力，在不求任何物质报酬的情况下，为改善社会、促进社会进步而提供的服务。青年大学生利用学习之余积极参与社会服务，既是很好的劳动体验，又是提升自身劳动素养和劳动能力的重要方式，有利于更好地接触社会、了解社会，为将来更好地服务社会做准备。

参与志愿服务活动，一方面，帮助了他人、服务了社会，为社会提供了丰富的劳动产出；另一方面，随着社会的发展，人与人之间的联系更加多元，通过为社会和他人的服务对自己的劳动能力进行培养与提高，从服务社会和帮助他人中获得成就感和幸福感。这种自愿地、不计报酬地服务他人和参与社会公益事业的劳动，有助于传递社会关爱、弘扬社会正气、形成向上向善、诚信互助的良好社会风尚，更有助于个体劳动精神的养成。

志愿服务劳动是大学生参与社会实践、成长成才的重要舞台，是大学生关爱他人、传播青春正能量的重要途径。大学生志愿服务活动通过助力农村扶贫开发、城市社区管理、环境保护、大型活动、抢险救灾、社会公益等领域做力所能及的事，结合自身的能力、专业、特长在实践中长知识、强本领、增才干，真正做到知行合一，将学问写在祖国大地上，将劳动同实现中国梦结合起来，通过积极参与教育、科技、文化、卫生、养老等帮扶行动，通过参与城乡清洁、绿色出行、低碳环保、美化家园等活动，能培养宝贵的劳动精神，大大地提升自身的劳动素养和劳动能力。

新时代培育和弘扬大学生的劳动精神，既是高校劳动教育的重要内容，也是高校人才培养和大学生思想政治教育的重要渠道。只有充分认识人类劳动的实践意义，熟悉大学生弘扬劳动精神的时代价值，大力开展高校劳动教育，才能更好地培养担当民族复兴大任的德智体美劳全面发展的时代新人。广大青年大学生只有积极培育并大力弘扬劳动精神，才能更好地在实现中华民族伟大复兴中国梦的广阔舞台上成就青春梦和个人梦，才能在全面建设社会主义现代化国家新征程上参与创造新的时代辉煌、铸就新的历史伟业！

【劳动人物】

全国最美志愿者傅向东

傅向东（见图 2-7），1978 年在上海健康医学院（原上海健康职业技术学院）工作至 2016 年退休，在医学实验技术的岗位上默默工作 38 年。他是上海市教委讲师团成员、上海健康医学院等多所院校志愿者指导老师。曾获 2005 年、2012—2013 年、2016—2017 年上海市优秀志愿者，2017 年上海健康医学院第二届“校长奖”获得者，2020 年上海市新冠疫情防控优秀志愿者，“全国最美志愿者”称号。

图 2-7 最美志愿者傅向东

1. 脱颖而出成为一大纪念馆志愿者

2018 年 5 月，中共一大会址首次向社会公开招募志愿者。作为上海健康医学院的讲师，傅向东在这之前已热心参与志愿服务 18 年，在党的四大纪念馆、上海科技馆、自然博物馆等处担任宣讲解说志愿者，先后三次被评为上海市优秀志愿者。得知中共一大会址向社会招募志愿者，他兴奋不已：“这是党梦想起航的出征之地，是共产党人的精神家园，能成为一大会址的志愿者，是学习党史、提升自我的好机会。”傅向东这样回答自己为何选择来中共一大会址做志愿者。数百幅展品、上万字的讲解稿，他认真整理，用心领会，做成预览表细化每个版面的内容，并反复到现场听其他讲解员的讲解。经过艰辛努力，傅向东从 600 多位报名者中脱颖而出，正式成为首批 54 名志愿者中的一位，同时也是年龄最大的一位。傅向东笑称最后录取率比高考招生还低得多。

2. 4年里志愿服务时长200多天

中共一大会址志愿者的岗位主要有四个小组：宣誓教育组、场馆服务组、活动执行组和讲解接待组。傅向东担任组长的宣誓教育组开始有20名志愿者，现已发展到有100多名，年龄在20多岁到60多岁，来自各行各业，不少年轻人是利用休息日来服务的。

“所有要宣誓的党员同志，面向党旗，保持肃立，举起右拳，拳心向前，拳眼与太阳穴同高。宣誓仪式开始，请……”每次上岗，傅向东都会说上几十遍，对誓词那80字，12个标点符号，早已牢记在心。他身体力行，每周坚持值班领誓2天以上。同时根据团队成员的需求和情况，科学排班，合理安排，尽可能地使上班和退休的志愿者们满意快乐地奉献着。

4年多来，傅向东在“党的诞生地”志愿服务总队服务总时长已超过200天，接待服务观众10万多人次。

在中共一大会址，傅向东也收获了一份新的荣誉：全国最美志愿者。

3. 为更多的年青志愿者“领航”

“‘党的诞生地’志愿服务队领航计划”，是中共一大会址探索多元化志愿服务机制，传承红色基因的创新之举。傅向东有幸成为首批辅导员。同时，他又受聘为上海市教委讲师团成员、上海健康医学院等多所院校的志愿者指导老师。

他与志愿者分享志愿者账单的“支出与收入”：付出时间等于付出生命，每个人都有义务走好自己的人生，既然付出了时间，就要选择有意义的志愿服务。志愿者不仅要支出时间，还要支出精力与劳动。志愿者要努力学习知识，要具备一定的能力，既要有理论知识功底，也要有实际操作能力……

新建的中共一大纪念馆开馆后，每天预约人数都爆满。傅向东与母校党委组织部联系，组织党员教师来一大纪念馆当“宣誓教育岗”志愿者，已有24名老师报名参与。毕业离校的10多名医护工作者也成为红色志愿者，继续发扬着学生时期养成的学雷锋做志愿者的好习惯。

白发飘舞红色圣地，丹心映衬初心情怀。傅向东，向着东方，用火炬点亮民心，用行动带动“后浪”，在党的诞生地播撒希望的光芒。

6. 强化劳动技能学习，加强劳动实践锻炼

劳动知识技能是个体从事一定劳动所必须具备的知识、技术、技巧及综合运用这些知识、技术、技巧的能力，是劳动素养全面提升的必备基础。大学生应通过专业课学习、实习实训、创新创业教育、专业实习、毕业实习等课程加强劳动技能学习，用系统的科学知识为提升劳动素养奠定坚实的基础。

劳动习惯是个体在长期劳动实践训练中形成的稳定的行为模式。加强劳动实践锻炼，养成良好的劳动习惯，让真抓实干、埋头苦干成为基本的生活方式。要在实践中体会劳动素养提升与自身健康成长和全面发展的内在联系、积极参加家庭劳动，以及学校组织的劳动教育和劳动锻炼，并积极寻找社会实践、公益劳动、勤工助学、校外实习、假期打工等劳动机会，在劳动过程中训练劳动技能，形成热爱劳动的良好品德，锻炼吃苦耐劳的意志品质，全面提高劳动素养。

小贴士

实训室6S管理制度（摘要）

（1）整理（seiri）。将实训室的所有东西区分为有必要的与不必要的，把必要的东西与不必要的东西明确、严格地区分开来。不必要的东西要尽快处理掉，目的是腾出空间，使空间活用，防止误用、误送，以便塑造清爽的工作场所。

（2）整顿（seiton）。对整理之后留在实训室的必要物品分门别类放置排列整齐，明确数量，有效标识，并做好相应的登记。目的是使工作场所一目了然，打造整齐的工作环境，减少找寻物品的时间，消除过多的积压物品。

（3）清扫（seiso）。将工作环境、工作设施及设备清扫干净。保持工作场所干净、亮丽。目的是消除脏污，保持实训室内干净、明亮，稳定品质，减少实训伤害。

（4）清洁（seiketsu）。各部门将上面的3S实施的做法制度化、规范化。目的是维持上面3S的成果。实训中心主任、实验员、任课教师负责实施。

（5）素养（shitsuke）。通过学习、教育等手段，提高学生的文明礼貌水准，增强团队意识，养成按规定行事的良好工作习惯，目的是提升教师、实验员、学生的品质，使教师、实验员、学生对任何工作都认真负责。

（6）安全（safe）。重现全员安全教育，每时每刻都有安全第一的观念，防患于未然，目的是建立起安全实训的环境，所有工作都应建立在安全的前提下。

课堂活动

我心中的劳动之光

1. 活动目标

通过本次活动，品味劳动者的喜悦和自豪，并感悟“劳动最光荣、劳动最崇高、劳动最伟大、劳动最美丽”的真谛。

2. 活动时间

建议20分钟。

3. 活动流程

1）所有学生运用多种途径收集整理个人认为“劳动最光荣、劳动最崇高、劳动最伟大、劳动最美丽”的实际案例。

2）教师将学生按3~4人划分为一小组，每个小组从组员整理的案例中挑选出2个最好的案例。

3）每个小组选出一名代表陈述本组整理的最好的案例，其他小组可以对其进行提问，小组内其他成员也可以回答提出的问题。

4）教师引导学生灵活运用所学知识，对讨论情况进行分析、归纳、总结。

5）教师根据各组在研讨过程中的表现，给予点评并赋分。

（资料来源：王开淮．劳动教育［M］．北京：清华大学出版社，2021.）

课后练习

1. 简答题

1）中华优秀传统文化中蕴含哪些劳动精神？

2）中国共产党有哪些弘扬劳动精神的宝贵经验？

3）何谓劳动精神，它有哪些特征？

4）新时代劳动精神的科学内涵是什么？

5）新时代弘扬劳动精神的有哪些价值？

6）大学生弘扬新时代劳动精神有哪些方法？

2. 思考与探索

1）对照自己的已有职业观念，理解劳动精神的内涵。

2）你周围的朋友如何评价你的劳动精神？跟你想的一样吗？形成差异的原因是什么？

3）为自己写一份职业生涯规划，列出不同阶段所需的劳动精神。

4）从自己的学习和生活中发掘一位你应该学习的劳动榜样，并写出具体实施方案。

5）留意身边歧视劳动和职业的人与事。假定这种现象发生在你身上，请制订一个克服这一现象的行动计划。

6）有人认为，职业院校的学生将来多从事产业链中较低端的工作，发展的空间受限。你如何看待这种看法？

7）作为大学生，你认为应该在哪些方面做到诚实劳动、创造性劳动？

8）结合实训室清洁6S要求，思考如何改进自己的劳动质量。

9）思考当代大学生如何践行劳动精神，培养良好劳动习惯。请写出你的具体实施方案。

10）电视政论片《劳动铸就中国梦》在央视播出后，社会反响热烈。这部政论片以习近平总书记关于劳动的系列重要讲话精神为指导，以劳动推动社会进步为主题，歌颂了劳动者，弘扬了诚实劳动的社会正气。请观看《劳动铸就中国梦》视频，谈谈你的感受。

11）请观看中央电视台《大国工匠》纪录片第三集“大巧破难”，选择一位大国工匠的故事，谈谈他是如何开展创造性劳动的？

12）“民生在勤，勤则不匮”，劳动是财富的源泉，也是幸福的源泉。“夙兴夜寐，洒扫庭内”，热爱劳动是中华民族的优秀传统，绵延至今。可是现实生活中，有一些同学不理解劳动，不愿意劳动。有的说：“我们学习这么忙，劳动太占时间了！”有的说：“科技进步这么快，劳动的事，以后可以交给人工智能啊！”也有的说：“劳动这么苦、这么累，为什么非得自己干？花点钱让别人去做好了！”此外，我们身边还有一些不尊重劳动的现象。

请结合材料内容，写一篇演讲稿，倡议大家“热爱劳动，从我做起”。

13）请围绕“体力劳动是否低人一等”组织一次班级辩论会，分为正反双方，对此辩题进行充分探讨。

14）以小组为单位，以“劳动最美丽”为主题，进行剧情剧创编，要求有人物、有场景、有故事情节，在班级或学院内组织演出，弘扬劳动精神。

劳动实践电子活页：家庭劳动

一、家庭烹饪

二、洗衣熨烫

三、居室保洁

四、物品井然

五、家庭保健

六、家居维修

学生工作页

家庭劳动认知与实践训练					
任务一	掌握家庭烹饪常识并学做一道菜或一种小吃				
任务二	正确洗衣并熨烫				
任务三	将居室打扫一新				
任务四	将自己的物品进行整理、收纳				
任务五	掌握家庭保健常识				
任务六	掌握常见家居维修技能				
任务七	根据自己家庭的具体情况制订家务劳动计划，并严格执行				
班　级		学　号		姓　名	

学生自评

我的心得：

建议或提出问题：

教师评价

项目3

劳模精神

劳动是人类存在的基础和手段，是一个人在体格、智慧和道德上臻于完善的源泉。

——〔俄〕乌申斯基

为人类的幸福而劳动，这是多么壮丽的事业，这个目标有多么伟大！

——〔法〕克劳德·昂利·圣西门

世间没有一种具有真正价值的东西，可以不经过艰苦辛勤的劳动而能够得到。

——〔美〕爱迪生

学习目标

目标分类	具体内容
知识	1. 了解劳模评选制度的变迁 2. 了解劳模精神的时代特色 3. 理解新时代劳模精神的内涵和价值
能力	1. 复述劳模精神的内涵，并用于指导自己的工作 2. 能够触类旁通地领会弘扬劳模精神的价值 3. 在学习和生活中努力践行劳模精神
态度	1. 认同弘扬新时代劳模精神的价值 2. 对劳模怀有崇高敬意，自觉向劳模学习 3. 弘扬劳模精神，不断提高职业技能

项目导入

李爱玲和她的“幸福汇”

2020年11月24日，全国劳动模范和先进工作者表彰大会在人民大会堂隆重举行。全国劳动模范李爱玲是山西晋城市幸福汇老年养护服务中心主任、晋城市养老服务协会会长，通过她的不懈努力、大胆尝试而摸索成功的“幸福汇”养老模式，成为当地著名的养老品牌。

李爱玲经商经历很丰富，开办服装加工厂、开火锅店……

2015年，她与几位朋友一起分别在5个城市开设门店，推销养老平台系统“关护通”。但因对养老行业的一无所知，包括李爱玲在内的几家门店面临关门歇业的局面。为摆脱困境，李爱玲重新选择出路。李爱玲深知，养老既是企业也是公益。李爱玲思考更多的是如何让老年人有尊严，有品质地度过老年生活。

在不断地创新实践中，社区居家养老的模式逐渐明朗，“居家养老+日间照料+嵌入式微型机构+医养结合”的幸福汇四位一体模式日趋成型。

心怀大爱，执着转型投身养老事业。2015年，李爱玲投资500万元，克服重重困难，仅用3个月的时间在晋城城区建起了第一个社区老年活动中心——幸福苑。2018年6月，她筹资900万元，在白水社区建设了幸福汇康养照护驿站。2019年，她又与凤鸣社区、凤台社区、上辇社区达成共识，相继投资建立了3个康养驿站。

细化服务，致力提升老年人的生活品质，使老年人有品质、有尊严地生活，提高老人的生活质量，突出幸福汇的特色，李爱玲经常为老年人举办丰富多样的娱乐活动。从此，“幸福汇”成了人们喜欢、信任的品牌。

养老服务最重要的是用心，最考验的是细节。李爱玲，这个托起老年人“稳稳幸福的人”，在短短6年的时间里，就将养老事业从无人问津做到了火爆井喷，从艰难创业做到了为晋城赢得全国试点。李爱玲的成功源于她执着、坚持、不断努力、大胆创新，源于她对养老服务事业的热爱。

劳模是劳动模范的简称。“劳”表示劳动，这是劳模的基本前提。“模”体现了一种“示范”和“楷模”的价值导向，一种可近、可亲、可信、可学的榜样作用。“劳模”是指在各个时期的生产劳动和建设中涌现出的劳动者的优秀代表，是在劳动中被效仿的标准和模范，是我国亿万劳动人民的模范群体。劳模是适应国家和时代的发展而产生的，是劳动群众的杰出代表，是最美的劳动者，是民族的精英、国家的栋梁、社会的中坚、人民的楷模，是党和国家的宝贵财富，是永远的时代领跑者。

劳模精神是支配指导人们进行各种生产活动、战胜各种生产困难的意识力量，也是生活在一定时代的劳动人民精神面貌先进性的体现，是社会主义核心价值观的生动诠释，是民族精神和时代精神的集中体现。劳模精神源于无产阶级政党和社会主义国家对做出突出劳动贡献的人物的表彰，形成于不同时期特殊形势下对不同意识力量的现实召唤中。党的十九大报告明确提出，新时代进程中要大力弘扬劳模精神，即“爱岗敬业、争创一流，艰苦奋斗、勇于创新，淡泊名利、甘于奉献”。中国特色社会主义进入新时代，对劳模精神的呼唤更加强烈坚定。在新时代条件下，弘扬劳模精神不仅是马克思劳动价值理论的逻辑展开，也是时代的呼唤，更是人民群众生存发展的现实需求。在高职劳动教育中深入探析新时代劳模精神，积极优化劳模精神的育人路径，能够更好地引导当代青年从中华传统美德中汲取营养，从劳动模范事迹中学习高尚的道德风范，从而进一步领悟劳模精神，更好地塑造自身的精神品质。

【话题探讨】

“互联网+”的快速发展让人们的日常生活产生了巨大变化，如代购、外卖等。有的同学认为，当今时代，只要有钱就能满足一切需要，已经不需要自己劳动了。请你针对这种观点谈谈自己的看法。

任务 3.1 劳模评选制度变迁

微课
劳模评选制度变迁

“劳动模范是民族的精英、人民的楷模，是共和国的功臣。”一代又一代劳模不仅创造了巨大的物质财富，而且也创造了伟大的精神财富——劳模精神。理解劳模精神，首先要弄清楚其创造者、承载者是如何产生的，即探寻劳模评选制度变迁。通过回顾历史，我们大致可以把劳模评选制度划分为以下四个主要阶段。

3.1.1 劳模评选制度的早期探索

劳动模范评选制度发端于中央苏区时期。1931 年 11 月 7 日，中华苏维埃共和国临时中央政府在江西瑞金成立。面对反“围剿”和治国的双重压力，中国共产党积极调动广大劳动者的革命热情和生产积极性，开始探索通过劳动竞赛表彰先进劳动者。毛泽东在《在第二次全国苏维埃代表大会上的报告》中指出：“提高劳动热忱，发展生产竞赛，奖励生产战线上的成绩昭著者，是提高生产的重要方法。”《第二次全国苏维埃代表大会关于苏维埃经济建设的决议》中明确指出：“苏雄埃政府应该特别奖励模范的乡村的农户、模范的工厂、生产队以及个别的劳动战线上的英雄。”① 苏区“四大红报”之一《红色中华》就记录了当时劳模的光荣事迹。这些探索使劳模评选制度雏形得以形成。

扩大革命根据地和实现革命队伍生产自给是当时摆在中国共产党面前的重要任务，动员广大干部群众参与生产劳动既是战略选择也是现实要求。1937 年 9 月，陕甘宁边区政府成立。在苏联经验和苏区经验的基础上，中国共产党再次开展劳动竞赛，发挥英雄模范和先进人物的示范效应，以此来提高根据地劳动生产率。1939 年 5 月，陕甘宁边区政府举办了首届工业展览会，并奖励了一些先进工厂和劳动英雄，正式开启了劳模评选运动。为保证劳模评选有序进行，边区政府陆续颁布了《陕甘宁边区人民生产奖励条例》《陕甘宁边区督导民众生产运动奖励条例》《机关、部队、学校人员生产运动奖励条例》《陕甘宁边区劳动英雄与模范生产工作者大会及其代表的选举办法》等，对在生产运动中取得重大成绩者予以奖励。这一时期，涌现出赵占魁等近千名劳动英雄以及“三五九旅”等模范群体。1945 年以后，劳模评选不再由边区政府统一进行，改为由各县政府自主选择区域和日期举办。1947 年，由于国民党大举进攻陕甘宁边区，劳模评选工作中断。

3.1.2 劳模评选制度的形成

1949 年 10 月 1 日，中华人民共和国成立。1950 年，中央召开全国工农兵劳动模范代表会议，授予李风莲、赵占魁、孟泰等 464 人全国劳动模范称号。1956 年，中央召开全国先进生产者会议，授予孟泰、裔式娟、林巧稚、华罗庚、钱学森、夏鼐等 4 703 人全国先进生

---

① 中共中央文献研究室，中央档案馆．建党以来重要文献选编：1921—1949：第 11 册［M］．北京：中央文献出版社，2011.

产者称号。同时，本次表彰将集体纳入其中，共表彰 853 个全国先进集体。

1959 年，全国工业、交通运输、基本建设、财贸方面社会主义建设先进集体和先进生产者大会（又称全国群英会）召开，授予王崇伦、倪志福、张秉贵、时传祥、王进喜、赵梦桃等 3 267 人全国先进生产者称号，同时表彰 2 565 个全国先进集体。全国群英会突出集体主义价值导向，减少了对先进生产者个人的表彰，扩大了对先进集体的表彰。1960 年，中央召开全国教育和文化、卫生、体育、新闻方面社会主义建设先进单位和先进工作者代表大会（又称全国文教群英会），授予 2 686 人全国先进生产者称号，授予 3 092 个企业全国先进企业称号，集体表彰数量首次超过先进生产者个人数量。“文化大革命”开始后，劳动模范评选活动被迫中断。

新中国成立后的十年间，社会经济迅速发展，受表彰的先进对象来自工、农、教、文、卫、体等各条战线，既有生产能手、岗位标兵，又有科学技术人员、教育工作者。四次表彰在会议名称、评选条件及受表彰对象等方面呈现明显差异，表彰的对象从工农兵扩展到工业战线的先进人物，再到文教战线的先进人物，这与国家恢复生产、发展工业，提高劳动生产率水平的发展需要紧密呼应。

【劳动人物】

新中国第一代巾帼劳模——裔式娟

1929 年裔式娟出生于江苏盐城，读了一年书，后到资本家的工厂里当最苦、最累的养成工。1947 年又前往上海第二棉纺织厂细纱车间当挡车工。

1951 年“郝建秀工作法”在上海推广时，裔式娟是学习得最早最认真的人。她不但在厂内带头推广，工作上当好“领头羊”，而且还担任兄弟厂的“小先生”（见图 3-1），被厂内的职工群众推选为生产小组长。经她耐心细致地传、帮、带，她的小组成为上海市学习“郝建秀工作法”模范小组。

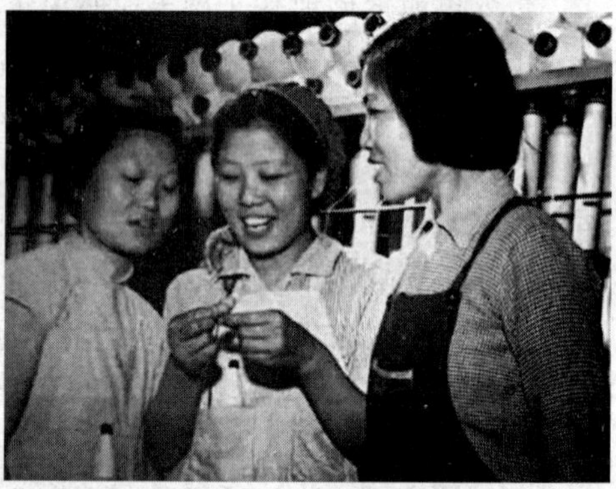
图 3-1　裔式娟（中）向小组成员传授纺织技艺

自 1953 年起，连续八年全面超额完成生产计划，产品数量和质量达到全国先进水平。

裔式娟在厉行节约方面也获得了显著成果。1954 年“裔式娟小组”在超额完成生产计划的同时，21 支纱皮辊花率平均只有 0. 15%，32 支纱是 0. 26%，比车间行政指标低 30%以上。

1952 年，裔式娟加入中国共产党。在她的影响下，她们小组三十几个组员有十个人加入了共产党，每个月都能按时完成国家的生产计划，被评为了“全国纺织模范小组”。“裔式娟小组”保持了 30 多年的模范集体称号，裔式娟连续七次荣获上海市劳动模范、两次荣获全国劳动模范称号。

后来，她成长为上海市总工会副主席，是第一届至第六届全国人大代表、第五届全国人大常委会委员。她曾说：“纺织姐妹的事就是我的事。”她这么说，更是这么做。在裔式娟的努力与推动下，女职工劳动保护、职工食堂等相关领域问题，都得到了妥善处理和解决。

在第一届全国人民代表大会第一次会议期间，上海代表组拍了一张合影，站在第一排的裔式娟、杭配兰和袁雪芬是上海代表组最年轻的三位女性，那一年，裔式娟才 25 岁。

2021 年 7 月，她向上海市档案馆捐赠了 70 件档案资料。在那次捐赠仪式上，裔式娟饱含深情地回忆那段日子。“新中国成立后，我们成了国家的主人！我能有今天，都是党的培养!”她把这些珍藏拿出来，是因为希望让更多的人看到、知晓、纪念这段珍贵的历史岁月。

3.1.3 劳模评选制度的定型

随着“文化大革命”的结束，劳模评选迅速得以恢复，从 1977 年 4 月到 1979 年 12 月，短短两年多的时间里，中共中央、国务院连续举办了五次全国劳模表彰大会，开启了劳模评选表彰工作的新高潮。之所以进行如此密集的劳模表彰，是因为“文化大革命”期间，国家经济社会发展遭受巨大创伤，此时需要发挥劳模的精神引领作用，动员引导社会各界继续艰苦奋斗，努力发展经济，把精力集中到社会主义现代化建设上来。

前三次以中共中央、国务院的名义进行表彰，表彰对象多为 1960 年至 1978 年的劳动模范，带有拨乱反正、落实政策的性质；后两次以国务院的名义进行表彰，表彰对象为 1978 年至 1979 年涌现的先进典型，表彰对象逐步转移到新时期的社会主义现代化建设者，这种变化体现出党的十一届三中全会前后党的路线方针政策的重大转变。因此，在这段历史时期，“判断一个职工是不是模范，一个集体是不是先进，归根结底要看其在生产力发展方面是不是起了显著作用，对社会主义建设事业是不是做出了较大的贡献”。①

3.1.4 劳模评选制度的深化

1982 年，“奖励劳动模范和先进工作者”被写入宪法。从 1989 年开始，劳模表彰大会正式命名为“全国劳动模范和先进工作者表彰大会”，并沿用至今；从 1995 年开始，每 5 年召开一次。

值得关注的是，从 1989 年 9 月开始，全国劳模的表彰单位由中共中央、国务院变更为国务院；从 2015 年 4 月开始，全国劳模的表彰单位再次回归为中共中央、国务院，这一回归充分体现出自迈向中华民族伟大复兴的征程中党和国家对劳模评选表彰工作的高度重视。

总结这一时期的劳动模范评选，具有以下特点。一是评选方式更加科学民主，评选工作坚持公开、公平、公正原则，推荐人选需自下而上产生，并接受公众监督。二是评选标准更加合理。在倡导“无私奉献”的同时，将“对社会有突出贡献”作为重要评选条件，并且在评价指标中增加了敬业精神、创新精神和职业道德等要素。三是评选范围更加广泛，劳动模范的构成多样化。评选对象包括工人、农民、知识分子、个体经营者、私营企业主、体育明星等。四是注重持续提高一线职工和农民的比例。2000 年，劳动模范评选分配原则规定“企业一线职工不得低于总数的 35%，农民应占总数的 20%，企业负责人不得超过总数的 8%”。

小贴士
你知道劳模评选的制度化流程吗?

① 全国供销合作总社．中国供销合作社史料选编（第 1 辑 · 下）[M]．北京：中国财政经济出版社，1996.

2020 年，要求推荐人选时注重发现、挖掘在疫情防控一线涌现出的先进个人。五是表彰时间、规模日趋稳定。每次表彰均在 4 月底进行，表彰人数在 3 000 人左右。2020 年，受新冠疫情影响，推迟至 11 月举行，全国劳动模范和先进生产者表彰情况（1989—2020）见表 3-1。①

表 3-1　全国劳动模范和先进生产者表彰情况（1989—2020）

序号	名称	时间	颁奖机构	表彰情况	代表人物
1	全国劳动模范和先进工作者表彰大会	1989 年 9 月 28 日—10 月 2 日	国务院	全国劳动模范称号1 987 人，全国先进工作者称号 803 人	徐虎、申纪兰、包起帆、邓稼先、蒋筑英、聂卫平等
2	全国劳动模范和先进工作者表彰大会	1995 年 4 月 29 日	国务院	全国劳动模范称号2 157 人，全国先进工作者称号 716 人	徐虎、申纪兰、孔繁森等
3	全国劳动模范和先进工作者表彰大会	2000 年 4 月 29 日	国务院	全国劳动模范称号1 931 人，全国先进工作者称号 1 015 人	徐虎、李素丽、吴登云等
4	全国劳动模范和先进工作者表彰大会	2005 年 4 月 30 日	国务院	全国劳动模范称号2 124 人，全国先进工作者称号 845 人	许振超、姚明、刘翔、孔祥瑞、宋鱼水、王顺友等
5	全国劳动模范和先进工作者表彰大会	2010 年 4 月 27 日	国务院	全国劳动模范称号2 115 人，全国先进工作者称号 870 人	窦铁成、李瑞英等
6	全国劳动模范和先进工作者表彰大会	2015 年 4 月 28 日	中共中央、国务院	全国劳动模范称号2 064 人，全国先进工作者称号 904	巨晓林、白永明等
7	全国劳动模范和先进工作者表彰大会	2020 年 11 月 24 日	中共中央、国务院	全国劳动模范称号1 689 人，全国先进工作者称号 804 人	洪家光、周家荣、刘双燕、刘丽、胡洪炜、潘从明等

任务 3. 2　劳模精神的时代特色

不同时期的劳模精神内涵不尽相同、各具特色。从劳模登上中国历史舞台的那一刻起，劳模就成为一面镜子，成为时代标杆。一代又一代劳模前仆后继，在中国革命和经济建设中忘我劳动、忠于职守、拼搏奋斗、不断创新、爱国奉献、敢为天下先，创造了伟大的劳模精神。劳模是人格化的劳动精神，劳模精神在劳模的接力奋斗中迸发出强劲活力和强大效能。

3. 2. 1　中国革命战争年代劳模精神的时代特色

马克思指出：“每个社会时代都需要有自己的伟大人物，如果没有这样的人物，它就要

① 李珂．楷模与引领：劳动模范评选制度的善变与省思［J］．教学与研究，2018（6）：77-84.

创造出这样的人物来。"① 中国共产党在建立了红色革命政权以后，为了团结发动群众搞生产，在苏区和边区先后掀起了大规模劳模运动，在苏俄"义务劳动运动"和"斯达汉诺夫运动"的影响下，劳动英雄在革命根据地不断涌现，最为知名的当属农业战线上的吴满有和工业战线上的赵占魁。革命战争年代的劳模自觉接受党的领导，辛勤劳动、勤于学习、忠于革命、善于发明、团结群众、谦虚谨慎、务实重行，为加快新民主主义革命胜利进程做出了极大贡献，为中国"站起来"提供了物质保障和精神支持。

革命战争年代的劳模精神是"革命和拼命精神，守纪律和自我牺牲精神，大公无私和先人后己精神，压倒一切敌人，压倒一切困难的精神，坚持革命乐观主义、排除万难去争取胜利的精神"。② 其内涵主要体现在以下几个方面：以爱党拥军和大无畏的革命英雄主义为鲜明底色，以热爱劳动和高度的主人翁责任感为崭新面貌，以创造精神及掌握娴熟的技能为内在需求，以艰苦奋斗、自力更生、埋头苦干为行事作风，以争创一流、无私奉献、团结群众为品格特色。这个阶段的劳模精神呈现出"为革命生产劳动、为革命拼命献身、为革命苦干巧干"的"革命型"特征，是新时代中国劳模精神的萌芽。

【劳动人物】

"边区特等劳动英雄" 赵占魁

赵占魁，男，汉族，1896年出生，中共党员，山西定襄人。原陕甘宁边区农具厂工人，被毛主席称为中国式的"斯达汉诺夫"，在高达2 000°C的高热熔炉面前，他每时每刻都认真工作着，毫不懈怠，始终"冲锋在前，退却在后"。赵占魁在工作上不怕艰苦繁重，始终站在最前面，做得最多、最好，但他从来不自夸、不贪功，每遇论功行赏的时候总是让开，认为那是大家努力的结果，他说，为革命多做些工作，是自我牺牲精神的应有体现。他从来不计较个人的待遇与得失，克己奉公，朱德称赞他是用革命者态度对待工作的"新式劳动者"。赵占魁同志1939年被边区政府评为模范工人，1941年，被选为边区参议会候补议员；1942年，边区总工会在工厂开展"赵占魁运动"，号召全边区工人向赵占魁同志学习；1943年，被评为边区特等劳动英雄，成为边区工人的一面旗帜（见图3-2）；1950年9月被授予"全国劳动模范"称号。

图3-2 "边区特等劳动英雄"赵占魁

中华人民共和国成立后，赵占魁先后担任西北总工会、陕西省总工会副主席，继续为社会主义建设做贡献。

① 马克思恩格斯选集：第1卷［M］. 北京：人民出版社，1972.

② 邓小平文选：第2卷［M］. 北京：人民出版社，1994.

3.2.2 新中国成立后三十年劳模精神的时代特色

新中国成立后，百废待兴。一方面，中国共产党沿袭开展大生产运动和社会主义劳动竞赛的传统，将劳模运动经验在新中国发扬光大。另一方面，新中国劳动人民群众的劳动观念发生了巨大转变，为社会主义新中国而劳动的热情空前高涨。从1949年到1979年的30年时间里，党中央和国务院共召开全国劳模表彰大会九次，共表彰劳模13 600余人，产生了李顺达、陈永贵、王进喜、孟泰、时传祥、张秉贵、申纪兰、王崇伦、李瑞环、马永顺、赵梦桃、马恒昌、钱学森、袁隆平等一大批妇孺皆知的劳模典型，他们不畏困难、自力更生、艰苦奋斗、不怕牺牲、刻苦钻研、敢于革新、团结协作、毋忝厥职、无私奉献，用实际行动激励着新生和困苦中的中国人民，推动着社会主义建设不断前行，为中国“富起来”夯实了基础。

新中国成立后三十年的劳模精神是愿做老黄牛的精神，勇当拓荒牛的精神，甘为孺子牛的精神，其内涵主要体现在以下几个方面：以坚定理想、忠党爱国、服从领导为崇高信念，以自强不息、艰苦创业、奋发图强为优秀基因，以爱岗敬业、忘我劳动、多做贡献为品质标准，以团结协作、勇于革新、淡泊名利是为价值追求。这个阶段的劳模精神呈现出一种勤勤恳恳、任劳任怨、埋头苦干、恪尽职守、兢兢业业、坚忍不拔、耿直倔强、顽强拼搏、开拓奋进、无私奉献的“老黄牛型”特征，是新时代中国劳模精神的雏形。

【劳动人物】

申纪兰：妇女模范　人民代表

申纪兰（见图3-3）荣获“全国劳动模范”“全国优秀共产党员”“改革先锋”“最美奋斗者”等称号。2009年当选“100位新中国成立以来感动中国人物”。2019年被授予“共和国勋章”。

申纪兰，1929年出生于山西长治平顺县，17岁嫁到了同县的西沟村。太行山夹缝中的西沟村“山是石头山，河是乱石滩”。申纪兰说：“一句话就是，金、木、水、火、土什么也没有，人民吃不饱穿不好。”

图3-3　“最美奋斗者”申纪兰

为了让全村人吃饱肚子，1951年劳动模范李顺达联合几个互助组成立了合作社。生产规模扩大了，光靠男劳力已完不成生产计划，李顺达提出让申纪兰担任副社长，发动妇女一同参加劳动。年轻时候的申纪兰不仅会劳动，而且有想法。申纪兰不仅带领同村妇女下地，还为她们争取到了和男劳力一样的工分。西沟村彻底实现了“男女平等，同工同酬”。

1953年，申纪兰被评为第一届全国劳动模范，受到了毛主席的接见。1954年，申纪兰当选第一届全国人大代表。在第一届全国人民代表大会上，申纪兰提出的“男女同工同酬”倡议被写入了新中国的宪法。从25岁第一次当选，申纪兰是唯一一位连任13届的全国人大代表。

20世纪60年代，申纪兰带领群众在“石头沟”植绿，一次次失败、一次次重栽，终于把西沟村周边的太行山种满了树。

1973年，申纪兰被调任山西省妇联主任。她做出了出人意料的决定，“不领工资，不转户口，不定级别，不坐专车”。10年后，任职期满的申纪兰回到了西沟，为农民们寻找新的致富方向。申纪兰说：“我是农民代表，只有生活在他们中间，才能了解他们的疾苦和需求，更好地为他们代言。”

2020年6月28日凌晨，申纪兰在山西长治逝世，享年91岁。

3.2.3 中国特色社会主义时期劳模精神的时代特色

改革开放开启了中国特色社会主义之路，弘扬劳模精神也开启了新的篇章。从20世纪90年代中期开始，党和国家每五年在“五一”国际劳动节前召开一次全国劳动模范及全国先进工作者表彰大会，劳模评选表彰范围不断扩大，大幅向在社会主义经济建设和教育科学卫生体育等领域做出贡献的人倾斜。21世纪以来，特别是党的十八大以来，劳模形象已从“出大力流大汗、苦干加巧干”，向依靠科学技术创造社会效益和经济效益方向转变。徐虎、包起帆、许振超、柳传志、任长霞、郭明义、姚明等是中国特色社会主义时期的劳模代表，他们“爱岗敬业、争创一流，艰苦奋斗、勇于创新，淡泊名利、甘于奉献”①，为中国特色社会主义经济社会发展提供了强大榜样力量，为中国“强起来”汇聚了强大的精神动能。

新时代中国劳模精神内涵主要体现在以下几个方面：以爱岗敬业为基础，以争创一流为灵魂，以艰苦奋斗为本色，以勇于创新为核心，以淡泊名利为境界，以甘于奉献为底色。这个阶段的劳模呈现出明显的“知识型、创新型、技能型、管理型”特征，劳模精神以创新创造、争创一流为核心与灵魂，这标志着劳模精神在新时代的蜕变与发展，并不断走向成熟。②

【劳动人物】

他在哪里都闪光

——记新时代“雷锋”郭明义

如果说，每天要你凌晨4点半起床，提前2小时上班，步行穿梭在全长40多千米矿山作业面，每天至少走10千米，你能坚持几天？

如果说，抢救一个病人需要输血800毫升。20年来，你能无偿献血挽救几个危重病人的生命？

---

① 习近平在知识分子、劳动模范、青年代表座谈会上的讲话［N］. 人民日报，2016-04-30（2）.

② 王海亮，李庆华.“变”与“不变”：论新时代中国劳模精神的生成发展逻辑［J］. 佳木斯大学社会科学学报，2019（4）：86-89.

如果说，家里上有年迈父母，下有上学女儿，夫妻每月收入不到600元，生活并不富裕，你是否会拿出大部分工资收入，把家里能捐的都捐了，去资助特困学生？

如果说，你曾经做过这样的好事，你能坚持做多少次、多少年？

…………

有一个人连续15年做到了上述的一切，向人民做出了一个个掷地有声的回答。他就是鞍钢集团矿业公司齐大山铁矿生产技术室采场公路管理员郭明义（见图3-4）。从他身上，人们看到了一个活着的雷锋，一个叫得响、信得过、靠得住的共产党员。

图3-4 新时代"雷锋"郭明义

从小视雷锋为偶像的郭明义，15年来，每天上班走过的路程累计长达6万千米，相当于走了4次红军长征路，他每天工作10小时，没有休息过一个节假日，仅义务奉献的工作日，相当于多干了5年的工作量；20年来，他累计无偿献血6万毫升，相当于自身血量的10倍，至少挽救75名危重病人的生命；16年来，他先后资助180多名特困学生，不仅把工资捐了，还把各级组织给他的奖金、慰问金、奖品、慰问品都捐了……

"如果你是一滴水，你是否滋润了一寸土地？如果你是一缕阳光，你是否照亮了一分黑暗？如果你是一粒粮食，你是否哺育了有用的生命？如果你是一颗最小的螺丝钉，你是否永远守在你生活的岗位上？"这是郭明义最喜欢的《雷锋日记》中的一段话。

毫无保留的奉献理念带给了郭明义无穷的力量、快乐和自豪，激励着他数十载践行雷锋精神，尝试他所能想到、能做到的一切有利于社会、有利于人民的有意义的事情，用生命的点点滴滴诠释了奉献、坚韧、无畏、高尚、永恒的人生追求。

任务3.3 新时代劳模精神的内涵与价值

3.3.1 新时代劳模精神的内涵

微课
新时代劳模精神的内涵与价值

中国特色社会主义事业进入新时代，中国劳模精神一方面延续了过去年代的精髓要义，另一方面显露出新的时代内涵和实践向度。新时代中国劳模是社会主义改革开放和建设中优秀劳动者的典范，新时代中国劳模精神鼓舞着成千上万的普通劳动者坚守理想信念、立足本职岗位、奋勇当先当优、勇于创新创造、创建事业功勋，以主人翁的姿态诠释着爱党爱国、兢兢业业、恪尽职守、无私奉献、宁静致远的精神风貌。

长期以来，广大劳模以平凡的劳动创造了不平凡的业绩，铸就了"爱岗敬业、争创一流，艰苦奋斗、勇于创新，淡泊名利、甘于奉献"的劳模精神，丰富了民族精神时代精神的内涵，是我们极为宝贵的精神财富。劳动精神的科学内涵，深刻揭示了新时代劳模精神的实质特征，同时是对劳模精神时代价值的充分肯定。

1. 爱岗敬业，争创一流

“爱岗敬业，争创一流”体现广大劳模恪尽职守、创先争优的职业道德及高度的历史使命感、责任感。

爱岗敬业是中华民族的传统美德，是职业道德的基石，是社会主义职业道德所倡导的首要规范，是社会主义核心价值观的重要内容。爱岗敬业就是要勤勤恳恳、兢兢业业、忠于职守、尽职尽责地工作。爱岗敬业是社会主义职业道德倡导的首要规范，是对劳动者提出的最基本、最起码、最普通的道德要求，还是实现职业目标的重要内容，也是事业成功的必要因素。

争创一流是当代劳模具有竞争力、战斗力和爆发力的精神源泉。争创一流就是要树立自信心、提振精气神，以“敢为人先、追求卓越”的精神状态高起点谋划、高标准定位、高质量落实、高效率推进，做到谋划上胜人一筹、行动上快人一步、措施上硬人一度。

【劳动人物】

以匠心成就事业的李承霞

全国人大代表李承霞（见图3-5）是来自安徽的外来务工人员，近20年来一直奋斗在纺织服装行业的一线，以匠心不断锤炼自我，成就他人，为中国纺织服装行业的发展壮大和制造强国的建设默默奉献着自己的力量。

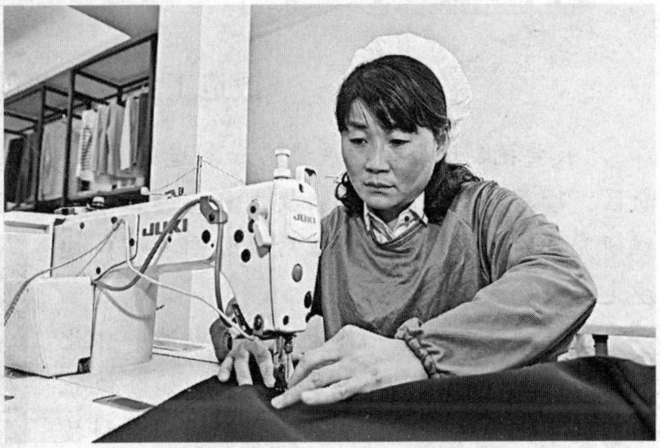

图3-5 全国劳动模范优秀缝纫工李承霞（胡平 摄）

李承霞于2003年从安徽老家来到常州老三集团打工。为能成为一名优秀的缝纫工，李承霞起早贪黑，不怕苦，不怕累，虚心求教。每天清晨，她总是第一个进入车间；每次下班，她也是最后一个离开车间。日复一日，李承霞的缝纫技术越来越熟练了，缝纫的针脚也越来越平。

李承霞不仅勤奋，还喜欢钻研，在老三集团是出了名的爱动脑子。工作中，她敏锐地发现缝纫机不论工作还是不工作，电机始终处于工作状态。她意识到这完全可以改进，于是便向集团提了建议。集团对此非常重视，让电工们到车间进行试验，设备改造大获成功。集团5 000多台缝纫机如今都安装了“衣车宝”，每年为集团节电363万千瓦时，用电量下降了30%。靠着勤奋和用心，她让自己的照片每月都能张贴在集团墙上的“光荣榜”里，保持了10年，成长为一名名副其实的优秀缝纫工。

李承霞从辅助工干起，一步一个脚印，一路干到了服装高级技师、全国劳动模范、集团工会主席和全国人大代表，这源于她爱岗敬业、脚踏实地的工作精神。李承霞干一行，爱一行，把普通的事情做到了极致，在平凡的工作岗位上绘就了出彩的人生，用实际行动诠释了三百六十行行行出状元的真理。

2. 艰苦奋斗，勇于创新

艰苦奋斗，勇于创新，体现了广大劳模吃苦耐劳、坚忍不拔的作风和强烈的开拓意识，勤于学习，善于实践，积极掌握知识，努力增强核心技能，主动应对各种挑战。

艰苦奋斗是新时代中国劳模精神的本色。新时代劳模凭借艰苦奋斗的价值追求锐意进取、奋发有为，攻破了一个又一个阻碍实现中国特色社会主义现代化建设的难题，取得了一个又一个惊叹世界的成就。劳模秉承艰苦奋斗的优良作风，在工作中忘我劳动、开拓创新、奉献集体，表现出崇高的美德和精神风貌。新时代中国劳模精神之所以能够继续发挥其号召力、感召力和影响力的作用，就是因为劳模精神中包含着长期以来具有的、始终如一的艰苦奋斗精神因素，并成为当代中国劳模精神最稳定和永恒的本色。

勇于创新是新时代中国劳模精神的核心。党的二十大报告指出："创新是第一动力。"新时代中国劳模充分发挥先锋模范作用，不断钻研科学技术，全面提升勇于创新的本领，锐意进取，不断增强善于创造的能力，为中国特色社会主义现代化建设做出了突出贡献。勇于创新、善于创造已经成为当代中国劳模精神的关键内容和核心内涵。提倡勇于创新、善于创造的劳模精神是实现中华民族伟大复兴的现实需要。

小贴士
从"倪钻"到"群钻"

【劳动人物】

锻造工业重器"创新大脑"

"我要把创新驱动发展战略和制造强国战略落实到每个工作项目中。"从北京回到兰州新区，珍藏起金色的奖章，换上朴实的工装，2020 年全国劳动模范、兰州兰石能源装备工程研究院的高级工程师何琪功（见图 3-6）快步走进自己的工作室。

图 3-6　全国劳动模范何琪功

何琪功非常忙碌，作为从事机电液一体化锻压装备设计研发 30 余年的专家，如今他正瞄准数字化设计与制造技术，带领团队在科技自立自强的道路上奋力奔跑。他说："装备制造必须与互联网、大数据、人工智能深度融合，推动先进制造业集群发展及众创发展。"兰石研究院是兰石集团的技术核心。始建于 1953 年的兰州兰石集团，是我国第一个五年计划期间国家 156 个重点建设项目之一，是我国建厂时间最早，规模最大的集石油钻采、炼化、通用机械研发、设计、制造于一体的高端能源装备大型龙头企业集团。

2016 年 9 月，历经 5 年的探索，随着"300 兆牛多缸薄板成型液压机组"项目验收通过，何琪功带领的团队又在自主创新上向前迈出了一大步。这个是迄今为止世界上最大吨位、最大压印投影面积达 5.4 平方米的多缸薄板成型液压机组，填补了国内薄板成型领域大型装备的空白，迈入国际领先行列，提升了中国装备制造业的国际竞争力。

这之后，何琪功又主持完成了高精密特钢锻造生产线 EPC（总承包）项目，实现了我国在锻压设备领域的国产化和成套精密锻造装备的出口销售，1.6兆牛径锻机作为生产线的核心设备性能达到了同类国际先进水平，引领了行业技术进步，为提高中国锻压设备实力和提升行业国际竞争做出了重大贡献。

“科技自立自强不等人，用劳模精神为工业重器锻造‘智慧大脑’。”最近一段时间，何琪功“火力全开”，同时主持着20多个创新项目：国内首台“半潜式平台15 000米钻井包研发”项目已进入技术验证阶段，“12 000米钻井包关键设备试制”正在全力推进，“低阶粉煤循环流化床加压煤气化示范工程”已完成建设……

何琪功工作33年里，始终努力工作，从科技创新、攻坚克难、技能传承、人才培养等方面为兰石集团科技创新做出了贡献。在主持科技创新工作期间，兰石研究院承担完成甘肃省科技重大专项项目5项，开展集团科技创新项目271项，项目计划完成率达95%，一大批项目取得重大突破，填补了国内空白。何琪功就是凭借这样一种勇于创新、争创一流的劳模精神，在自己的工作岗位上刻苦钻研，不断地进行技术革新、技术攻关，一步一个脚印地向前迈进，取得了一个又一个骄人的成绩。

3. 淡泊名利，甘于奉献

淡泊名利，甘于奉献，体现广大劳模任劳任怨、不计得失的模范行动，反映了工人阶级的价值取向和大公无私、不怕牺牲的高尚情操。

淡泊名利是当代中国劳模精神的境界，涵养着当代中国劳模精神。名利反映的是一个人的劳动成果和贡献得到社会公认，并获得相应的物质报酬。正确的名利观会影响和铸就高品位与高格调的人。在新时代，我们仍需倡导劳模保持的本来就具有的安贫乐道、甘于寂寞，淡泊自守、不求闻达的豁达态度，学习、继承老一辈劳模体现的谨守本分、淡泊名利的精神境界。

甘于奉献是当代中国劳模精神的底色。无论是中华人民共和国成立前对劳动英雄和先进工作者的表彰宣传，还是中华人民共和国成立后对劳模精神轰轰烈烈的弘扬，都重点强调了劳模尊重劳动、奉献担当的浓厚意识，肯定了劳模顾全大局、默默奉献的可贵品质。时空变换，劳模精神的内涵在变，但劳模甘于奉献的追求没变。甘于奉献已经成为中国劳模精神鲜明的标识，镌刻着劳模为党和人民贡献一切的光荣而不朽的印记。甘于奉献理当是当代中国劳模精神内涵中最亮丽的本色。①

【劳动人物】

袁隆平：不曾停歇的“90后”

2019年9月17日，国家主席习近平签署主席令，授予8人“共和国勋章”。袁隆平（见图3-7）名列其中。

就在这一天，距离北京1 600多千米的湖南省衡东县，在一片稻田里，袁隆平拿着一株水稻仔细观察后，面带笑意地说道：“开花开得很好。”这片稻田是“第三代杂交水稻”试

① 周万才，周丽妲，王潇伟．劳动教育理论与实践课程．上海：上海交通大学出版社，2020.

验田，目前处于扬花时期，田中的双季晚稻有望突破亩产 1 000 千克大关。

“荣誉是对我们成绩的肯定，但我们不能躺在功劳簿上，还得继续干活。只要能解决老百姓的吃饭问题，个人的荣辱得失又算得了什么。搞科研的人要有使命感，有胸襟。”在新中国成立 70 周年来临之际获得国家最高荣誉，袁隆平向记者表示：“这对我既是鼓舞也是鞭策，希望在原有的基础上更上一层楼。”

图 3–7　“杂交水稻之父”袁隆平

在获得“共和国勋章”的前一天，袁隆平出现在湖南农业大学 2019 级新生开学典礼上，引发全场沸腾，学生们激动不已地喊出：“袁院士才是我们该追的‘星’！”

开学典礼上，袁隆平在讲话中再次提到了他多次谈及的两个梦想：“第一个梦是禾下乘凉梦，这是追求水稻的高产梦；第二个梦是杂交水稻覆盖全球梦，我始终都还在努力使梦想成真，也寄希望于你们共勉来共同实现这两个梦想。”

为了实现这两个梦想，袁隆平不曾停歇。

1974 年，袁隆平科研小组培育的第一个强优势高产杂交稻破土而出。多年来，袁隆平领衔的科研团队通过形态改良和杂种优势利用相结合的技术路线，成功攻破水稻超高产育种难题，不断刷新亩产量。目前，超级稻计划的五期目标已经全部完成，分别是亩产 700 千克、800 千克、900 千克、1 000 千克和 1 100 千克。

据统计，从 1976 年到 2018 年，杂交水稻在全国累计推广面积约 85 亿亩，增产稻谷 8.5 亿吨。每年因种植杂交水稻而增产的粮食，可以多养活约 8 000 万人口。

“我们国家人口多、耕地少，保障国家粮食安全，唯一的办法就是提高单产。高产对于我来说，是一个永恒的主题。”袁隆平告诉记者。

不仅让中国人吃得饱，袁隆平还希望全世界人民都能够远离饥饿。他曾笑称，自己愿做太平洋上的海鸥，让杂交水稻技术越过重洋。

《杂交水稻简明教程》，这本袁隆平写于 1985 年的书，经联合国粮农组织出版后，目前已发行到 40 多个国家，成为全世界杂交水稻研究和生产的指导用书。据湖南省农业农村厅统计，截至 2018 年年底，杂交水稻已在海外 40 多个国家成功试验示范，在 10 多个国家大面积推广。2018 年，海外杂交水稻推广面积超过 700 万公顷。

“祝愿伟大祖国繁荣昌盛！”谈及即将到来的国庆时，见证了新中国成立 70 年来翻天巨变的袁隆平感慨万千，“在中国共产党的领导下，我们中国真正富强起来了，现在我们能够抬得起头，挺起了腰杆。”

在获得“共和国勋章”的 10 天前，袁隆平迎来了自己的 90 岁生日。他笑称，自己已经从“80 后”升级为“90 后”，未来要健康快乐超百岁，就像超级稻攻关一样，不断超越新目标。他的生日愿望是希望今年的示范田实现亩产 1 200 千克，向中华人民共和国成立 70 周年献礼。

3.3.2　劳模精神的时代价值

挖掘劳模精神的时代价值是充分发挥劳动模范榜样作用的前提，劳模精神具有的重要的时代价值是弘扬劳模精神的突破口。弘扬劳模精神的时代价值，有助于在全社会形成学习劳模的良好社会风尚，有助于将劳模精神转化为物质力量，推动中国特色社会主义实践在新时代的新发展。

1. 丰富了新时代民族精神，实现了抽象性与具体性的统一

习近平在重要讲话中指出中国人民具有伟大创造精神、伟大奋斗精神、伟大团结精神、伟大梦想精神。新时代民族精神蕴含着中华民族深厚的文化底蕴，同时具有强大的新时代精神力量。劳模是新时代民族精神的现实载体，凝结劳模优良品质的劳模精神是新时代民族精神的重要内容。劳模具有伟大的创造精神。创新创造是劳模在广大劳动者中脱颖而出的重要原因，是劳模在平凡岗位上做出不平凡业绩的关键因素。劳模具有伟大的奋斗精神。奋斗作为劳模精神的关键，是劳模人生闪光的精神支撑。普通劳动者的成名之路必然离不开奋斗，只有奋斗的人生才称得上精彩的人生。劳模具有伟大的团结精神。人是社会关系的总和，每个人都需要与他人相处，每个人的工作都需要他人的协作，劳模的成功离不开与同事的团结协作。劳模具有伟大的梦想精神。分布于各个平凡岗位的劳动者不甘平庸，具有伟大梦想，才能在理想信念的指引下不断奋斗、不断团结、不断创造，才能在平凡的工作岗位上实现不平凡的人生。劳模是新时代民族精神忠诚的信仰者和坚定的实践者，为广大劳动者提供了实现新时代民族精神的生动典范。劳模精神是新时代民族精神的重要组成部分，实现了理论的抽象性与现实的具体性的统一，为新时代民族精神的弘扬和传播做出了重要贡献。

2. 展现了社会主义核心价值观的精髓，提供了精神转化的现实样本

劳模精神实现了社会主义核心价值观的具体转化，劳动模范实现了社会主义核心价值观转化为情感认同和行为习惯的现实样本。“富强、民主、文明、和谐”的国家层面的价值目标，“自由、平等、公正、法治”的社会层面的价值取向，以及“爱国、敬业、诚信、友善”的个人层面的价值准则的实现都必然诉诸人民的劳动实践。没有对劳动的热爱，没有对中国特色社会主义事业的激情，没有对社会主义现代化国家的追求，社会主义核心价值观就只是一句口号。劳模是广大劳动者中真正将社会主义核心价值观内化于心、外化于行的模范，劳模精神源于生活又融入生活，是社会主义核心价值观的具体转化。新时代，弘扬劳模精神就是弘扬社会主义核心价值观，是将社会主义核心价值观转化为人们的情感认同和行为习惯的重要途径。

3. 成为实现中华民族伟大复兴的精神引领，推动中国特色社会主义事业发展的重要精神力量

中华民族的发展史可以说是中国人民的劳动创造编写的具有伟大精神的历史。中华民族的伟大复兴不是一蹴而就的，而是需要人民付出辛勤努力“实现我们的发展目标，不仅要

在物质上强大起来，而且要在精神上强大起来。”[①] 不惧困难，勇往向前，需要辛勤劳动以及强大的精神支撑，新时代劳模精神则凸显出其独特价值。在新冠疫情防控期间，广大的医生、护士发挥了伟大的劳模精神，坚守在抗疫一线，为中国战胜疫情做出了不可磨灭的贡献。劳模是存在于身边的，劳模精神是耳濡目染的。劳模精神可以渗透到广大劳动者的工作、学习和生活中，是不可忽视的精神力量。每个劳动者都以劳模为榜样，以劳模精神为引领，积极投身于社会主义现代化建设，则实现中华民族伟大复兴具有强大的精神引领，中国特色社会主义事业的发展具有强大的精神力量。[②]

【劳动人物】

“倔强” 的柴油机医生

提起老鹿，一汽解放大连柴油机有限公司的人都知道他身上有个鲜明的特征——“倔”。

鹿新弟（见图3-8）是该公司高级技师，参加工作32年来，正是凭借着这股“倔”劲儿，他从一名普通工人成长为我国内燃机行业柴油机装调与试验知名专家型技能人才，被誉为“柴油机调试大王”，并先后荣获全国劳动模范、全国技术能手、辽宁省功勋高技能人才等荣誉称号。

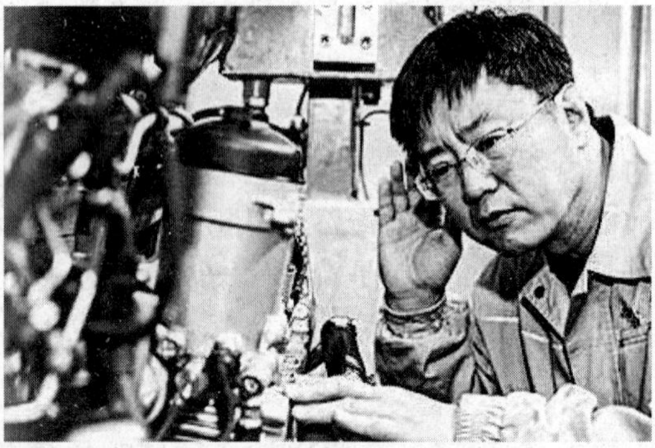

图 3-8 鹿新弟在柴油机试验间里听机器发出的声音

发动机是汽车的“心脏”，而这“心脏”的核心是燃油系统。在一次试验中，他遇到一个“加垫还是减垫”的技术细节问题，为了彻底掌握这项技术，他硬是自己琢磨了一年。凭着这股“倔强”劲，鹿新弟逐渐成了一名能真正摸透柴油机“脾气”的人。

CA6DK柴油机在台架试验时，出现下排气大故障，鹿新弟通过观察下排气颜色，闻气味，就判断出是活塞“烧顶”了，拆开一看果真如此；BF6M1013柴油机出现机油压力低的故障，公司生产几乎停滞，几百台柴油机无法出厂，鹿新弟用手摸了一下机油，建议更换机油再试验，结果真的达标了……

“遇到问题不能放弃，要做就做第一。”1987年，鹿新弟带着成为“柴油机医生”的梦想，从技工学校毕业来到大连柴油机厂，30多年来，鹿新弟总是把这句话放在心里。慢慢地，鹿新弟自创了一套“看、听、摸、闻、问”快速排除柴油机故障的五步维修法，只要用“五步法”就能判断出哪台柴油机运转不正常。他也因此被工友称为柴油机故障的“克星”。

多年前，公司引进世界一流产品——道依茨柴油机，鹿新弟凭借过硬的柴油机调试技术被率先调入新组建的生产车间。面对全新的设备和复杂的技术，他一头扎进资料堆里，仅记录的笔记就有几十万字。

---

① 习近平．在同全国劳动模范代表座谈时的讲话［N］．人民日报，2013-04-29（1）．

② 张琳，常春．新时代劳模精神探析［J］．天津市工会管理干部学院学报，2020（12）：25-29．

3年时间里，他忍耐着柴油机发出的100多分贝隆隆噪声完成上千次试验，整理出上万组试验数据。最终他率先在内燃机行业建立《道依茨柴油机试验方法》，使我国拥有了自主知识产权的柴油机调试技术，填补了国内空白。

《道依茨柴油机试验方法》攻克了柴油机性能调试的技术难题，成功实现柴油机试验质量“零缺陷”的目标，大幅缩短柴油机试验时间。这项成果不仅完全适用于内燃机行业，还可广泛应用于军工及船舶业，对中国乃至世界范围内的节能减排起到积极作用。

一次，一家在国内经营的外商独资企业打来电话，投诉机器冒白烟、排放不达标，要求退货，公司派鹿新弟赶往现场查看。在现场见到外商负责人后，鹿新弟主动上前与其握手，结果对方手插裤兜，对鹿新弟的友好毫无反应，非常傲慢。

在了解对方工作过程后，鹿新弟怀疑是油品出现了问题，但对方不承认，一口咬定是公司产品质量问题，鹿新弟坚定地说：“实践是检验真理的唯一标准，把油换了做个试验就知道我说的对不对了，如果不对再退货也不迟。”换油后问题果然得到解决，对方终于承认不是产品出现了质量问题，临走前又主动上前与鹿新弟握手告别。

近年来，鹿新弟负责为车间的两条柴油机装配线和两条柴油机试验线提供技术服务，他给自己制定了“三个必须”：一旦接到车间电话，十分钟内必须赶到现场；车间提出的技术问题，必须立即解决；必须持续跟踪未解决的问题，直到解决为止。

所有工作严格按照这“三个必须”开展后，他从未收到一次投诉电话。

步入新时代，踏上新征程，鹿新弟也给自己制订了未来几年的计划，在2025年之前，带领工作室成员完成25项工作任务；带领三个工作室，完成技术创新项目500项，完成专利50项；回报社会，资助生活困难学生……

任务3.4 弘扬劳模精神的方式

弘扬劳模精神是党和国家在新时代伟大征程中吹响的又一次号角，党的十八大以来，党和国家明确阐述新时代劳模精神的科学内涵，积极探索弘扬新时代劳模精神的有效途径，为劳动模范发挥先锋模范作用搭建了广阔舞台。新时代大学生要以劳模为榜样，努力奋进、开拓创新、与时俱进，不断弘扬和践行劳模精神，实现自身的全面发展。

3.4.1 向劳模学习，彰显劳模精神的榜样力量

在革命、建设和改革各个历史时期涌现出来的劳动模范，虽然行业不同、岗位各异，但都有着共同的特质，那就是以高度的主人翁责任感、卓越的劳动创造、忘我的拼搏奉献，始终走在工人阶级和劳动群众的前列，享有崇高声誉，备受人民尊敬。他们身上所体现的爱岗敬业、争创一流，艰苦奋斗、勇于创新，淡泊名利、甘于奉献的劳模精神，是中国工人阶级伟大品格的生动体现，是民族精神和时代精神的重要内容，是极为宝贵的精神财富。

劳动模范和先进人物具有的先进思想和优秀品质，是这个社会和时代的产物。只有大力弘扬劳模精神，引导广大人民牢记工人阶级的历史使命，树立高度的主人翁责任感，以国家和民族的伟大复兴为己任，以极大的热情投入各项建设事业之中，要大力宣传劳模事迹，让劳模精神深入人心，要积极树立先进典型，让劳模精神代代相传。用劳模精神中蕴含的价值理念激发更多人的认同与参与，使之增强信心、振奋精神、凝聚力量，展现新时代风貌，发

挥聪明与才智，付出辛勤与努力，书写美好的明天。

榜样的力量是无穷的，榜样教育具有示范、激励、导向、调整、自律和矫正等多种功能。新时代大学生要向劳模学习，激发劳动热情，涵养奉献情怀，增强集体意识，彰显劳模精神的榜样力量，做新时代合格的劳动者和接班人。

1. 爱岗敬业，提升专业技能

爱岗敬业是爱岗与敬业的总称。爱岗和敬业互为前提，相互支持，相辅相成。爱岗是敬业的基石，敬业是爱岗的升华。爱岗敬业指的是忠于职守的事业精神，这是职业道德的基础。爱岗就是热爱自己的工作岗位，热爱本职工作：敬业就是用一种恭敬严肃的态度对待自己的工作。

提倡爱岗敬业除了要做到热爱本职岗位，努力做到干一行爱一行，全身心投入工作中的敬业精神之外。还要努力积累专业技能。敬业，必须有与岗位相适应的能力，有了能力才能出色地完成任务。如果只有敬业的良好意愿，却没有敬业所需要的素质和能力，敬业就无法落到实处。能力需要在工作实践中展现、检验、锻炼和提升，而敬业的精神力量可以转化为一种能力，从而调动自身其他能力的发挥，让工作效率得到极大的提高。

【劳动人物】

徐虎：辛苦我一人，方便千万家

徐虎（见图 3-9），一位首创夜间义务挂箱服务的水电工。伴随着那句人们耳熟能详的“辛苦我一人，方便千万家”，“徐虎精神”一直代代相传。

1985 年，徐虎已在中山北路房管所做了 10 年水电养护工。他曾以个人名义向附近住户发出了 500 张修理服务征询单，了解到双职工家庭普遍存在白天上班无法报修的难题，徐虎决定提供夜间义务服务。1985 年 6 月 23 日，徐虎在辖区内挂了 3 只夜间报修服务箱，还写了告示：凡附近公房居民，如遇到晚间水电急修请写上纸条放入箱中，本人将为您服务，开箱时间：每晚 7 点，中山北路房管所徐虎。

从那一天起的 10 多年间，徐虎总是会准时背上工具包，骑上他的那辆旧自行车，直奔这 3 只报修箱，然后按照报修单上的地址，走了一家又一家，10 多年中，他从未失信过他的用户。徐虎累计开箱服务 3 700 多天，共花了 7 400 多个小时，为居民解决夜间水电急修项目 2 100 多个，被群众誉为“19 点钟的太阳”。

图 3-9　工作中的徐虎

2002 年，徐虎调任上海西部企业集团任物业总监。虽然岗位和角色变了，“辛苦我一人，方便千万家”的职业信条却一如既往。

在徐虎看来，物业管理和服务虽然技术含量不高，但真正要做到位、做到家，经验和窍门很多，非下苦功不可。他直接上门为居民群众服务的机会少了，为弥补这个缺憾，他主动向组织提出挂牌授徒，以使“辛苦我一人，方便千万家”的徐虎精神薪火相传，生生不息。近年来，徐虎手把手带出来的徒弟，已遍布西部集团的各个物业企业。

在徐虎的职业生涯中，他5次被评为全国劳动模范，2次被评为上海市劳动模范，曾获得全国优秀工人代表、全国优秀共产党员等称号。还被评为“100位新中国成立以来感动中国人物”和“时代领跑者——新中国成立以来最具有影响的劳动模范”等。

2. 争创一流，发扬拼搏精神

争创一流是一种积极奋发的精神风貌，是一种凝心聚力的目标追求，可以内化为每个人的工作动力源泉。我们要学习劳模，创造一流的工艺、一流的质量、一流的管理、一流的服务，推动我国社会生产力水平实现整体飞跃。

争创一流就要立高标准。争创一流是事业发展的上游目标、内在动力，是提高工作水平的基本前提和条件。如果工作标准低，一出手就是二流、三流，工作的质量就得不到提升，遇到的困难就得不到克服，碰到的难题就得不到解决，久而久之就会形成思维上的惰性，以至于因循守旧、思想僵化、行动滞后、徘徊不前。争创一流就是在高起点上继续求高，在新起点上继续求新。争创一流从表面上看是行动的飞跃，从根本上讲是思维的飞跃。

争创一流就要追求最优。“取法乎上，仅得其中，取法乎中，仅得其下”。追求最优，需要坚持，成功需要量变到质变的积淀；追求最优，需要创造性思维，保持积极思考的习惯，保持自身思维的独立性与前瞻性；追求最优需要充满激情，积极主动地工作、学习和生活；追求最优，需要好方法，包括做人的方法、工作的方法和思考的方法。将追求最优作为对自己的一种要求，那么人生一定会与众不同，也才能争创一流。

争创一流就要有进取心。进是一种前进的动力，人们只有不断地学习、进步，才能不断地提升自己的能力，在工作中顽强拼搏、争创一流；取是指获取，但在获取之前需要有付出，有付出才有收获。进取心就是不满足于现状，坚持不懈地向新的目标追求的心理状态。要把“下一个成功”当作自己努力的目标，永远保持一颗进取之心。在迈向成功的道路上，每当实现一个近期目标时，绝不应该骄傲自满，而应该相信最好的永远都在“下一个”，要把原来的成功归零并作为新的起点，才能不断地攀登新的高峰。

【劳动人物】

从“草根”工人到全国技能大师

身高只有1.6米，他却是铁路接触网上公认的“小巨人”。只有高中学历，他却编写出了铁路一线工人的操作“宝典”。从农民工到高级技师，三十年艰辛，他历经行业变革却依然饱含深情。他，就是享誉全国的知识型工人、农民工楷模巨晓林（见图3-10）。

1987年，25岁的巨晓林走出了陕西岐山农村，进入中铁电气化局首批招收的农民工行列，成为中国第二代电气化工人。接触网，是沿铁路线上空架设的，向电力机车供电的特殊形式的输电线路，是铁路电气化工程的主构架。

作为一名铁路接触网工，施工图纸和复杂的接触网零部件，让只有高中文化的巨晓林很是摸不着头脑。

图 3-10　农民工楷模巨晓林

爱好钻研的巨晓林，没有气馁。白天跟着师傅学，晚上追着师傅问，从不懈怠，不仅琢磨出了很多解决问题的方法，还养成了记笔记的习惯。

巨晓林在工作中记过的笔记，字数高达几十万字。其中有不少提高工作效率、保障施工安全的方法，还有不少小发明创造，他也成了大家眼中的“小巨人”。

巨晓林说：“干工作，你不但要用心记事，还要有想法，要发挥你的智慧才能。”1998 年，哈大线（哈尔滨至大连）正式开工。这是中国第一条引进德国技术和设备的电气化铁路。在这项工程中，巨晓林创新发明了“下部固定绳临时固定法”，提高工效两倍以上，而且更加安全可靠。

2008 年 4 月 18 日，被誉为世界上一次建设里程最长，具有世界先进水平的，中国第一条具有自主知识产权的高速铁路，京沪高铁开工建设。巨晓林提出，要像做瑞士手表一样精细地去建设京沪高铁。

在短时间内，巨晓林和团队发明了新的测量尺，将误差精准控制在几毫米以内，在施工全线被推广使用。在多个系统的通力协作下，京沪高铁顺利建设完成，先导段更是创造了最高运行时速 486.1 千米的世界纪录。

2009 年，巨晓林把自己几十万字的笔记整理成册，编好了一本工具书。有人估算，这本只有 62 页的书里，蕴含的内容创造了超过 600 万元的经济效益。

如今，五十多岁的巨晓林还依然奋战在第一线。参加工作的三十年里，巨晓林从一名农民工成长为国家级技能大师、全国劳动模范、中华全国总工会副主席（兼）。2018 年 12 月，巨晓林获得了“改革先锋”称号。

三十年间，中国电气化铁路实现了从普速到高速，从国内走向世界的技术跨越。这些成就的取得是像巨晓林这样一批优秀劳动者争创一流，发扬拼搏精神的结果。

3. 艰苦奋斗，弘扬传统美德

艰苦奋斗是指为实现伟大的或既定的目标而勇于克服艰难困苦、顽强奋斗、百折不挠、自强不息、居安思危、戒奢以俭的精神和行动。艰苦奋斗精神的内在核心是不怕困难、自强不息，不屈服于艰难困苦，不懈怠于富足安逸，不满足于已有的成绩，不避讳于自己的差距，始终奋发向上、谦虚谨慎，保持一种不断进取的精神状态。艰苦奋斗的内涵和表现有两个层面。一是物质层面。物质层面的艰苦奋斗要求人们的消费水平要节制在合理的限度内，这个合理限度的衡量标准要与时代的社会生产力水平相适应。它提倡的是勤俭节约，珍惜劳动创造的物质财富，自觉克服贪图安逸、追求享受的思想。二是精神层面。精神层面的艰苦奋斗是指不畏艰难困苦、锐意进取、坚忍不拔、奋发有为的精神状态和为人民利益乐于奉献的行为品质。这种精神状态与行为品质的本质是一种积极进取、奋发有为的世界观、人生观和价值观。

提倡艰苦奋斗就要在思想意识上树立正确的价值取向和立场观点，增强不怕困难的意识，坚定克服困难的信心，培育在艰苦环境中敢于奋起、有所作为的品格。提倡艰苦奋斗就要在精神意志上始终保持昂扬的朝气、奋进的锐气和浩然的正气，“咬定青山不放松”，矢志不渝、志存高远、百折不挠。提倡艰苦奋斗就要在学习工作中始终勤奋刻苦、努力创新、厉行节约，吃苦在前，享受在后。只有勤劳肯干、勤学苦练，才能提高自己的专业技能，不断实现自我突破。提倡艰苦奋斗就要在生活态度上保持心态平和，耐得住清贫、抗得住寂寞、抵得住诱惑、把得住大节，自重、自省、自警、自励，自觉摆脱低级趣味，抵制腐化堕落的生活方式。

【劳动人物】

能吃苦、敢打拼的全国劳动模范李菊兰

李菊兰，全国劳动模范，阿拉善右旗祥瑞生态养殖园负责人。“只要敢打敢拼，就没有办不成的事”，这是一直激励她咬牙坚持的人生信条。2008年，在北京经营服装的她回乡养猪创业。当时，她面临着如何修建厂房、引进什么样的种猪、如何科学养殖、产品销往哪里等一系列的问题。面对这些压力，虽然有过放弃的念头，但最终还是下定决心要用激情和韧性来实现自己的价值。生态养殖园建成初期，她一边经营养殖场，一边上网查阅资料，还要经常外出学习实践，在忙碌的工作中，她的体重由60千克瘦到了48千克。不但如此，创业过程中，她还经历了沙尘暴、饲料上涨、生猪滞销等多次致命打击，仅一次沙尘暴就损失了300万元，但挫折没有把她逼退，反而越挫越勇。十多年间，她一次次跌倒，再一次次爬起来，凭借着能吃苦、敢打拼的精神，一步一个脚印，把生态园发展成阿拉善右旗规模最大的一家集饲养、屠宰、加工和销售于一体的企业，同时，她还成为带领群众致富的创业“明星”。

4. 勇于创新，挖掘自身潜能

创新是一个民族进步的灵魂，是事业发展的不竭动力。一个全民创新的国家会更有力量，一个自我创新的人也会更有作为。发展蕴含机遇，创新成就伟业。劳模勇于创新的精神是各行各业创新精神的总结，也是对青年学生的要求，更是值得永远传承的精神财富。

创新是以新思维、新发明和新描述为特征的一种概念化过程，主要有三层含义：更新、创造新的东西、改变。创新是人类特有的认识能力和实践能力，是人类主观能动性的高级表现形式。创新就是要敢于突破老规矩，敢于打破旧框框，敢于接受新事物，创造性地建立新机制、制定新思路、采取新方法、取得新成绩。对于新时代大学生来说，做到勇于创新，最重要的就是培养创新思维、提升创新能力，途径主要有以下三条：一是要充实知识储备，蓄积创新能量。学生创新主要靠知识技术。创新不仅需要专业知识，还需要管理、财务、法律、市场、人文等方面的知识，同时，要求学生具有对这些信息的获取、处理、加工和整合能力。学生可以通过专业课的学习、公共选修课、参加培训、社会实践等方式扩大自己的知识面。二是要掌握创新技巧，发挥创新潜能。没有好的方法技巧是很难达到预期目的的，方法技巧是创新的途径和工具，学生要通过学习与创新实践活动掌握类比、联想、设问、列

举、组合、激励等创新创造技法，激发自己的创新潜能。三是要强化实践锻炼，提升实践能力。技能竞赛是提高学生实践能力的一个重要载体，学生可以通过积极参加适合自己的技能竞赛提升自身的实践能力。积极参加各级学生创新创业训练计划项目，通过项目体验，既是对知识的探究，也是对知识、方法技能的应用。

【劳动人物】

小创新成就大舞台

在历史文化名城遵义，有这样一个团队，他们用20个人的力量，在干好本职工作的同时，承担了城区供电分局所有的科技创新任务；他们用12个月的时间，实现多供电量220万千瓦时，创造直接经济效益200余万元；他们用不足50平方米的工作室，培养出10余名出色的高技能人才。这个团队就是遵义供电局“申友强创新工作室”（以下简称“工作室”）。

“工作室”成立于2013年11月，带头人申友强1986年参加工作，28年来始终奋战在电力故障抢修一线，在降低跌落式熔断器故障、减少故障停电范围、缩短故障抢修时间等方面做出了重要贡献，先后获得了全国劳动模范、中国南方电网公司十大杰出青年等荣誉称号。在申友强的带领下，队伍不断发展壮大，现有创新团队成员20人，其中技师以上水平的就占了一大半，“工作室”主要围绕电力故障抢修工作中遇到的难点，通过科技创新，攻坚克难，解决问题。“工作室”创建1年多来，创新能力逐步加强，创新成果不断涌现。先后发明的6个技术创新项目相继投入使用，一批一线工人在其中得到锻炼，成就了属于他们自己的“大舞台”。

1. 事例之一：普通脚扣穿“外衣”，提升服务增效益

遵义地处黔北高原，许多故障地点配网带电作业车辆根本就无法进入，为解决绝缘斗臂车受环境限制无法到达作业现场的难题，他们按照“如果登杆用的脚扣是绝缘材料制成的，如同绝缘平台那样，就完全可以满足开展带电作业的安全要求”的思路，历经无数次的现场反复实验与实地模拟操作，最终采用电缆热缩管（硅橡胶材料）制作绝缘脚扣，将电缆热缩套在普通脚扣的外层，从而达到良好的绝缘作用，并经过18千伏每分钟电气试验耐压值，达到了10千伏电压等级线路上使用的安全要求。

2. 事例之二：找准病因找病根，排除故障搞革新

面对遵义两城区跌落式熔断器故障发生率总是居高不下这一难题，创新工作室成员对多年来发生的10千伏跌落式熔断器故障进行分析，发现大部分的故障都发生在跌落式熔断器的引线接头处。症结所在：原有的接头安装工艺，由于引线上的上下接头采用传统的“铝心焊接法”有效压接面积较小，容易造成接头接触不良，诱发接头熔断故障，找准症结后，他们决定采用“设备线夹紧固法”代替“铝心焊接法”对城区内跌落式熔断器进行部分改进，通过实际运行效果检验，引线之间接触紧密，导电良好。

3. 事例之三：接地装置接地气，保障安全真“给力”

在电缆线路上工作，不能实现封闭地线作业一直是个令人头疼的问题。为了解决这一严重装置性违章问题，创新工作室结合日常电缆故障抢修工作经验，设计了一套可直接挂在电缆分接箱接线柱上的接地装置，并在逐步改进图样后，设计出了10千伏电缆分接箱电缆插头接地装置。随后他们联系制作厂家，与厂家共同对相关材质和参数进行定型，交由协议厂家代工，最终形成了便于携带、安全可靠的接地装置。

5. 淡泊名利，不断修炼自我

淡泊名利是中华民族的传统美德，是做人的崇高境界。淡泊名利不是力不能及的无奈，也不是心满意足的自赏，更非碌碌无为的哀叹，而是以超脱世俗、豁达客观的态度看待一切。劳模的业绩与淡泊名利的崇高精神密不可分。许多劳模几年、十几年甚至几十年如一日，像螺钉一样将自己“拧”在平凡的工作岗位上，默默耕耘、奋斗不息，并且能做到清心寡欲、淡泊名利，脚踏实地地实现自己的人生理想和生命价值，成为全社会尊敬的先进人物。淡泊名利，就要努力做到清白做事，干净做人；办事公正，清正廉洁；一心为公，尽职尽责。树立正确的名利观，以平和之心对“名”，以知足之心对“利”，自觉坚持洁心、洁身、洁行，做到慎初、慎独、慎微、知足、知止、知耻。以廉为荣、以俭立身，耐得住艰苦、守得住清贫、抗得住诱惑，始终具有拒腐防变的能力。“名利淡如水，事业重如山”。在新的历史条件下，我们要积极弘扬淡泊名利的精神，做到计利国家、无私忘我，不争名、不图利、不揽功，甘为人梯，甘做无名英雄，在祖国最需要的地方艰苦奋斗、建功立业，在平凡的岗位上苦干实干、创造实绩，不断提升自我完善、自我革新、自我提高的能力。

【劳动人物】

黄大年：生动诠释不忘初心，谱写人生精彩华章

25年前，他带着科技强国的心愿出国留学、工作，成为国际著名的航空地球物理学家。当得知祖国的召唤，他放弃国外的优厚条件，义无反顾地回国填补我国在深部探测关键领域的技术空白，他惜时如金，夜以继日，用无私奉献和勇于担当的实际行动，对祖国最深沉的爱融入生命的最后一刻。他就是国际知名战略科学家、吉林大学新兴交叉学科学部首任部长黄大年（见图3-11）。

图3-11 黄大年

“天清江月白，心静海鸥知。”在黄大年身上，我们深刻地感受到一名知识分子、党员对信念的坚守、对名利的淡泊。身为中科院院士评审专家的黄大年自己并不是院士，别人劝他抓紧申报时，得到的回答却是“时间有限，先把事情做好”；他掌握着数以亿计的项目经费，但从来都是公事公办，绝不搞“拉关系”“请托说情”那一套；他平易近人，注重实干，不仅自己以身作则，还耐心教导学生要“耐得住寂寞，坐得住冷板凳”；当得知国家启动引进海外高层次人才的“千人计划”时，黄大年第一时间向母校表示要回国。没有名缰利锁的羁绊，黄大年自由驰骋在科技报国的广阔天地。带着先进技术，黄大年重点攻关国家急需的“地球深部探测仪器”，这种设备就像一只“透视眼”，能探清深层地下的矿产，海底的隐伏目标，对国土安全具有重大价值。而这样的高端设备，国外长期对华垄断、

封锁。

“四时相催不肯迟，脚踏实地不停歇。”在黄大年身上，我们清楚地看到一名知识分子夙夜在公、甘于奉献的崇高精神。贴在办公室里的日程表见证了黄大年的日夜奋战，他出差始终赶当天最晚的午夜航班，这样就不耽误白天工作；同事经常在夜间两三点接到他的信息，得知新的任务。

为了实现祖国在科学技术上的弯道超车，回国7年间，黄大年带领由院士、大学校长、研究所所长等400多名高级研究人员组成的团队协同攻关，惜时如金、夜以继日，8年里带领团队在航空地球物理领域取得一系列成就，制造了多项“中国第一”，为我国“巡天探地潜海”填补了多项技术空白，以他的团队研制出的我国第一台万米科学钻——“地壳一号”为标志，配备自主研制综合地球物理数据分析一体化的软件系统，我国的深部探测能力已经达到国际一流水平，局部处于国际领先地位。国际学界惊叹中国正式进入“深地时代”。

在回国整整6年的那一天，黄大年写下的“朋友圈”读起来仍让人感慨：“从海漂到海归一晃18年，得益于国家强大后盾，在各国才子强强碰撞的群雄逐鹿中从未言败，也几乎从未败过！拼搏中聊以自慰的追求其实也简单：青春无悔、中年无怨、到老无憾。”

“人心公则如烛，四方上下，无所不照”。黄大年不计得失做人、坦坦荡荡做事的作风如同一股清流，不仅涤荡出他高尚的情操，更给予我们绵绵不断的精神滋养。他怀着对祖国的满腔热血、对理想信念的坚守和对事业的无限热爱，凭着一股子韧劲、闯劲和拼劲，践行了“竭尽全力、鞠躬尽瘁”的承诺。他的无私胸怀和奉献精神是对党性的诠释，是引领社会风尚不可或缺的正能量。

6. 甘于奉献，实现人生价值

奉献精神是指为了维护社会集体利益或他人利益，个人能够自觉地让渡、舍弃自身利益的一种高尚品格。无论时代发生怎样的变化，奉献精神永远是鼓舞和激励人们奋发向上的巨大力量。

奉献的内涵很丰富，包括不怕困难、勇挑重担的精神，见义勇为、助人为乐的无偿服务，不计报酬、不为私利的精神。奉献是一种美德，是推动社会发展的基石。正是有人无私奉献，社会的物质财富和精神财富才会不断增加。甘于奉献首先要有思想动力准备。立志为他人、为国家、为社会做奉献的人们，无论从事什么行业、做什么工作，也无论能力大小、经验多寡、只要树立了正确的世界观、人生观和价值观，坚持全心全意为人民服务，就能甘于奉献、勇于奉献。王进喜说：“宁肯少活二十年，拼命也要拿下大油田。”徐虎说：“辛苦我一人，方便千万家。”劳模之所以能做出巨大的奉献，是因为甘于奉献的强烈思想动力驱使着他们做好本职工作，只要有需要，即使明知是困难和危险，他们也会挺身而出。

【话题探讨】

市场经济条件下弘扬奉献精神是不是过时了？有人认为，市场经济奉行的是“等价交换”的原则，强调自主意识和个人价值的实现，认为“克己奉公”“无私奉献”精神与市场经济不相符。更严重的是，市场化进程夹杂着各种唯利是图、损公肥私等不良现象。你认为如何在劳动中实现大我（奉献精神）与小我（个人合法权益）的双赢？

【劳动人物】

黄文秀：谱写新时代的青春之歌

初秋的百坭村，山坳间的橘林已挂满黄果，在阳光的照耀下等待着新一季的丰收。这里，是黄文秀（见图3-12）曾经工作过的地方。

图3-12 黄文秀生前工作的场景

黄文秀，1989年4月出生于广西百色市田阳区一个农民家庭。由于家境贫寒，她在国家助学政策的帮助下完成了学业。

2008年，黄文秀考取了山西长治学院，军训刚结束，她便向党组织递交了入党申请书。她在申请书中写道："只有把个人的追求融入党的理想之中，理想才会更远大。我迫切要求加入中国共产党。""没有政府的扶贫资助，家里不可能供我来上大学。我选择读思政专业，选择加入党组织，是发自内心的。"2011年6月，22岁的黄文秀光荣地加入了中国共产党。

2016年7月，黄文秀从北京师范大学硕士研究生毕业，面对多个工作选择，她毅然决定回到家乡广西，成为一名定向选调生。毕业时，她动情地对导师说："我来自广西贫困山区，我要回去，把希望带给更多父老乡亲，为改变家乡贫穷落后面貌尽绵薄之力。"

在百色市委宣传部工作期间，黄文秀表现突出。后来，一心想深入一线、扎根基层的她，又主动请缨到脱贫攻坚第一线，立志在扶贫战场上建设家乡、做出贡献。2018年年初，她被派驻到百坭村任第一书记。她说，"扶贫之路只有前进没有退路，只要确定了就义无反顾"，要"让扶过贫的人像战争年代打过仗的人那样自豪"。此后，她在脱贫攻坚的第一线倾情投入、无私奉献，用青春诠释了一名共产党人的信仰与担当。

担任第一书记后，黄文秀扎实肯干，一到任便用2个月时间，遍访全村195户贫困户，绘制了"贫困户分布图"，把每户的家庭住址、家庭情况、致贫原因详细地记录在工作笔记本上。她与村民们同劳动、拉家常，拉近与村民们的距离，并通过自己的实际行动赢得了大家的信任和支持。黄文秀一心为村里办实事、办好事。她带领村干部和群众深入研究，挖掘百坭村的资源优势，学经验、找路子，大力发展当地杉木、八角、砂糖橘、枇杷等特色种植产业，不断拓宽群众增收渠道。为了改善百坭村的交通状况，她带着村"两委"班子熬夜做方案、拿对策，积极筹措资金硬化了通屯路、安装了路灯，较好地改善了百坭村的生产生活条件。她联络母校师生来村里开展支教，为筹办百坭村幼儿园多方奔走；开展文明家庭评比、村规民约吟诵等活动，丰富群众的精神文化生活。在黄文秀的带领下，百坭村贫困发生率从22.88%降至2.71%，88户418人顺利脱贫，百坭村还获得了2018年度百色市"乡风文明红旗村"荣誉称号。

2019年6月17日凌晨，黄文秀因惦记百坭村的防汛抗洪工作和群众安危，在看望做完手术不久的父亲后，便冒着暴雨返回工作岗位，途中因遭遇突发山洪而不幸殉职。牺牲后，黄文秀被追授全国优秀共产党员、“时代楷模”“全国脱贫攻坚楷模”等荣誉称号。

黄文秀是新时代青年学习的好榜样。青年学生要以黄文秀同志为榜样，不忘初心、牢记使命、勇于担当、甘于奉献，在新时代的长征路上做出新的更大的贡献。

3.4.2 更新观念，不断丰富新时代劳模精神内涵

新时代劳模精神有新的内涵和表现，劳模精神随着不同的历史阶段的具体任务和发展要求的不同体现出不同的要素结构，立足新时代的新任务、新发展、新要求，既要坚持和传承劳模精神的不变内核，也要与时俱进，发展新时代劳模精神所蕴含的学习要素、创新要素和技能要素。多年来，劳模精神保持旺盛的生命力，其自身的内涵和表现不断丰富。劳动精神在中国工人阶级的伟大实践中与时俱进，始终引领时代潮流。

1. 全面正确地理解劳模精神，摒弃对劳模精神的片面认识

社会上之所以会出现一些矮化“劳模精神”的思潮，与我们对“劳模精神”缺乏全面正确的理解息息相关。不少人提起“劳模精神”。仍然停留在几十年前对“劳模精神”的认识水平上，简单地把“劳模精神”概括为苦干实干的层次，没有随着时代的发展对劳模精神进行正确的总结和认识，由于缺少新的时代内涵，致使劳模精神的感召力大大下降，特别是对于青年人的影响力大大下降。

在宣传劳动模范的事迹和劳模精神的过程中，还存在片面、偏狭的问题。如宣传劳动模范爱岗敬业，片面地局限在加班加点、不顾家庭等方面，把劳动模范塑造成了不食人间烟火的“超人”，可敬而不可爱，反而伤害了劳动模范的形象。只有劳模形象向普通劳动者形象回归，劳模才能真正起到榜样的作用。媒体应该力争从简单到复杂，从平面到立体，对劳模进行全方位的报道，将劳模的“神化”转为“人化”，把劳模的形象切实塑造为劳动者楷模的形象，让劳模更加可亲、可近、可学。总之，宣传劳动模范事迹和劳模精神一定要全面准确，只有这样才能保持劳模精神对广大群众的感召力量，才能激发广大群众学习劳动模范的热情。

2. 树立劳模的新标准，使劳模精神成为引领潮流的时代坐标

新时代中，思维观念的与时俱进，要求树立劳模的新标准。比如北京人民广播电台《说事儿：名嘴说天下》栏目讨论的话题是从姚明当选劳模说劳模新标准；人民网举办了大型有奖征文《劳模意味着什么——新时期劳模精神大家谈》；《人民日报》《工人日报》等栏目的文章正在大力倡导树立劳模评选新标准、树立劳模新形象。除此之外，还可以借助于深度报道、人物采访、电影电视剧的拍摄来宣传新时代下的劳模。例如，2020 年 4 月 3 日开播的 31 集电视剧《一诺无悔》，该剧取材自“全国优秀县委书记”廖俊波的先进事迹，以他在政和县担任县委书记的工作为创作背景，讲述了他履职尽责、克己奉公、清正廉洁的故事。

随着所有制结构和产业结构调整的不断深化，城市化、工业化步伐的加快，我国的社会出现了一批民营企业的创业人员、个体户、私营企业主、自由职业者等。党的十六大就明确提出，“要尊重和保护一切有益于人民和社会的劳动，不论是体力劳动还是脑力劳动，不论

是简单劳动还是复杂劳动，一切为我国社会主义现代化建设做出贡献的劳动都是光荣的，都应该得到承认和尊重”“对为祖国富强贡献力量的社会各阶层人们都要团结，对他们的创业精神都要鼓励，对他们的合法权益都要保护，对他们中的优秀分子要表彰”。唯有如此，劳动模范才能继续受到全社会的尊重，劳模精神才能继续发挥对社会、特别是对青年一代的感召力量。

小贴士

有一种工作境界，叫作全国劳动模范

在中国，有一群从工作精神到工作本领都非常厉害的人——全国劳动模范。

1. 干什么工作，能成为全国劳模？

新中国成立之初，我国就开始表彰先进劳模了。新中国第一代劳模，知名度太高，你绝对听过他们的名字，大庆铁人王进喜，淘粪工人时传祥，杂交水稻之父袁隆平，纺织工人赵梦桃，农业劳模申纪兰……

20 世纪五六十年代，如果你是工人、农民，会惊喜地发现，这些全国劳模绝大多数都跟你是同行。

改革开放以来，更多行业的能人走上劳模奖台。科教文卫体，各行各业辛勤工作的朋友都可以有个当劳模的梦想。你要是个搞科研的知识分子，还能看到自己最仰慕的同行当上劳模，比如陈景润、蒋筑英。

2005 年起，如果你是私营企业家或者农民工，都有机会当劳模。那年，全国劳模评选名单上第一次出现了 30 多名私营企业家和 23 位农民工。

到了 2015 年，你要是个码农，或者美妆带货，也有机会评全国劳模。比如网络语音架构师贾磊，在商场销售化妆品的龚定玲。

几十年来，全国劳模的结构越来越多元，有基层劳动者，也有高学历技术人才；有理科生、工科生也有文科生。劳模结构变化，是因为中国在变。中国靠着劳动发展起来，劳动又在发展中有越来越丰富的内涵。

2. 看劳模的故事，你会觉得非常神奇

明明都是些那么普通的人，干着那么普通的工作，却能干到极致，让人叹为观止。

同样一个工作，有两种段位，一种是普通人的段位，一种是劳模的段位。

2015 年的全国劳模冯冰，是一名大同市公共交通总公司的驾驶员。每天，冯冰都坚持早来晚走，对车辆认真细致的检查保养和擦拭，交车从不交有毛病的故障车和卫生不合格的脏乱车。在车辆拐弯时，他提醒乘客们站稳、扶好；在遇到复杂情况时，他总是提前减速、慢慢行进，避免急刹车；在车辆进站时平稳进站、规范停靠；在雨雪天气，总要把车停在没有积水和冰冻的地方，为的是不让乘客涉水履冰。冬天，自费做了“暖心坐垫”；夏天，给车厢内挂上了窗帘；他还在车厢右前方的车壁上悬挂“百宝袋”，内有针线包、旅游图、创可贴和日常药品。对一些高龄老人和肢体残疾人，主动搀扶，背他们上下车，帮忙找座位。2014 年度完成运营里程 31 586 千米，车辆完好率 100%，工作车率（车辆利用率）100%。乘客能坐上这样一个驾驶员开的公交车，得多舒服啊。

这就是全国劳模的本事。你觉着人家干的工作特普通，一点儿也不华丽，一点儿也不喧嚣，但人家能把每个细节都干得精致完美，每个环节都干出故事，刷新你的三观，让你惊叹一声："这活儿居然还能这么干啊，牛！"对人家来说，工作追求的就是一种境界。

3. 今天，我们要继续向全国劳模学习

不但学他们的精神，也学他们的工作方法，学他们看待工作的视角。想当上全国劳模，可不是光吃苦就行的。他们都把自己修炼成了行业里顶聪明的人，特别会解决问题，抗压能力极强，对工作很有掌控感。我们可以跟他们学习怎么专注于细节，怎么在枯燥重复的任务里开个与众不同的脑洞，怎么在困境中杀出重围，并乐在其中。

劳模告诉我们什么？

别浮，要有静气，不要嫌自己的工作没劲，你还没把它做到最好呢。也不要嫌付出没得到回报，等你做得够好，鲜花自来，掌声自来，无私奉献艰苦奋斗得到的才是10分回报，不添加任何泡沫。

劳模还告诉我们，劳动，真的可以帮你逆袭。包起帆当上码头公司总经理、集团副总裁之前，曾是个机修工。渔民王书茂，一辈子是渔民，但人家是参与南沙华阳礁建设、拦截非法越境船只的英雄渔民。

能当上全国劳模，拼爹拼娘是没用的，拼的是谁干得好，大家有目共睹。

课堂活动

身边劳模访谈活动

1. 活动目标

访谈身边的劳动模范，学习劳模精神，让劳模精神成为我们学习、生活的榜样和旗帜。

2. 活动时间

建议1周。

3. 活动流程

1）确定访谈小组人员及分工。

2）做好访谈前的准备。确定访谈的目的，确定采访对象，收集采访对象相关的背景信息；联系采访对象，说明采访目的，确定采访时间及地点并明确回答采访对象关心的问题。

3）确定访谈工具，设计好访谈的问题。

4）按照约定的时间、地点进行访谈，做好访谈记录。

5）每个小组形成一份采访报告。

6）每个小组推选一人陈述本组采访报告，其他小组可以对其提问，小组内其他成员也可以回答提出的问题，通过问题交流。

7）教师进行归纳、分析、总结，引导学生学习劳模精神，努力提高自己。

8）教师结合采访报告和整个活动过程中各小组表现，对每个小组赋分。

（资料来源：王开淮．劳动教育［M］．北京：清华大学出版社，2021.）

课后练习

1. 简答题

1）简述劳模评选制度的历史变迁。

2）不同时代的劳模精神具有的时代特色有何不同？

3）劳模具有哪些可贵的共同品质？

4）新时代需要什么样的劳模精神？

5）劳模精神在当代有何价值？

6）你从劳模的成长中得到哪些启示？

7）大学生应如何弘扬和践行劳模精神？

2. 探索与思考

1）谈一谈对你影响最大的劳动模范是谁？他/她是怎样影响你的？

2）作为新时代的劳动者，根据自己设定的工作岗位，通过哪些途径可以成为劳动模范？

3）在雷锋日记中有这样一段话：

“如果你是一滴水，你是否滋润了一寸土地？如果你是一缕阳光，你是否照亮了一处黑暗？如果你是一粒粮食，你是否哺育了有用的生命？如果你是最小的一颗螺丝钉，你是否永远坚守在生活的岗位？”

请结合劳模精神谈一谈你对这句话的理解。你认为怎样才能成为那一滴滋润土地的水，一缕照亮黑暗的阳光，一粒哺育生命的粮食？

4）阅读以下资料，回答问题。

湖北开新商贸有限公司董事长罗开凤在接受采访时表示，要在全社会进一步形成崇尚劳模、学习劳模、争当劳模、关爱劳模的良好氛围。

罗开凤说，劳模是劳动群众的杰出代表，始终走在时代前列。他们尽管工作岗位不同，但都以无私奉献的精神扎实工作，创造了不平凡的业绩。“劳模是珍宝，蕴藏着丰富的智慧资源，应该充分宣传他们的事迹，发挥他们的榜样作用！”

罗开凤说，各级政府应该关怀老劳模，把老劳模视为“宝贵财富”，在全社会营造关注、关心老劳模的氛围，让劳模的优秀品质引领社会风尚，为推进社会发展传播正能量。

问题：你认为要形成关心、关注、学习劳模的氛围，我们应该怎样做？

5）2022年11月中央电视台播出大型系列纪录片《根脉》之《劳模精神》（上、下）。请观看这一纪录片，并谈谈你的感受。

6）诗朗诵《向胜利进军》抒发了中华儿女创造历史、开创未来的豪情。请朗诵《向胜利进军》，思考和领悟劳模精神的内涵。

向胜利进军（节选）

朱海

当九曲黄河解冻冰封
春风唤醒壶口 等待她
是一泻千里的飞瀑彩虹

还是徘徊在冬日阴霾里
挥不去的哀愁
朋友 你呢
是跟她做一朵奔腾向海的浪花
还是缩成一团寒意冻结的泥沙
看似坚硬 却挡不住
阵阵涛飞浪走

当万里长江褪去冬装
春水涌动潮头 迎接她
是千帆竞发的大江东流
还是倚岸观望的草长莺飞晨烟夕柳
朋友 你呢
是跟她做一名踏浪潮头的追梦者
还是偏守春光一隅独自享受
看似惬意 却被时代悄悄甩在身后

在这温暖的春天
这座英雄的城市
托起生命的高贵和自由
拨云见日 砥柱中流
白衣天使凯旋
本该举杯庆祝的时候
又迎来一场更大的战斗
复工复产 复商复市后的经济脉动
是否还能高昂龙首
我说能
我们能够

是的 我们能够
我们一定能够
有句话 红军战士喊着它
万里长征不回头
有句话 两弹元勋默念它
以身许国惊雷吼
这句话一旦注入铁人精神
就敢把贫油帽子扔进太平洋
这句话握在中华儿女的手
多少灾后重建废墟起高楼

今天 我们要让这句话
再次震撼神州 向胜利进军

向胜利进军啊 决战决胜
必须坚持到最后
全面小康的幸福路
祖祖辈辈的千年夙愿
百年追梦的共同富裕
就要花开连枝铺锦绣
为了这一天
人民好书记焦裕禄
披肝沥胆 倾尽所有
为了这一刻
年轻村官黄文秀
青春常驻 壮志未酬

也许你会抱怨
年前订单已被疫情大量劫走
熟悉的客户
开始关闭供应链的窗口
也许你在焦虑
耗尽心血开发的新产品生不逢时
市场不景气 在困境中挣扎沉浮
朋友 胜利从来不是虚词
它饱含着韧性与苦斗
千峰叠嶂呼唤勇士登攀
破关夺隘方显英雄成就

也许你正宅家办公
替代往日熙熙攘攘的写字楼
视频讨论 网上签约
无接触物流成了时尚潮流
大数据 云计算 区块链
人工智能已经围聚你身边
你是敞开臂膀拥抱它
还是心安理得地沦于窠臼
朋友 胜利从来属于强者
它在创新中汲取营养强健肌肉
没有压倒一切的气概

任何廉价成功
会让压力重新抬头

我们渴望胜利 渴望新的胜利
唯有从苦难中
孕育出辉煌的民族
才会对胜利有夸父追日的劲头
愚公移山的追求
叩问中华文明五千年
为什么一枝独秀 蓬勃劲道
不就是用一个又一个胜利
凝聚炎黄子孙的精气神
咏怀热血 永葆斗志 永续梦想
铸生命与天长 共地久

啊 朋友 还等什么
让胜利接续胜利 胜利推动胜利
一起把胜利的旗帜
插遍大地神州
旗帜上飘扬着我们的热血
我们的承诺 我们的镰刀与锤头
亿万人民是胜利的源头
新时代正把胜利的道路铺就
我们坚信 亲爱的党啊
就是领航我们
实现伟大民族复兴的坚强舵手
来吧 向着胜利 我们一起进军
向胜利进军
向胜利进军

劳动实践电子活页：勤工助学

一、勤工助学的内涵

二、勤工助学的特点

三、校内勤工助学岗位

四、校外勤工助学岗位

五、勤工助学的意义

六、勤工助学需注意的问题

学生工作页

勤工助学认知与实践训练					
任务一	掌握勤工助学的内涵				
任务二	掌握勤工助学的特点				
任务三	了解校内勤工助学岗位类型				
任务四	了解校外勤工助学岗位类型				
任务五	明确勤工助学在劳动教育上的意义				
任务六	掌握勤工助学应注意的问题				
任务七	结合自身勤工助学岗位及工作经历撰写勤工助学月度总结报告				
班　级		学　号		姓　名	

学生自评

我的心得：

建议或提出问题：

教师评价

项目4
工匠精神

欲尽致君事业，先求养气功夫。

——〔南宋〕陆游

天分高的人如果懒惰成性，亦即不自努力以发展它的才能，则其成就也不会很大，有时反会不如天分比他低些的人。

——茅盾

人类一生的工作，精巧还是粗劣，都由他每个习惯所养成。

——〔美〕富兰克林

学习目标

目标分类	具体内容
知识	1. 了解工匠的概念及其内涵 2. 了解中国的工匠精神及其历史演变 3. 理解新时代工匠精神的内涵与价值
能力	1. 复述工匠精神的内涵并用于指导自己的工作 2. 能够触类旁通地领会弘扬工匠精神的价值 3. 在学习和生活中践行工匠精神
态度	1. 认同弘扬新时代工匠精神的价值 2. 对大国工匠怀有崇高敬意，自觉向其学习 3. 认真体会工匠精神，自觉传承，践行工匠精神

项目导入

窦铁成：工人教授是怎么炼成的

“世界上没有两个完全一样的工程，不同的地点、不同的时间就要用不同的办法来施工，可以说每个工程都要创新。在这个过程中，施工技术人员因地制宜将知识、技术创造性地用于工程，解决难题，就会从中得到快乐。”回想起自己40年的工作经历，被誉为“专家型技术工人”“工人教授”的中铁一局电力工工匠技师窦铁成如是说。

1979年，23岁的窦铁成通过招工考试，被中铁一局电务处录取，通过学习和历练，1983年，窦铁成满怀信心来到京山压煤改线和京秦线之间的沱子头变电所，这也是他第一次接触变配电施工。窦铁成白天干活，晚上把自己关在备用调压器房里，对照专业书籍，一张张图纸、一条条线路、一个个节点地分析解读。施工期间，他把7套各类不同技术图纸齐齐地画了一遍。最后，工程不仅顺利完工，还获得了国家优质工程银质奖。

1999年，随着计算机技术的发展，变配电设备的测试开始采用电脑进行分析，这对已经40多岁的窦铁成来说，是一个不小的挑战。为了工作需要，对计算机一窍不通的他立刻买来计算机教材，从最基本的原理学起，慢慢地学会了表格制作、工程制图等，成为中铁一局3万名员工中掌握电脑设计绘制电力图纸的第一人。

40多年来，窦铁成先后提出设计变更7次，解决送电运行故障400余次，并且主动攻关新课题，解决新难题，累计为企业创造和节约成本近1 800万元。

正因其钻研深挖的工作作风和炉火纯青的技术水平，窦铁成逐渐成为行业内的名人，并于2016年被推选担任陕西省总工会副主席。

2011年11月，窦铁成技能大师工作室成立，作为全国首批挂牌成立的工作室，窦铁成主动担当，发挥劳模的影响力和引领作用，带领技术攻关小组先后成功取得了疏散平台测量小车、刚性悬挂接触网垂直向上钻孔平台等多项研发成果。累计获得国家高新技术企业认证两项、各类专利42项、工法39项、获奖科研项目48项、BIM大赛获奖11项、软件著作权10项。

多年来，窦铁成授课和举办专场讲座300余场次，签订师徒协议400余份。为了能将优秀的施工工艺留下来、传下去，他自学CAD制图软件，和两个徒弟一同完成了10万多字的“牵引变电所施工工艺”和4万多字的“电气试验作业指导书”。

“工作40年来，我悟出最重要的经验就是要勤奋、吃苦、学习、不断探索、不断攀登，不学习就没有积累，不攀登就没有创新。”窦铁成说。

2016年，李克强在《政府工作报告》中提出：“鼓励企业开展个性化定制、柔性化生产，培养精益求精的工匠精神，增品种、提品质、创品牌。”2017年，习近平在党的十九大报告中明确提出：“建设知识型、技能型、创新型劳动者大军，弘扬劳模精神和工匠精神，营造劳动光荣的社会风尚和精益求精的敬业风气。”2019年，习近平在甘肃考察时提到：“做强实体经济需要大量的技能型人才，需要大力弘扬工匠精神，发展职业教育前景广阔，大有可为。”① 作为我国国民教育体系的重要组成部分，职业教育与普通教育具有同等重要的地位。高职院校的人才培养目标是培养高素质技术技能人才，工匠精神的培育是“以生为本”教育理念在高职院校的落地落实，直接影响高职院校人才培养目标的实现，是高职院校提升核心竞争力的关键，也是推动我国从“制造大国”迈向“制造强国”的核心驱动力。

---

① 习近平．坚定信心开拓创新真抓实干 团结一心开创富民兴陇新局面［N］．人民日报，2019-08-23（1）．

【话题探讨】

有人认为，在工业时代提倡工匠精神已经没有太大意义了；也有人认为，工匠精神是一种内卷。对于这些观点，你怎么看？

任务 4.1 中国的工匠精神及其历史演变

微课
中国的工匠精神及其历史演变

我国古代有“士农工商”四民之谓，其中的“工”就是指工匠，即有手艺专长的人，与之相匹配的工匠精神，一般理解为工匠艺人在专业技术上精益求精、在职业素养上脚踏实地的一种理想精神追求。然而，当前社会对工匠精神的认识往往流于表浅，对工匠精神的理解也止步于功利性的价值指标，工匠精神似乎渐渐淡出了人们的视野。因此，契合当今经济和社会发展的现实需要，梳理我国工匠精神的形成及其历史演变过程，有助于更好地把握工匠精神所涵括的敬业精神、德艺精神、师道精神、创新精神等精神内涵，进而充分地挖掘和发挥工匠精神的当代价值。

4.1.1 工匠概念及其内涵

在《现代汉语词典》中，工匠指的是“手艺工人”。在中国历史上，工匠最早出现于周代，例如《逸周书·文传解》中记载：“山以遂其材，工匠以为其器。”意思是说山上因此长成大树，工匠们就可以利用它们制作成器物。从古代文献中可以看出，在周代，工匠形成一个独立的社会群体，当时的工匠更多的是指木匠群体。

随着历史的发展，“工匠”一词的含义也逐渐变化。到了汉代，“工”的意思是“巧饰也，像人有规矩也”（《说文解字》）。段玉裁将其解释为“凡善其事曰工”，即善于从事某种事业的人，都可称为“工”。“匠”是“木工也”（《说文解字》），段玉裁《说文名字注》中注解为：“工者，巧饬也。百工皆称工、称匠，独举木工者，其字从斤也。以木工之称引申为凡工之称也”。从事手工业者，都可以被称为“匠”，而它又是从木匠之意延伸出来的，可见此时工匠的含义已经从木匠扩大到整个手工业从业者了。

小案例

“蒯鲁班”

明永乐元年（1403 年）朱棣当了皇帝后，升“北平”为“北京”，又于永乐四年（1406 年）下诏，于翌年营建宫城、坛庙。但因连年战乱，造成明王朝经济负担过重，无力马上动工兴建，永乐十五年（1417 年）北京城才正式营建。

在全国各地数以万计的工匠中，以苏州“香山帮”最为知名。《苏州香山帮建筑》记载：苏州香山位于太湖之滨，自古出建筑工匠，擅长复杂精细的中国传统建筑技术，人称“香山帮匠人”，有“江南木工巧匠皆出于香山”之说。“香山帮”中以木匠蒯祥的技术最为精湛，有“香山帮鼻祖”之称。

蒯祥为江苏吴县（今苏州市吴中区和相城区）人，自幼随父学艺，《明实录宪宗实录》称其“以木工起隶工部，精于工艺。自正统以来，凡百营造，（蒯）祥无不预”。蒯祥精通尺度计算，每项工程施工前都做了精确的计算，竣工之后，位置、距离、大小、尺寸都与设计图分毫不差。紫禁城开始修建后，蒯祥担任“营缮所丞”（负责工程设计与施工）。紫禁城的布局，多出于他的巧妙设计。明永乐十八年（1420年），承天门建筑完工后，蒯祥受到众口一词的赞扬，被誉为“蒯鲁班”。之后，蒯祥官升至工部左侍郎，授二品官。

蒯祥还经常解决一些技术难题。据传，有一次一个木工锯皇极殿宫门门槛时，不小心将木料锯短了一尺。这根木料是缅甸进贡的珍贵巨木，这个工匠面临杀身之祸。吓得没了主意。蒯祥端详了一会儿说：“没有关系，可以补救。”他让闯了祸的木工将木料的另一头也锯短一尺，可那个木工哪敢下手？蒯祥便接过锯子锯了起来。锯完后，他按尺寸另外雕刻了两个口中含珠的龙头，用活动头装到锯短了的门槛上。再把门槛安装到门上，尺寸完全吻合，而且便于拆卸。这种装置，被称为“金刚腿”。到成化年间，蒯祥已是七八十岁的老人，但仍“执技供奉”，俸禄食从一品。

营建北京城时，“香山帮”因功勋卓著，先后有多位匠人入仕。除蒯祥官至工部侍郎外，石匠陆祥及木匠蒯义、蒯刚、郭文英也晋升为工部左（右）侍郎。另有永乐朝松江（上海）人、石匠杨青官至工部左侍郎，而嘉靖朝江苏扬州人徐杲则“以木匠起家，官至大司空”，即工部尚书（相当于建设部长）。据《万历野获编》卷二《工匠见知》记载：“嘉靖三十六年（1557年）四月，（紫禁城）奉天等三殿及奉天门遭灾，四十一年（1562年）重修竣工，皆匠官徐杲一人主持。”徐杲“四顾筹算，俄顷即出，而断材长短大小，不爽锱铢”。特别是修建毓德宫（今永寿宫）时，不到三个月新的宫殿便告成，嘉靖皇帝住在旁边一个宫殿里，却没有听到一点斧凿之声。徐杲被提升为工部尚书（正二品）。

古代工匠最典型的气质就是对自己的技艺要求严苛，并为此不厌其烦、不惜代价地做到极致，精益求精，锱铢必较，同时也对自己的手艺和作品怀有一种绝对的自尊和自信。工匠文化和工匠精神不仅是我国古代社会走向繁荣的重要支撑，也是一份厚重的历史沉淀。工匠的本质是精业与敬业，这种精神融入工匠们的血液中，技艺为骨，匠心为魂，共同铸就了我国丰富的物质文化现象，推动了我国古代技术的创新发展，不可能不令人心生钦佩与敬畏。在当代，工匠的内涵更加广泛，“恪尽职业操守，崇尚精益求精”的广大劳动者都可以算得上“中国工匠”。因此，“工匠”是一个动态发展的群体名词，它在历史的发展过程中形成了独有的时代特点和精神追求。

4.1.2 传统手工业是工匠精神得以形成的基石

传统手工业作为古代经济结构的重要组成部分，它的迅速发展与人们最基本的生活需求息息相关。手工业被称为复活了的历史化石，优秀的手工业品更是我国工匠艺人在长期劳动的过程中创造出来的文明成果。譬如，为了满足生产生活而进行的生产工具、生活器皿的制造，以及为了满足审美享受而进行的制陶纺织、木雕石雕的创造等，都是手工制作的精品，都承载着工匠艺人耐心细心、专注执着的精神。

我国有悠久的手工业传统，五千年的中华文明史中，手工业造就了大批能工巧匠，留下了许多传世经典，推动了我国历史发展的进程。技艺精湛的鲁班、“游刃有余”的庖丁、“衣被天下”的黄道婆、铸剑鼻祖欧冶子、微雕大师王叔远等，作为中国的传统手工业者，他们远离浮躁、焦急的心态，心无旁骛、气定神闲，在斗室之中揣摩作品；他们精雕细琢、精益求精，不断对作品进行创新、对技术进行更新；他们耐得住寂寞、守得住节操、经得住诱惑，既敢于探索，也敢于失败，呈现出了最美的精品，并赋予它们历史传承价值。此外，故宫博物院一座座气势恢宏的建筑，清明上河图一笔笔栩栩如生的描绘，中华老字号一个个百年经典的品牌，既是中华文化之集大成，也是对传统手工业繁荣发展的真实记载。

精湛的雕刻工艺，正是因为不断的打磨与专业的设计，才能日臻完美，别具一格；精美的玉液琼浆，正是因为岁月的积淀与季节的酝酿，才能醇厚甘甜，窖香绵柔。手工业作为非物质文化遗产的重要组成部分，不仅浓缩了民族文化，发扬了人文精神，还代表着时代的创新成果。而工匠作为手工业的代表，传承着的正是传统工艺，并不断放射出新的光辉。在当代，无论是载人航天，还是蛟龙入海，每篇华章都离不开工匠，都离不开工匠精神。在互联网高速发展的今天，无论科技如何进步，正如央视“大国工匠”所传播的那样，手工业尤其是传统手工业是培育工匠的摇篮，是工匠精神得以形成的基石，更是民族文化传承与光大的孵化器。

4.1.3 我国工匠精神的历史演变

我国工匠精神具有悠久的历史，从原始社会到现代社会，从孕育产生到发展传承，经历了一个漫长的演变过程。这一方面展现了不同时期我国工匠精神的不同特点和要求，另一方面在一定意义上也创造了举世瞩目的古代技术文明。

1. 孕育阶段：注重简约朴素，切磋琢磨

简约而不简单，朴素而不平淡，这不仅是中华民族传统文化的深刻意蕴，也孕育着我国古代的工匠精神。在原始社会末期，人类社会经历了三次重大的社会变革，即三次社会大分工。第一次社会大分工，畜牧业从农业中分离出来；第二次社会大分工，使手工业从农业中脱离出来。此后，便出现了专门从事手工劳动的生产者，也就是现在所说的手艺人或者工匠。然而，由于当时物质生产相对落后、科技文明相对不发达，人们往往以天然产物为原料加工制造生产工具或生活用具。从粗糙、不规则的“打制”石器到光滑、匀称的“磨制”石器；从“未有麻丝，衣其羽皮”（《礼记·礼运》）到嫘祖“始教民育蚕，治丝茧以供衣服”（《通鉴纲目》）；从简单的石器、骨器、木器等工艺制作到复杂的制陶、纺织、房屋建筑、舟车制作等原始手工业，无不体现了早期工匠艺人追求完整朴素的工匠精神。

掌握好技术、练就好手艺，这既是古代工匠艺人谋生的必备条件，也是工匠精神的基本要求。在河姆渡文化时期，用石、骨、象牙制成的饰品，磨制净光，寓意深邃，恰恰体现了这一点。譬如，工匠们制作刻有花纹的骨笄，并佩以磨得光洁晶莹的美石质的玦、璜、管、珠等装饰品来固定头发，还用虎、熊、野猪、獐的牙齿作佩饰，特别是以鸟为表现主题的工艺制品不仅反映了河姆渡文化时期手工业的发展水平，更表明了一种构思严谨巧妙、技艺细腻娴熟的工匠精神。还有，氏族部落用以象征地位的鸟形象牙圆雕，不仅要对天然材料进行加工，在加工过程中还要改变天然物质的物理性能和形式，刀法巧妙敏捷，线条简洁流畅，神态栩栩如生，极像一只展翅飞翔的鸟的剪影，如果不是专业工匠的精益求精，实在难以想象在原始文化遗产中竟有如此巧夺天工之物，它凝聚着我们中华民族祖先的聪明才智，是我国工匠技艺具有悠久历史的实物见证。此外，《诗经·卫风·淇奥》早就用“如切如磋，如

琢如磨”的佳句来表彰工匠在对骨器、象牙、玉石进行切料、糙锉、细刻、磨光时所表现出来的认真制作、一丝不苟的精神。这种精神不仅是我国古代工匠艺人的价值追求，更是工匠精神的具体体现。

2. 产生阶段：崇尚以德为先，德艺兼修

中国文化精神是一种“道德的精神”，这一种道德精神乃是中国人所内心追求的一种“做人”的理想标准，乃是中国人所积极争取渴望到达的一种“理想人格”[①]。以德为先，不仅是我国古代工匠艺人必须遵循的职业准则，而且是工匠精神得以产生的价值基础。

春秋战国时期，以儒家思想为核心的政治伦理文化开始受到人们的广泛关注，“德为先，重教化”的圣人文化逐渐成为中华民族传统文化的重要内涵。随着生产力的发展和科学技术的进步，社会分工越来越细，职业也就越来越多，一些特定的职业不但要求人们具备特定的知识和技能，而且要求人们具备特定的道德观念、情感和品质。工匠艺人作为一种职业团体，为了维护职业威望和信誉，适应社会的需要，在职业实践中，根据一般社会道德的基本要求，逐渐形成了自己职业的道德规范。《墨子·尚贤上》就有记载“兼士”必须符合三条标准，即“厚乎德行”“辩乎言谈”“博乎道术”，要做到“有力者疾以助人，有财者勉以分人，有道者劝以教人”“利人乎即为，不利人乎即止”，这种道德价值观，作为古代一些社会职业的道德评价标准，也得到工匠们的认同。此外，据先秦典籍《左传·文公七年》记载：“六府三事，谓之九功。水火金木土谷，谓之六府。正德、利用、厚生，谓之三事。义而行之，谓之德礼。”生产与生活的逐步浸染，凸显出了道德特征的精神走向，“正德、利用、厚生”成为古代工匠艺人的职业道德规范。其中，“正德”居于首位，就是要求工匠必须为人正直，端正德行。因此，“崇德尚贤”成为中国工匠精神的伦理走向。

有德之人，总不会让社会失望，对于工匠艺人来说，“德行”还需要“技能”的陪衬。若无“技能”相佐，梦想极有可能变为“玩笑”；若有“技能”相佐，梦想代代累积，永远不会成为“空谈”。所谓“德艺兼修”就是指工匠艺人不仅要有一种道德精神作为内在熏陶，还要具备一种精益求精的技术精神。“天有时，地有气，材有美，工有巧，合此四者，然后可以为良”，追求技艺之巧，也是我国传统工匠毕生的追求。据《考工记》记载，战国时期，编钟极其精致，可以做到“圜者中规，方者中矩，立者中悬，衡者中水，直者如生焉，继者如附焉”[②]。此外，《庄子·养生主》也有记载“庖丁解牛”的故事。“庖丁为文惠君解牛，手之所触，肩之所倚，足之所履，膝之所踦，砉然向然，奏刀騞然，莫不中音。合于《桑林》之舞，乃中《经首》之会。文惠君曰：‘嘻，善哉！技盖至此乎？’庖丁释刀对曰：‘臣之所好者，道也，进乎技矣。’”总之，我国古代工匠艺人不仅具备最基本的职业素养，更重要的是在他们身上体现了一种“德艺兼修”的工匠精神。

3. 发展阶段：主张心传体知，师徒相承

所谓“心传体知”就是指以心传心，心心相印，体察领悟，身知体会。《春雨杂述·评书》就有记载：“学书之法，非口传心授，不得其精。”对于我国古代工匠艺人来说，技艺

① 钱穆．中国历史精神［M］．北京：九州出版社，2011.

② 肖群忠，刘永春．工匠精神及其当代价值［J］．湖南社会科学，2015（1）：6-10.

的传承不仅是一种单纯的技术学习，更是一种内在的艺术熏陶和无形的心理契合。进入封建社会以后，随着经济发展水平的提高和社会发展的需要，以血缘关系为标志的代际传承逐渐走出家庭，种类繁多、形式多样的职业教育开始成为我国古代工匠艺人之间的承接体系和传承方式，“心传身授”的教育模式逐渐成为培养工匠的主要途径。这一方面得益于手工技艺的不断成熟，另一方面还在于传授者与受教者之间心灵的默会与领悟，以及所体现出的不以物喜、不以己悲、不被繁杂的外界环境所干扰的工匠精神，这不仅促进了技艺经验无间断地积淀，还有利于形成个性化风格的手工技艺。我国古代有不少行业和岗位都传承着这种“工匠精神”：纸坊，奉东汉宦官蔡伦为祖师；陶瓷业的祖师，有柏林、虞舜、老子、雷公等，被奉为“窑神”；皮匠、鞋匠以孙膑为祖师；酒坊的祖师是杜康；豆腐坊以乐毅为祖师等。“一切手工技艺，皆由口传心授”，这些精工良匠们依靠言传身教的自然传承，在传授手艺的同时，也传递了耐心、专注、坚持的精神特质，而这种特质的培养，只能依赖于工匠艺人之间“以心传心、心心相印”的情感交流，以及“体察领悟，身知体会”的行为感染，这是现代大工业的组织制度与操作流程所无法承载的。

在我国古代，工匠们由于特殊的工作、学习方式，技术上的成就大多是通过“父子相传，师徒相承”等传统方式流传下来的。随着手工业技术的发展，起初以家庭为单位的技艺传授扩大到邻里之间，父子相传逐渐演变为拜师学艺，师徒们在一起生活、学习、讨论、钻研技术，通过传道、授业、解惑的方式不仅培养了大批手工艺人和工匠技师，也养成了他们“尊师重道，谦虚好学”的美德，所谓“师徒如父子”“一日为师，终身为父”的习语就源自艺徒制度①。据《新唐书·百官志三》记载：“钿镂之工，教以四年；车路乐器之工，三年；平漫刀稍之工，二年；矢镞竹漆屈柳之工，半焉；冠冕弁帻之工，九月。”这种不同工种学徒的年限规定，既体现了当时各行各业的职业技术水平，又充分说明在学艺的过程中，师徒之间在一起相处的时间之久、感情之深。此外，师徒相承，代代相传，不仅需要师傅具备一定的传授技艺能力，还需要师傅的博大胸襟与徒弟的聪慧勤奋。为人师者，应当性格豁达、心胸宽广，倾己所有传授给徒弟；为人徒者，不只是简单地继承师傅的技艺，更要自强不息、独立自主，在师傅的基础上能进一步创造出新的手艺与技法。总之，工匠艺人们对职业的尊重，对专业精神的信仰，对技艺传承的执着，对师徒情义的敬畏，无一不体现出我国古代工匠精神的价值意蕴。

4. 传承阶段：提倡开放包容，勇于创新

创新是一个民族进步的灵魂，是一个国家兴旺发达的不竭动力，是现代工匠艺人应当具备的精神特质。在机械化生产与互联网产业日益发达的今天，创新变得容易，同时又变得非常困难。人们越来越追求的是产品的规模化和批量化生产，流水车间工人机械反复地重复同一个动作，固然生产效率的提升也能够促进经济效益的增长，但是这些产品终究少了一些技艺的沉淀和凝练，而如今所提倡的“工匠精神”便是在产品里注入创新和活力。

工匠精神是对工艺文化的传承与创新。它的核心是一种“精神”、一种信念或者说一种情怀，是尊重自然、安分守己、尽善尽美、以诚相待的职业操守，是把一件事情、一门手艺当作信仰的追求，是单调、机械、重复工作中的一点点与众不同的想法。正如《我在故宫

---

① 李宏伟，别应龙．工匠精神的历史传承与当代培育［J］．自然辩证法研究，2015（8）：54-59.

修文物》这部纪录片中一位青铜器修复师所说的，古代故宫的这些东西是有生命的，人在制物的过程中，总是要把自己的想法融入里头去，觉得这样才能实现工匠艺人的价值。手工艺作为我国的传统工艺文化，是劳动人民智慧的结晶，是宝贵的精神财富，更是中华文化自豪感的重要体现，对它的传承更有一种历史责任在里面。当然，工匠精神并非墨守成规，相反，因为追求极致甚至完美，工匠精神更是一种永不满足、不断超越的创新精神；工匠精神也不是因循守旧，它是在传统工艺的基础上不断创造新工艺、新技术的过程，传承与创新并存，这其中不仅包含的是中华民族传统文化的沉淀与融合，更是浮躁社会所缺乏的一种坚定气质与坚守。如今“中国创造”在全世界已经有了十足的影响力，正是无数工匠艺人十年如一日地追求着职业技能的极致化，靠着传承和钻研，凭着专注和坚守，才缔造了一个又一个的“中国创造”。

实现中华民族伟大复兴的中国梦，既需要我们把握不同时期我国工匠精神的不同特点，也需要现代科学技术成果的有力支撑，更需要千千万万能工巧匠的亲手打造。当今不少人对工匠艺人有着片面的认识，认为他们因循守旧、墨守成规，一味地追求慢工出细活的生产方式，偏执于守着古老的技艺，恪守传统、裹足不前；还有一些人将工匠精神口号化、标签化，一味地强调工匠精神的重要性而鲜有具体方案，炒作“匠心”“匠作”“匠造”等概念而缺乏对其背景、内涵和制度等方面的深入探讨；更有甚者言必称德、日等西方大国的工匠精神，忽视了对本土工匠精神的弘扬传承。由此看来，正确认识工匠精神的实质与内涵，不断探索培育工匠精神的路径与方法，已经成为我们当前工作的重中之重。总之，工匠精神是一种态度，它包含着对工艺事业的执着与坚守，更是对信念的坚定不移；工匠精神也是一种信仰，它存在于每个人的心中，需要我们不断地去认知、去感悟、去发掘、去践行。①

【劳动人物】

捞纸车间的“大国工匠”

周东红（见图 4-1）是中国宣纸股份有限公司的捞纸高级技师。1986 年，他作为学徒工站到了捞纸的水槽边，这一站就是 30 年。2015 年，他走进央视《大国工匠》专题片，成为一名“国宝级”大国工匠。著名国画家李可染曾说过：“没有好的宣纸，就做不出传世的好国画。”一张宣纸从投料到成纸，需要历 300 多天、18 个环节、10 多道工序，其中，决定宣纸成败的就是捞纸这道工序。

图 4-1　周东红正在紧张工作

所谓“捞纸”就是两个人抬着纸帘，在水槽中左右晃动，一张湿润的宣纸便有了雏形。整个过程不过十几秒，但是宣纸的好坏、厚薄、纹理和丝络，就全在这一“捞”上。周东红说，这叫“一帘水靠身，二帘水破心”；双手要放在水面上，不能动，像绳子一样吊着，然后将手

① 张迪．中国的工匠精神及其历史演变［J］．思想教育研究，2016（10）：45-48.

抬起到45°，直到齐肩高。在抬手、弯腰、转步中，将游离在槽里的纸浆抄捞出有形的纸张来。这样的动作，周东红和他的搭档每天要重复1 000多次。周东红所捞宣纸每刀（宣纸每刀为100张）重量的上下误差都不超过50克，也就是说，他捞出的宣纸，每张的误差不超过1克。

周东红说："宣纸是老祖宗留下的东西，已经有1 500多年了，可现在的年轻人，很多都不愿做这一行了，我收了10个徒弟，现在都走了一半了。这个工作太单调、太辛苦，要耐得住寂寞。"坚持初心，方得始终；专心致志，格物致知。周东红在传统技艺上的精益求精和极致追求，让他不仅体会到了劳动的快乐，也感受到了传承人类非物质文化遗产的自豪。

任务4.2 新时代工匠精神的内涵与价值

微课
新时代工匠精神的内涵与价值

工匠精神传达了工匠在从业过程中的敬业与执着，随着时代的演变，工匠精神被赋予新的内涵。新时代工匠精神的出场语境是以中华优秀传统文化为传承、以马克思主义劳动观为理论基础、以新时代中国发展的伟大成就为立足点，体现了历史与现实、理论与实践的统一。新时代工匠精神内涵主要表现为精益求精、执着专注、一丝不苟、追求卓越。因此，新时代大学生应准确把握新时代工匠精神的价值内涵，探寻领悟工匠精神，理解工匠精神的价值，传承新时代工匠精神。

4.2.1 新时代工匠精神的内涵

小故事
最好的铁锤

1. 精益求精的职业态度

精益求精是新时代工匠精神的基本内涵。追求专业的不断精进，突破他人所不能做到的精湛工艺，体现了精益求精的职业态度。传统工匠在造物时，确保每道生产工序都完成得精致而完美，在当今时代，劳动者更应将精益求精的职业态度贯穿于生产过程，在工作中不仅追求完美，同时在原有的基础上能够有所突破，使成果更加完善，性能更加令人满意。习近平总书记指出："无论从事什么劳动，都要干一行、爱一行、钻一行。在工厂车间，就要弘扬'工匠精神'，精心打磨每一个零部件，生产优质的产品。"① 面对新时代的新诉求，站在新的历史起点，劳动者不仅要将精益求精体现在产品的创造与服务当中，同时要在细节中力求完善、追求突破与创新。

2. 执着专注的坚守精神

执着专注是新时代对工匠提出的基本要求。在古代，工匠不断磨炼技艺，在生产的各个环节严格要求，最终目的是制造高质量的产品。新时代劳动者仍然需要脚踏实地的精神和吃苦耐劳的品质，无论身处任何岗位都应秉持执着的坚守精神，专注于自身岗位工作，在劳动中精雕细琢和创新创造，才能确保成果的完美，以及自身劳动价值的实现。

---

① 习近平．在知识分子、劳动模范、青年代表座谈会上的讲话［N］. 人民日报，2016-04-30（2）.

3. 一丝不苟的实干品质

一丝不苟是新时代工匠精神的基本特征。在古代，工匠秉持对职业的热爱，形成了一丝不苟的境界。新时代劳动者也应始终坚持高标准、严要求，仔细打磨、臻于至善，在劳动与创作中，弘扬一丝不苟、爱岗敬业的工匠精神，涵养精雕细琢的匠心理念。

【劳动人物】

草根专家　最美工匠

他是扎根高速公路行业20余年的一名普通设备管理员。他锲而不舍，永不言败，从实践中总结经验，实现技师梦想；他开拓创新，潜心研究，带领技术团队用科技服务基层一线；他身先士卒，无私奉献，在工作中冲锋在前的故事不断上演。他就是“最美浙江人·最美工匠”、省级技能大师工作室领办人——戴自刚（见图4-2），同事们都亲切地称呼他“戴师傅”。

图 4-2　戴自刚

1. 自学成才攀高峰

20年前，戴自刚仅是一名高中学历的普通电工。多年来，他凭借着坚忍不拔的毅力，苦干实干，通过自学和考试，从一名初级技工成长为一名高级技师。2006年，戴自刚获得浙江省职工经济技术创新活动“先进个人”荣誉称号；2015年，浙江交通投资集团有限公司（以下简称浙江交投）开展了“万人文化建设年”活动，在电工技能比武大赛环节中，55岁的戴自刚与年轻选手同台竞技，一举斩获了第二名的好成绩；2019年9月，年近60岁的他，又被浙江省总工会评选为“浙江工匠”。“‘不忘初心、牢记使命，壮丽七十年，劳动最光荣’，‘浙江工匠’宣言是一句承诺，也是推动我继续一往直前的动力！”获奖后的戴自刚说道。

2. 技术革新领先锋

“采用这种方式清洗车道不仅效果不佳，还会弄得工作人员满身水渍，得请戴师傅帮我们想个好办法！”“清障车夜间停靠在硬路肩存在很大的安全隐患，回头得和戴师傅一起探讨一下，看看能否找到最佳解决方案。”……每当路上作业遇到难题，同事们首先想到的便是戴自刚，于是“车道清洗车改装”“清障车辆预警装置改装”等技改创新项目诞生了。据悉，由戴自刚主创的“移动式遥控警示桩”和“警示桩报警系统”先后于2017年、2019年，获得国家实用新型专利，而“清障车辆预警装置改装”项目也获得了浙江交投2018年度“十佳金点子”的荣誉。如今，这3个创新项目均被应用于浙江高速公路养护施工、清障施救、路上巡查等工作中，守护着司乘与工作人员的生命财产安全。

2016年，以“技术改革创新、技能推广传承、专业人才培育”为核心内容的技能人才“孵化基地”——戴自刚技能大师工作室，在浙江沪杭甬高速公路股份有限公司宁波管理处成立，工作室下设7个分室。成立之初，该工作室便被认定为“浙江省级技能大师工作室”，次年又获评浙江省第七届“创新（劳模）工作室”。如今，由戴自刚主创或由他带领的技术团队研发的大小科技创新项目共计30余项，累计荣获国家实用新型专利25项，获中国公路学会、浙江交投等单位授予的19项荣誉，工作室多项创新成果在推广应用后，为公司节省高速公路运营管理成本约320万元。

3. 无私奉献作表率

“在这本3万字的《电工培训教材》编写之前，宁波管理处没有专用的新人入职培训教材”，戴自刚介绍道。起初，宁波管理处购买的培训资料不能完全适用于高速行业，无法满足新员工的入职培训需求，于是戴自刚结合自己多年工作经验，潜心编写了针对电工、技工培训的专用教材，有效提升了培训效率。

2013年，“菲特”台风正面袭击宁波管理处所辖路段，高速主线设施设备遭受不同程度损坏。戴自刚连续奋战4天3夜，奔波在设备抢修第一线，为宁波戴自刚模拟车辆清障救援现场管理处成功抗灾自救奠定了坚实的基础。

2019年是撤站攻坚之年。全国取消高速公路省界收费站项目实施后，他一直带领团队技术骨干们在现场奋战。58岁的戴自刚与青年员工一同开启“5+2”“白+黑”的工作模式，主线ETC龙门架他爬了上百次；各个收费站ETC车道建设、入口治超混合车道建设施工现场，总能看见他埋头苦干的身影；设备接线、龙门架接地情况，一体机机柜工作情况，电缆铺设质量，设备运行状况……每到一处，戴自刚都仔细查看、记录、整理反馈、督促处理。大家时常劝他说：“戴师傅，您都快退休了，工作别太拼了！”戴自刚边干着手头的工作边回复：“趁现在身体还能动弹，我得多带年轻人跑一跑，他们多一份实战经验，我退休的时候也能放心一些！”戴自刚用匠心与踏实的行动，展现了一位草根专家在岗位上践行初心使命的决心。

4. 追求卓越的创新思维

追求卓越是新时代工匠精神的价值旨归。追求卓越不仅是一种职业态度，更是新时代劳动者的奋斗目标。习近平总书记指出，要不断增强创新意识、培养创新思维，展示锐意创新的勇气、敢为人先的锐气、蓬勃向上的朝气[①]。新时代劳动者应将追求卓越体现在生产实践中，同时不忘初心、勇挑时代重担，将自身的职业理想融入民族复兴的历史伟业之中，不断追求卓越。

【劳动人物】

地勘行业“大国工匠”——朱恒银

镜头回放：为不打扰家人休息，朱恒银（见图4-3）每天都在狭小的厨房里写作。天冷，要等煤球炉子烧暖和一点，手才不至于冻僵。在平日里吃饭的小方桌上一笔一画写下日间研究与实践的经验。

① 习近平．在全国劳动模范和先进工作者表彰大会上的讲话［N］．人民日报，2020-11-25（2）．

图 4-3 工作中的朱恒银

隆冬时节。一大早，推开门，安徽省地矿局 313 地质队、高级工程师朱恒银的办公室里，宽大的书桌上铺满了设计图纸，一手拿笔，一手执尺，朱恒银在白纸上开始写写画画……

虽已年过花甲，他握笔的手依然很稳。“干钻探，技术创新、野外试验缺一不可。今年我们正抓紧5 000米新型能源勘探智能钻探设备及技术研发。”朱恒银一边将脑海中的构思描绘在纸上，一边告诉记者，“研发不是一朝一夕的事，别看我现在 65 岁了，还是歇不住呀。”

遇事爱琢磨，做事有韧劲，朱恒银在全队出了名。调配好的泥浆，小心翼翼地放进仪器，不出半小时，密度、黏度、含沙量和酸碱度等参数依次呈现。看着机器监测的数据，朱恒银不由得长舒一口气：“这是我们团队最新研发的钻井液多参数自动化监测设备，与过去人工手动测量相比能节省近一半时间，如今马上进入野外试验阶段。”聊到钻探技术研发新进展，朱恒银兴致盎然。

钻井液性能好坏与钻井施工密切相关。一直以来，钻井液性能全靠人工测量，既烦琐耗时，又存在误差，还会对皮肤造成伤害。在朱恒银看来，机器测量有望成为钻探行业的一大利器。因为热爱钻研，屡有突破，朱恒银当选 2018 年“大国工匠年度人物”。四十多载钻探生涯，要么在野外采矿，要么在实验室里钻研，朱恒银对钻探事业的热度不减。“各行各业都在创新，钻探行业也要求创新。作为地质人，我的初心就是奉献国家。”朱恒银说。

“一腔热血，融进千米厚土，一缕微光，射穿岩层深处。”从地表到地心，一辈子，一件事。朱恒银一直让探宝“银针”不断挺近，钻头行走的深度已经矗立为行业的高度。从普通钻探工人到大国工匠、中国好人，从全国优秀科技工作者到全国劳模、李四光地质科学奖获得者、全国道德模范……43 年来为寻找地下宝藏，朱恒银如同探向地层的“金刚钻”，始终奋战在地质勘探一线，用洁白如银的恒心，书写着“向地球深部进军”的助人篇章，这就是新时代最值得学习的工匠精神。

4.2.2 新时代工匠精神的价值

作为一种价值取向与精神理念，工匠精神孕育于中华优秀传统文化，意蕴悠长。随着时代的发展与技术的进步，工匠精神也在新的历史条件下展现出广阔的发展前景。当前，无论是根植于我国社会的现实还是着眼于未来发展的方向，工匠精神的存在都是必然且必要的，它的价值意蕴是由其内在的价值属性和外在的价值导向两个方面共同决定的。深入研究工匠精神的价值意蕴要从唯物史观的宏大视角出发进行思考，同时领悟它对于国家、社会和个人的发展进步所具有的重要意义。

1. 工匠精神是对劳动实践观的凝练

工匠不是抽象的人，而是现实的人，是从事物质资料生产的人。按照唯物史观的观点，正是劳动实践成就了人，这是人所必需的生存方式。在机器大工业的生产方式下，人们的劳动逐渐沦为程序化的操作，成为社会生产复杂体系中的一环，由此很难正确认知自身的劳动价值，更难收获实践过程中的情感满足。工匠精神的存续，在一定意义上让劳动的价值重新回归于人自身。主张用心无旁骛、潜心专注的工作理念引导劳动者享受自身职业，明确角色定位，严肃认真地对待每个细节，视过程如结果。工匠精神的价值一旦被觉悟，就会激发劳动者的自觉性、自为性和能动性,从而在劳动实践中寻求真善美。

【劳动人物】

夏立：用双手打磨“中国精度”的大国工匠

夏立（见图4-4），男，1971 年 7 月出生，中国电科网络通信研究院高级技师，曾获“大国工匠年度人物”等称号。他从业 30 多年来一直坚守在生产一线，先后出色完成了嫦娥探月工程、“中国天眼”“北斗”工程等多个高端重要工程项目的装配及保障任务，攻克了百余项技术难关，获得了多项发明专利，为我国的军事通信、卫星导航定位、军事测控等做出了突出贡献。

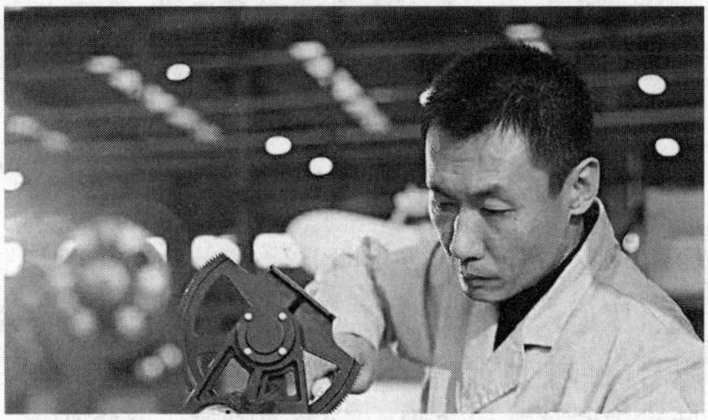

图 4-4 工作中的夏立

384 400 千米，地球到月球的平均距离；0. 000 4 毫米，亚洲最大的全向转动射电望远镜——“天马”驱动系统的装配精度……这组数据，正是夏立工作的真实写照。

1987 年，初中毕业的夏立接替父亲走进工厂，从此开始了他和网通装备的不解之缘，也打开了属于他“中国精度”的奋斗之门。

2019 年 1 月 3 日，嫦娥四号飞越 38 万千米，成功踏月。作为世界首个在月球背面软着陆和巡视探测的航天器，离不开“天马”的精准指路。“65 米是射电望远镜的口径，光码盘的装配精度是 0. 004 毫米，这相当于一根头发粗细的 1/20。如果做到 0. 005，这 0. 001 的差别，哪怕就是有 10 个月亮也找不着了。”采访中，夏立提及的数字，让多数人不自觉地拔下几根头发来琢磨。

精准指向的核心，是个小小的光码盘。起初，就算用最先进的磨床机器加工后，装配的精度也只能达到 0. 02 毫米。怎么办？如何实现设计精度？

为了打破困局，夏立想到了钳工中的修配和刮研，但这些技术属于静态加工，虽能保证零件的精度，却对检测设备要求高，耗费时间也长，“时间来不及”。冥思苦想中，他突然灵机一动：“能否在托盘的运动状态下进行手工研磨?”

“手工打磨，最难的不是手感，而是数据分析。”有了思路，夏立到处查资料，白天晚上都在苦苦钻研，终于拿出了一套完整的工艺方案。启动打磨机，一个小点一个小点试着打磨，碰一下就要小抬手，手腕一抖一抖的。当一个个的磨点出现在托盘表面，精度也在一点点的提高。每平方厘米面积内就需要将近千个磨点，托盘修磨一次就需要几万个磨点，面对如此强大的工作量，夏立就像一位闭关修炼绝世武功的武者，测量设备上的表针在 1 微米的格子上微微地摆动，1 天、2 天、3 天……

终于在最后一天，看着夏立手中旋转着的光码盘，人群中发出了阵阵欢呼："成了！成了！"总工程师则激动地说："这几天担心得不得了，又怕打扰你，只能在窗户外面看着你。解决了这个问题，咱们就不用保守了，再也不怕被人卡脖子了。"对于好多人提出的"手感"问题，夏立表示："想要打磨出零部件需要的精度，关键还在于是否'手脑并用'，思考是技术的前提。"

在承担多项重大工程之外，2016 年 6 月，以夏立命名的天线工艺与制造创新工作室成立。如何成为一个好师傅，让每个操作人员都成为装配专家，是夏立要解决的问题。"为了尽快出徒，我摒弃了传统的师带徒方式，采用学校里老师与学生的新模式。"摆弄着手中的零部件，夏立道出了成功之路，"把复杂的事情简单化，把简单的事情标准化，带领团队去装配，共同提高效率，创造'1+1>2'的价值。"

一路走来，夏立亲手装配的天线，亮过"天眼"，指过"北斗"，送过"神舟"，护过战舰，用一次次的极致磨砺，不断提升着"中国精度"。

2. 工匠精神体现对劳动异化的超越

异化劳动是工业文明时代产生的一个重要哲学范畴，揭示了在资本主义制度下剥削、奴役、压迫人的劳动形式，将本属于人的生命活动扭曲为控制压榨人的工具。而今天，人们可以自由自主地选择所从事的劳动，在实践的过程中追求美、塑造美、欣赏美，彰显人的超越性。工匠精神以热爱、专注、慎独、坚守为基本特征，引导劳动者精心打磨每个零部件，赋予产品生命与灵魂。工匠精神将人的参与度发挥得淋漓尽致，突破传统对待体力智力的束缚，超越重复性、机械性的劳作，在创造性的实践中重塑劳动的意义，促进劳动解放。

3. 工匠精神追求人的自由全面发展

当人们谈到优秀的工匠时，总是与别出心裁、独具一格、自由创造的形象联系起来，这种自由、创造的工匠精神与马克思所追求的人的自由全面发展具有内在的一致性。时代与实践给予个人成才成长的空间与机遇，随着多元化多样性的需求日益增长，人们不再拘泥于单调乏味的工作和生活，转而去寻求人性化个性化的存在方式。工匠精神在与现实的对话中获得了新的生命，这为工匠事业的发展提供了前所未有的契机。工匠精神的伦理价值帮助人们去摆脱精神压迫感，在主体对象化于客体的过程中，自觉寻找自身的本质力量与内在价值。

4. 工匠精神是促进个人全面发展的客观要求

工匠作为现实的人，必然存在于特定的社会历史条件之下，正如马克思所说："在其现实性上，它是一切社会关系的总和"，因而工匠的实践活动也必然会被社会环境所要求。在全社会推崇工匠精神的良好氛围下，工匠精神的影响力不仅体现在品牌附加值上，还体现在个人职业发展的道德规范中。工匠精神所蕴含的执着专注、精益求精、一丝不苟、追求卓越的价值理念对于从业者的素养、品格和能力有着极大的鼓舞作用，有助于摒弃浮躁懈怠的社会气氛，重构"慢工出细活"的基本理念。现代意义上的工匠事业是从业者自由意志的充分发挥，表达出自我对于客观世界的理解与认识。所谓创作即表达自身生命的张力，既丰富了多元化的文化形态，也有助于工匠自我价值的实现。

5. 工匠精神是营造良好社会风气的重要途径

工匠精神是爱国主义精神的具体反映，呈现出社会主义核心价值观的诉求。工匠精神的弘扬与实践有助于尊重知识、尊重劳动、尊重创新的社会风气的养成。工匠精神的发育程度是由社会经济发展的程度所决定，社会经济发展的质量受到工匠精神的影响。在市场经济迅速发展、生活节奏紧张加快的背景下，专注精益并非易事，因而工匠精神的文化特质难能可贵。在积年累月的实践过程中，工匠将意会知识或缄默知识从隐性状态转化为显性状态，经历岁月的洗礼和细节的打磨，赢得了社会广泛认同，成为时代公认的美德。高扬工匠精神使当今各行各业的劳动者立足本职，排除杂念，力求有所作为。这一价值导向源自历史文化的积淀与传承，必将成为未来全社会所向往的精神底色。

6. 国家发展、民族复兴呼唤工匠精神的回归

弘扬工匠精神的背后蕴含着国家发展、民族复兴的宏大主题，既契合时代发展的诉求，又具有深刻的现实针对性。当前，世界百年未有之大变局加速演进，中华民族伟大复兴进入关键时期。经过改革开放40多年的发展，我国经济转向高质量发展阶段，中国已经建成了门类齐全、独立完整的产业体系。但仍需认识到，在全球竞争越发激烈的今天，要想从“制造大国”向“制造强国”迈进，完成高端产业链升级，最终成功实现中国制造2025战略目标，亟待将技术背后的价值伦理与人文关怀融入强国品牌建设之中。中国制造的前行必然呼唤工匠精神的回归。新时代的劳动者要摒弃浮躁、克服困境、深耕细作，为“中国智造”“中国精造”“中国创造”的发展提供动力。工匠精神中那种“偏毫厘不敢安”的一丝不苟与“千万锤成一器”的孜孜追求，对于“营造劳动光荣的社会风尚和精益求精的敬业风气”意义深远。①

【劳动人物】

藕长洪理解的“工匠精神”

藕长洪（见图4-5），安徽人，“80后”，现任中铁大桥局七公司试验公司经理。工作才11年，已是享受国务院政府特殊津贴的专家，肩上还有全国“五一劳动奖章”“中央企业技术能手”“全国最美青工”等一系列荣誉。

图4-5　藕长洪

藕长洪并不直接参与施工，但却天天泡在工地里，脑子里琢磨的是：混凝土配合比是否达到施工要求，钢筋粗细、强度够不够。2005年以来，他分别在武汉青菱立交、鄂东

① 张瑊，梁子琪．论新时代工匠精神的内涵、价值及弘扬路径［J］．山东工会论坛，2022（5）：69-78.

长江公路大桥、杭瑞高速公路、恩黔高速公路、宜昌至喜长江大桥、武汉青山长江公路大桥等工地试验室工作。藕长洪把每个工地，每处试验室都当成了实现理想、展示作为的舞台。2005 年刚参加工作时，他每次值班浇筑混凝土，一个人除了控制混凝土质量及做试件，还会利用空隙时间把头一天用过的混凝土试件拆下进行养护，并总是尽可能地多做、做好。

在每个项目上，藕长洪都对施工过程中所使用的原材料、半成品严格按照规范进行取样试验，对检测出的不合格品坚决予以清退和返工，以确保施工质量。在最终的工程验收中，藕长洪负责的所有的混凝土结构及路基工程全部合格，很多工程还达到优良标准。

在宜昌庙嘴长江大桥，他根据设计要求，反复试配，特别是对于那些大体积的混凝土，既考虑施工质量降低混凝土水化热，又考虑配合比的经济性，最后从近 20 组配合比试配中选出最优配合比。经过施工后检测表明，该优化配合比既保证了施工质量，又节约成本 100 余万元。藕长洪是公司第一个取得交通运输部试验检测工程师证书的人，也因此激发了其他年轻试验检测人员的自主学习热情。2012 年，他动员公司 22 个试验人员参加了检测员的考试。如今，藕长洪的“徒弟”已遍布各个工地。

汗水融入混凝土，青春建功大桥梦。藕长洪在追梦的路途上，一步一个脚印，一点一滴积累，用心编织着色彩斑斓的大桥梦。对于工匠精神，藕长洪认为：“它包含了敬业、责任和技术，这三者的组合，就是完美的工匠精神。”

藕长洪 10 多年工作在桥梁建设一线，练就沙子“一手抓”就能判断含水量的“绝活”，也成长为新时代青年“工匠”的代表。藕长洪在追梦的路途上，一点一滴积累，一步一个脚印，用心编织着色彩斑斓的大桥梦。像藕长洪这样的新一代中国工匠们用他们敬业、责任和技术，用心编制着中华民族伟大复兴的中国梦。

任务 4.3 新时代工匠精神的培育

优秀文化具有感染人、教化人的积极作用，工匠精神是传统文化重要构成，大力弘扬和传承新时代工匠精神，对社会主义现代化建设和发展意义深远。大学生是国家和民族的未来，工匠精神培育有助于塑造完善人格，培养其文化传承的意识，自觉担当中华民族伟大复兴的使命和责任，促进大学生实现自我价值。当前大学生工匠精神的现状并不乐观，存在工匠精神认知不清晰、主动创新意识不足、职业价值观扭曲、成为匠人内驱力不足等明显表现，采取行之有效的对策培育大学生工匠精神，提高大学生职业生涯发展质量意义深远。

4.3.1 工匠精神培育的意义

工匠精神培育对于当代大学生有着重要的意义，具体表现在以下几个方面。

1. 有助于培养学生正确的劳动观

大学学习是培养学生正确劳动观念的关键阶段，对个体的人格发展同样至关重要。新时代大学生工匠精神培育的过程中，通过工匠精神内涵的深入解读，能够增强学生的劳动认同感，并养成敬业品格，以正确的劳动观指引自身就业和职业发展。在大学生工匠精神培育的过程中，大学生有机会亲身参与劳动实践，并且从中收获快乐幸福和满足，促进大学生挖掘内在潜能和实现自我价值。并且工匠精神培育中倡导劳动最光荣，劳动最崇高，劳动最伟大，劳动最美丽的思想观念，能够对学生的价值观产生积极影响，使大学生通过参与实践活动，真正感悟劳动的价值和意义。这样一来大学生日后从事工作的过程中，则能够全身心投入，并且追求精益求精的精神境界，培育大学生良好的职业道德品质。

2. 有助于学生练就过硬职业技能

通过大学生工匠精神培育，能够很好地锻炼其职业技能与实践能力。当前高校在人才培养的过程中不仅强调知识情感与意识形态方面的教育，更注重学生的劳动实践能力，这对大学生成长成才与全面发展至关重要。工匠精神强调的是人才在工作领域秉持认真严谨的工作态度以及追求品质的职业能力，而实践正是锻炼和养成职业品质的有效途径。因此，大学生工匠精神培育主要是练就学生过硬的职业技能，逐渐养成其良好的职业道德与作风，在工作领域中施展才能和践行工匠精神。

3. 有助于学生树立远大职业理想

职业理想指的是个体在职业生涯发展中期望的成就，是个体职业奋斗过程中的目标指引。新时代背景下培养大学生工匠精神过程中，通过锻炼学生的职业技能与职业素养，能够为其树立远大的职业理想奠定坚实的基础。并且在工匠榜样力量的带动下，能够激发大学生的自我反思意识，进而积极主动自我学习与提高向榜样看齐。在此过程中，大学生能够发现自身与职业标兵之间的不足，在不断改进与完善中提高综合素质与能力，对学生树立远大职业理想有着积极意义。

【劳动人物】

高凤林：航天火箭的“心外科医生”

在2014德国纽伦堡国际发明展上，一名来自中国的技术工人同时获得三项金奖震惊了世界：他就是高凤林（见图4-6）。

图4-6 工作中的高凤林

高凤林，中央电视台“大国工匠”节目播出的第一人；我国长三甲系列运载火箭、长征五号运载火箭的第一颗“心脏”，也就是氢氧发动机喷管，都在他手中诞生。37年来，他先后为90多发火箭焊接过“心脏”，占我国火箭发射总数近四成；先后攻克了航天焊接200多项难关。

如今，“高凤林”这三个字在业界已经是非凡的代称，在非凡业绩的背后，是不为人知的非凡付出。

“连续熬夜最长的一次将近一个月，每天到凌晨5点左右，为了国家863计划的一个项目，26个难关，需要一个个攻克”。高凤林说自己的老母亲98岁高龄都没有脱发，而自己已经鬓发稀疏了。因为这样的付出，他被同事称为不吃不喝的“骆驼”，是“和产品结婚的人”。为了攻克难关，他经常不顾环境危险，直面挑战，为此多次负伤，鼻子受伤缝针，头部受伤三次手术才把异物取出，而胳膊上黄豆大的铁销由于贴近骨头至今无法取出。

因为要应对新技术新问题，高凤林要求自己“每天都要有进步”；徒弟们说，师傅不是在解决问题就是在为解决问题而读书。2011 年，国家人力资源和社会保障部以高凤林的名字，命名了国家级技能大师工作室，这也是首批国家级技能大师工作室之一。2015 年，高凤林劳模创新工作室挂牌。工作室现有成员 19 人，平均年龄只有 34 岁，其中有 5 名全国技术能手、1 名中央企业技术能手和 1 名航天技术能手；已成为重要的人才培养基地。

高凤林没有进过名牌大学，没有拿过耀眼文凭，但他凭借着自己的默默坚守，孜孜以求，在平凡岗位上，追求职业技能的完美和极致，最终脱颖而出，跻身“国宝级”技工行列，成为国家不可或缺的技能大师。高凤林成功之路表明，只有热爱本职、脚踏实地、勤勤恳恳、兢兢业业、尽职尽责、精益求精，才可能成就一番事业，才可望提升自己的个人价值。

4.3.2 工匠精神培育的途径

时代需要大国工匠，大国工匠需要工匠精神的力量滋养，对于我们大学生而言，工匠精神又是我们人生观、价值观、职业观的集中体现，是知、情、意、行的统一。因此，我们应立足于自己的职业选择，知行合一，通过对自身的思想认识、行为习惯、意志情感的锻炼，在职业认知、工匠精神价值认同、激发职业兴趣的基础上，牢固树立新时代的工匠精神，培养我们的社会责任意识、使命意识，让工匠精神在我们身上养成和升华。

1. 建立科学的职业认知

正确认知我们的职业，坚定将职业转化为毕生事业的理想。有什么样的思想就有什么样的行为。干一行，首先必须爱一行，只有对自己将来所从事的职业真正了解、热爱，才能长期坚持和精益求精。对职业的认知，我们不应将其视为谋生的工具，而应将其视之为自己终生奋斗的事业。理想的高度决定人生的高度，如果我们的职业理想只是为了谋生，为金钱而劳动，那是不可能具备工匠精神的。工匠不是普通的从业者，能被称为“工匠”的从业者必须具有高超技艺、精湛技能且有敬业奉献的可贵品质。高超技艺、精湛技能来自日复一日地反复磨炼和刻苦钻研，没有正确的职业观是难以坚持的。那些成长为大国工匠的劳动者没有一个人是为了金钱或待遇而工作的，如南仁东、贾立波、高凤林、胡双钱、王伟等。我们大学生首先要了解我们的专业，主动了解我们将来所从事的职业及岗位工作内容，客观分析自身兴趣和特长，择己所爱，确定自己毕生奋斗的职业目标，有了这样的思想认识，我们才能沉下心进行专业知识和技能的学习，才能在精湛技艺的积累中守得住初心、耐得住寂寞。

2. 提升对工匠精神的情感认同

痴于其中，则技艺必精。积极的情感是我们行为的重要驱动力，我们首先做到情感上热爱专注执着、热爱精益求精，我们要摈弃对匠人的鄙视，将工匠精神融入敬业、文明的社会主义核心价值观之中。我们要意识到当代社会工匠精神的价值，当代社会消费升级，对产品要求质量至上。要做到同类产品（服务）中使用寿命最长、故障发生率最少，这就要求劳动者严谨细致、技能精湛、技术高超。正如《大国工匠》第一集的解说词所言，工匠的工作看似平淡无奇，但这些工作中都积淀经年累月淬炼而成的技艺，承担着身家性命和社会民生的重大责任。相当多的工匠岗位是以“一身之险而保大业平安，以一人之力而系万民康乐”。我们在学习中，要把工匠精神提升到职业道德的层面，将弘扬工匠精神视作责任和使命，在工作和学习中理直气壮地追求卓越、追求极致。

3. 锻炼坚忍不拔的工匠意志

古人云：古之立大事者，不惟有超世之才，亦必有坚忍不拔之志。大学生要成长为大国工匠亦如此。不光要有超出世人的天赋和才华，还必须有坚忍不拔的意志。匠人最引以为傲的是成熟的技艺，而技艺的提高和精湛在于重复的练习和一次次的突破，技艺、技能从掌握到炉火纯青需要经历长时间的反复练习和揣摩，这种枯燥的重复练习也不是一时的兴趣可以维系的，必须具备坚强的意志。同时对于真正的工匠来说，往往还需要技艺的突破、提高和创新，需要无数次的反复实践，在实践的过程中难免会遇到竞争、挫败感、瓶颈期等的压力，靠一时的激情也是难以维系的，更需要锻炼我们顽强的意志品质。因此，我们在提升职业兴趣的同时，还必须锻炼我们的意志品质，培养我们吃苦耐劳的精神、不怕挫折的抗打击能力和坚忍不拔的意志力。

4. 注重工匠精神的行为养成

“纸上得来终觉浅，绝知此事要躬行。”工匠精神的培育和养成重在知行合一，贵在持续坚持。敬业乐业、勤勉做事的职业操守，干一行爱一行，钻一行精一行，身边的杰出工匠给我们树立了光辉的榜样，我们大学生需要将工匠精神转化到我们的日常行动中来，将工匠精神转化到我们的行为习惯中来。在我们身边，大学生宿舍保洁做到一尘不染，在自家菜地设计修建高铁模型，小伙子在家用泥巴制作共和国勋章获得者钟南山泥塑网络蹿红等，说明工匠精神的培养可以就在我们身边进行，可以在不起眼的日常生活中进行。我们在行为习惯中实践工匠精神，在实践中感悟和提升自己的工匠精神。这样，工匠所需要的基本素养就可以进入我们的意识深处，融入我们的思维和劳动习惯中。①

小贴士

劳模精神、劳动精神、工匠精神的内在逻辑关系是怎样的?

【劳动人物】

张景宇：小面点里藏着大世界

张景宇，1973 年出生，1993 年从北京市工贸高级技工学校毕业后进入全聚德王府井店工作。自 1998 年荣获东城区“兴华杯”烹饪技术大赛面点专业金奖后；2011 年在第二届北京市职工职业技能大赛荣获中式面点第一名，并被授予“北京市职工高级职业技术能手”称号；2012 年被授予“首都劳动奖章”；2016 年荣获第八届中国烹饪世界大赛个人金奖、团体金奖。

在多年工作中，张景宇始终坚持学习并积极探索，不断提高烹饪技艺，创造了辉煌的工作成绩。作为一名厨艺精湛的“匠人”，她坚守传承，勇于创新，精益求精，匠心雕琢，追

① 朱忠义. 劳动教育与实践［M］. 北京：北京理工大学出版社，2020.

求极致的产品，多次在国际舞台上为国增光。

2018年2月8日，张景宇参加了“欢乐春节——行走的年夜饭”走进美国洛杉矶系列活动。此前她多次参加走出国门的交流活动，为推动百年老号、民族品牌的经典传承和优秀文化产品走向海外做出了贡献。

每天早上9点半上岗，晚上8点半下班。2019年，46岁的张景宇已经在全聚德王府井店工作了25年。25年来，并不大的面点间是她施展并不断提高烹饪技艺的“舞台”。在这里，她不仅为市民制作了可口的小鸭酥等面点，还精益求精、匠心雕琢，凭借数款造型精美、营养平衡的面点菜品在国际舞台上赢得荣誉。

如今，张景宇已是全聚德王府井店的面点项目厨师长，她却坚持奋战在一线，每天都和同事们在面点间里忙个不停。面点间里的黄油味儿、面粉香都让她着迷，“一天不进面点间，就觉得缺了什么似的，再说我们就是凭手艺吃饭，一天不做就会手生，在面点间里，我心里最踏实。”

1. 善思：“做小鸭酥关键要有神儿”

出生于大兴农村的张景宇自上小学起就开始给家里做饭。那时候，她最拿手的是擀面条和烙饼，“我父母那时候出去干活，每天回家会很晚，而弟弟放学回家后总喊饿，就把我推上了做饭这条路。”那时候，7岁的张景宇和弟弟一个人烧锅，另一个人煮面条，两个人就做出了全家人的饭，“我始终记得一个画面，锅里烧柴的火光映在我俩的脸上。脸上红红的、烫烫的，等到父母回家吃上我们做的饭时，特别有成就感。”

制作面食的热情持续到张景宇报考了北京市服务管理学校（今北京市工贸高级技工学校）面点专业，尽管那时候她还不知道自己以后会走上世界的舞台，“那时候就觉得自己要学门手艺，而且我正好喜欢这个，上手也快。”

毕业后，张景宇来到了全聚德王府井店工作。在这里，张景宇被很萌很可爱的小鸭酥吸引住了，“这么可爱的面点，拿在手里都不舍得吃。”由于小鸭酥是集团的冠标点心，顾客点的也很多，最多的时候一天能卖20多斤，也就是好几百个。于是，张景宇琢磨怎么能让这小鸭酥更好吃、更可爱，“有一阵每次我去公园时都特别留意湖里的鸭子。”在制作过程中，张景宇对于顾客喜爱的小鸭酥不断改良，“如果做得口感硬，就换成低筋面粉。”

如今，张景宇对于小鸭酥已经有了自己的心得：“油不能大，油大了形状不好掌握；油少了，口感会比较硬。做小鸭酥关键要有神儿，蔫头耷脑的不行，一定要挺起来，这样顾客看了会更喜欢。”如今，面点间里有18个人，张景宇和同事一起每天至少要做出6斤的小鸭酥，“这上百个小鸭酥，我一看就能看出来都是哪些同事做的，做得不出彩的，就让他们去领悟一下。”

2. 巧干：“乳鸭戏水”为国宴增辉

在小小的面点间里，张景宇不仅为市民制作可口的点心，还绽放出更大的光芒——2014年11月，张景宇参加了APEC（亚太经合组织）会议水立方国宴。作为团队中的一员，经过反复试验，她设计制作了烤鸭分吃盘——“乳鸭戏水”糖艺盘饰：两只洁白可爱的“小鸭子”轻浮在蓝色的“湖面”上，灵动而俏皮，配上中间盛开的“荷花”，整个糖艺晶莹剔透、栩栩如生，成为北京烤鸭分吃盘中的点睛之笔。

张景宇回忆这一过程时仍十分感慨：“当时我们从10月下旬到11月中旬，每天都在彩排。我每天都在想着怎么让分吃盘更出彩，因为直接上鸭卷太单调了。”接到任务后，张景宇开始冥思苦想，就连睡觉做梦都在想“我当时想到既然是烤鸭分吃盘，就还要做鸭子的元素。于是，我想到了糖艺，做两只戏水的‘小鸭子’用以装饰。”

有了想法，张景宇立刻开始制作。制作的过程不断改善，“刚开始，‘红嘴鸭子’在绿色的水面上，后来改成‘黄嘴鸭子’在蓝色的水面上。我当时用的是法国拉丝糖，熬制出来的效果特别好，晶莹剔透的，的确让人眼前一亮。”

这个精美糖艺的背后是张景宇的付出，“做糖艺要在温度高达200摄氏度的糖灯下制作，虽然戴着厚厚的手套，一不留神还是会把手给烫着。在彩排的过程中，我的手没少给烫出泡。”

一次次的彩排，一次次的制作，张景宇的技术日益娴熟，制作的“乳鸭戏水”糖艺日益精美，“尾巴都翘起来，显得活泼可爱，我也掌握好了鸭嘴的厚度，因为太厚了不好看，太薄了容易折断。”多次彩排后，正式宴会前一天，张景宇用可可粉画好了上百只“鸭子”的眼睛和睫毛。国宴后，张景宇得知这一糖艺被广为称赞，她的成就感又多了几分。

3. 创新：不断从书里寻找灵感

在面点制作过程中，张景宇不断创新，以提升自己的技艺。在一次技能比赛中，她层层闯关，闯进了决赛，“当时面对的都是高手，我这个人不甘落后，就绞尽脑汁地想做出一道新颖的面点。”

一开始，张景宇并没有想法，于是她就去附近的书店找灵感，“那时我总捏仕女面人，经常在午休时间跑到书店看相关的书籍，看到自己满意的图片就记在心里，有时候还用手机拍下来。”

有一天，张景宇翻到了一本书，讲的是李清照和丈夫赵明诚的爱情故事及李清照如何写就了浓缩她半生痛楚的绝唱《声声慢》：“寻寻觅觅，冷冷清清，凄凄惨惨戚戚……”基于这个爱情故事，张景宇创作了面点“雨中情”——她用千层酥制作了小雨伞，人物造型则使用了面塑。这件作品不仅刻画了人物较为复杂的面部表情及服饰，还根据传统力学的原理，将一对伞下的恋人有机地结合在了一起。

4. 感悟：人得不断加压，才能进步成长

张景宇不仅从中国古典文学中吸取制作面点所需要的知识，还将东西方文化在面点中进行融合。“在我看来，美食不分国界，凡是对制作面点有用的知识，我都会吸纳。”目前，她关注了很多制作面点的公众号，每次看到喜欢的欧美面点造型，她都会收藏在手机里，然后不断地去钻研。

现在大家都注重健康，张景宇在面点制作中也很重视营养搭配。“有一次我参加技能大赛，有理论考试，一开始这是我的弱项，但为了比赛，我硬着头皮去学，后来有了很多启发，如糖和水的比例、面粉的选用，还有对膳食平衡的把握、在烹饪过程中如何保护对人体有益的营养成分等。”

她说，制作面点让自己觉得特别踏实。“你看，就说这千层酥，一开始不过是一个小面团，经过反复的擀压才成了千层酥。”这个过程能让人思考很多——这就像我们每个人在成长的道路上，每个足迹都是在重压下走出来的，这样的人生才有意义。

课堂活动

大国工匠——为国铸魂

1. 活动目标

引导学生向大国工匠们学习，传承和发扬工匠精神。

2. 活动时间

建议 15 分钟。

3. 活动流程

1）教师将学生按照 6~8 人划分为一个小组，要求学生课前观看央视系列节目《大国工匠》。小组讨论：大国工匠们是如何造就了一个又一个奇迹，这和他们什么样的职业品质有关。高职大学生应该如何在生活学习中塑造这样的职业品质。每个小组可根据《大国工匠》中的具体人物进行剖析。

2）课堂上每小组派一名代表陈述小组的观点，开展小组互评。

3）教师进行归纳、分析和总结，引导同学们学习大国工匠热爱本职、脚踏实地，勤勤恳恳、兢兢业业、尽职尽责、精益求精的工作作风和精神品质。

4）教师根据各组在活动过程中的表现予以赋分。

（资料来源：王开淮．劳动教育［M］．北京：清华大学出版社，2021.）

课后练习

1. 简答题

1）简述工匠的概念及其内涵。

2）简述我国工匠精神的历史演变。

3）新时代工匠精神的内涵是什么？

4）新时代工匠精神价值何在？

5）新时代工匠精神培育的意义和途径各是什么？

2. 探索与思考

1）工匠等同于工人吗？工匠是简单的工作者吗？

2）在学习小组中分享一位大国工匠的典型案例，并说说从其身上学到了什么。

3）观看《我在故宫修文物》纪录片，谈谈最让你感动的是哪一个修复小组？为什么？

4）有人说“一分钱一分货”，工匠精神做出来的东西一定会增加成本吗？

5）“执着专注，一生只做一件事”是不是意味着不能跳槽，不能换工作？

6）手表几乎已成为瑞士的某种象征。手表为瑞士不仅带来了无尽的商机，也为瑞士带来了莫大的荣誉。瑞士钟表业拥有许多发明和世界纪录：第一只手表、第一只石英电子手表、第一只防水手表、世界上最薄的手表、世界上最小的和世界上最昂贵的手表，等等。那么，瑞士能够始终将“钟表王国”的桂冠牢牢地戴在自己头上，使“钟表王国”屹立不倒的秘诀到底是什么呢？中国的工匠精神与其他国家有哪些异同？

7）在从“制造大国”走向“制造强国”的进程中，国家大力提倡弘扬精业与敬业的工匠精神。对此，有人认为应当全面推行企业新型学徒制，大力传承“工匠精神”；但有人认为师徒制早已落伍，当学徒没出息，低人一等；也有人认为在工业化进程中，“人”的技术能力和作用在减弱和被取代。因而，通过学徒制推动“工匠精神”的传承这一做法根本无法落地。你怎么看？

8）受《大国工匠》的启发，学生小明联想到自己的文化成绩不是十分突出，但动手能力较强，便萌生了上职业中学，做技术工人的想法。可是他妈妈不同意，认为“劳心者治人，劳力者治于人”，只有考大学、当公务员才有出息。

请运用所学知识帮助小明说服他妈妈。

9）请阅读以下事例，从大国工匠的角度思考案例中劳动者的行为是否恰当，以此发掘自身的工匠精神。

事例1：某高级干部到某公司视察，临时要求接见该公司某知名技师。车间主任接到公司领导电话后，立即派人顶岗，要求该技师前往会议室，没想被该技师拒绝。

事例2：某技师在按照标准装配某产品时，在认为不影响产品性能和外观的前提下，将其中某零件省去，既减少了一道工序，又为企业节约了材料成本。

事例3：某企业参加一场国际某行业产品展销会。在墙上悬挂公司展板时，根据目测判断展板的水平度，虽悬挂效果很好，但被展馆场地经理要求用水平仪重新检测。

事例4：某大型车间安全员在进行晚间例行检查时，总感觉有疑似机器未切断电源而发出的声音，为确保安全，他索性将通向该车间的电源总闸关闭。

事例5：某技师应邀到某企业维修某型号进口高级数控铣床，要求使用该机床进口原配检修工具。企业无法提供，该技师以此为由拒绝维修，扬长而去。

10）职业新人如何以“工匠精神”为价值指向，在“学中做，做中学”，更好地使自己将来成长为有价值的从业者？

劳动实践电子活页：志愿服务

一、志愿服务的内涵

二、志愿服务的特征

三、志愿服务的主要内容

四、志愿服务的原则

五、志愿服务的意义

六、志愿服务的技能与技巧

学生工作页

志愿服务认知与实践训练					
任务一	掌握志愿服务的内涵				
任务二	明确志愿服务的特征				
任务三	明确志愿服务的主要内容				
任务四	掌握志愿服务的原则				
任务五	明确志愿服务的发展目标				
任务六	掌握志愿服务的技能与技巧				
任务七	筹划一次校内志愿服务活动并撰写活动方案				
班　级		学　号		姓　名	

学生自评
我的心得：   建议或提出问题：

教师评价

项目5

劳动保护

千里之堤，溃于蚁穴。

——《韩非子·喻老》

带来安定的是两种力量：法律和礼貌。

——〔德国〕歌德

法律的基础有两个，而且只有两个——公平和实用。

——〔爱〕爱德蒙·伯克

学习目标

目标分类	具体内容
知识	1. 了解劳动保护的基本内容、意义和原则 2. 了解劳动防护用品及安全色、安全标志、劳动安全事故的预防等劳动保护常识 3. 明确劳动者劳动权益的内容
能力	1. 学会运用法律手段应对、解决劳动者在职场中所要面对的相应法律问题 2. 能够完成劳动合同签订并能规避各种风险 3. 在学习和生活中自觉加强个人劳动保护
态度	1. 培养学习劳动保护相关法律法规知识的兴趣 2. 借鉴劳动争议处理案例中的措施，进而保护个人权益 3. 增强职场安全意识，自觉遵守安全规程，提高自身安全防护能力，并能够为他人提供帮助

项目导入

小军的暑期工作

2019年4月，17周岁的小军刚刚参加完省里统一组织的高职院校单独招生考试，一想到离9月正式进入大学校园还有很长一段时间，于是去某宾馆应聘，希望勤工俭学一段时间，为家里减轻一些负担。工作岗位是锅炉房司炉，之后被这家宾馆录用了（该宾馆在此之前已向所在地的劳动行政部门办理了用工登记）。因为小军的身份还是学生，在宾馆岗位上究竟能做多长时间自己也不确定，于是宾馆方面就把他划入了临时工的行列，也没有签订相应的劳动合同，但约定每天工作8小时，工资按月结算，并对其安排了健康体检。体检合格后，小军正式步入了工作岗位。上班后前几个星期，小军发现工作比较清闲，对这份工作很满意。但过了一段时间，宾馆迎来旅游旺季，宾馆对热水的需求增加，小军的工作量也开始大增，每天为烧锅炉需要自己一个人用推车推运十几车煤，工作一天下来感觉浑身酸疼，身体渐渐吃不消了。

小案例
小军的暑假工作案例分析

于是，小军向宾馆有关领导要求增加人手或给自己调换工作岗位，而宾馆的有关负责人却以招聘启事中明确约定了小军的工作岗位为由拒绝了小军的要求。因此，双方产生了争议。到了8月，小军实在难以忍受如此高强度的劳动，向宾馆提出辞职，并要求结算相应的工资，但宾馆却以工作不满一个月为由拒绝给小军结算工资，小军该怎么办呢？

安全是人类社会得以生存和发展的首要前提。在生产过程中，人是最宝贵的、在生产力诸要素中起决定作用的因素。消除生产中的不安全和不卫生因素，可以减少和避免各类事故的发生，创造舒适的劳动环境；可以激发劳动热情，充分调动和发挥人的积极性，进而有利于提高劳动生产率，提高经济效益。同时，加强劳动保护工作，还可减少因伤亡事故和职业病所带来的救治伤病人员的各项开支，减少由于设备损坏和停产造成的直接或间接经济损失。可以说，做好劳动保护的工作是保障社会经济发展的重要前提之一。

【话题探讨】

校园生活需要注意哪些安全？从事劳动生产需要注意哪些安全？

任务 5.1　认识劳动保护

劳动保护是国家和单位为保护劳动者在劳动生产过程中的安全和健康所采取的立法、组织和技术措施的总称。它是指根据国家法律、法规，依靠技术进步和科学管理，采取组织措施和技术措施，消除危及人身安全健康的不良条件和行为，防止事故和职业病，保护劳动者在劳动过程中的安全与健康。这一保护的特征为：受保护者是劳动者，保护者是用人单位；保护的对象是劳动者的安全和健康；保护的范围仅限于劳动的过程。

由于生产条件和技术水平的限制，在生产过程中存在各种不安全因素和潜在的职业危害，如不及时采取保护措施，防止或消除危险因素，就有发生工伤事故和职业病的可能。劳动保护的目的是为劳动者创造安全、卫生、舒适的劳动工作条件，消除和预防劳动生产过程中可能发生的伤亡、职业病和急性职业中毒，保障劳动者以健康的劳动力参加社会生产，促进劳动生产率的提高，保证社会主义现代化建设的顺利进行。

5.1.1　劳动保护的基本内容

具体而言，劳动保护的内容主要包括劳动安全、劳动卫生、女工保护、未成年工保护以及工作时间与休假制度等方面。

1. 劳动安全保护

为了保护劳动者的劳动安全，防止和消除在劳动和生产过程中的伤亡事故，以及防止生产设备遭到破坏，《中华人民共和国劳动法》（以下简称《劳动法》）和其他相关法律、法规制定了劳动安全技术规程。我国现行的安全技术规程的主要内容有：建筑物和通道的安全；机器设备的安全；电器设备的安全；动力锅炉和气瓶的安全；建筑工程的安全；矿山安全。

企业必须按照这些安全技术规程使各种生产设备达到安全标准，切实保护劳动者的劳动安全。除此之外，劳动者在参与劳动之前也要学习、了解并掌握一定的安全知识和常识，尤其是从事专业或危险性行业的劳动者，一定要接受专业培训并熟练掌握规范的操作方法后，方可上岗。在开展劳动生产的过程中，务必严格按照程序和要求开展劳动，以确保自身安全。

2. 劳动卫生保护

劳动卫生亦称“生产卫生”“工业卫生”。劳动卫生保护即通过鉴别、评定、控制和清除生产过程和劳动环境中的有害因素，使职工的劳动条件符合卫生要求，以保护劳动者的身体健康。主要包括：生产场所卫生；职业病防治和“三废”治理；工业设计卫生；职工多发病和慢性病防治；妇幼保健卫生等。

为了保护劳动者在劳动生产过程中的身体健康，避免有毒、有害物质的危害，防止、消除职业中毒和职业病，我国制定了有关劳动卫生方面的法律、法规，如《中华人民共和国劳动法》《中华人民共和国环境保护法》《工厂安全卫生规程》《工业企业设计卫生标准》《工业企业噪声卫生标准》《防暑降温暂行办法》等。这些法律、法规都制定了相应的劳动卫生规程，企业必须按照这些劳动卫生规程达到劳动卫生标准，才能切实保护劳动者的身体健康。

小贴士

防暑降温措施管理办法

《防暑降温措施管理办法》是2012年6月29日由国家安全生产监督管理总局、卫生部、人力资源和社会保障部、中华全国总工会印发的。

《防暑降温措施管理办法》规定，高温天气是指地市级以上气象主管部门所属气象台站向公众发布的日最高气温35°C以上的天气。高温天气作业是指用人单位在高温天气期间安排劳动者在高温自然气象环境下进行的作业。在高温天气期间，用人单位应根据生产特点和具体条件，采取合理安排工作时间、轮换作业、适当增加高温工作环境下劳动者的休息时间和减轻劳动强度、减少高温时段室外作业等措施。例如，日最高气温达到40°C以上，应当停止当日室外露天作业；日最高气温达到37°C以上、40°C以下时，用人单位全天安排劳动者室外露天作业时间累计不得超过6 h，连续作业时间不得超过国家规定，且最高气温达到35°C以上时段3 h内不得安排室外露天作业；日最高气温35°C以上、37°C以下时，用人单位应当采取换班轮休等方式，缩短劳动者的连续作业时间，并且不得安排室外露天作业劳动者加班。劳动者从事高温作业的，依法享受岗位津贴等。

3. 女工保护

虽然我国提倡男女平等，但是在现实生活中，女性由于力量比较薄弱等原因，相较于男性职员，依旧处于弱势地位。为了更好地保护女性的权益，我国立法机关制定了保护性的法律规范，如《女职工劳动保护特别规定》《中华人民共和国妇女权益保障法》《女职工保健工作规定》等。这些法律规范对女职工的劳动保护主要包括：保护女职工的劳动权利；研究职业因素对女性生理机能的影响；安排女职工从事无害女性生理机能的工作；做好女性生理机能中的劳动保护，即在经期、孕期，产期、哺乳期和更年期的劳动保护。

小贴士

女职工的特殊保护

女职工的特殊保护，又称女职工在劳动方面的特殊保护，是指根据女职工身体结构、生理机能的特点以及抚育子女的特殊需要，在劳动方面提供特殊权益的法律保障。《女职工劳动保护特别规定》是为减少和解决女职工在劳动中因生理特点造成的特殊困难，保护女职工健康而制定。《中华人民共和国妇女权益保障法》是为了保障妇女的合法权益，促进男女平等，充分发挥妇女在社会主义现代化建设中的作用，根据《中华人民共和国宪法》和我国的实际情况制定的法律，对在劳动过程中给予女员工有效地保护发挥了十分重要的作用。

4. 未成年工保护

未成年工保护，是劳动保护的一个重要方面。根据未成年工的生理特点、心理特点及身体状况，为保证其身心健康，对在劳动过程中的未成年工所采取的各项安全和卫生的保护措施。对未成年工的保护包括：①未满 16 周岁的少年，除有特殊规定外，禁止进入劳动过程，即禁止使用童工。②对已满 16 周岁、未满 18 周岁的未成年人进入劳动过程后的特殊保护，即对未成年工的特殊保护。

对未成年工保护的主要内容包括：①就业年龄的限制，我国法定最低就业年龄是一般行业不得招用未满 16 周岁的少年工人；②工作时间的保护，一般情况下，对未成年工实行缩短工作时间，禁止安排他们做夜班及加班加点工作；③禁止安排未成年工从事矿山井下等特别繁重的体力劳动和对未成年工身体健康特别有害的工作；④组织指导未成年工的业余文化、技术学习等。

5. 工作时间与休假制度

工作时间，又称劳动时间，是指法律规定的劳动者在一昼夜和一周内从事劳动的时间。工作时间的长度由法律直接规定，或由集体合同或劳动合同直接规定。劳动者或用人单位不遵守工作时间的规定或约定，要承担相应的法律责任。

休假制度是为保障职工享有休息权而实行的定期休假的制度。《中华人民共和国宪法》提出要规定职工休假制度。根据《劳动法》等的规定，现行休假制度包括：公休假日、法定节日、探亲假、年休假以及由于职业特点或其他特殊需要而规定的休假。

小贴士

工会

工会是保护劳动者合法权益，为劳动者提供支持和帮助的主要组织。工会组织的产生源于西方的工业革命，当时越来越多的农民离开赖以为生的农业涌入城市，为城市的工厂雇主打工，但工资低廉且工作环境极为恶劣，在这种环境下，单个的被雇用者无法对付强有力的雇主，从而诱发罢工潮的产生，进而催生工会组织。

中国工会是中国共产党领导的职工自愿结合的工人阶级群众组织，是党联系职工群众的桥梁和纽带，是国家政权的重要社会支柱，是会员和职工利益的代表。中国工会以《中华人民共和国宪法》为根本活动准则，按照《中华人民共和国工会法》和中国工会章程独立自主地开展工作，依法行使权利和履行义务。中国工会的基本职责是维护职工合法权益、竭诚服务职工群众。

进入新时代以来，中国工会按照中国特色社会主义事业“五位一体”总体布局和“四个全面”战略布局，贯彻创新、协调、绿色、开放、共享的新发展理念，把握为实现中华民族伟大复兴的中国梦而奋斗的工人运动时代主题，弘扬劳模精神、劳动精神、工匠精神，动员和组织职工积极参加建设和改革，努力促进经济、政治、文化、社会和生态文明建设；代表和组织职工参与国家和社会事务管理，参与企业、事业单位和机关的民主管理；教育职工践行社会主义核心价值观，不断提高思想道德素质、科学文化素质和技术技能素质，推进产业工人队伍建设改革，建设有理想、有道德、有文化、有纪律的职工队伍，不断发展工人阶级先进性。

5.1.2 劳动保护的意义

保护劳动者在劳动过程中的安全与健康，是我们党和政府的一项基本方针，是坚持社会主义制度的本质要求，是发展生产、促进经济建设的一项根本性大事，也是社会主义物质文明和精神文明建设的一项重要内容。在我国，劳动保护具有重大的政治、经济、社会意义，可以从以下三个方面去理解。

1. 劳动保护是我国的一项重要政策

劳动保护是我们国家的一项重要政策，也是社会主义企业管理的一项基本原则。劳动人民是国家的主人，他们通过自己的劳动为国家创造巨大的物质财富，国家把对劳动人民在生产劳动过程中的保护放在重要地位。

“加强劳动保护，改善劳动条件”，是载入《中华人民共和国宪法》的神圣规定。新中国成立以来，党和政府十分重视劳动保护工作。早在1956年国务院发布《工厂安全卫生规程》、《建筑安装工程安全技术规程》和《工人职员伤亡事故报告规程》时就指出：“改善劳动条件，保护劳动者在生产劳动中的安全健康，是我们国家的一项重要政策。”在全国人大七届四次会议上通过的国民经济第八个五年计划纲要中，明确规定了要“加强劳动保护。认真贯彻‘安全第一，预防为主’的方针，强化劳动安全卫生监察，努力改善劳动条件，大力降低企业职工伤亡事故率和职业病发病率。加强安全技术政策、劳动保护科学技术的研究和科技成果推广，努力完善检验、监测手段。”此外，党和政府通过不断健全劳动保护立法，强化劳动保障监察和安全生产管理，推进安全技术、职业卫生技术与有关工程等措施，保证《宪法》所要求的劳动保护这一基本政策的实现。

小贴士

劳动保障监察

劳动保障监察是劳动保障行政机关依法对有劳动关系的用人单位、劳动者或其他社会组织遵守劳动保障法律法规的情况进行监督检查，发现和纠正违法行为，并对违法行为依法进行行政处理或行政处罚的行政执法活动。它作为一种国家干预责任，是维护劳动者权益的重要的、强制性手段。实施劳动保障监察对于促进劳动保障法律法规贯彻实施、监控劳动力市场秩序、维护劳动关系双方合法权益以及推动劳动保障部门依法行政都具有十分重要的意义。目前，在我国履行劳动保障监察职责的部门为劳动保障监察大队，当劳动者的劳动权利受到侵害时，可以到劳动保障监察大队进行举报投诉。

2. 劳动保护是促进国民经济发展的重要条件

劳动保护不仅是社会主义制度的根本要求，也有着深刻的经济意义，是发展我国社会主义市场经济的重要条件。社会生产力是由人的因素和物的因素所构成的，而人是生产力中能动性活动的决定性因素，我们要保护和发展生产力，最重要的还是要保护劳动者，保护他们在生产过程中的安全与健康。

在生产过程中，人是最宝贵的，人是生产力诸要素中起决定作用的因素。探索和认识生产中的自然规律，采取有效措施，消除生产中的不安全和不卫生因素，可以减少和避免各类事故的发生；创造舒适的劳动环境，可以激发劳动者的热情，充分调动和发挥人的积极性，这些都是提高劳动生产率、提高经济效益的基本保证。同时，加强劳动保护工作，还可减少因伤亡事故和职业病所造成的工作日损失和救治伤病人员的各项开支；减少由于设备损坏、财产损失和停产造成的直接或间接经济损失。这些都与提高经济效益密切相关。

经济发展的历程表明，做好劳动保护是发展经济的客观规律。人们如果很好地认识它、利用它，就能达到理想的效果；反之，则会受到处罚。

3. 劳动保护是影响社会安定的重要因素

任何时候，出现安全事故，不但给国家经济带来损失，同时还会给家庭带来极大的不幸，甚至还会给社会带来不安定的因素，造成一定的社会影响。因此，政府要求把劳动保护工作贯穿在企业劳动生产的全过程，做到减少和消灭工伤事故，保障劳动者的劳动安全；保证劳动者有适当的休息时间，减轻劳动强度，减少职业危害，实现安全生产和文明生产。

5.1.3 劳动保护的原则

做好劳动保护工作，必须坚持以下三个原则。

1. “安全第一，预防为主”的原则

“安全第一，预防为主”，既是我国指导劳动保护工作的方针，又是从事劳动保护管理的原则。“安全第一，预防为主”就是要求一切经济部门和企业在生产经营活动中都要把安全工作放在首位。当生产与安全发生矛盾时，首先要保证安全，采取各种措施保障劳动者的安全和健康，将事故和危害的事后处理转变为事故和危害的事前控制。

2. “管生产必须管安全”的原则

“管生产必须管安全”原则体现了安全与生产的辩证关系。它要求生产的领导者和组织者明确安全和生产是一个有机整体，安全和生产要一起抓，在计划、布置、检查、总结和评比生产的同时，计划、布置、检查、总结和评比安全工作。

3. “安全具有否决权”的原则

安全工作是衡量企业管理工作好坏的一项基本内容，在对企业各项指标的考核和企业的升级评定中，必须把安全工作放在重要位置，并使其具有否决权。

小贴士
你知道海因里希法则吗?

任务5.2 掌握劳动安全常识

保证劳动安全是劳动者的权利，政府和企业有义务依法提供符合安全卫生标准的劳动条件。为了养成劳动自我安全意识，大学生要学会识别和掌握必要的劳动安全与卫生常识，主要包括劳动防护用品的相关知识和使用方法，以及劳动安全标志、安全色的识别等。

5.2.1 劳动防护用品

劳动防护用品是为了保护劳动者在生产过程中的安全和健康而发给劳动者个人使用的防护用品。用于防护有灼伤、烫伤或者容易发生机械外伤等危险操作，在强烈辐射热或者低温条件下的操作，散发毒性、刺激性、感染性物质或者大量粉尘的操作，以及经常使衣服腐蚀、潮湿或者特别肮脏的操作等。根据具体操作过程中的不同需要，应供给劳动者的防护用品主要有：工作服、工作帽、围裙、口罩、手套、护腿、防毒面具、防护眼镜、防护药膏、防寒用品和防晒防雨用品等。

小贴士

劳动防护用品的分类

(1) 按人体生理部位分类。根据所保护的人体生理位置的不同，常见的劳动防护用品可以分成头部防护、面部防护、眼睛防护、口部防护、听力防护、手部防护、脚部防护、身躯防护、高空安全防护九大类。

（2）按防护用途分类。根据防护用途不同可分为防尘用品、防毒用品、防酸碱制品、耐油制品、绝缘用品、耐高温辐射用品、防噪声用品、防冲击用品、防放射性用品、防水用品、涉水作业用品、高处作业用品、防微波和激光辐射用品、防机械外伤和脏污用品、防寒用品和农业作业用品等。

1. 主要劳动防护用品介绍

1）安全帽类

头部防护产品主要有：矿工用安全帽、ABS 安全帽、透气性安全帽、V 型安全帽、大卫头盔、安吉安透气安全帽和隆达 901 钢盔等。

2）呼吸用具

呼吸用具是预防尘肺和职业病的重要防护用品，按用途分为防尘、防毒、供氧三类，按作用原理分为过滤式、隔绝式两类。

呼吸护具的类别有净气式呼吸护具、自吸过滤式防尘口罩、简易防尘口罩、复式防尘口罩、过滤式防毒面具、导管式防毒面具、直接式防毒面具、电动送风呼吸护具、过滤式自救器、隔绝式呼吸护具、供气式呼吸护具、携气式呼吸防护器、氧气呼吸器、空气呼吸器、生氧面具、隔绝式自救器、密合型半面罩、密合型全面罩、滤尘器件、生氧罐和滤毒罐等。

3）眼防护具

眼防护具用以保护作业人员的眼睛、面部，防止外来伤害，分为焊接用眼防护具、炉窑用眼护具、防冲击眼护具、防微波护具、激光防护镜以及防 X 射线、防化学、防尘等眼护具。

4）防护鞋

防护鞋，即保护足趾的安全防护鞋，用于保护足部免受伤害，主要有防砸、绝缘、防静电、耐酸碱、耐油、防滑鞋和防滑鞋套等。

防护鞋的类别有：防油防护鞋，用于地面积油或藏油的场所；防水防护鞋，用于地面积水或溅水的作业场所；防寒防护鞋，用于低温作业人员的足部保护，以免冻伤；防刺穿防护鞋，用于足底保护，防止被各种尖硬物件刺伤；防砸防护鞋，用于防止坠落物砸伤脚部；炼钢防护鞋，用于防烧烫、刺割，应能承受一定的压力和耐温度、不易燃，适用于冶炼、炉前、铸铁等。

5）防护手套

防护手套主要用于手部保护，主要有耐酸碱手套、电工绝缘手套、电焊手套、防 X 射线手套、石棉手套等。

无论是在劳动还是日常生活中，双手都是最宝贵和万能的工具。也正因如此，手部受伤的机会亦相应增多。据统计，工作时手部受到伤害的种类和原因很多，手部受伤包括砸伤、刺伤、磨损、烫伤、冻伤、接触化学品、触电和皮肤感染等。所以，应选择合适的防护手套保护双手，首先要对所从事的工作进行风险评估，尽可能地消除伤害手部的有害因素，如改良工具、改善机器护罩和生产工序等，以避免对手部的危害。如果不能用根本的方法来解决，则必须考虑采用合适的防护手套。在选择合适的防护手套前，要评估该类型的手套是否可以有效地预防危害，是否适合在该工序中使用。

6）防护服

防护服主要用于保护劳动者免受劳动环境中的物理、化学等外界因素的伤害，分为特殊防护服和一般作业服两类。防护服的结构具有抗渗透、透气性好、强力高、高耐静水压等特点，主要应用于消防、军工、船舶、石油、化工、喷漆、清洗消毒和实验室等行业与部门。

特殊防护服包括健康型防护服和安全型防护服。健康型防护服包括防辐射服、防寒服、隔热服及抗菌服等；安全型防护服包括阻燃服、电弧防护服、防静电服、防弹服、防刺服、宇航服、潜水服、防酸服及防虫服等。

一般作业服是指为保障穿戴者卫生的工作服，如防油服、防尘服及拒水服等。常见的防护服有以下几种。

(1) 医用一次性无纺布防护服。医用防护服具有良好的透湿性和阻隔性，能有效抵抗酒精、血液、体液、空气粉尘微粒和细菌的渗透，使用安全方便，能有效保护穿戴者免受感染威胁。

(2) 隔热防护服。它是在靠近火焰区受到强辐射热侵害时穿着的防护服。适用于消防员在灭火救援时进入火焰区与火焰有接触时，或处置放射性物质、生物物质及危险、化学物品作业时穿着。

(3) 灭火服。它是可以反射辐射热，同时可以直接接触火焰的防火服装。可以穿着避火服短时间穿越 800~1 000°C 的火场。

(4) 化学防护服。化学防护服是消防员防护服装之一，它是消防员在有危险性化学物品和腐蚀性物质火场和事故现场进行灭火战斗和抢险救援时，为保护自身免遭化学危险品或腐蚀性物质侵害而穿着的防护服装。

(5) 电磁辐射防护服。该防护服能够屏蔽掉 100 kHz~300 GHz 频率范围的电磁波，可满足一般行业与家庭对电器辐射的电磁波防护的需要，以保障人体健康。

(6) 全封闭式防护服。该防护服具有抗化学品渗透、阻燃、抗汽油、耐老化、抗渗水和耐寒等性能，可用于空气呼吸器及氧气呼吸器配套使用，防酸碱及各种毒气。

7) 防坠落护具

防坠落护具主要用于防止坠落事故发生，主要有安全带、安全绳和安全网三种，劳动者在作业时，常发生坠落事故，严重时会危害劳动者的生命安全。防坠落用品就是预防人体坠落伤亡的防护用品。

劳动防护用品的用途、示例见表 5-1。

表 5-1 劳动防护用品的种类

类别名称	用途	示例
头部护具类	用于保护头部，防撞击、防挤压伤害、防物料喷溅、防粉尘等	玻璃钢、塑料、橡胶、玻璃、胶纸、防寒和竹藤安全帽以及防尘帽、防冲击面罩等
呼吸护具	预防尘肺和职业病	防毒口罩、防毒面具、防尘口罩、氧（空）气呼吸器等
眼防护具	用以保护作业人员的眼睛、面部，防止外来伤害	焊接用眼防护具、炉窑用眼护具、防冲击眼护具、微波防护具、激光防护镜以及防 X 射线、防化学、防尘等眼护具

续表

类别名称	用途	示例
听力护具	长期在 90 dB（A）以上或短时在 115 dB（A）以上环境中工作时应使用听力护具	耳塞、耳罩和帽盔
防护鞋	防足部伤害	防滑鞋、防滑鞋套、防静电安全鞋、钢头防砸鞋
防护手套	用于手部保护	耐酸碱手套、电工绝缘手套、电焊手套、防X射线手套、石棉手套等
防护服	保护职工免受劳动环境中物理、化学等因素的伤害	特殊防护服、一般作业服
防坠落护具	用于防止坠落事故发生	安全带、安全绳、安全网
护肤用品	用于外露皮肤保护	护肤霜、洗涤剂

2. 劳动防护用品的使用方法

正确使用劳动防护用品，是保障劳动者人身安全与健康的重要措施。为此要注意以下几个问题。

1）健全制度

生产经营单位应当建立健全有关劳动防护用品的管理制度。要加强劳动防护用品的购买、验收、保管、发放、更新和报废等环节的管理，监督并教育劳动者按照使用要求佩戴和使用。

2）符合标准

防护用品必须符合国家标准或者行业标准。不得以货币或者其他物品替代劳动防护用品，也不得购买、使用超过使用期限或者质量低劣的产品，确保防护用品在紧急情况下能发挥其特有的效能。

3）正确使用

要根据作业场所的危害因素及其危害程度，正确选用防护用品；要通过教育培训，做到“三会”，即会检查防护用品的安全可靠性，会正确使用防护用品，会维护、保养防护用品；严禁故意或无故弃用防护用品，确保个人防护用品状况良好，如有损坏，应立即向管理人员报告，及时更换；用于急救的呼吸器等要定期检查，确保有效。同时，应将其妥善存放在可能发生事故的邻近处，以便取用。

4）遵守规范

在佩戴和使用劳动防护用品时，要遵守佩戴要求和规范，防止发生以下几种情况。

（1）从事高空作业的人员，因不系好安全带发生坠落。

（2）从事电工作业（或手持电动工具）因不穿绝缘鞋发生触电。

（3）在车间或工地不按要求穿工作服；或虽穿工作服但穿着不整，敞着前襟、不系袖口等，造成机械缠绕。

（4）长发不盘入工作帽中，造成长发被机械卷入。

（5）不正确戴手套。有的该戴不戴，造成手的烫伤、刺破等伤害；有的不该戴而戴，造成卷住手套带进手，甚至连胳膊也被带进去的伤害事故。

（6）不及时佩戴适当的护目镜和面罩，使面部和眼睛受到飞溅物的伤害或灼伤，或受强光刺激，造成视力受伤害。

（7）不正确戴安全帽。当发生物体坠落或头部受撞击时，造成伤害事故。

（8）在工作场所不按规定穿劳保皮鞋，造成脚部受伤害。

（9）不能正确选择和使用各类口罩、面具，不会熟练使用防毒护品，造成中毒受伤害。

其他需要进行防护的场所，如存在噪声、振动和辐射等的场所，也要正确佩戴和使用劳动防护用品，从而保护自己的人身安全和健康。

5.2.2　安全色与安全标志

微课

安全色与安全标志

安全色和安全标志是在特定工作环境中，为了提醒劳动者做好防护而设置的。每种安全色、每个安全标志都具有特定的含义，需要我们正确识别。

1. 安全色

按照我国安全色标准规定，安全色有红色、蓝色、黄色、绿色四种。

1）红色

红色表示禁止、停止，用于禁止标志。例如，机器设备上的紧急停止手柄或按钮及禁止触动的部位都使用红色。红色有时也用于防火。

2）蓝色

蓝色表示指令，必须遵守。

安全色

3）黄色

黄色表示警告和注意。如厂内危险机器和警戒线、行车道中线、安全帽等。

4）绿色

绿色表示安全状态或可以通行。例如，车间内的安全通道、行人和车辆通行标志，消防设备和其他安全防护设备都用绿色。

安全色如图 5-1 所示。

图 5-1　安全色

2. 安全标志

【安全标志】
禁止标志

安全标志分为禁止标志、指令标志、警告标志和提示标志四类，安全标志牌要求被放在醒目的地方。

1）禁止标志

禁止标志的含义为禁止人们实施不安全行为。其基本形式为带斜杠的圆形框，圆环和斜杠为红色。图形符号为黑色，衬底为白色。禁止标志如图 5-2 所示。

禁止用水灭火　禁止启动　禁止靠近　禁止转动

禁止堆放　禁止开启无线移动通信设备　禁止跨越　禁止烟火

禁止伸出窗外　禁止游泳　禁止伸入　禁止戴手套

图 5-2　禁止标志

2）指令标志

【安全标志】
指令标志

指令标志是强制人们必须做出某种动作或采用防范措施。其基本形式是圆形边框，图形符号为白色，衬底为蓝色。指令标志如图 5-3 所示。

必须穿防护服　必须穿防护鞋　必须戴安全帽　必须系安全带

图 5-3　指令标志

3）警告标志

警告标志提醒人们对周遭环境引起注意，以避免可能发生的危险。其基本形式为正角形边框，三角形边框及图形符号为黑色，衬底为黄色。警告标志如图 5-4 所示。

【安全标志】
警告标志

图 5-4　警告标志

4）提示标志

提示标志向人们提供某种信息，如标明安全设施或场所。其基本图形是正方形边框，图形符号为白色，衬底为绿色。提示标志如图 5-5 所示。

【安全标志】
提示标志

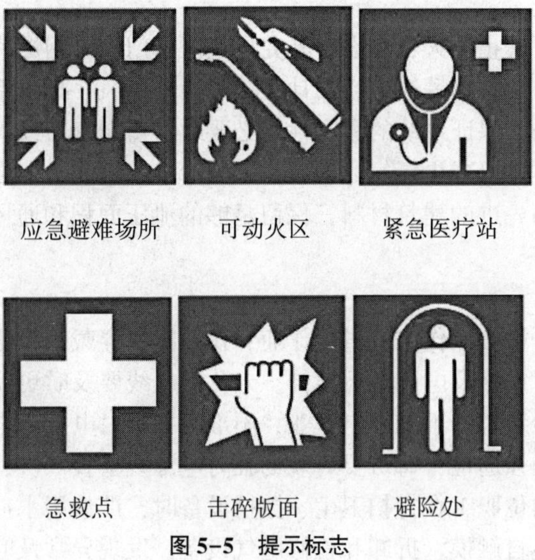

图 5-5　提示标志

5.2.3 劳动安全事故的预防

劳动者在工作的过程中随时有可能发生安全事故，可能直接或间接地受到相应的伤害。防患于未然是最好的保护，在劳动过程中，我们需要增强预防意识，掌握必要的防护方法。

小贴士
你知道事故的四个等级吗？

常见的劳动事故的预防措施有以下几种。

1. 防有限空间作业事故

作业前必须进行危险有害因素辨识，并将危险有害因素、防控措施和应急措施告知作业人员；必须采取通风措施，保持空气流通；必须对有限空间的氧浓度、有毒有害气体（如一氧化碳、硫化氢等）浓度进行检测，检测结果合格后方可作业；作业现场必须配备呼吸器、通信器材、安全绳索等防护设施和应急装备；作业现场必须配备监护人员；作业现场必须设置安全警示标志，保持出入口畅通；严禁在事故发生后盲目施救。

2. 防检修作业事故

作业必须履行审批手续，检修时应按规定穿戴好劳动保护用品；进行检修作业时，应至少有两名工作人员参与；检修前应切断电源，并在电源处加装锁具，上锁挂签，安排专人看护，必须严格执行“断电挂牌”制度，检修完成前严禁打开电源；检修设备前必须进行放空处理；在防爆区域进行检修时注意防火防爆，安全使用防爆工具；检修完毕后应及时清点工具，防止工具留在机器内。

3. 防粉尘爆炸事故

有效通风和除尘，禁止明火；在设备外壳设泄压活门，采用爆炸遏制系统；对有粉尘爆炸危险的厂房要按照防爆技术等级进行设计，单独设计通风、排尘系统；湿式打扫车间地面和设备，预防粉尘飞扬；保证系统的密闭性，必要时对密闭容器或管道中的可燃性粉尘充入氮气、二氧化碳等气体，以减少氧气的含量，抑制粉尘的爆炸；加强机器的维护保养；在新建厂房车间时，要采用先进的建筑材料，保留足够的泄压面积和通风设施。

4. 防触电事故

电气作业人员要严格按操作规范进行作业；作业时要穿戴工作服、佩带绝缘鞋、绝缘手套等劳保用品；定期对线路及电路进行检修，老化的电线要及时更换；按规定对相应的设备做好跨界片连接及接地装置；不准带电作业，不准乱接临时电线；电气人员做好日常巡检和交接班，雷雨天气要加强巡检，每班要对现场临时电源线检查一次；固定电源线路做好日常检查，并做好记录；岗位职工在打扫卫生、擦拭设备时，严禁用水冲洗或用湿布擦拭电气设备；非电气人员严禁私自触摸、拆卸和检修电气设备，发现异常及时报告。

5. 防雷击事故

建筑物、独立建筑物、罐区、易燃易爆区域应按规定安装达到合格标准的避雷装置；在外遇雷雨时，要在屋顶下方稍有空间的房屋或金属房中躲避，如附近没有躲避的场所，应两脚合拢，尽可能地站在不吸湿的材料上，不要站在高大单独的树木下；不要靠近高压电杆、铁塔、避雷针的接地线周围20米以内的地方，以免雷击时发生跨步电压触电；在室内，人体最好距离电线、灯头或无线电天线1.5米以外，尽量远离暖气管线、水管线、气管线等与外界相通的金属导体；必须按时检测维修防雷击安全装置，确保其达到安全要求；雷雨天气不得进行建筑物上部、罐体上部和高处作业；认真检查危险介质工业管道接地、法兰跨接片、静电接地报警器等防静电装置，防止静电危害；夏季多雷雨天气，应提前做好防雷静电接地检测工作，作业前严格检查静电接地是否连接正常；打雷期间停止一切室外作业。

6. 防火灾爆炸事故

认真落实各级安全生产责任制，严格执行防火防爆管理制度；定期检查，确保消防设施齐全好用，一旦发生火灾事故，能启动应急预案及时将火扑灭，若火势无法控制应迅速报火警；员工要按规定穿戴劳保用品，严格执行各项操作规程，严禁携带火种进入生产区；严格执行动火审批制度，认真研究制定动火安全措施，并严格执行，同时做好动火现场监护工作，实施全过程不间断监控；加强锅炉、压力容器、气瓶、压力管道的防火防爆管理，严格执行操作规程，及时分析运行情况和解决异常情况；加强对可燃气体泄漏装置的管理，确保其安全有效；要加强食堂用电、用气管理，严格按照规定进行工作和检查。

小贴士

消防安全“四懂”“四会”“四个能力”

“四懂”：懂得岗位火灾的危险性，懂得预防火灾的措施，懂得扑救火灾的方法，懂得逃生疏散的方法。

“四会”：指会使用消防器材，会报火警，会扑救初期火灾，会组织疏散逃生。

“四个能力”：检查消防火灾隐患的能力；扑救初期火灾的能力；组织引导人员疏散逃生的能力；对他人进行消防宣传教育的能力。

7. 防高处坠落事故

高空作业必须系好安全带；尽量避免雨天露天作业，如需在雨天露天作业，必须采取防滑措施，不得以穿雨衣不方便为借口不系安全带，安全带卡扣不能随意乱接；检查装置平台，各类高架平台护栏要齐全、可靠，间隙过大的地方和漏洞要补全；雷雨、大风天气禁止室外高空作业。

8. 防中毒中暑事故

在防中毒方面，要加强相关工作岗位人员的个人保护意识，观察风向，做好有毒有害气体的防护工作，特别是直接或间接接触有毒有害气体的作业人员，必须加强人身保护及监护工作；检修作业时要佩戴防毒面具、防护手套、防护眼镜等安全用品，尤其注意有伤口或伤口未愈合的地方应避免接触有毒物质；防止有毒有害气体“跑、冒、滴、漏”、保持现场环境质量；凡进入容器内作业，必须研究制订施工方案，提出明确的安全要求，制订详细的安全应急预案，采取切实可行的安全防护措施，保障作业人员生命安全；进入有毒有害、易燃易爆介质的设备前，必须按规定办理“受限空间作业证”，必须采取清洗、通风、取样分析、检测等措施，施工中按要求佩戴呼吸器或防毒面具，严格执行安全操作规程。在防中暑方面，相关单位应定期发放防暑降温品；工作人员作业时应尽量避开高温时段，确实需要作业的要准备好降温品，并限制作业时间；补充水分，养成良好的饮水习惯，通常最佳饮水时间是晨起后，多吃新鲜蔬菜和水果亦可补充水分；部门、班组应在工作现场配备防暑药物，如人丹、十滴水、藿香正气水、清凉油等。

小贴士

劳动安全事故的处理流程是怎样的？

9. 防倒塌事故

雨季前要认真检查各种设施，对危险设施必须及时做出处理，尽快撤离处于危险的人员和设备，防止事故发生；做好各种设备的安全防护工作，使用新设备，采用新技术时，一定要仔细研究其是否安全可靠；在作业过程中，应按照安全程序操作，严禁违章作业。①

小贴士

安全生产月

为了提高安全生产意识和安全生产水平，普及安全生产知识，保护劳动者免受不必要的伤害。由国家经委、国家建委、国防工办、国务院财贸小组、全国总工会和中央广播事业局等10个部门共同作出决定，于1980年5月在全国开展安全月活动（1991—2001年改为“安全生产周”），并确定今后每年6月都开展安全月活动，使之经常化、制度化，并确定每个安全生产月的主题，目的就是做好安全宣传和安全教育活动，提高生产作业的安全。

2023年6月是第22个全国“安全生产月”，“人人讲安全、个个会应急”是宣传主题，6月16日为全国安全宣传咨询日。

任务5.3　重视劳动者权益维护

全心全意为工人阶级和广大劳动群众谋利益，是我国社会主义制度的根本要求，是中国共产党初心使命的要求，是国家的神圣职责，也是发挥我国工人阶级和广大劳动群众主力军作用最重要、最基础的工作。党的十八大以来，以习近平同志为核心的党中央高度重视保障劳动者权益。实践充分证明，实现好、维护好、发展好劳动者的合法权益，努力让劳动者实现体面劳动、全面发展，我国工人阶级和广大劳动群众就一定能进一步焕发劳动热情、释放创造潜能，在实现中国梦的伟大进程中继续拼搏奋斗、争创一流、勇攀高峰。

① 陈行．大学生劳动教育理论与实践［M］．北京：高等教育出版社，2022.

5.3.1 劳动者的界定和构成要素

1. 劳动者的界定

法律上的劳动者是一种法律主体，是由法律赋予其劳动权利义务的自然人。由于各法域的理念和立法宗旨不同，不同法域中的劳动者的含义也不尽相同，有宪法意义上的劳动者，有社会保险法意义上的劳动者，有劳动法意义上的劳动者。劳动法上的劳动者分为广义上的劳动者和狭义上的劳动者，前者指具有劳动主体资格的自然人，即劳动力市场中的劳动者。后者指劳动关系中的劳动者，即《中华人民共和国劳动法》第二条规定的与企业、个体经济组织有劳动关系的劳动者，以及与国家机关、事业单位、社会团体有劳动合同关系的劳动者。《中华人民共和国劳动法》中有的制度，如工资、工时、劳动条件、劳动争议处理程序等都是为狭义劳动者所设计的。因此，本书中的“劳动者”具体指达到法定年龄，具有劳动能力，以从事某种社会劳动获得收入为主要生活来源，依据法律或合同的规定，在用人单位的管理下从事劳动并获取劳动报酬的自然人。并不是所有自然人都是合格的劳动者，要成为合格的劳动者必须具备一定的条件并取得劳动权利能力和劳动行为能力，才能得到《中华人民共和国劳动法》的特殊保护。

2. 劳动者的构成要素

根据法律的规定，一旦劳动关系得以认定，劳动者即可根据《中华人民共和国劳动法》《中华人民共和国劳动合同法》（以下简称《劳动合同法》）等规定享受劳动权益，比如，享受最低工资标准待遇、“五险一金”待遇、劳动条件、时间等保障以及劳动合同解除后的经济补偿金、赔偿金等权益。因此，不管从经济利益还是从权益保障来说，劳动关系的认定都是至关重要的。平常我们会将所有的用工关系都理解为劳动关系，简言之，就是我为这个老板做事，我就和这个老板存在劳动关系。其实从法律角度来讲，不是所有提供劳动、服务的关系都是劳动关系。最常见的就是家中的保姆，由于保姆的雇主一般来说都是自然人，不是企业法人或者非法人组织，从法律角度来说不属于用人单位，因此这种用工关系只是劳务雇佣关系，而不是劳动关系。有时候，虽然用人方是企业或者社会组织，但其与用工对象如果不具备管理关系，仍然不存在劳动关系。比如，空调销售企业和空调安装人员之间，如果安装人员是空调销售企业的合作方，承包其安装空调业务，双方定期结算劳务费用，这种情况下也可能被认定为平等主体间的普通合同关系，而非劳动关系。劳动关系的认定，需要具备以下两个条件：

1）形式要件

所谓形式要件，是指用人单位和劳动者都具备法律、法规规定的主体资格。比如用人单位必须是企业法人、非法人组织、个体经济组织、国家机关、事业单位，社会团体等主体，不能是个人。而劳动者则必须满足法定劳动年龄且未届满退休年龄，或者虽然达到法定退休年龄但未享受养老保险待遇的劳动者。

2）实质要件

所谓实质要件，是指劳动者对用人单位具有从属性，具体体现为劳动者服从用人单位的工作安排，劳动纪律，规章制度，用人单位定期计算并发放工资，等等。如果该种从属关系不存在，则二者间很可能属于平等民事主体间的劳务合同关系，而非劳动合同关系。需要注意的是，虽然未签订书面劳动合同但形成事实劳动关系的，劳动关系也成立。①

小贴士

灵活就业人员的劳动权益如何保障？

送餐骑手韩某某在送餐途中猝死一事引发关注。因与平台无劳动关系，韩某某唯一能依赖的保障就是自费购买的意外险，而保险公司表示只能赔3万元。虽然平台后来表态，将其"人道主义补偿"由最初的2 000元提升至60万元，但此事还是引发了有关如何应对新就业形态工作风险的争议。随着外卖行业的高速发展，外卖从业人员也越来越多。这些外卖员的辛勤付出为外卖平台的进一步发展贡献了不少力量。但是，对外卖人员的权益保护问题尤其是工伤问题，一直没有纳入现有工伤保险体系。主要原因在于灵活就业人员工伤保险存在三大"拦路虎"：一是缺乏用人单位缴费主体；二是难以认定标准的劳动关系；三是难以认定是工伤还是生活中的伤害。这既不利于行业长远发展，也不利于众多外卖人员的权益维护。因此，社会有必要予以重视并构建科学、合理的外卖人员养老、工伤、意外等权益保护体系，让其不致在意外来临时无助。

（资料来源：周利生．劳动教育概论［M］．北京：高等教育出版社，2021.）

5.3.2 劳动者的劳动权益内容

微课 劳动者的劳动权益内容

劳动者的劳动权益，主要是劳动者在劳动过程中享有劳动法依法保障的与劳动有关的职业权益。《中华人民共和国劳动法》规定劳动者具有以下主要劳动权益。

1. 平等就业的权利

小贴士

要求女性怀孕就辞职合法吗？

最近，一期"应聘时要书面保证，一旦怀孕就辞职"的新闻上热搜了。据媒体报道，日前有网友发帖投诉，自己去重庆某酒店应聘，酒店经理要求她写一份一旦怀孕就自己辞职的书面保证。重庆西江新区社会保障局回复，该局已向该单位进行了劳动保障法律法规宣传，要求该单位依法维护劳动者的合法权益。《劳动法》第十三条规定："妇女享有与男子平等的就业权利。在录用职工时，除国家规定的不适合妇女的工种或者岗位外，不得以性别为由拒绝录用妇女或者提高对妇女的录用标准。"公司的行为明显侵犯了求职者的平等就业权和就业选择权，涉嫌就业性别歧视。职业性别歧视就是在以性别条件为非必要条件的领域内，因为性别这一因素对职员采取不同的就职限制和待遇，在女性的求职过程

① 周利生．劳动教育概论［M］．北京：高等教育出版社，2021.

中，这样的“门槛”并不少见。《2021 中国女性职场现状调查报告》显示，职场女性晋升预期低于男性，性别与婚育成为主要牵制。在“照顾家庭，职场精力分散”“处在婚育阶段，被动失去晋升”“性别歧视”三个选项上，女性职场人的占比远高于男性。这也再度反映了性别、婚育计划等与工作能力无关的要素，很大程度上影响了女性的职场价值，成为限制女性职业发展的“玻璃天花板”。①

劳动就业权，是指具有劳动能力的公民有获得职业的权利。劳动是人们生活的第一基本条件，是一切物质财富、精神财富的源泉，它是有劳动能力的公民获得参加社会劳动和切实保证按劳动取酬的权利。公民的劳动就业权是公民享有的各项权利的基础，如果公民的劳动就业权不能实现，其他一切权利也就失去了基础和意义。

就业权，就其实现的社会关系而言，并不是在企业劳动关系中，而是在社会劳动关系中，因为这一权利的行使是在劳动者与企业建立劳动关系之前。劳动者在与企业建立劳动关系之前，无法直接向企业或雇主主张这一权利。就业权作为一种法律规定的普遍的社会权利，保障这一权利的实现首先是国家的责任和义务。权利的实现，有的是要求权利关系的义务方不作为，有的是要求义务方作为。实现劳动者的这一权利，则要求国家以作为的方式来履行自己的义务。为此，国家必须承担解决和促进劳动者就业的责任。或者说，劳动权中最重要的内容即劳动者要求国家雇佣保障或就业保障的权利，即对于国家的请求权。保障劳动者的雇佣和就业，是国家的责任和义务。这种责任和义务主要有两个方面：一是政府要努力创造就业机会；二是对于劳动者就业提供职业介绍和职业培训。我国的《劳动法》对于国家在就业方面的责任都有明确规定。

平等就业权包含三层含义：一是任何公民都平等地享有就业的权利和资格，不因民族、种族、性别、年龄、文化、宗教信仰、经济能力等而受到限制；二是在应聘某一职位时，任何公民都需平等地参与竞争，任何人不得享有特权，也不得对任何人予以歧视；三是平等不等于同等，平等是指对于符合要求、符合特殊职位条件的人，应给予他们平等的机会，而不是不论条件如何都同等对待。

我国《劳动法》第一章第三条明确规定：“劳动者享有平等就业和选择职业的权利。”平等就业权的实施，主要是反对就业歧视。我国《劳动法》第二章第十二条规定：“劳动者就业，不因民族、种族、性别、宗教信仰不同而受歧视。”由于中国的经济发展状况和社会历史传统，目前我国存在的就业歧视主要表现为性别、年龄和社会身份方面的歧视。在我国实施劳动就业市场化的改革以后，自由选择职业权在法律上和理论上已经不存在障碍，现实的问题在于我国劳动力市场供过于求，劳动者在求职中有时缺少选择职业的机会。影响劳动者自由就业权实现的因素，既有客观方面的劳动力市场供求，也有主观方面的就业歧视，而主观方面的就业歧视，实际上是对劳动者就业自由权的侵害。

就业歧视是指用人单位在招聘过程中，对招聘条件相同或相近的求职者基于某些与个人工作能力或工作岗位无关的因素，而不能给予其平等的就业机会或在工资、岗位安排、劳动条件与保护、社会保险与福利等方面不能提供平等待遇。就业歧视的本质特征是没有正当理由的差别对待，其包含两个方面的基本要素：第一，存在差别对待的行为；第二，这种差别

① 周利生．劳动教育概论［M］．北京：高等教育出版社，2021.

对待缺乏合理性基础，为法律所禁止。我国劳动者在就业过程中碰到的歧视主要表现在以下几个方面。

1）地域歧视

地域歧视是基于地域差异而对某个特定地域人群形成的一种“区别对待”的偏见心理。由于各个地域的文化千差万别，加上各个地域经济发展的不平衡，导致有些人对某个地方的人和物存在特殊看法。网络上这种地域歧视更为明显，由于新媒体的发展，很多人基于某地发生的新闻事件，喜欢以偏概全，在新闻下面经常发生因为地域而引起的口水骂战。这样的观念进而影响到现实生活，就产生了个人或用人单位的偏见和歧视。

2）性别歧视

尽管目前在就业男女平等、保障女性权益等方面，国家出台了一系列法律法规，包括《中华人民共和国劳动法》《中华人民共和国妇女权益保障法》《女职工劳动保护特别规定》等，都强调女性享有和男性平等的就业权利，但是就业领域内仍存在性别歧视，性别歧视有观念的原因更有现实的因素。就企业自身利益而言，女性就业被歧视的原因在于生育期间，用人单位不仅减少了劳动力且要支付工资。在没有享受相应政策优惠的情况下，企业从追逐利益的角度，会对女性劳动者产生歧视。要解决就业过程中的性别歧视问题，首先，应改变生育成本只由女性承担的不公平现实，探索社会共担机制，既要建立制度保障的刚性约束，还要探索通过补贴、奖励等多种方式，弥补支出的生育成本，激励更多用人单位招聘女性，实现生育成本由政府与用人单位等多方共担。其次，强化法律作用，提高用人单位违法成本。要完善法律规定，细化性别歧视的标准和条件，让法律具有可操作性。对于取证难、维权难的现象，则可以适用举证责任倒置，倒逼单位承担不存在性别歧视的举证责任。同时，对于性别歧视的案件，也可以纳入公益诉讼的范畴，在维权成本上低一点，在维权程序上简单一点，让受到不公平对待的女性就业者不再面临维权窘境。再次，媒体要加大对就业性别歧视的舆论监督力度，改变公众的偏见，引导社会逐渐形成男女平等就业的就业观。最后，面对性别歧视，女性不要沉默，要勇敢捍卫自身权利，促使社会就业公平意识的建立和用人单位招聘用人习惯的改善。

3）年龄歧视

由于中国人口众多，就业结构出现年轻化的趋势，有的用人单位在招聘时定了几近苛刻的年龄界限，将大批年龄较大的求职者排斥在外，越来越多的企业在招聘员工时，将用人的年龄限定在35岁以下。

4）身体歧视

身体歧视也是劳动者在求职择业过程中遇到的歧视之一。比如身高歧视，身高是人为所不能控制的，多是由遗传因素决定。但有的用人单位喜欢在招聘公告上对求职者的身高做出硬性规定，没有达到身高要求的，往往在第一轮简历筛选就落选了。

用人单位在招用人员时，应当向劳动者提供平等的就业机会和公平的就业条件，不得有就业歧视。最高人民法院2018年印发的《最高人民法院关于增加民事案件案由的通知》中增加了“平等就业权纠纷”案由。凡是遇到就业歧视的，劳动者都可以向人民法院提起诉讼，维护自身权利。

2. 取得劳动报酬的权利

劳动者付出劳动，依照合同及国家有关法律取得报酬，是劳动者的法定权利。及时定额地向劳动者支付工资是用人单位的法定义务。用人单位违反这些应尽的义务，劳动者有权依法要求有关部门追究其法律责任。获取劳动报酬是劳动者持续地行使劳动权不可少的物质保证。

劳动报酬权的实现与否关系到对劳动者权益的保护，关系到社会稳定和劳动关系的协调。工资在现阶段仍是劳动者及其家庭的主要生活来源，关系到每个劳动者及其家庭的生存，关系到劳动者生活水平的高低，关系到劳动者劳动报酬权利的实现和职业技能素质的提高。劳动者衣食无着是社会动荡的因素，工资分配的合理与否，直接影响到劳动关系的协调和稳定。由于工资是参与社会分配的形式，如何分配、按何种标准分配，如何平衡国家利益、企业利益、劳动者利益，关系到国家现阶段的经济政策和就业政策，关系到国家经济的发展速度。现在所发生的劳动争议案中，81%以上是因劳动权和劳动报酬权而起。劳动报酬已成为劳动关系中最为重要的内容，也是最为用人单位和劳动者所关注的问题，同时，也是最容易出现劳动争议的事由。

劳动报酬权包括劳动报酬协商权、劳动报酬请求权和劳动报酬支配权。

1）劳动报酬协商权

劳动报酬协商权是指劳动者与用人单位通过协商确定劳动报酬的形式和水平的权利，其核心是依法确定劳动者自己劳动力的价格。依法是指双方在确定劳动力价格时，不能违背国家法律的规定。世界上大多数国家都规定有最低工资标准，这也是人权保护在劳动法中的体现，国家对社会公益的干涉。劳动者与用人单位协商确定的劳动力价格不能低于国家的最低工资标准，在此基础上可自由协商确定报酬水平。

劳动报酬协商权在我国法律制度中分两类：一是劳动者个人与用人单位协商制度；二是集体协商。所谓集体协商是指职工代表与企业代表依法就企业内部的工资分配制度、工资分配形式、工资收入水平等事项进行平等协商，在协商一致的基础上，签订工资协议的行为。劳动者与用人单位协商的劳动报酬不能低于集体协商的标准。在劳动报酬方面，劳动者和用人单位的自由权利受到了国家最低工资标准和集体协商工资标准的制约。

2）劳动报酬请求权

劳动报酬请求权是劳动者付出了职业劳动之后，有权请求用人单位按时足额支付劳动报酬。劳动报酬请求权在性质上属优先权，即优先受偿权。优先权是指依法律规定，特种债的债权人在债务人的全部财产或特定财产上享有的优先受偿的权利。这种权利在传统民法中被归入物权的范畴。物权具有法定性，与债权相比有优先性。这是根据劳动报酬具有生存保障价值而被赋予的优先于债权而获得受偿的权利，也是人权优先的体现。

3）劳动报酬支配权

劳动报酬支配权是指劳动者独立支配管理和处分自己劳动报酬的权利。劳动报酬支配权具有民法物权的属性，即劳动者有权自主地支配处理其劳动报酬，任何人都不能干涉和侵犯。从人类历史上看，凡有劳动能力的劳动者，在付出劳动之后，就有获得劳动成果的权利，就有获得劳动报酬的权利，这不仅是作为劳动者的人的生存需要，也是作为劳动者的人权需要，还是国家法律体现其社会公平和正义的需要。

3. 休息休假的权利

休息休假权是指劳动者在法定的时间内进行休整和放松的权利，包括休整权、休假权、休闲权、安宁权，目的在于保证劳动者的疲劳得以解除，体力和精神得以恢复和发展；保证劳动者有条件进行业余进修，不断提高自己的业务水平和文化水平；保证劳动者有一定的时间料理家庭和个人的事务，丰富自己的家庭生活。

休息休假权是自然人得以生存和发展的基本权利，属于基本人权的范围，同时，它也是自然人人格权必要的和基本的组成部分，是一项独立的人格权。在现代社会，休息休假权还是劳动者应当享有的与劳动权密切相关的一项基本权利。因此，我们要像尊重劳动权一样地尊重休息休假权。劳动是权利，休息同样是权利。

1）*保护劳动者休息休假权的意义*

（1）休息休假权是《宪法》赋予公民的一项基本权利。我国《宪法》第四十三条规定：中华人民共和国劳动者有休息的权利，国家发展劳动者休息和休养的设施，规定职工工作时间和休假制度。在一定的时间范围内，工作时间和休息休假时间存在此消彼长的关系，过长时间的工作会对劳动者的身体健康造成伤害，法律对劳动者工作时间和休息休假规定的首要作用就在于保证劳动者的休息权利。

（2）提高劳动者的素质和劳动生产率，保证劳动者在工作之外有充足的休息时间，才能使劳动者有更为充沛的精力和体力继续从事劳动，才能使劳动者有时间进行知识学习，提高自己的素质和工作能力，从而提高劳动生产率。

（3）协调劳动报酬分配和促进就业。工作时间是确定劳动者报酬的一个重要的衡量依据，劳动者的报酬是劳动者在工作时间内创造的财富的一部分，通过对劳动者工作时间的调整，可以间接协调劳动者报酬的分配。通过对劳动时间的调整，国家可以调节劳动力供需之间的矛盾，缩短工作时间，为失业者提供更多的劳动岗位，这是解决失业问题的一个途径。

2）*劳动者休息休假权的主要内容*

劳动者可以享受的假期有：①工作间歇休息，即工间休息和用餐时间；②日休息，指劳动者在每昼夜（24 小时）内，除工作时间以外，由自己支配的时间；③周休息，每周至少休息一日；④国家法定节假日，如春节假期、五一假期；⑤带薪年休假。除此之外，还有婚假、产假等。

4. 劳动安全卫生保护权利

劳动安全卫生保护，是保护劳动者的生命安全和身体健康，是对享受劳动权利的主体切身利益最直接的保护。由于劳动总是在各种不同环境、条件下进行的，在生产中存在各种不安全、不卫生的因素，如不采取防护措施，就会造成工伤事故和引起职业病，危害劳动者的安全和健康。如果劳动保护工作欠缺，导致的后果更是对劳动者健康和生命的危害，对任何一个劳动者而言，生命是行使劳动权利的前提，没有生命，享受任何权利都是一句空话。

1）*劳动安全权利的内容*

（1）安全健康保障权。《中华人民共和国安全生产法》规定，劳动合同应当载明两个法定事项：一是保障从业人员劳动安全，防止职业危害。这种强制性规定是生产经营单位与劳动者签订劳动合同时必须履行的一项义务，更是从业人员享有的一项重要的权利。二是从业人员有依法获得工伤保险的权利。生产经营单位应当为从业人员全额缴纳保险，并在合同中载明。此法还禁止生产经营单位以任何形式与从业人员签订免除或者减轻其对从业人员因生产安全事故伤亡依法应承担责任的“生死合同”。订立了这种合同，并不能免除或者减轻其生产安全事故的责任。

（2）知情权和建议权。知情权方面，生产经营单位的从业人员有权了解其作业场所和工作岗位在安全生产方面的情况：一是存在的危险因素；二是防范措施；三是事故应急措施。同时，这也是生产经营单位应当向从业人员履行告知的义务。建议权是从业人员尤其是工作在第一线的从业人员，对于如何保证安全生产、改善劳动条件及作业环境，具有优先发言权。从业人员对于安全生产工作提出的意见和建议，其所在单位要给予重视和尊重，积极采纳合理的意见，对不采纳的意见应当给予解释和说明。

（3）监督权。首先，从业人员依法享有批评权、检举权和控告权等基本权利。从业人员有依法对本单位安全生产工作中存在的问题提出批评的权利，也有对其所在单位及有关人员违反安全生产法律、法规的行为向主管部门和司法机关进行检举和控告的权利。其次，从业人员享有拒绝违章指挥、强令冒险作业的权利。违章指挥是指生产经营单位不顾从业人员的生命安全和健康，指挥从业人员进行生产活动的行为。强令冒险作业是指生产经营单位管理人员对于存在危及作业人员人身安全的危险因素而又没有相应的安全保护措施的作业，强迫命令、要挟从业人员进行作业。根据《劳动合同法》的规定，劳动者拒绝用人单位管理人员违章指挥、强令冒险作业的，不视为违反劳动合同。用人单位违章指挥、强令冒险作业危及劳动者人身安全的，劳动者可以立即解除劳动合同，不需要事先告知用人单位。这是从另一个方面赋予从业人员的权利。

（4）紧急情况处置权。从业人员发现直接危及人身安全的紧急情况时，有权停止作业或者在采取可能的应急措施后撤离作业场所，该权利简称紧急撤离权。值得注意的是，行使权利的选择权在从业人员，不要求从业人员应当在采取可能的应急措施后或者在征得有关负责人同意后，撤离作业场所。从业人员行使紧急情况处置权也应得到相应的保护。生产经营单位不得因从业人员在行使紧急撤离权或者采取紧急撤离措施而降低其工资、福利等待遇或者解除与其订立的劳动合同。

（5）社会保险和民事赔偿。为了确保从业人员在因生产安全事故遭受损害的情况下可以获得充分、合理的救济，从业人员依法享有工伤保险待遇和依法向用人单位主张民事损害赔偿的相关权利，从业人员在依法行使相关权利时，用人单位不得无故推诿、拒绝承担其依法应当承担的法律责任。

（6）接受安全生产教育和培训。从业人员有接受安全生产教育和培训的权利。生产经营单位应当按照本单位安全生产教育和培训计划的总体要求，结合各个工作岗位的特点，科学、合理安排从业人员的教育和培训工作，保证其具备从事本职工作应当具备的安全生产知识。

2）职业卫生保护的权利的内容

根据职业病防治法的规定，劳动者享有下列八项职业卫生保护权利。

（1）接受职业卫生教育、培训的权利。

（2）获得职业健康检查、职业病诊疗、康复等职业病防治服务的权利。

（3）了解工作场所产生或者可能产生的职业病危害因素，危害后果和应当采取的职业病防护措施的权利。

（4）要求用人单位提供符合防治职业病要求的职业病防护设施和防治职业病的防护用品，改善工作条件的权利。

（5）对违反职业病防治法律、法规以及危害生命健康的行为提出批评、检举和控告的权利。

（6）拒绝违章指挥和强令没有防护措施进行作业的权利。

（7）参与用人单位职业卫生工作的民主管理，对职业病防治工作提出意见和建议的权利。

（8）因劳动者依法行使正当权利而降低其工资、福利等待遇或者解除、终止与其订立的劳动合同的，劳动者有获得法律救助的权利。

5. 享受社会保险和福利的权利

国家发展社会保险事业，建立社会保险制度，设立社会保险基金，使劳动者在年老、患病、工伤、失业、生育等情况下获得帮助和补偿；用人单位和劳动者必须依法参加社会保险，缴纳社会保险费；劳动者在退休、患病、负伤、因工伤残或者患职业病、失业、生育等情形下，依法享受社会保险待遇。

此外，法律规定劳动者还享有依法参加和组织工会的权利，依法享有参与民主管理的权利，依法享有参加社会义务劳动的权利，从事科学研究、技术革新、发明创造的权利，依法解除劳动合同的权利，对用人单位管理人员违章指挥、强令冒险作业有拒绝执行的权利，对危害生命安全和身体健康的行为有权提出批评、举报和控告的权利，对违反劳动法的行为进行监督的权利，享有接受职业技能培训的权利，享有提起劳动争议处理的权利等。

小贴士
劳动者应履行哪些义务?

小贴士

女性职工的劳动保护

你知道女性职工在经期、孕期，产期、哺乳期都有哪些特殊权益保护内容吗？为什么要对女性职工实行特殊劳动保护？女性职工特殊劳动保护是针对女性职工的生理特点所进行的特殊保护，其目的在于防止不良的劳动条件对女性职工健康，尤其是对生育系统和生育功能的影响。

国家法律规定，用人单位不得以结婚、怀孕、产假、哺乳等为由，辞退女职工或者单方解除劳动合同。不得在女职工怀孕、产期、哺乳期降低其基本工资，或者解除劳动合同。禁止安排女职工从事矿山井下、国家规定的第四级体力劳动强度的劳动和其他女职工禁忌从事的劳动。

女性职工的“四期”保护包括：①经期保护。女职工在月经期间，所在单位不得安排其从事冷水、低温、高处作业分级标准中的第二级、第三级、第四级作业和国家规定的第三、第四级劳动强度的劳动。②孕期保护。单位不得安排怀孕期女职工从事国家规定的第三、第四级体力劳动强度的劳动和孕期禁忌从事的其他劳动，也不得安排加班加点。怀孕7个月以上（含7个月）的女职工一般不得安排其从事夜班劳动，在劳动时间内应安排一定的休息时间。③产期保护。国家规定，女职工产假为98天，其中，产前休假15天，难产的增加产假15天。产假期间，工资照发。④哺乳期保护。女职工在哺乳期内，所在单位不得安排其从事国家规定的第三、第四级体力劳动强度的劳动和哺乳期禁忌从事的其他劳动。不得延长其劳动时间。一般不得安排其从事夜班劳动。

5.3.3　依法保护劳动者的权益

企业的生产经营活动以及社会的发展都离不开劳动者的劳动。劳动是《宪法》赋予公民的一项基本权利，同时也是《宪法》规定公民应尽的一项义务。劳动者和用人单位在法律地位上是平等的，但是，由于劳动力相对过剩以及劳动者个体的经济能力不足，劳动者在现实中往往处于弱势地位。因此劳动者的正当权益需要法律加以保护。2008 年 1 月 1 日，我国《劳动合同法》正式实施，这一法律强化了《劳动法》中强调的劳动合同制度，也为实践中劳动合同的签订提供了正式的法律依据。但是劳动合同不同于民事合同，在强调签约主体地位平等的基础上，国家通过立法进行制度倾斜，更“偏袒”保护处于弱势一方的劳动者的权益，即赋予劳动者更多的权益，同时要求用人单位承担更多的义务和责任。这里主要围绕劳动合同的签订和解决劳动争议的途径，探讨依法保护劳动者权益的问题。

1. 劳动合同的签订

劳动合同是劳动者与用人单位确立劳动关系，明确双方权利义务的协议。劳动合同订立是指劳动者和用人单位经过相互选择和平等协商，就劳动合同条款达成协议，从而确立劳动关系和明确相互权利义务的法律行为。根据《劳动合同法》第十条的规定，建立劳动关系，应当订立书面劳动合同，已建立劳动关系，未同时订立书面劳动合同的，应当自用工之日起一个月内订立书面劳动合同。用人单位与劳动者在用工前订立劳动合同的，劳动关系自用工之日起建立。用人单位招用劳动者时，应当如实告知劳动者工作内容、工作条件、工作地点、职业危害、安全生产状况、劳动报酬以及劳动者要求了解的其他情况；用人单位有权了解劳动者与劳动合同直接相关的基本情况，劳动者应当如实说明。

小贴士

劳动合同的法律特征

（1）劳动合同是建立劳动关系的一种法律形式，以合同形式确立了劳动者与用人单位的权利义务。

（2）劳动合同双方当事人中，一方必须是具有劳动权利能力和劳动行为能力的公民本人，另一方必须是企业等用人单位的法人组织，不能是企业的党团组织或工会组织。

（3）劳动合同的当事人之间存在职业上的从属关系，即作为劳动合同一方当事人的劳动者，在订立劳动合同后，就成为另一方当事人企业等用人单位的一员，用人单位有权指派劳动者完成劳动合同规定的属于劳动者职能范围内的任何任务。这种职业上的从属关系，是劳动合同区别于其他合同的重要特点之一。

（4）劳动合同双方当事人的权利和义务是统一的，即双方当事人既是劳动权利主体，又是劳动义务主体。根据签订的劳动合同，劳动者有义务完成工作任务，遵守本单位内部的劳动期规则，用人单位有义务按照劳动者劳动数量和质量支付劳动报酬。劳动者有权享受法律法规及劳动合同规定的劳动保险和生活福利待遇，用人单位有义务提供劳动法律、法规及劳动合同规定的劳动保护条件。

（5）劳动合同的订立、变更、终止和解除，按照国家劳动法律、法规的规定。

1）签订劳动合同的重要性

（1）签订劳动合同可以强化用人单位和劳动者双方的守法意识。以劳动合同的形式明确劳动者与用人单位双方的权利和义务，双方之间就有了一个具有法律约束力的协议。在劳动过程中，用人单位依据劳动合同的约定来管理职工，行使权利和履行义务；职工也依据劳动合同维护自身的利益，履行相应的义务。

（2）签订劳动合同可以有效维护用人单位与劳动者双方的合法权益。劳动合同期内，用人单位和劳动者不能随意解除劳动合同。合同期满后，用人单位与劳动者可以就是否续签合同进行商议，在客观上保证了用人单位用人以及劳动者求职的灵活性。

（3）签订劳动合同有利于妥善处理劳动争议。如果没有劳动合同，劳动者可能在工资收入、工作时间、工作条件等方面与用人单位发生争议时，由于没有依据而遭受损失。

2）劳动合同订立的原则

（1）合法原则。劳动合同必须依法以书面形式订立，做到主体合法，内容合法，形式合法，程序合法。只有合法的劳动合同才能产生相应的法律效力，任何不合法的劳动合同，都是无效合同，不受法律承认和保护。

（2）协商一致原则。在合法的前提下，劳动合同的订立必须是劳动者与用人单位双方协商一致的结果，是双方“合意”的表现，不能是单方意思表示的结果。

（3）合同主体地位平等原则。在劳动合同的订立过程中，当事人双方的法律地位是平等的。劳动者与用人单位不因为各自性质的不同而处于不平等地位，任何一方不得对他方进行胁迫或强制命令，严禁用人单位对劳动者横加限制或强迫命令的情况。只有真正做到地位平等，才能使所订立的劳动合同具有公正性。

（4）等价有偿原则。劳动合同明确双方在劳动关系中的地位作用，劳动合同是一种双务有偿合同，劳动者承担和完成用人单位分配的劳动任务，用人单位付给劳动者一定的报酬，并负责劳动者的保险金额。

3）劳动合同必备条款

劳动合同应当以书面的形式订立，并具备以下条款：①劳动合同期限；②工作内容；③劳动保护和劳动条件；④劳动报酬；⑤劳动纪律；⑥劳动合同终止的条件；⑦违反劳动合同的责任；⑧当事人可以协商约定其他内容。

这里“协商约定其他内容”是指劳动合同中的约定条款，即劳动合同双方当事人除依据本法就劳动合同的必备条款达成一致外，如果认为某些方面与劳动合同有关的内容仍需协调，便可将协商一致的内容写进合同，这些内容是合同当事人自愿协商确定的，而不是法定的。

劳动合同的必备条款中没有规定社会保险项，原因在于：社会保险在全社会范围内依法执行，并不是订立合同的双方当事人所能协商解决的。

4）劳动合同关于试用期的规定

（1）试用期的规定。《劳动合同法》第十九条规定，劳动合同期限三个月以上不满一年的，试用期不得超过一个月；劳动合同期限一年以上不满三年的，试用期不得超过两个月；三年以上固定期限和无固定期限的劳动合同，试用期不得超过六个月。同一用人单位与同一劳动者只能约定一次试用期。试用期是指包括在劳动合同期限内，用人单位对劳动者是否合格进行考核，劳动者对用人单位是否符合自己要求也进行考核的期限，这是一种双方双向选择的表现。

需要说明的是，劳动合同期限长短不是约定试用期的唯一参照。在实践中，很多工作本来不需要试用期过长，劳动者就能胜任。但有些用人单位动辄规定试用期为三五个月甚至半年，恶意用足法定试用期限上限，这加重了劳动关系的不平等性，增加了劳动者的职业不确定性和经济负担。这就提醒劳动合同双方当事人，特别是劳动者一方，在约定试用期时，应将技术含量的因素也考虑进去。

（2）试用期的待遇。《劳动合同法》对试用期劳动者工资水平也做出了保障，劳动者在试用期的工资不得低于本单位同岗位最低档工资或者劳动合同约定工资的百分之八十，试用期工资不得低于用人单位所在地的最低工资标准。

试用期内需缴纳社会保险。《劳动合同法》第十九条第四款规定：试用期包含在劳动合同期限内，而在劳动合同期限内，用人单位为劳动者办理缴纳社会保险等五险一金是法定义务。只签订单独的试用期合同违法。

司法实践中一些用人单位为了避免与劳动者订立劳动合同，往往在招用劳动者时与劳动者签订一个单独的试用合同，在试用合同期满后再决定是否正式聘用。其目的是规避法律，在试用期使用廉价劳动力，方便解除劳动合同；而《劳动合同法》规定：劳动合同仅约定试用期的，试用期不成立，该期限为劳动合同期限。

（3）试用期应注意的问题。这包括：第一，试用期是一个约定的条款，如果双方没有事先约定，用人单位就不能以试用期为由解除劳动合同。即用人单位和劳动者必须就试用期条款充分协商，取得一致，试用期条款才能成立。双方当事人意思表示一致是指在互利互惠基础上，充分表达各自意见，并就合同条款取得一致后达成的协议。因此，任何一方都不得凌驾于另一方之上，不得把自己的意志强加给另一方，更不得以命令、胁迫等手段签订劳动合同试用期条款。第二，劳动合同法限定了试用期的约定条件。劳动者在试用期间应当享有全部的劳动权利，包括取得劳动报酬的权利、休息休假的权利、获得劳动安全卫生保护的权利、享受社会保险和福利的权利、接受职业技能培训的权利、提请劳动争议处理的权利以及法律规定的其他劳动权利等，还包括依照法律规定，通过职工大会、职工代表大会或者其他形式，参与民主管理或者就保护劳动者合法权益与用人单位进行平等协商的权利。用人单位不能因为试用期的身份而加以限制，与其他劳动者区别对待。第三，试用期包括在劳动合同期限内。不管劳动合同双方当事人订立的是一年期限还是五年期限的劳动合同，如果约定了试用期，劳动合同期限的前一段期限（可能是三五天或者一个星期，也可能是一两个月）就是试用期，即试用期包括在整个劳动合同期限里。不管试用期之后继续订立劳动合同还是不订立劳动合同，都不允许只约定试用期。第四，劳动合同法关于试用期的规定体现了劳动合同双方当事人权利义务的大体平等。劳动合同的解除中规定，劳动者在试用期内可以通知用人单位解除劳动合同；劳动者在试用期间被证明不符合录用条件的，用人单位也可以解除劳动合同。第五，禁止设定变相试用期。有的用人单位为了规避法律，约定试岗、适应期、实习期，这些都是变相的试用期，其目的无非是将劳动者的待遇下调，方便解除劳动合同。为了保护劳动者的合法权益，应当明确这些情形按照试用期对待。

小贴士

试用期、实习期与见习期有何区别？

小案例

试用期内辞退

小吴于2022年9月进入一家宾馆做服务员，与宾馆签订了为期两年的劳动合同，约定试用期为两个月。虽然小吴曾经从事过宾馆服务工作，但刚到新单位的她丝毫不敢松懈，做事十分认真，服务也很热情。当年10月上旬的一天，她突然接到公司人事部的短信。短信中称，公司决定终止与她的劳动合同。

"我没有任何差错，为何要被辞退？"小吴不解。

她立刻找到人事经理想问个究竟。可对方不给任何解释，只是说她还在试用期内。公司有权决定去留。该经理还表示，既然是试用，就像买东西时试用一样，不满意可以随时退货。

小贴士
试用期内辞退案例分析

思考题：

企业在员工试用期内能无理由辞退吗？请对本案例进行分析。

2. 解决劳动争议的途径

1）协商程序

协商是指劳动者与用人单位就争议的问题直接进行协商，寻找解决纠纷的具体方案。与其他纠纷不同的是，劳动争议的当事人一方为单位，一方为单位职工，因双方已经发生一定的劳动关系而使彼此之间相互有所了解。双方发生纠纷后最好先行协商，通过自愿达成协议来消除隔阂。但是，协商程序不是处理劳动争议的必经程序，双方可以协商，也可以不协商，完全出于自愿，任何人都不能强迫。

2）仲裁程序

仲裁程序是劳动纠纷的一方当事人将纠纷提交劳动争议仲裁委员会进行处理的程序。该程序既具有劳动争议调解灵活、快捷的特点，又具有强制执行的效力，是解决劳动纠纷的重要手段。劳动争议仲裁委员会是国家授权、依法独立处理劳动争议案件的专门机构。申请劳动仲裁是解决劳动争议的选择性程序之一，也是提起诉讼的前置程序。

3）诉讼程序

《劳动法》第八十三条规定："劳动争议当事人对仲裁裁决不服的，可以自收到仲裁裁决书之日起十五日内向人民法院提起诉讼。一方当事人在法定期限内不起诉，又不履行仲裁裁决的，另一方当事人可以申请人民法院强制执行。"诉讼程序即我们平常所说的打官司。诉讼程序的启动是由不服劳动争议仲裁委员会裁决的一方当事人向人民法院提起诉讼后启动的程序。诉讼程序具有较强的法律性、程序性，作出的判决也具有强制执行力。

小案例

公司的行为是否合法？

2016年9月30日，某公司人力资源部发出通知，要求所有员工"十一"国庆节放假期间照常上班，理由是黄金周产品好销售，节后将给员工进行补休。员工张某提出补休不符合

《劳动法》的规定，公司应当支付加班费，但遭到了人力资源部经理王某的拒绝。

因此张某在“十一”国庆节期间没有到公司加班。10 月 8 日，公司总经理即宣布解除公司与张某的劳动合同，理由是张某不服从管理，违反公司规章制度。在多次交涉无果的情况下，张某只好到当地劳动仲裁委员会提起仲裁申请。

（资料来源：党印．职业与劳动：大学生劳动教育十讲［M］．北京：人民交通出版社股份有限公司，2021.）

思考题：

1. “十一”国庆节假期加班，公司只补休不支付加班费的行为是否合法？
2. 劳动者在国庆节七天进行加班，公司应当如何支付加班费？
3. 公司以张某违反规章制度为由解除劳动合同是否合法？

小案例
公司的行为是否合法？案例分析

任务 5. 4　加强个人的劳动保护

除了在法律、政策等方面，各级政府组织和机构为劳动者提供了必要的劳动保护，在开展劳动的过程中，劳动者自身也要树立良好的自我保护意识。尤其是大学生，在开展实习、兼职、志愿服务等劳动实践活动时，必须建立相应的自我保护意识，培养自我保护的能力，掌握自我保护的措施。

5. 4. 1　掌握劳动保护知识，树立劳动安全意识

1. 掌握劳动保护知识

企业和学校在开展劳动保护教育时，大多从劳动者从事的岗位出发，针对劳动过程中需要掌握的自我保护的要求开展培训和教育，主要包括专业理论、操作方法、实践技能等。除此之外，对于劳动保护的相关法律法规、政策制度等讲授得较少，但这些知识常常在实际生活中发挥着十分重要的作用。所以，大学生在学习自我劳动保护知识时，首先要了解和熟悉《劳动法》《安全生产法》等法律法规，树立法律思维，做到自觉用法和守法。一旦遭受不法侵害时，学生能够自觉用法律保护自身的合法权益。

其次，大学生也应当学习和了解相关的劳动卫生和保健知识，如从事劳动的时间、环境等。尤其是一些特殊领域和特殊行业，大学生在参与实习和劳动实践的过程中尤其要关注劳动环境的卫生情况（如粉尘、高温和空气质量等），提高自我保护的意识和能力。除此之外，大学生也应当关注自身在参与劳动过程中的心理健康状况，避免因劳动强度过大、过度疲劳焦虑或压力过大等，而出现心理健康问题。

最后，学习和掌握一些急救常识、基本的职业保健常识以及常见职业病的防治方法等，以防在出现极端状态下可以进行自救或者救治他人。

2. 树立劳动安全意识

为了增强大学生的安全意识、紧绷安全之弦，大学生可以通过实际操作感受劳动安全保护的重要性。一方面，大学生可以到学校的实训基地或周边企业参加模拟实操或演练活动，如学习如何穿戴安全工作服、熟悉工作环境，学习安全操作流程等，进一步熟悉和掌握劳动

保护的方法和流程。另一方面，可以组织了解一些曾经发生过的安全生产事故，剖析事故发生的原因，总结经验教训，以血的惨痛事例提醒大学生一定要绷紧安全之弦、敲响安全的警钟，从而自觉增强自我保护的劳动安全意识。除此之外，还可以在“安全生产月”开展安全教育系列活动，充分利用各类资源、材料和平台宣传劳动安全的重要意义，通过强化此类学习和教育，减少未来发生危险的概率，确保劳动安全。

5.4.2 遵守安全操作规程，采取安全防范措施

1. 遵守安全操作规程

在社会主义制度下，劳动者的权利与义务相互依存、不可分离，两者是统一的，任何权利的实现总要以义务的履行为条件。《劳动法》规定：劳动者在劳动过程中必须严格遵守安全操作规程。国家制定的安全卫生操作规程，是劳动者在劳动过程中生命安全、身体健康的法律保证，也是进行正常生产活动、维持企业正常运转的保障。劳动者在劳动过程中既享有劳动保护的权利，又负有执行劳动安全卫生操作规程的义务。劳动者只有严格遵守安全卫生方面的规定，文明生产、安全生产，才能保障生产顺利进行，劳动者自身的生命安全和身体健康，也才有切实保障。

劳动者在劳动过程中要自觉执行劳动安全卫生规程，必须做到以下几点。

1）遵守劳动纪律

劳动纪律是组织社会劳动的基础，是进行共同工作所必需的。它要求劳动者在共同劳动过程中遵守一定的规则和秩序，听从管理者的指挥和调度。它是每个劳动者按照规定的时间、质量、程序和方法完成自己所承担的生产任务或工作任务的行为准则。

2）遵守职业道德

职业道德是所有从业人员在职业活动中应该遵循的行为准则，涵盖了从业人员与服务对象、职业与职工、职业与职业之间的关系。我国的职业道德，是以为人民服务为核心的社会主义道德在职业活动中的体现，其基本要求是：爱岗敬业、诚实守信、办事公道、服务群众、奉献社会。

3）执行劳动安全卫生规程

执行劳动安全卫生规程不仅对劳动者的生命和健康有利，也能防止、消除生产过程中的各种职业危害，保证生产顺利进行。

2. 遵守安全防范措施

大学生应当经常参加生产劳动，学习并掌握一定的劳动技能，培养热爱劳动的思想品质。在劳动中，大学生一定要把安全放在第一位，做到遵守纪律、服从管理、听从指挥，不要随意行动。劳动时不要用劳动工具嬉笑打闹，互相追逐，以防对自己或他人造成伤害。

大学生在劳动中应该如何保护自己的安全呢？须做到以下几点。

1）服装得体

要换好适合劳动的服装，服装以透气舒适为宜。

2）正确使用工具

要熟悉劳动工具的正确使用方法，避免因方法不当而对自己或他人造成伤害。

3）了解安全常识

劳动准备中最重要的一项，就是要了解该项劳动的安全常识，避免在劳动中发生危险情况。

4）遵守劳动纪律

服从分配听指挥，在劳动中要做到：劳动时不和同学玩耍、打闹，特别是使用工具时严禁嬉戏、追逐、打闹；必须在指定范围内参加劳动；不擅自改变劳动的有关规定，服从分配听指挥。

5）虚心请教

掌握劳动要领不仅能提高劳动的速度和质量，而且能避免事故的发生，要做到认真听取老师或师傅的讲课，记住劳动的程序，领会劳动的操作要领。在劳动过程中，要虚心接受指导，及时改正不正确的动作，遇到不会操作的地方要及时请教。

6）量力而行

每个人的体质不同，力气有大有小，盲目蛮干会伤害身体，大学生处于生长时期，更要注意保护身体。

7）远离危险物品

劳动时不要接触有害物质，如硫酸、农药等。不随便触摸和玩弄电器、电源开关等。应远离没有防护装置的传送带、砂轮、电锯等危险劳动工具，以免发生意外。注意个人卫生，尤其是在劳动中接触农药等有害物质后，要及时洗手，避免因不小心导致农药中毒。

小案例

严重违章验电　短路灼伤二人

某厂运行监护人高某、操作人贾某准备测量 380 V 电动机绝缘电阻，测量前需先验电。监护人高某在电源开关柜用验电笔验电时，验电笔不亮（设备确已停电）。

两人怀疑验电笔有问题，为了确认验电笔好坏，两人到另一带电的开关柜进行验证。操作人贾某站在侧面用手电筒照亮，监护人高某验电，当验电笔伸向开关柜内时，验电笔金属部分与柜体接触，对地短路放电，弧光灼伤两人。

这里的防范措施应该是：电气倒闸操作必须由两人执行，其中一人对设备较为熟悉者作监护。操作人负责操作，监护人负责监护；验电笔的金属杆部分应有绝缘套。验电前应先测试验电笔良好后，方可使用。

思考题：结合自身专业，你觉得职场安全注意事项有哪些？

5.4.3 合理规避劳动禁忌，提高劳动技能水平

1. 合理规避劳动禁忌

1）体力劳动禁忌

（1）引起体力劳动身体损伤的原因。

①长期重复一定姿势。长期从事站姿作业或坐姿作业、站立或行走的职业、强迫体位作业等的劳动者，容易导致腰肌劳损、下肢静脉曲张、神经血管疼痛、视力下降等身体损伤。

②不良劳动环境条件。如高温、寒冷、潮湿、光线不足、通道狭窄等，增加了劳动者劳动负荷、提高了劳动强度，容易产生疲劳和损伤。

③劳动组织和劳动制度安排不合理。劳动时间过长，劳动强度过大，休息时间不够，轮班制度不合理等，也容易形成过度疲劳，造成身体损伤。

④劳动者身体素质不强。劳动者身体状况不适应所安排的劳动的强度。

（2）预防体力劳动身体损伤的措施。

①采取合理的工作姿势。改善作业平台和劳动工具，加强自身作业训练，使自己能够采取正确的工作姿势和方式，尽量避免不良作业姿势，避免和减少负重作业，使身体各部位处于自然状态，减轻身体承受的压力。

②改善劳动环境。要求单位科学合理设计劳动环境并能控制劳动环境中各种有害因素，创造良好的劳动环境，如适宜的温度、湿度、光照、空间等。

③科学优化劳动组织和劳动制度。根据参与劳动的每个个体情况合理安排适当的工作，并安排适当的时间休息和轮班制度。

④适当运动锻炼，增强身体素质。体力劳动者往往长时间重复一个劳动动作，容易使用力部位劳损，而其他部位得不到锻炼。可以通过适当的运动来使身体各部位得到锻炼，提高身体素质，消除疲劳。

小贴士

体力劳动的等级划分

体力劳动强度分级是我国制定的劳动保护工作科学管理的一项基础标准，是确定体力劳动强度大小的根据，如表 5-2 所示。应用这一标准，可以明确工人体力劳动强度的重点工种或工序，以便有重点、有计划地减轻工人的体力劳动强度，提高劳动生产率。

表 5-2 体力劳动强度分级表

强度等级	举例
Ⅰ（轻劳动）	坐姿：手工作业或腿的轻度活动（正常情况下，如打字、缝纫、脚踏开关等） 立姿：操作仪器，控制、查看设备，上臂用力为主的装配工作

续表

强度等级	举例
Ⅱ（中等劳动）	手和臂持续动作（如锯木头等）；臂和腿的工作（如卡车、拖拉机或建筑设备等运输操作）；臂和躯干的工作（如锻造、风动工具操作、粉刷、间断搬运中等重物、除草、锄田、摘水果和蔬菜等）
Ⅲ（重劳动）	臂和躯干负荷工作（如搬重物、铲、锤锻、锯刨或凿硬木、割草、挖掘等）
Ⅳ（极重劳动）	大强度的挖掘、搬运

【小训练】

请结合自身实际，说说本专业从事的工作中如何预防体力劳动身体损伤。

2）脑力劳动禁忌

过度脑力劳动对身心健康的影响主要有以下方面。

（1）生理健康失常。长期过度脑力劳动，使大脑缺血，缺氧，神经衰弱，从而导致注意力不集中，记忆力下降，思维欠敏捷，反应迟钝，睡眠规律不正常，白天瞌睡，大脑昏昏沉沉，夜晚卧床后，大脑却兴奋起来，难以入眠，醒后大脑疲劳不缓解，精神不振。

（2）心理健康失常。由于上述生理功能的失衡，造成心理活动失衡，出现忧虑、紧张、抑郁、烦躁、消极、敏感、多疑、易怒、自卑、自责等不良情绪，表面上强打精神，内心充满困惑和痛苦、无奈和彷徨，继而对工作学习丧失兴趣，产生厌倦感，甚至产生轻生念头。

小案例

张某的悲剧

2015年3月24日一早，深圳36岁的男子张某被发现猝死在公司租住的酒店马桶上面，这件事经过《南方都市报》报道后，在网上引起广泛关注。张某的法医学死亡证明书显示，张某符合猝死特征。当日凌晨1时，他还发出了最后一封工作邮件。死前一天，他曾对妈妈说："我太累了。"张某是清华大学毕业的计算机硕士，生前就职于一家通信公司，负责一个项目的软件开发。张某的妻子闫女士说，他经常加班到凌晨，有时甚至到早上五六点钟，第二天上午又接着照常上班。闫女士认为，张某猝死与长时间连续加班有关，"他为了这个项目把自己活活累死了"。考勤显示他连续5天凌晨打卡。

现代社会由于生活、工作压力越来越大，人的精神常常处于高度紧张、焦虑、恐惧等压抑状态。在脑力劳动时，脑组织需要消耗氧气和葡萄糖，并且脑的代谢较其他器官高，尤其是紧张的脑力劳动，其消耗会更高，出现缺氧和缺血，使心率加快，血压升高，脑部充血，严重者甚至会诱发心脑血管意外，造成猝死。张某的死因即在于此。

思考题：你认为青年人该如何平衡学习、工作与健康生活？

2. 提高劳动技能水平

大学生通过学习培训，不断提高自己的劳动技能水平，增强适应能力，也能起到自我保护的作用。第一，大学生要加强职业技能或劳动技能的训练，尤其是在训练中熟知机器或实践操作过程中可能会出现事故的环节和原因，通过训练确认自己具备能够独立安全生产和实践操作的能力，不断提高专业技术水平，以“工匠精神”促生产安全。第二，多参与以安全生产、劳动保护为主题的训练活动，如安全生产知识竞赛活动、劳动保护讲座、安全生产活动演习等，明确各种抢险设备和防护设备的使用方法，增强自身的劳动保护能力。第三，大学生还可以通过加强体育锻炼增强自身体能，提高身体素质，增强岗位的适应能力，确保身心的健康发展。

课堂活动

法律权益知识大比赛

1. 活动目标

了解我国的法律法规体系，知悉国家关于劳动的法律法规有哪些内容是保护个人权益的。

2. 活动时间

建议 20 分钟。

3. 活动流程

1）所有学生运用各种途径整理个人认为重要的关于个人劳动权益的相关法律知识。

2）教师按照 8~10 人划分小组，并要求小组成员头脑风暴，从组员整理的法律知识中确定 15~20 个最有价值的法律知识。

3）每个小组选出一名代表陈述本组整理的最有价值的法律知识，其他小组可以对其进行提问，小组内其他成员也可以回答提出的问题；通过问题交流，将每个值得探讨的法律知识都弄清楚。

4）教师引导学生对我国的法律法规体系的作用进行探讨，并把各组解读的劳动法律知识进行分析、归纳、总结。

5）教师根据各组在研讨过程中的表现，给予点评并赋分。

（资料来源：刘培胜，张世荃，张志祥．劳动教育理论与实践教程［M］．哈尔滨：哈尔滨工程大学出版社，2020.）

课后练习

1. 简答题

1）劳动保护的内容包括哪些方面？

2）劳动保护的意义是什么？

3）劳动保护应坚持哪些原则？

4）劳动防护用品有哪些类型？怎样使用？

5）我国安全色标准是怎样规定的？

6）安全标志有哪几种类型？

7）劳动者的界定和构成要素是怎样的？

8）劳动者具有哪些劳动权益？

9）怎样依法保护劳动者的权益？

10）遇到劳动纠纷时，应该按什么程序依法保护自己的权利？

11）大学生如何加强个人的劳动保护？

2. 思考与探索

1）请结合本项目内容的学习，搜索并列举因没有做好劳动保护而导致重大生产事故的案例，并说明做好劳动保护的重要性。

2）列举保护劳动者合法权益的相关案例，并谈谈当你的劳动权益受到侵害时，你会怎么做？

3）结合实际情况谈一谈，大学生在开展劳动实践中该如何做好劳动保护？

4）想一想，在你所在专业的顶岗实习中，可能发生哪些劳动安全问题？我们又该如何防范？

5）有位老板对新进员工说，试用期就是我想给你多少钱就给你多少钱。他这种说法对吗？为什么？

6）如果你与公司订立劳动合同，应当注意什么问题？

7）你认为在今后的校园生活中，应该如何加强自我保护能力？

8）对“过劳死”你怎么看？如何改善“过劳死”现象？

9）近年来，在劳动者权益保护方面，我们见证了舆论监督的力量，目睹了企业的改变，感受到了党和政府的努力。对待简单粗暴的裁员行为，我们看到了企业道歉的态度，也看到了双方和解之后的“和平分手”；对待恶意欠薪，政府出台《劳动者权益保护法》等相关法律法规，大力惩治“老赖”；对待不幸因公殉职的员工，我们看到了企业对其未成年子女学习和生活费用做出的庄严承诺……可是，为什么损害劳动者合法权益的事件仍然屡禁不止呢？请谈谈你的看法。

劳动实践电子活页：实训实习

一、实训实习的含义

二、专业实训的分类与特征

三、专业实习的分类与特征

四、实训实习的劳动教育意义

学生工作页

实训实习认知与实践训练					
任务一	掌握实训实习的含义				
任务二	明确专业实训的分类与特征				
任务三	明确专业实习的分类与特征				
任务四	深入领会实训实习的劳动教育意义				
任务五	制订一份专业实习的计划				
任务六	根据实习情况撰写一份实习报告				
班　级		学　号		姓　名	

学生自评

我的心得：

建议或提出问题：

教师评价

项目6

劳动能力

人生最大的快乐，是自己的劳动得到了成果。

——谢觉哉

培育能力的事必须继续不断地去做，又必须随时改善学习方法，提高学习效率，才会成功。

——叶圣陶

劳动，不仅仅意味着实际能力和技巧，而且首先意味着智力的发展，意味着思维和语言的修养。

——〔苏〕苏霍姆林斯基

学习目标

目标分类	具体内容
知识	1. 了解劳动能力、职业能力的含义和构成 2. 把握认知管理、角色管理、情绪管理、压力管理、学习管理的内涵 3. 把握时间管理、目标管理、自我激励、有效沟通、健康管理的内涵
能力	1. 提升认知管理能力、角色管理能力、情绪管理能力、压力管理能力、学习管理能力 2. 提升时间管理能力、目标管理能力、自我激励能力、有效沟通能力、健康管理能力
态度	1. 端正对劳动能力、职业能力的认识 2. 全方位提升劳动能力，促进自身全面发展 3. 将劳动能力运用到劳动实践之中，不断提高劳动成效

项目导入

约瑟夫和威廉

约瑟夫和威廉是两个好朋友，他们同时被一家公司录用。在开始的半年里，他们一样努力，每天工作到很晚，最后都得到了总经理的表扬。可是半年后，约瑟夫得到了提升，从普通职位一直升到部门经理。而威廉却始终被冷落，到现在还是一个普通职员。

终于有一天，心中不平的威廉向总经理提出辞呈，并痛斥公司的用人不公。总经理没有生气，他希望帮助威廉找到问题的关键。因为他知道威廉虽然努力工作但是效率不高，这也是他一直没有得到升职的原因。

总经理微笑地看着他，忽然想出了一个主意。

“威廉先生，请你马上到集市上去，看看今天有什么卖的。”威廉很快从集市上回来说，“刚才集市上有一个农民拉了一车土豆在卖。”

“一车大约多少钱，多少磅？”总经理问。威廉又跑去，回来说有10袋100磅。

“价格是多少？”威廉再次跑到集市上。当威廉回来的时候，总经理对气喘吁吁的威廉说：“休息一会儿吧，你可以看看约瑟夫是怎么做的。”

约瑟夫需要完成的是同样的事情，但是结果大不一样。他很快从集市上回来，并且向总经理汇报说，到现在为止只有一个农民在卖土豆，有10袋共100磅，价格适中，质量很好，他带回几个让经理看看。另外，这个农民还有几筐才采摘的黄瓜，价格便宜，公司可以采购一些。

他不仅带来了几根黄瓜，还把农民一起带来了，就在门口等着呢。

劳动是新时代发展的关键词，幸福靠劳动创造，但劳动也要讲方法、讲科学、讲效率。劳动不但需要苦干、实干，劳动也需要通过具备和不断提升各种劳动能力，减少那种看似忙忙碌碌实则低效率运转的“努力”，实现提高劳动效率的巧干。这一案例教育和启迪我们，在生活和工作中，像威廉一样的人不少，他们有的工作很努力，有的很认真，可就是效率不高。他们整天奔跑在“来回集市”的路上，忙得气喘吁吁，时常加班加点儿，可以说工作中加不完的班、熬不完的夜、开不完的会，成为他们劳动的主旋律。而像约瑟夫一样的人也很多，他们具有非凡的劳动能力，在工作中善于思考，注重用联系的观点和系统思维，增强工作的计划性和科学性，研究方法，善于创新，减少了不必要的辛苦和低效率的工作，提高了工作的质量和效率。由此可见，具备劳动能力，才能提高劳动效率和劳动成效。

劳动能力指的是人进行生产活动的能力，是体力和脑力的总和；是劳动者以自己的行为依法行使劳动权利和履行劳动义务的能力，即法律上所指的劳动行为能力。劳动能力根据劳动行为的不同会有很大的差异，很难一概而论，根据所开展劳动的专业程度不同，劳动能力可以划分为：①一般性劳动能力，多指日常所需的劳动能力，包括为自己服务的穿衣、吃饭等和为他人服务的简单体力及脑力劳动能力；②职业性劳动能力，是指经过专业训练，具备专门知识的劳动能力（如工程师、教师）；③专门劳动能力，是指那些专长性很强的（如歌唱家、钢琴师）职业能力。可见，个体的劳动能力在具体的社会劳动实践中是通过其职业能力来判断的。为了更好地从本质上理解劳动能力是什么，还需要厘清职业能力、智力和关键能力这三个概念。

职业能力是指个体能够胜任一定工作角色所必需的知识、技能、判断力态度和价值观等的整合，通常分为一般职业能力和专业能力两部分，即基本能力和专业能力。专业能力因专业的不同差异会很大，而其中的基本能力则是适应各种职业都必须具备的能力，包括智力和关键能力。智力是指生物一般性的精神能力，是人认识、理解客观事物并运用知识、经验等解决问题的能力，包括记忆、观察、想象、思考、判断等。而关键能力则是一种普通、可迁移的，对劳动者未来的发展起关键作用的能力。关键能力与具体的专业知识和技能没有直接联系，但与完成专业任务又有着密切的联系。可以说，关键能力是一种在各种职业中顺利完成工作任务所必备的基本能力。无论劳动者从事何种职业，完成任何工作任务，开展哪种劳动，都必须具备关键能力。在当前我国《关于深化教育体制机制改革的意见》中对学生的关键能力和职业能力培养也提出了具体要求，明确指出："要注重培养支撑终身发展、适应时代要求的关键能力。在培养学生基础知识和基本技能的过程中，强化学生关键能力培养。""培养职业能力，引导学生适应社会需求，树立爱岗敬业、精益求精的职业精神，践行知行合一，积极动手实践和解决实际问题。"

教育要面向未来。作为21世纪的劳动者，要保持就业的可持续性，即不失业或不长期失业，就需要终身开发适应新时代要求的关键劳动能力。对于大学生来讲，主要表现为认知管理、角色管理、情绪管理、压力管理、学习管理、时间管理、习惯养成、人际交往、自我激励管理、身心健康管理等关键劳动能力的提升。

【话题探讨】

我国现在同时存在"用工荒"和"就业难"的问题。一方面，企业面临技能人才和普通工人"双短缺"；另一方面，很多毕业生手持求职信却四处碰壁。你如何认识并破解这一难题？

任务6.1 认知管理

微课
认知管理

正确地认知自我，是胜任劳动和工作的基本前提，大学生要不断提高自己的认知管理能力。

6.1.1 认知概述

所谓认知是指个体的认识过程，是人的主要心理活动之一。但关于什么是认知，随着认知心理学的产生与发展，人们对"认知"有了一些特定理解。如美国心理学家Houston等在《心理学导论》中归纳了对认知的五种看法：①认知是信息的加工过程；②认知是在心里进行符号处理；③认知是问题的解决；④认知即思维；⑤认知是一些相互关联的活动。上述五个对认知的不同看法，其实都是现代认知心理学的观点，只是从不同的角度来看待问题。

认知是指人认识外界事物的过程，是人们获得知识或应用知识的过程，而且认知是最基本的心理过程，包括感觉、知觉、记忆、表象、思维和想象等。我们习惯上将认知与情绪、情感、意志相对应，它们共同构成了人的心理现象的三大心理过程。人脑接受外界输入的信息，经过头脑的加工处理，转换成内在的心理活动，再进而支配人的行为，这个过程就是信息加工的过程，也就是认知过程。在人与环境相互作用的过程中，人的认知功能系统不断发展，并趋于完善。

心理学认为，认知是刺激—反应的中介。个体的情绪、行为等各种反应，并不是由刺激直接引起的，而是通过认知引发的。认知方面的评价、解释、预测激活了个体的情绪和行为系统，从而主导了各种各样的情绪和行为反应。如果个体在认知加工过程中出现偏差，就有可能导致错误观念，进而产生不良的情绪和行为。因此，只有认知正确了，才能有深刻的情绪、坚强的意志、积极的行为。

同样，在自我控制行为过程中，认知也发挥着重要作用。自控能力低的人，往往会感情用事；而自控能力高的人，往往能从理性角度思考问题，采取合适的行动。

此外，人们还存在认知风格的差异。所谓认知风格，就是在人完成认知任务时影响其方式方法的某些人格和动机因素。最典型的认知风格是场依存性和场独立性风格。场依存性和场独立性认知风格会影响学生的学习策略、思维品质的发展特点、语言习得的方式和效果，还会影响到学生的学科偏爱。有研究发现，场依存性风格的学生比较喜欢人际关系方面的领域，即偏爱文科；而场独立性的学生喜欢需要认知改组技能的自然科学，即偏爱理科。但场依存性和场独立性从整体上看并没有好坏之分，而且可以通过训练得到改变。

小案例

最好的镜子是你自己

每个人的内心世界都应当有两面明镜，一面照他人，一面照自己。爱因斯坦作为一名杰出的理论物理学家，他的一些故事也在哈佛学子中广为流传。

爱因斯坦小时候和很多小孩子一样，是一个十分调皮贪玩的孩子，经常和一些坏孩子混在一起。他的父亲常常为此忧心忡忡，他想找一个办法让爱因斯坦变得好学起来。直到16岁的那年秋天，一天上午，父亲将正要去河边钓鱼的爱因斯坦拦住，并给他讲了一个故事，正是这个故事改变了爱因斯坦的一生。故事是这样的：

“昨天，”爱因斯坦父亲说，“我和咱们的邻居约翰大叔去清扫南边工厂的一个大烟囱。那烟囱只有踩着里边的钢筋踏梯才能上去。你约翰大叔在前面，我在后面。我们抓着扶手，一阶一阶地爬了上去。下来时，你约翰大叔依旧走在前面，我还是跟在他的后面。后来，钻出烟囱，我们发现了一件奇怪的事情：你约翰大叔的后背、脸上全都被烟囱里的烟灰涂黑了，而我身上竟连一点烟灰也没有。”

爱因斯坦的父亲继续微笑着说：“我看见你约翰大叔的模样，心想我肯定和他一样，脸脏得像个小丑，于是我就到附近的小河里去洗了又洗。而你约翰大叔呢，他看见我钻出烟囱时干干净净的，就以为他也和我一样干净，于是就只草草洗了洗手就大模大样上街了。结果，街上的人都笑痛了肚子，还以为你约翰大叔是个精神残疾呢。”

爱因斯坦听罢，忍不住和父亲一起大笑起来。父亲笑完了，郑重地对他说：“其实，别人谁也不能做你的镜子，只有自己才是自己的镜子。拿别人做镜子，白痴或许会把自己照成天才的。”爱因斯坦听了，顿时满脸愧色。

爱因斯坦从此离开了那群顽皮的孩子。他时时用自己做镜子来审视和映照自己，终于映照出了他生命的熠熠光辉。

6.1.2 大学生认知的特点

大学阶段是一个人从青春期向成年期转变的重要时期，很多大学生都是初次离开父母，开始集体生活，在各个方面都会有较大的变化，其中最主要的变化就是认知能力方面的变化。同时，大学时期也是个体自我探索更加主动自觉、自我发展更加强烈的时期。大学生的认知有以下特点。

1. 认知方式从以往的外部权威为主转向以内部理性为主

随着年龄增长，当代大学生的自主意识明显增强，他们从多途径获得的多样化甚至相互矛盾的信息，使得他们不断破除外部权威的影响，开始走向自我判断、自我加工所接受的信息。这就促使他们的认知方式从以往的外部权威为主转向以内部理性为主。他们不再满足于传统的以简单说教为主的教育方式，不断尝试着用有限的知识和经验形成自我的内部理性，其外在表现就是个体的差异和对简单说教的逆反行为。

2. 认知的敏锐性、灵活性强，有强烈的好奇心，但缺乏深入分析的能力

繁多芜杂的信息，满足了大学生的好奇心，增强了他们的求知欲，但也使阅历不丰富的他们存在诸多的迷茫与困惑。面对日益更新的信息，冲淡了他们对问题深入分析的兴趣，缺乏深入分析的能力，从而在认识和行动上不断追求新鲜内容的刺激，出现行为和态度上的摇摆与偏激。

3. 认知行为的目的性和功利性增强

受改革开放和经济转型的影响，有些年轻人在认识问题时，多从实用和功利的角度出发，强调个人利益，不自觉降低了对理想追求和献身精神的培养。同时由于大学生的就业压力大，竞争意识强，很容易将行为的结果与物质利益的变化相联系，从而倾向于追求个人利益最大化，具体表现就是行为的目的性和功利性明显增强，理想信念等精神层面的追求趋于弱化。

4. 片面地认为自己的认知能力下降

很多大学生面对繁重的课业任务，意识到自己的记忆力有所下降。这其实是个体认知能力发展的必然规律，即随着人年龄的增长，记忆能力会逐渐减退。但有些人不能正确认识这一规律，积极寻找适合自己的记忆方法，提高自己的逻辑思维能力和分析判断能力，反而调侃“自己老了，记不住了”，于是放松对自己的要求，逐渐陷入恶性循环。

6.1.3 自我认知管理能力的提升

认知管理是一门“攻心”的艺术，是内部与外部认知管理的整合。“知彼知己，百战不殆。”大学生正处于人生发展的关键时期，应有意识地了解自己、剖析自己、评价自己，这样才能做到知己知彼，促进自己的人生发展。因此，在本书认知管理中我们主要谈的是对自我认知的管理。

1. 认识自我

当你需要向一个陌生人介绍自己时，你会怎么描述自己？你认识你自己吗？你知道自己能做什么吗？这些看似简单的问题，有时却难以回答，事实上很多人并不了解自己。有人说，一个人最好的朋友是自己，最大的敌人也是自己，你能明白它蕴含的道理吗？你是否清晰地知道“我是谁”？

客观全面地认识自我需要：①认识自己的生理特征，如身高、体重、外貌等；②认识自己的心理特点，如气质、性格、能力、兴趣、爱好、情绪、意志等；③认识自己的优势和劣势，扬长避短；④认识自己在群体中所处的位置，了解自我在周围人际交往环境中的形象，了解自我的职业理想等内容。

一般来说，我们可以通过以下几种方法来认识自我。

1）通过内省认识自我

古人云：吾日三省吾身。个体经常对自己的言行进行内省，对自己的心理进行分析，有助于认识自己。尤其是对自身缺点和内心深处某些不合适的念头进行自省，是比较困难的，是需要勇气的。我们可以从不同角度来了解自己，例如，分析自己眼中的我、父母眼中的我、老师眼中的我、同学眼中的我、朋友眼中的我的不同，以此来全面认识自己，评价自己。

2）通过科学测量认识自我

大学生可以借助有关的科学测量来认识自我。例如，如果想了解自己的智力情况，可以进行智力测验（如韦氏智力测验）；想知道自己的个性情况，可以进行人格测验（如卡特尔16种人格因素测验，主题统觉测验）等。但需要注意的是不科学的测量不足以成为自我认识的依据。

3）在比较中认识自我

有比较才有鉴别，我们可以通过与自己、与他人的比较来认识自我。例如，把现实自我与过去自我、理想自我进行比较，看看自己是进步了、成熟了还是退步了，与理想自我比较还有哪些差距等。通过与他人的比较，可以对自己的能力、性格、情绪等做出评判。但有一点应引起重视，那就是在与他人比较的过程中，要注意比较的参照系和立足点，不可盲目攀比。

4）从成绩中认识自己

大学生可以通过对自己的学习、文艺、体育、人际交往、社会实践等各方面的成绩加以认识。例如，阅读很多课外书，证明其兴趣广泛，知识面宽；人缘好，证明其善于与人相处，性情随和；成功组织班级活动，证明其善解人意，了解同学的需要，具有良好的组织能力。但注意不要把成就和成绩作为评价自己价值的唯一尺度。

5）以他人的态度和评价为参照物认识自我

从他人的态度和情感中觉知自己、明确自我。一个人对自己的认知难免有偏差，因此有必要根据他人的评价、他人对自己表现出来的态度来认识自己。

2. 悦纳自我

悦纳自我是形成和发展正确自我意识的核心和关键。悦纳自我就是要爱自己，接受自己，尊重自我的存在，并能够把控自己的生活。悦纳自我有四层含义：其一，无条件地接受自己，接受自己的全部，无论是优点还是缺点，无论是成功还是失败；其二，改变过分追求完美的习惯，不苛求自己；其三，建立和巩固良好的自我感觉；其四，从错误和失败中吸取教训，但不被他们打垮，永远给自己机会。

悦纳自己就要完全接纳自我，接受自己的不完美、懦弱与阴暗，允许自己犯错。或许我们时常对自己不满，为自己的缺点烦闷，甚至千方百计地想掩饰，但它与自己如影随形，无论我们满不满意，都不会离开。因此，我们要学会欣赏独特的自己，接纳不完美的自己，无条件地积极关注自己、爱自己。当我们把爱注入自己的心灵，给自己带来温暖和力量，让生命的活力重新循环流动，我们就能获得自我的新生。

每个人身上都有着无数的闪光点，重点在于如何寻找你身上的这些闪光点，并将其构成你亮丽而独特的人生风景线。常见的悦纳自我的方法有：

1）学会欣赏自己

世界上没有完全相同的两片树叶，也没有完全相同的两个人。或许有人在某些方面与你很像，但毕竟不可能完全一样。作为独一无二的你，其实没必要事事与别人一较高下，也没必要拿别人的标准来衡量自己。要相信天生我才必有用，积极发掘自己的潜能，实现自己的价值。

2）积极评价自己

人无完人，每个人都有优缺点。我们不仅要善于发现自己的优点，也要接受自己的缺点。缺点也是我们的一部分，有时正是有缺点才显得与众不同，令人记忆深刻。例如有研究表明一个很有才华的人，如果表现出一些小缺点，反而会更受人喜欢。因此我们要正确评价自己，积极评价多于负面评价，接纳有缺憾的自己。要努力提升自己，培养内在的心灵美，以内秀补偿外在不足。

3）正确对待挫折

一个人在成长过程中，难免会遇到挫折和失败。当我们身处逆境时，要正确认识挫折，客观分析挫折产生的原因，更要积极调整心态，勇于面对挫折。“故天将降大任于斯人也，必先苦其心志，劳其筋骨，饿其体肤，空乏其身，行拂乱其所为，所以动心忍性，曾益其所不能。”因此，大学生应正确对待生活、学习、工作中的种种困难，抱着“从哪里跌倒就从哪里爬起来”的劲头，总结经验，吸取教训，提高自己的挫折承受力，认可自己的能力，争取实现自己的理想。

小案例

你能悦纳自我吗？

3. 完善自我

完善自我是个体在认识自我的基础上，自觉规划、调整行为，健全人格，以适应社会要求的过程。完善自我是一个“新我”形成的过程，从“小我”走向“大我”，从“昨日之我”向“今日之我”、“明日之我”迈进。珍惜已有的自我，追求更高、更强的自我，做一个“自如的、独特的、最好的”自我。

要想实现自我完善，可从以下几个方面入手：

1）树立正确的理想自我观

每个人都希望自己是生活中的强者，能干出一番事业。很多人把理想自我设计得很完美，对理想自我要求很高。但理想与现实的差距与无奈，却又使他们感慨“理想很丰满，现实很骨感”，甚至失望和消沉。因此，我们要建立科学的、正确的理想自我观，不好高骛远，不自怨自艾，从自己实际出发，将理想与现实相结合，进行自我规划设计，做力所能及之事。

2）参加实践锻炼自我、展示自我

“一个人只有在实践中运用能力，才能知道自己的能力。”在实践活动中，我们可以获得正确的人生观、价值观，使自己的能力得到锻炼和发展。因此，大学生应积极参加社会实践活动，通过志愿服务、社会调查、参观见习、课外打工等各种形式的社会实践活动，逐步提高自我认识和自我教育能力。

3）克服自卑，相信自己

完善自我需要克服自卑心理，建立自信。世界上每个人只能是自己才能救自己，在心理咨询中也讲究“助人自助”。只有自己才是你永远的依靠，因此你应该自始至终地相信自己、珍惜自己、激励自己，鼓足勇气改变自己。即使身处困境或身有不足，也要发奋努力，利用补偿作用超越自卑，强化自己的优势，提升自己。同学们可以尝试上课只坐最前排、练习正视他人、练习当众发言、走路速度加快 25%，以这些简便易行的方法帮助自己建立自信心。

4）不断完善自我，超越自我

自我完善的过程是自我不断更新、走向完善的过程，也是从个体“小我”不断走向社会“大我”的过程。完善是一个过程，更是一种境界。只有坚持正确的方向，积极投身社会实践中，在实践中学习、创造和反思，才能正确认识自我、不断超越自我，从而走向成熟和成功。

任务 6.2　情绪管理

好的情绪可以让人充分发挥潜能，积极投入劳动和工作之中，不断为既定的目标而努力，从而获得良好的绩效。因此，大学生要努力提高情绪管理能力。

6.2.1　情绪概述

人非草木，孰能无情？面对大千世界，我们有着喜怒哀乐等丰富的情绪体验，正是有了这许许多多不同的情绪情感，我们的生活才多姿多彩。洋溢着青春色彩的大学生正处于人生观和世界观形成的关键时期，他们对人生、对社会的看法尚不成熟，情绪也易于激动反复，其心理健康在很大程度上依赖于情绪的健康与否。因此，正确认识自己与他人的情绪情感，提高自身心理健康水平，尽快适应社会要求，对于他们而言是非常必要的。

1. 情绪的概念

情绪是人对客观事物是否符合个体需要、满足个体愿望时产生的一种态度体验。情绪有积极情绪和消极情绪之分。当客观事物符合个体需要、满足个体愿望时，就会产生积极正面的情绪体验，如满意、愉快、喜悦、兴奋等；反之，则会产生消极负面的情绪体验，如焦虑、悲哀、愤怒、抑郁等。积极情绪对我们的人生发挥着积极肯定的正面作用，而消极情绪对成功发挥着负面消极的作用。

2. 情绪的要素

情绪由三个要素组成，即特殊的主观体验、独特的生理基础和生动的外部表现形式。

1）情绪的主观体验

情绪的主观体验是个体对不同情绪和情感状态的内心感受，是心理活动中带有独特色彩的觉知。例如，人们在获得成功时会感到开心；亲人离世时会感到悲伤；受到伤害时会感到痛苦；面临危险时会感到恐惧等。这种体验可以通过自身的感受反映出来，如“我感觉我很不舒服”“我感到很开心”等。而且同样一件事、一个情境，人们的情绪体验是不同的，例如，同样是排队时遭遇插队，有的人可能会虽然心生不满却无奈默默忍受，有的人可能会大声指责对方甚至拳脚相加。

2）情绪的生理基础

在不同的情绪状态下，个体的心率、血压、呼吸乃至人的内分泌系统、消化系统、神经系统等都会发生相应的变化。例如，个体在焦虑状态下，会感到呼吸急促、心跳加快；在恐惧状态下，会出现身体战栗发抖、瞳孔放大；在紧张状态下，会出现面红耳赤、多汗口吃等生理特征。这些变化都是受个体的自主神经支配的，是不由人的意识所控制的。因此，情绪状态下的这些变化，具有极大的随意性和不可控制性。例如，当我们因失恋、工作受挫时，不可避免地会出现一些情绪上的反应，即使你不愿意，即使你努力去控制，但相应的情绪反应还是会出现，只是程度不同罢了。

3）情绪的外在表现

情绪的外在表现是指情绪不仅表现为生理反应和内心体验，还通过面部表情、声音语调、姿势体态和行为动作等外在形式表现出来。其中面部表情最直接反映人的情绪状态，是情绪表现的主要形式。我们可以通过一个人的面部表情变化，了解他的情绪状态。我国有很多成语就是描述情绪状态的，如眉开眼笑、横眉怒目、手舞足蹈、面红耳赤等。还有个体在说话时语调、音色、节奏、速度方面的变化及其身体姿势，都能显示情绪的变化。例如，高兴时语调高昂、欢快；悲伤时语调低沉、缓慢；点头表示同意，耸肩表示无奈等。而且有时言语表情所表达的情绪信息甚至比言语本身更重要。情绪的外在表现是个体认识他人情绪的重要线索，也是建立良好人际关系的条件之一。

3. 情绪的功能

情绪渗透大学生的一切活动之中，对自身的心理活动起着组织与协调等重要作用。

1）适应功能

良好的情绪情感能够改善个体的生存和生活条件。例如，我们可以通过情绪反应与亲朋进行交流，以得到他人的欢迎与支持。即使是不良情绪，如恐惧、紧张和焦虑等，只要在正常范围内，实际上都可以起到积极的作用。例如，我们在恐惧时可以逃离不利情境，使自己免受伤害；适度的焦虑反而有利于提高学习和工作效率。

2）动机功能

情绪情感能够驱使个体从事某种活动，能够促进或抑制个体的行为。例如，在积极愉快的正面情绪引导下，个体会全力以赴，积极想办法，克服一切困难，力求达到预定目标；反之，则会缺乏拼劲和兴趣，稍遇阻拦就会畏缩不前，半途而废。

3）信号功能

情绪情感的信号功能主要是通过其外显形式——表情来完成的。表情能显示个体的情绪状态，是人们传递信息、相互影响、相互了解的重要方式。例如，微笑表示友好，哭泣表示伤心等。在人际交往中，个体多是通过表情来观察他人的情绪状态，以决定自己的行为和应对方式。

4）组织功能

情绪情感是个体心理活动的组织者，能够对其他心理活动起到影响和监测的作用。积极情绪能促进活动；反之，消极情绪则能瓦解活动。而且情绪状态还可以影响个体的学习、记忆、社会判断和创造力。例如，当我们积极乐观、心情舒畅时，学习、工作效率很高，往往能超常发挥；反之，情绪低落时则会动作迟缓、思维僵化，毫无创造可言。

4. 情绪与健康

愉快而平衡的情绪，能使人的大脑处于最佳的活动状态，从而提高脑力和体力劳动的效率。积极乐观的情绪还能使他人更喜欢接近自己，有助于个体建立良好的人际关系。此外，愉快的情绪还可以提高机体免疫系统的功能，从而增强对疾病的抵抗力。

不良情绪会损害身心健康。中医经典《黄帝内经》里早有“情志致病”的论述，明确提出过度的情绪反应对健康有损，即“喜伤心，悲伤肺，怒伤肝，思伤脾，恐伤肾”。

非洲草原上有一种吸血蝙蝠，依靠吸食动物的血生存。它们常叮在野马的腿上吸血。无论野马怎样暴怒、狂奔，就是拿这个“小家伙”没办法，它们都可以从容地吸饱再离开，而不少野马被活活折磨死。动物学家发现吸血蝙蝠所吸的血量很少，远不足以使野马死去，野马的死因是暴怒和狂奔。对于野马来说，吸血蝙蝠只是一种外界的挑战，一种外因，而野马对这一外因的剧烈情绪反应才是造成它死亡的最直接原因。人在生活中难免会遇到不顺心的事，如不能宽容待之，一时情绪激动，甚至暴跳如雷，大发脾气，会严重危害自身健康。动辄生气的人很难健康、长寿，很多人其实是“气死的”。于是，人们把因芝麻小事而大动肝火，因别人的过失而伤害自己的现象，称为“野马结局”。

有实验表明，恐惧、焦虑、抑郁、生气、敌意、嫉妒等不良情绪是一种破坏性的情绪，长期被这些负面情绪困扰将会导致身心疾病的发生，由此可见，不良情绪会损害个体的身心健康，而且人们常说的“积郁成疾”也反映了不良情绪对健康的损害。我们现在常提及的身心疾病，如高血压、冠心病等，其中情绪因素对疾病的发生和治疗都有很大的影响。此外，不良情绪还会影响记忆、思维、想象等心智活动，降低学习和工作的效率。

6.2.2 大学生的情绪

天天有个好心情是每个人的美好愿望，情绪就像晴雨表，它反映了每个人内心的心理状态。要想拥有良好的情绪状态，首先需要认识自己的情绪。

大学生正处于心理成熟的重要时期，同时也是情绪丰富多变、相对不稳定的时期。认识自己的情绪，做自己情绪的主人，将有助于提高心理素质，健康成长。

1. 大学生的情绪特点

大学生的情绪主要表现为以下几个特点。

1）稳定性与波动性并存

随着认知水平的提高，大学生对自己的情绪有了一定的控制能力，情绪渐趋稳定，但仍带有明显的波动性。他们的情绪起伏很大，往往前一刻还“晴空万里”，下一刻就“乌云密布”，继而“电闪雷鸣”“狂风暴雨”。学习成绩的优劣，人际关系的好坏，恋爱的成败，甚至一个眼神、一句话、一个场景，都可能使他们的情绪发生变化。

2）丰富性与复杂性并存

大学生面临着人生的诸多重要选择，学习、交友、择业、恋爱等人生大事基本上都在这一阶段完成，因此他们有着丰富而复杂的情绪体验，如快乐、悲伤、憧憬、纠结、奋发、消沉、自负、自卑等。但就整体而言，他们的情绪多为活泼、乐观、热情、开朗、精力充沛、充满朝气和创新意识。

3）外显性与内隐性并存

大学生对外界刺激反应迅速、敏感，喜怒皆形于色，具有外显性特点。一般他们的很多情绪一眼就可以看出来，例如上课受到老师表扬、比赛得了第一名，马上就会喜形于色。然而他们情绪的外在表现和内心体验并不总是一致的，有时他们也会掩饰、隐藏或抑制自己的真情实感，甚至故意表现出无所谓的态度。

4）冲动性与理智性并存

青年时期又被称为“狂风暴雨”时期，大学生的情绪体验强烈，易冲动，常因一点小事而振奋精神、豪情万丈或是情绪低落、一蹶不振。例如，有人可能会因为一点小事不如意，愤而离开现场。但是必须看到，他们的理智、自控能力已得到较高程度的发展，多数情况下是可以理性地思考问题，进行自我约束和情绪调节的。

2. 大学生常见不良情绪

大学生的许多心理问题，首先表现为情绪问题，特别是一些强烈而持久的消极情绪，对其身心损害更严重，甚至会造成心理疾病，因此需要了解并克服这些不良情绪的干扰，才能保持情绪健康。

1）焦虑

焦虑是一种十分常见的负面情绪，是个体主观上预料将会有某种不良后果或模糊地感到有威胁情境出现时所产生的一种不安情绪。焦虑者的表现为长吁短叹、坐卧不安，严重的会出现胸闷气短、呼吸困难、心慌、心悸，甚至出现昏厥。长期处于高度焦虑状态可使人丧失兴趣和信心，并导致身心疾病的发生。

大学生常见的焦虑有自我形象焦虑、学业焦虑、情感焦虑和就业焦虑。焦虑背后隐藏着对完美主义的诉求。研究发现，适度的焦虑有利于个体能力的发挥，高度焦虑则会影响个体精神状态、认知、行为和身心健康等。例如，一个焦虑自己不及格的大学生，为了避免这一现象出现，他会花更多时间和精力用在学习上，从而保证自己成绩优异，无挂科之忧，所以有学业焦虑的人一般学习成绩都很好。由此可见，适度的焦虑是有益的。

焦虑一般都有明显的影响因素，要想克服焦虑，就需要找出这些影响因素，正确处理和对待。面对焦虑原因我们应采取积极行为，多想一想“现在我能做些什么”，而不要把时间和精力过多浪费在“将来可能发生的可怕的事情”上。对于大学生而言，与其担心期末考试不及格，不如现在就好好学习，认真备考。面对那些无名的焦虑，需要放开心扉，坦然面对。古人云：人生不如意者十之八九，作为普通人的我们又岂能例外？因此不如洒脱些，试着用一颗真诚的心坦然面对。

2）抑郁

抑郁是大学生中常见的一种心理失调，是感到外界压力而无力应对时产生的一种消极情绪。它以低沉、灰暗为情绪基调，表现为闷闷不乐、提不起兴趣、自信心下降、自卑、觉得活着没有意思等。由于严重抑郁患者可能会自杀，人们曾经一度谈"郁"色变。但实际上，抑郁并没有像媒体上宣传的那样可怕，它就像是"情绪感冒"，和其他负面情绪一样，人人都曾体验过。

只不过对大多数出现抑郁情绪的人来说，抑郁只是偶尔出现，时过境迁、调适心情之后自然会消失。然而也存在一些人由于家庭因素、个人经历、遭遇挫折、理想与现实的差距过大等原因，长期处于抑郁状态，患上了抑郁症。在此需要强调的是，抑郁情绪并不等同于抑郁症。抑郁症作为一种心理疾病，有着严格的诊断标准和治疗程序，并非我们所想象的那样。

要想克服抑郁情绪，首先在认知上要改变过去那种对自己、他人和未来所持有的悲观消极、糟糕透顶的评价。一般而言，只要正确认知、合理调适，很快就可恢复积极健康。当个体出现抑郁情绪时，不要恐慌，要学会正视抑郁，改变不合理认知，以建设性的积极认知替代消极认知，可以通过写日记、唱歌等活动宣泄不良情绪，积极参加社会活动，寻找一些开心、有意义的事情做。当身边有同学处于抑郁状态时，我们要多关心、帮助他们，耐心倾听他们的痛苦，使他们感受到温暖和支持，这些可以帮助他们缓解抑郁情绪。但是如果感觉他们有自杀倾向时，一定要及时向老师和有关部门报告。

3）嫉妒

嫉妒是对与自己有联系的、而强过自己的人的一种不服、不悦、失落、仇视，甚至带有某种破坏性的危险情感，是通过将自己与他人进行对比，而产生的一种消极心态。嫉妒是自尊心的一种异常表现，在大学生中比较常见。例如，看到他人学习比自己好、能力比自己强，甚至穿衣打扮比自己时髦时，内心产生的一种不平、愤怒、痛苦的感觉就是嫉妒。

嫉妒是一种情绪障碍，它会扭曲人的心灵，妨碍与他人之间的交往。例如，当嫉妒者看到别人深陷困境时会幸灾乐祸，落井下石，在他人背后恶意中伤等。因此，一般嫉妒心重的人难以交到知心朋友。而且长期处于嫉妒状态，会产生压抑感，容易引发痛苦、消沉、怀疑、自卑等消极情绪，严重损害身心健康，影响个体自我发展。

克服嫉妒首先要开阔心胸，懂得"天外有天，人外有人"的道理。或许真正做到万事豁达开朗很难，但至少要做到不在自己极端嫉妒的情况下采取过激行为。要学会客观、平静地对待现实，学会转移注意力，积极进取，充实自己，让自己没有工夫嫉妒别人。再就是要悦纳他人，学会接受并欣赏他人的优点，化嫉妒为动力，见贤思齐。

4）愤怒

愤怒是由于客观事物与人的主观愿望相违背，或因愿望无法实现时，人们内心产生的一种激烈的情绪反应。心理学研究表明，当愤怒发生时，可导致个体心跳加快、心律失常、高血压等症状，同时还会使人的自制力减弱甚至丧失，思维受阻、行为冲动，干出一些事后追悔莫及的事情。

愤怒是大学生常见的一种消极情绪。血气方刚的年轻人往往冲动易怒，例如，有人可能会因为一句刺耳的话或一个不屑的眼神而暴跳如雷；有人可能会因为追求不成而恶意伤人；有人因为他人与自己的观念不同或意见相左而恼羞成怒；有人因一时得意而忘乎所以。如此遇事缺乏冷静思考和分析，逞一时之勇、图一时之快，对大学生而言是非常有害的，因此有人说“愤怒是以愚蠢开始，以后悔结束”。

小贴士
大学生情绪健康的标准是怎样的？

有时，愤怒是由于不够宽容，太过执着于自己的观点，而忽视了别人的立场。因此要学会换位思考，试着站在别人的角度来看待问题，试着理解和宽容。当处于愤怒时，不要急于采取行动，不妨在心中默数十个数再开口，一定要懂得控制与节制。如果你感觉控制不了了，可以选择先离开现场，等愤怒减退后，再重回现场。

【小故事】

把愤怒写在纸上

一天，陆军部长斯坦顿来到林肯那里，气呼呼地对他说一位少将用侮辱的话指责他偏袒一些人。林肯建议斯坦顿写一封内容尖刻的信回敬那家伙。

“可以狠狠地骂他一顿。”林肯说。

斯坦顿立刻写了一封措辞强烈的信，然后拿给林肯看。

“对了，对了。”林肯高声叫好，“要的就是这个！好好训他一顿，真是太好了，斯坦顿。”但是当斯坦顿把信叠好装进信封里时，林肯却叫住他，问道：“你干什么？”

“寄出去呀。”斯坦顿有些摸不着头脑了。

“不要胡闹。”林肯大声说，“这封信不能发，快把它扔到炉子里去。凡是生气时写的信，我都是这么处理的。这封信写得好，写的时候你已经解了气，现在感觉好多了吧，那么就请你把它烧掉，再写第二封信吧。”

6.2.3 管理自己的情绪

微课
管理自己的情绪

在我国由于生活节奏加快、学习压力和就业压力增大，许多大学生频频出现情绪障碍，因此有必要学会管理自己的情绪。

1. 情绪管理的概念和内容

情绪管理是对个体的情绪进行控制和调节的过程，是个体有意识地觉察、表达、控制自我情绪的行为，从而达到个体身心适应良好的状态。大学生情绪管理旨在为大学生建立科学的情绪宣泄和调控机制，培养他们驾驭情绪的能力，使其能够保持和发展积极情绪，克服和消除消极情绪。情绪管理包括情绪识别、情绪调控、情绪表达、自我激励等内容。

1）情绪识别

情绪识别，即了解自己和他人的情绪，培养情绪认知能力。情绪智商的核心是情绪认知能力，即当自己的某种情绪刚一出现就能觉察的能力。完整的情绪认知能力不仅指情绪的自我认知，还包括对他人情绪的识别和理解他人情绪的能力。

2）情绪调控

情绪调控，即培养情绪自我控制能力。情绪调控主要是指对负面情绪的控制、疏导和消除，培养乐观积极的情绪。

3）情绪表达

情绪表达，即合理地表达情绪以发展人际交往能力。人们在交往过程中会因为交往内容和方式的改变而体验到各种情绪，情绪也深刻地影响着交际的内容和方式。情绪管理要求在学会识别自己和他人情绪的基础上恰当地表达情绪，发展良好的人际关系。

4）自我激励

自我激励，即通过自我调节，建立和维护良好的情绪状态。

2. 情绪调适的常用方法

【小故事】

粪便臭不臭

这年年末，在北京香山的一家宾馆，一位女士经人介绍来见寂静法师。可是她不停地述说自己的苦难，没完没了。法师打断她的话说："你的苦还真多呀！"

女士："别人诉苦最多需要三天三夜，我诉苦需要三年！"

法师："那是什么时候的苦？"

女士："前几年。"

法师："那不是过去了吗？为什么还紧抓不放呢？"

法师停了一下，又问："你拉出的粪便臭不臭？"

女士："当然很臭啦！"

法师："现在粪便在哪里呢？"

女士："拉完就冲掉了。"

法师："为什么不把它包起来放在身上？见到人就拿出来告诉别人：我被这东西臭过？"

女士："那多恶心！"

法师："对呀！苦难也是一样，它已经过去了。回忆和诉苦就如同把粪便拿出来向人展示，既臭自己又臭别人！听懂了吗？"

女士："听懂了！"

法师："那以后你还要不要诉苦？"

女士："不要了！"

法师："记住：越诉苦越苦，越抱怨越怨。"

女士："嗯！……"

思考题：如果内心存在不良情绪，我们该如何处理？

对于情绪的调节和控制，并不等同于简单的压抑情绪，因此要做到自如地调控自己的情绪，必须了解情绪调适的可能性，并学习一些常见的情绪自我调控方法。

1）合理情绪疗法

合理情绪疗法简称 RET，是美国著名心理治疗家埃利斯（Albert）于 20 世纪 50 年代首创的心理治疗理论及方法。ABC 理论是 RET 的核心理论。A 代表诱发事件；B 代表个体对这一事件的看法、解释及评价，即信念；C 代表继这一事件后个体的情绪反应和行为结果。一般人们认为是外部诱发事件 A 引起了情绪和行为反应的结果 C，但 RET 理论认为个体对事件 A 的信念 B，才是引起情绪和行为反应 C 的直接原因。

个体的情绪变化是由认知评价引起的，即人们的情绪及行为反应与人们对事物的想法和看法有关。在这些想法和看法背后，有着人们对一类事物的共同观点，这就是信念。合理的信念会引起人们对事物适当的、适度的情绪反应；而不合理的信念则会导致不适当的情绪和行为反应。当人们坚持某些不合理的信念，长期处于不良情绪状态时，最终将会导致情绪障碍的产生。

合理情绪疗法的治疗过程和策略如下：

（1）心理诊断阶段。这是合理情绪疗法最初的阶段。在这一阶段里，心理咨询师要和来访者建立良好的人际关系，帮助来访者树立自信心；摸清来访者所关心的问题，从最重要、最迫切的问题入手。

（2）领悟阶段。这一阶段的重点是帮助来访者领悟情绪问题是由不合理信念造成的。要向来访者指出，他们的情绪困扰之所以延续至今，不是由于早年生活的影响，也不是由于事件本身，而是由于他们自身所存在的不合理信念导致，并且他们自己应当对此负有责任。

常见的不合理信念包括绝对化要求、过分概括化和糟糕至极。绝对化要求是指人们从自己的主观愿望出发，认为某一事情必定会发生或不会发生的信念。这种信念通常与“必须如何”“应该如何”这类字眼联系在一起，如“别人必须对我好”“别人应该理解我”等。过分概括化是以某一件或几件事的结果来评价整个人，评价某个人的价值。例如，某人第一次求职失败，认为这么普通的单位都拒绝自己，也找不到更好的单位了，一辈子都没啥大出息。糟糕至极是认为如果发生了一件不好的事情，那将是非常可怕、非常糟糕的，简直是一场灭顶之灾。例如，有人认为如果竞赛失利，将非常可怕，一切努力都付诸东流。

在大学生的种种不合理信念中，往往都可以找到绝对化要求、过分概括化、糟糕至极这三种，其中绝对化要求是最常见的。每个人都或多或少地会具有不合理的思维与信念，并因此而产生情绪困扰，大学生需要先意识到这一点，然后再与不合理信念做斗争。

（3）修通阶段。这是治疗中最重要的一环。修通阶段是通过以与不合理信念辩论的方法为主的治疗技术，帮助来访者认清其信念的不合理性，进而放弃这些不合理信念，帮助来访者产生某种认知层次的改变。

常用的修通技术包括与不合理信念辩论、合理情绪想象技术、家庭作业及其他技术。与不合理信念辩论是最常用、最具特色的方法，来源于古希腊哲学家苏格拉底的辩论法，即产婆术。合理情绪想象技术的步骤为：①使求助者想象进入产生不恰当情绪反应的情境之中（不希望发生的）；②帮助求助者改变不正确的认识，使他能体验到适度的情绪反应；③停止想象，让求助者讲述改变了哪些观念，学到了哪些观念；④对救助者情绪和观念的积极转变，咨询师要及时给予强化。

（4）再教育阶段。这是合理情绪疗法的最后一个阶段。在这一阶段心理咨询师要帮助来访者学会并巩固与不合理信念进行辩论的方法。此外还应包括对来访者进行诸如交谈技巧、人际交往、问题解决的训练等方式来巩固疗效，建立新的感应模式。

2）合理宣泄法

日常生活中，有的人遇到伤心、痛苦的事情时，不愿意将悲伤的情绪表露出来，而是选择“人前强颜欢笑，人后独饮悲伤”。然而有研究发现，过分地压抑自己只会使情绪困扰加重，而合理宣泄则可以使不良情绪得以缓解、放松。合理宣泄法是将内心不良情绪通过某种方式合理地表达出来，以减轻情绪反应的强度和缩短情绪体验的时间，从而使情绪得以较快恢复的情绪调适方法。

宣泄情绪的方法有很多，如痛哭、倾诉、写日记、唱歌、运动等。面对不良情绪，可以选择找个没人的地方痛哭一场，除了可以宣泄不良情绪，哭泣时流出的眼泪还可以把有机体在应激过程中产生的某些毒素排泄出来。也可以选择找好朋友倾诉一下，悲伤时如有好友陪在身边倾听自己诉说，即使不能提供有价值的帮助，也会使人感到一吐为快，内心轻松不少。还可以选择写在日记里、发在微信上、高声喊叫、剧烈运动等方式来宣泄自己的不良情绪。但有一点值得注意，宣泄不是随时随地进行的，一定要注意提高自制力，采用正确的方法，选择合适的场所和对象，以免引起意想不到的不良后果。

3）放松训练法

放松训练是一种很常用的方法，可以缓解由于长期经受压力而产生的焦虑、紧张，增强情绪调整的能力。常见的放松训练法包括肌肉放松训练法、腹式呼吸放松法、音乐放松法、意念放松法等。

肌肉放松训练法是运用肌肉松弛反应来抵制恐惧或焦虑等不良情绪发生的一种放松方式。这种方法有一定的技巧，必须经过学习和训练才能学会，其重点是先要使肌肉处于紧张状态，然后再按照一定顺序进行放松，反复多次，以达到最终放松心情的目的。

腹式呼吸放松法也称深呼吸法，它是一种慢节律方式的深呼吸。操作时可把双手分别放在腹部、胸部，感受一呼一吸中腹部的起伏，而尽量使胸部的起伏变小。因为焦虑或植物神经兴奋最常出现浅而快的呼吸，而腹式呼吸以一种更放松的方式取代了这种浅快的呼吸方式，从而减轻了焦虑情绪。

音乐对人的情绪起着很大的调节作用，不同的曲调和节奏能使人产生不同的情绪体验，在国外音乐调节已应用到抑郁症、焦虑症等心理疾病和精神病的治疗中了。例如，忧郁时宜听“忧郁感”的音乐，当我们心灵接受了这些乐曲的“美感”沐浴后，自然会慢慢消去心中的忧郁；性情急躁的人宜听节奏慢、让人思考的乐曲；悲观、消极的人宜多听宏伟、粗犷和令人振奋的音乐等。

意念放松训练法可分为两种：一种是自我意念放松，通过想象如大海平静的场面或夕阳西下的情景，使自己全身放松；另一种是接受意念放松，根据指导者的指导语进行练习，如“肩放松、臂放松、深呼吸……”直至全身放松。意念放松的姿势可站、可坐，也可躺下，但宜眼睛微闭。

放松训练的一般原则为：

第一，坚持每天练习，才能起到较长期的效果。

第二，每天练习 2~3 次。不要空腹和饱餐后练习，房间里不能太冷或太热。

第三，练习时需找一个安静的环境、穿着宽松的衣服。要以“自然”的态度去练习，投入地体验，而不是时刻顾虑“我是否能达到放松”。

第四，练习时注意通过鼻子呼吸。深呼吸时注意要缓慢、均匀，而不是快速地呼吸。

4）注意转移法

小案例

不要为打翻的牛奶而哭泣

十几岁的桑德斯经常为很多事情发愁。他常常为自己犯过的错误自怨自艾：交完考试卷以后，会夜里睡不着，害怕没有考及格；他总是想那些做过的事，希望当初没有这样做；总是回想那些说过的话，后悔当初没有将话说得更好。

一天早上，全班到了科学实验室。老师保罗·布兰德威尔把一瓶牛奶放在桌子边上。大家都坐下来，望着那瓶牛奶……过了一会儿，保罗·布兰德威尔博士突然站起来，一巴掌把那瓶牛奶打碎在水槽里，同时大声叫道："不要为打翻的牛奶而哭泣。"

然后他叫所有的人都到水槽旁边，好好地看看那瓶打翻的牛奶。

"好好地看一看，"他对大家说，"我希望大家能一辈子记住这一课，这瓶牛奶已经没有了——可以看到它都漏光了，无论你怎么着急、怎么抱怨，都没有办法再救回一滴。只要先用一点思想，先加以预防，那瓶牛奶就可以保住。可是现在已经太迟了，我们现在所能做到的，只是把它忘掉，丢开这件事情，注意下一件事。"

注意转移法是心理学上常用的调节方法，就是把注意力从引起不良情绪反应的刺激情境转移到其他事物上去，或者从事其他活动的自我调节方法。当个体面对压力时，不能一味硬挺，使自己陷入疲于应付而不能自拔的境地。而应把注意转移到使自己感兴趣的事情上，如听音乐、看电影、读书、聊天、散步、打球等。因为当人处于心理困境、遭受负面情绪侵扰时，大脑中往往会形成一个较强的兴奋灶，当兴奋中心转移了，也就是注意力转移了，负面情绪自然也就消除了。常见的注意转移法包括：

（1）消遣转移法。采用消遣娱乐的方法来转移注意力，如散步、看电影、听歌等。

（2）忙碌转移法。情绪不佳时，可以有意识地给自己安排一些工作，使自己将注意力集中在繁忙的工作上而忘记忧愁，或是无暇他顾。

（3）开阔转移法。使用能开阔心胸的方法来转移注意力，如阅读一些励志小说、登山远眺、理性升华等。

（4）改变环境。当我们在原有环境中难以排解负面情绪时，不妨出去走一走，换个环境或许有助于心情的纾解。

以上几种方法都是利用将注意力转移到自己感兴趣的事情上，来使不良情绪得到缓解的方法。注意转移法一方面中止了不良刺激源的作用，防止不良情绪的扩大与泛化；另一方面通过参加自己感兴趣的活动增加了积极情绪的体验，可达到调适情绪的目的。

【小训练】

回想一下，你在劳动过程中是如何克服懒惰情绪的？

任务6.3 压力管理

压力是现代人生活中不可避免的一部分，无论是工作、学习还是家庭生活，都会面临各种各样的压力。适当的压力可以激发人们的潜能，但过度的压力则会对身心健康造成负面影响。因此，合理地管理和减轻压力非常重要。

6.3.1 压力的概念

大学生自迈入大学校门之日起，便真正开始尝试从对父母和家庭的依赖中摆脱出来而独立生活，新的环境、新的起点、新的需要迫使他们必须靠自己去独立思考和独立解决问题，由此也就会不可避免地要承受来自各方面的压力。

1. 什么是压力

压力也叫应激，这一概念最早由加拿大著名的生理学家汉斯·塞利（Hans Selley）于1936年提出。他认为压力是表现出某种特殊症状的一种状态，这种状态是由生理中应对刺激的反应所引发的非特定性变化组成的。在当代的科学文献中，许多生理、心理专家都曾对压力做过研究，压力这个概念至少有三种不同的含义。

第一种，压力是指那些使人感到紧张的事件或环境刺激。如有一份“压力很大的工作”，即把可能带来紧张的事物本身当作压力。

第二种，压力指的是一种身心反应。如有人说“我就要去参加学生干部竞选了，我觉得压力好大”，这里他就用压力来指代他的紧张状态，压力是他对竞选这一事件的反应。这种反应包括两个成分：一个是心理成分，包括个人的行为、思维以及情绪等主观体验，也就是所谓的“觉得紧张”；另一个是生理成分，包括心跳加速、口干舌燥、胃部紧缩、手心出汗等身体反应。这些身心反应合起来称为压力状态。

第三种，压力是一个过程。这个过程包括引起压力的刺激、压力状态以及情境。所谓情境是指人与环境相互影响的关系。根据这种说法，压力不只是刺激或反应，而是一个过程。在这个过程里，个人是一个能通过行为、认知、情绪的策略来改变刺激物带来的冲击的主动行动者。面对同样的事件，每个人经历的压力状态程度却可能有所不同，就是因为个人对事件的解释不同，应对方式也不同。

凡是有知觉、有想法的生物都必然承受压力。因为有知觉必能感受到外界的改变，而改变可能会带来压力；有想法必定会衍生出自我期许与外界现实之间的冲突，而冲突也可能会带来压力。因此，身为万物之灵的人类，所承受的压力，想必也是万物之最。

2. 压力程度与效率的基本关系

压力能够对个人的效率起到帮助或阻碍的作用，两者的关系通常如图6-1所示。当压力程度上升时，个人效率随之增加，但当压力程度超过了最佳压力点时，个人效率随之减低。这就意味着，当压力使人更警觉或更精力充沛时，它对人有益，并能使人全神贯注和高水平地运作。

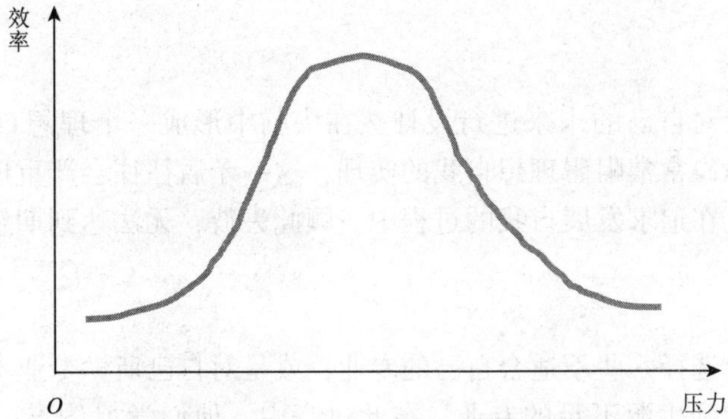

图 6–1 压力程度与效率的基本关系

压力程度与效率两者之间的基本关系表明，人的目标之一可能是应该更好地认识最佳压力程度。这与调试琴弦很相似，弦上得不够紧（压力不足）会产生不理想的演奏效果，而弦过分绷紧（压力过大）演奏同样也会不理想，同时还可能会绷断琴弦。增加人对自己最佳压力程度的认识，同时有意识地调整自己的压力程度，使该程度始终如一地处于最佳状态，这是控制自己的另一关键。

【小故事】

压力效应

有一位经验丰富的老船长，当他的货轮卸货后在浩瀚的大海上返航时，突然遭遇到了可怕的风暴。水手们惊慌失措，老船长果断地命令水手们立刻打开货舱，往里面灌水。“船长是不是疯了，往船舱里灌水只会增加船的压力，使船下沉，这不是自寻死路吗?”一位年轻的水手嘟囔。但看着老船长严厉的脸色，水手们还是照做了。随着货舱里的水位越升越高，船一寸一寸地下沉，但依旧猛烈的狂风巨浪对船的威胁却一点一点地减少，货轮渐渐平稳了。

船长望着松了一口气的水手们说：“百万吨的巨轮很少有被打翻的，被打翻的常常是根基轻的小船。船在负重的时候，是最安全的，空船时，则是最危险的。”

6. 3. 2 压力源及压力的表现

1. 压力源

压力产生的原因是复杂的，我们将那些具有威胁性或伤害性并能带来压力感受的事件或环境称为压力源。大学生在整个大学的每个阶段里，都会遇到各种各样的刺激对其施加影响。只有勇敢面对压力，化压力为动力，才是明智之举。要管理好压力，就必须辨析出压力产生的来源。压力源我们可以从以下几个方面来探讨。

1）环境问题

对于环境的变迁，刚刚跨入大学校园的新生往往会产生不适应感，如学习条件和方法的改变及生活习惯的变化。很多人对此没有思想准备，不能恰当地对待和接受陌生的校园，就会出现心理压力。

2）个人问题

每个大学生都会对自己的未来进行设计，在头脑中形成一个理想自我，然而现实社会中，由于种种客观障碍常常阻碍理想自我的实现，这一矛盾往往会严重地影响他们的心理状态。另外，个别学生在追求发展自我的过程中，顾此失彼，无法达到期望的目标，也会产生压力。

3）学业问题

有些大学生总会选择一些不适合自己的专业，或是对自己所学专业不感兴趣，或是由于高考分数低，被调剂到生源不足的专业。在此过程中，他们学习倦怠、态度回避、缺乏动力，从而导致身心疲惫。

4）经济问题

在大学里，学生们可能会遇到各种各样的经济问题。有的大学生急于脱离父母独立生活，开始盲目地打工赚钱，从而影响学业，造成身心疲惫。此外，大学生群体中有部分学生来自贫困地区或贫困家庭，面对日益高涨的消费，感受到来自经济方面的压力，也可能会更加自卑。

5）人际交往问题

远离家乡的学生在开始大学生活时会感到孤独，尤其是面对来自不同地区的同学和室友时。他们需要重新形成新的交友圈和社会支持系统，如果在此过程中出现人际关系不和，则会产生心理焦虑和压力。

一定的压力会使人感到精力充沛，并能保持较长一段时间。当一个人的压力很好地保持在一定的可控制的水平时，它将激励其在较长的时间里完成高质量的工作。但有时过度的压力会导致人不堪重负。所以，明白自己的压力源所在，是实施良好压力管理，保持积极心态的关键所在。

小案例

切斯特·马丁

切斯特·马丁早晨7时才醒，他睡过头了。他惊慌地意识到他要第二次迟到了。为了尽快出发，急急忙忙刮胡子时脸被刮破了，舌头被咖啡烫了，还不时担心老板的态度。在高速公路上，由于不能变换车道，他只能跟在一辆速度缓慢的车后面。他边不断地按喇叭，和其他车辆只差几英寸，一边小声嘀咕着咒骂别的司机。他的身体下意识地紧张着，他的手紧紧握着方向盘。

一进办公室，他就发现昨天口述的命令还没有从速记稿中译写出来，并考虑为什么秘书没有解释这件事。切斯特的上司听到这件事，向他解释说，他的秘书正在为自己处理一件特别工作，并申斥了他。听完了申斥，切斯特砰地把咖啡杯扔在桌上，咖啡溅到了桌上放着的一些重要文件上。那一天，在参谋会议上，他一直在想心事，以致没有发现有一个问题是针对他提的。结果老板暗示如果切斯特集中注意力，他应该对公司里的业务有更好的主意，大家一起盯着他，让他窘迫不堪。

又碰上一些事，那天晚上他开车回家晚了一个小时。又累又紧张，再加上情绪急躁，他对孩子发了脾气，又惹恼了妻子，两人争吵了起来。整个晚上，切斯特躺在沙发上，盯着天花板直到第二天凌晨。结果，他又睡过了头，疲倦地睡着，依旧急躁不堪。

思考题：

(1) 请列出切斯特遇到的各个压力源，看看哪一个是最主要的？哪一个是最次要的？

(2) 切斯特本该如何处理好他遇到的压力？

2. 压力的表现

当人们面临压力时会产生一系列心理、生理、行为的反应。这些反应在一定程度上是机体主动适应环境变化的需要，它能够唤起和发挥机体的潜能，增强抵御和抗病能力。但是，如果反应过于强烈或持久，超过了机体自身调节和控制能力，就可能导致心理、生理功能的紊乱，进而产生身心疾病。

1）心理反应

压力引起的心理反应有警觉、注意力集中、思维敏捷、情绪的适度唤起，这是适度的反应，有助于个体应付环境。过度的心理反应如过分烦躁、抑郁、焦虑、激动不安、愤怒、沮丧、消沉等长时间的负性情绪。过度的心理反应可以使人自我评价降低、自信心减弱、消极被动，形成习得性无助，也可使人表现为骄横无礼、破罐子破摔等。

2）生理反应

在压力状态下，机体必然伴有不同程度的生理反应，主要表现在内分泌系统和免疫系统等方面。例如，导致心率加快、心肌收缩力增强、血压升高、呼吸急促、各种激素分泌增加、消化道蠕动和分泌减少、出汗等。这些生理反应调动了机体的潜在能量，提高了机体对外界刺激的感受和适应能力，从而使机体能更有效地应付外界环境条件的变化。但过度的压力会使人口干、腹泻、呕吐、头痛、口吃等。

3）行为反应

压力状态下的行为反应可分为直接反应与间接反应。直接的行为反应是指直接面临紧张刺激时为了消除刺激而做出的反应，如路遇歹徒行凶，或与之搏斗或逃避。间接的行为反应是指为了减少或暂时消除与压力体验有关的苦恼而做出的反应，如借助烟、酒等使自己暂时缓解紧张状态。压力状态下，常见的心理反应、生理反应和行为反应症状如表 6-1 所示。

表 6-1　压力下的心理、生理、行为症状列表

压力的心理症状	压力的生理症状	压力的行为症状
1. 焦虑、紧张、迷惑、急躁	1. 心率加快、血压增高	1. 拖延和避免工作
2. 疲劳感、生气、憎恶	2. 肾上腺激素和去甲肾上腺激素分泌增加	2. 能力降低，错误率、事故增加
3. 情绪过敏和反应过敏	3. 恶心，肠胃失调，如溃疡	3. 转嫁责任于他人
4. 道德和情感准则削弱	4. 身体疲劳、心脏疾病、糖尿病	4. 只解决短期和表面问题，不愿做深入的工作
5. 感情压抑、兴趣和热情减少	5. 呼吸问题	5. 吸烟、酗酒和吸毒行为增加

续表

压力的心理症状	压力的生理症状	压力的行为症状
6. 交流的效果降低；退缩和忧郁；孤独感和疏远感	6. 汗流量增加；头痛；癌症；肌肉紧张	6. 为了逃避压力，过度饮食，导致肥胖
7. 厌烦工作	7. 疑病症增加；睡眠不好	7. 出现稀奇古怪的行为，无性格特征的行为产生
8. 精神疲劳和低智能工作，错觉和思维混乱增加	8. 湿疹、神经性皮炎、荨麻疹、痤疮	8. 没胃口，体重迅速下降
9. 注意力分散，注意范围缩小		9. 吃得少，可能伴随抑郁
10. 缺乏自发性和创造性，组织能力和长期规划能力退化		10. 语言问题增加，不连贯性
11. 短期和长期记忆力减退		11. 去医院次数增加
12. 反应速度减慢		12. 忽视新的信息
13. 性格发生变化，爱清洁、很仔细的人会变得邋遢、马虎，热心肠的人会变得冷漠，民主的人变得独裁		13. 冒险行为增加，包括不顾后果的驾车和赌博

6.3.3 提升压力管理能力

微课
提升压力管理能力

从20世纪初到21世纪初，人类社会发生了空前的变化，科技飞速发展，社会高度进步，发明创造不断涌现。伴随着高速发展的节奏，人类也在不断地改变和提高自己，以应对越来越激烈的社会竞争。在这个过程中，每个个体都承受着不同程度的压力，大学生作为天之骄子，同样面临着这种竞争的压力与挫折。因此，有效的压力管理和正确的挫折应对方式，对每个大学生来说显得尤为重要。

1. 什么是压力管理

压力管理，就是个体用有效的方法应对在压力情况下的生理、心理唤起。按照压力管理的内容，压力管理包括压力诊断和压力缓解。

压力诊断包括评估压力状况、了解自身压力反应及惯用的应对方法等。压力缓解经常被大家误认为就是压力管理，或者说，狭义的压力管理是指压力缓解。压力缓解包括两个方面：一是针对压力源造成的问题本身去处理；二是处理压力所造成的反应，即情绪、行为及生理等方面的缓解，主要包括肌肉放松训练、情绪管理训练、时间管理、健康行为的培养等方面。

2. 压力管理的基本原则

1）警觉原则

个体要对自身面对的压力警觉，关注自身的压力状态，避免身处压力之中不能自察。肌体对压力往往有一种天生的吸收—缓冲机制，一般的生活压力会被身体转化成活力与激情。有两种压力可能使肌体调节失常：一是突如其来的过大压力；二是持续不断的低量压力。前一种压力会使人的压力调节机制瓦解，后一种压力则可能逃避正常的肌体反应，造成压力的积蓄。如果一个人生活在流动的、不停变化的压力中，他的肌体不仅可以是健康的，也是有饱满能量的。压力过小的生活让人消沉，昏昏欲睡，肌体懈怠，思维变慢；压力过大的生活让人痛不欲生。觉察压力包括三个层次：①稍多的压力引发纷乱的情绪；②较大的压力带来躯体各种不适反应；③过大的压力会导致意识狭窄，对环境反应迟钝，身心处在崩溃的边缘。个体要随时审察自己的压力状态，以便寻求更加恰当的方法进行压力管理。

2）平衡原则

生理和心理是压力显现的两个重要方面。躯体压力大，精神压力也会慢慢增大，反之亦然。通过放松躯体压力，精神的压力也在释放。当我们集中心智工作太久，或者长期处在竞争状态下，我们可以通过肌体的放松来释放精神的内在压力。当我们懈怠太久，为琐事所累、精神疲劳的时候，也可通过肌体的运动来保持精神的活力。

3）不断提升心理素质原则

良好的心理素质，雄厚的心理资本，可以增加人们应对压力的能力。所以，我们要正视压力，对压力拥有正确的观念，明白压力并不可怕，可怕的是我们对压力有不恰当的观念与反应。压力是一把“双刃剑”，给我们带来困苦的同时也会磨炼我们的身心，不妨把其当作调剂我们身心素质的一剂良药。

4）注意掌握压力管理技术原则

每个人在面临压力时都会寻求一些方法来达到自身身心的放松。当我们警觉自身正处于压力状态时，要注意寻找合适的方法，掌握一些必要的技术方法来缓解压力，例如写压力日志、肌肉放松训练、冥想与想象、倒数放松、自我催眠等。

3. 压力的中介调节机制

在现代生活中，压力事件是普遍存在的，任何人都无法避免。然而，同样的刺激，有些人会产生强烈的压力反应，有些人却未发生任何健康问题，这是为什么呢？刺激引起反应，除了与压力源的强度、持续时间等有关，还取决于若干中介因素，包括个体的认知评价、个体的应对能力、社会支持及个体的个性特征等。

1）认知评价

压力源是否引起个体压力反应，关键在于认知评价。认知是人们对外界信息的选择性注意，对刺激信息的性质与强度的了解。在此基础上，个体再从自己的角度，对遇到的生活事件的性质、强度和可能的危害情况做出估计，这就是评价。对生活事件的认知评价直接影响个体的应对活动和身心反应。个体只有在觉察到刺激对个体有意义，而且经过评价认为自己难以应对、对个体构成威胁时，才会引起个体的压力反应。

由于人们认知评价标准的不同，以致对同一件事件可有不同的认知和评价，从而会引起不同的压力反应。影响个体认知评价的因素包括压力源的特点和个体的主观因素两个方面。压力源的特点包括刺激的强度、刺激的持续时间、刺激的发生方式等。个体的主观因素包括个体的人格特征、个体的需要和期望值、个体过去的生活经历、个体的生物节律等几方面。

2）心理防御机制

心理防御机制又称为自我防御机制，是弗洛伊德精神分析学说的基本概念之一，是指个体处于挫折与冲突的紧张情境时，在其内部心理活动中具有的自觉或不自觉地解除烦恼、减轻内心不安和焦虑，以恢复情绪平衡与稳定的一种适应性倾向。它被认为是一种潜意识的心理保护机制，是个体在精神受干扰时保持心理平衡和自尊的策略。每个人在处理挫折和紧张情绪时，都在自觉或不自觉地运用自我防御机制，但由于每个人的生活态度以及个性特征的不同，所采用的心理防御方式也有差异。心理防御机制是人在面对挫折时自发产生的反应，能帮助人们暂时缓解消极情绪却并不改变原先的事实，因此，心理防御机制有两重作用。

3）社会支持

社会支持又称心理环境中介因素，是指个体遭遇压力源时所能得到的来自周围环境的物质和精神上的支持与帮助，它反映了一个人与社会联系的密切程度和质量。心理学家安托露丝把夫妻（恋人）关系、与家庭成员的关系、与朋友的关系称为“人生护航舰”。良好的社会支持系统有利于大学生缓解压力。

4）个性特征

许多研究发现与压力有密切关系的某些疾病与个体的人格特征密切相关。如具有 A 型人格的人好竞争、易激动、有时间紧迫感又缺乏耐心，有这种个性特征的人处理与压力有关的事件时往往采取的应对方式是面对而不是逃避。因此，A 型人格具有冠心病的易罹性。

4. 压力管理的方法

当一个人在高度紧张状态所承受的压力过大时，需要有效地缓解压力，并在此过程中达到自我身心的成长。其实压力并不可怕，只要学会一些应对方法和技巧，就可以减少消极影响。我们可以从以下几个方面着手。

1）调整认知方式

当我们承受的压力过大时，往往会钻牛角尖，夸大事态的严重性，也低估了自己的应对能力，从而感受到更大的压力。有时，我们会只凭自己的个人感觉，而非根据客观存在的事实来判断和推论。有时，我们会错误评估事情的重要程度，将后果想得太严重，甚至想象成灾难。有时，我们又过分贬低自己的成就，不合理地将自己看成是一文不值。有时，我们在感受到压力时，习惯性地把所有问题都归咎于别人，全盘放弃对事情的控制，自己再也无法改善情况；或者是把所有过错独揽，感到自己很没用。

其实我们应先看清楚自己的认知是否出现了问题，若有的话，就该深入了解客观事实，然后再根据实际情况选择适当的反应。因此，有效缓解压力的头一件事就是认清自己的认知，看看有没有出现谬误。

2）学会放松和转移

可能你已经调整过自己的认知，却依然出现一些压力反应（如失眠、偏头痛、肌肉紧张等），这时我们可以试试做一些放松练习。因为当我们感受到压力时，身体会很自然地处于备战状态，使整个人如箭在弦、拉得很紧，容易出现种种令人不适的反应。而进行适度的放松练习正好使我们摆脱备战状态，令我们得到舒缓、减轻压力。

学会并善于转移注意力，是自觉克服强迫等心理问题的最具有实际作用的方法。根据自身压力的实际指向，通过运用转移、换挡等方式，让其得到有效的释放与缓解，从而保持身心平衡。

当我们遇到不愉快的事情时，心跳会加快、血流会加速、血往上涌时，难免会说出不该说的话、做出不该做的事。这时不妨到户外走走，进行深呼吸，或者到操场上跑几圈，索性洗个脸，以缓解心中的压抑和愤怒。

3）减少不必要的压力源

缓解压力的另一个办法，就是尽量避免压力过大，懂得凡事要量力而行。也就是说不要让自己绷得太紧，不要凡事都揽在自己身上，又不好意思拒绝别人，结果答应人家的事情不是做得心不甘情不愿，就是拖延很久才完成，变成一种消极性的攻击。很多无法自我肯定的人，由于认为自我价值低，常常要靠别人来肯定，而且也较容易受别人左右，又怕麻烦别人。因此，他们遭遇困难时也常是一个人承担，比较不会求助，导致压力无处纾解，身边的事情越做越多，压力也越来越大。

其实，很多事情是可以有所取舍的，我们必须懂得照顾自己，学会拒绝，才有机会减少一些压力事件的发生。因此，要学会肯定自我，自我肯定的人可以更好地适度表达与满足自己的需求，比较懂得调适压力，也比较清楚自己的限度，不会去承担过多的压力。

同样，很多外在环境的压力我们也是可以避免的，如减少噪声，避免到拥挤的地方去。此外，营养不均衡也会让我们感受到压力，因此，保持营养均衡，限量咖啡、糖，补充维生素 B、维生素 C 等都可以帮助我们减少不必要的压力。

4）做好有效的时间管理

有些人总是觉得时间不够用，常常疲于应付别人的要求，而没有充裕的时间来从事自己喜欢的事情；而有些人则是虚度光阴，以致该完成的事情没法如期完成，也增加了一些原本可以避免的压力。究其原因，很可能就是缺乏对时间的有效管理。每个人每天同样拥有 24 小时，但是有些人就是没有时间或觉得时间不够用；而有些人则是忙归忙，但还是有足够的时间喝杯咖啡、听听音乐、与朋友聚聚餐，常常是忙里偷闲，可照样能高效率地完成很多事情。为何会有如此大的差别呢？关键就在于是否善用时间。

我们可以用时间记录法看看你一天通常是怎么度过的。将自己一天每小时所做的事详细列出一张生活记录清单，回顾一下从起床到睡觉到底做了哪些事，所从事的每件事情都花费了多少时间。从这张生活记录时间表中可以清楚地看出我们一天的时间是怎样使用的，当我们清楚自己对时间的使用情况时，我们才能进一步做好时间管理。

做好时间管理的另一种技巧就是避免推诿延迟。当我们面对困难的工作时，往往由于害怕失败，采取拖的战术。但是拖延得越久，焦虑感就越大，情况只会变得越来越坏。到了不能再拖的时候，所剩时间就更少，焦虑感也就更强烈，感受到的压力会扩大，令自己更难满意地完成工作。有效减少拖延的方法，就是先分清轻重缓急，然后从最急切的工作开始。先完成最困难的工作，这样也可以有助于我们减少拖延。

5）培养幽默感

幽默感可以化解压力，增进身心健康。在心理健康方面，幽默的创造或对幽默的欣赏，能释放人们内心的攻击性冲动与焦虑情绪，维持心理上自我感的平衡，减轻忧郁症状，调节负面生活压力对于焦虑、忧郁等心情的影响。所以，我们若能拥有幽默感，不但能缓和紧张、纾解压力，更能活得长寿、活得健康。

小贴士

压力管理与情绪调控

如何进行压力管理与情绪调控？不妨进行压力管理与情绪调控之情境幻想。

首先，想象你孤立无援地站在海边。整个世界均在沉睡之中，唯有你是清醒的。你起身穿衣，散步到海边。你发现你正抬头仰望蓝天，突然之间，你将你的心灵投入万里无垠宇宙之间，而与天地合二为一。你站在那儿，好像海边的一朵浪花，延伸至无穷尽的蓝天。

其次，记住这美好的经验，如同背诵一首诗。你先记起你所听过的海涛和风声，海边野草萧飒之声，再记起你所感觉过的迎面而来的凉意，喷溅而起的浪花；然后是海的味道，空气中弥漫着咸味，你可以用舌头舔舔看，如同你正在舔那海洋的气味。记住了这些不同的味道，你便可以随时把这种经验带回来了。

最后，当你发现自己充满压力时，就闭上双眼，回想你所经历过的美好的经验。一幕幕回想那安静祥和的一切，很快地，你的心中将会再度感受你所想象的，那晚独自在海边所得到的那种宁谧的感受。这时你要对自己说："我已赶走了所有的压力，我现在感到平静而且轻松。"

【小训练】

回想一下，你在劳动过程中是如何面对压力，进行压力管理的？

任务 6.4　学习管理

微课
学习管理

学习是一种能力，是一个人成才进步和发展的力量源泉。提高学习管理能力，养成良好的学习习惯，对于完成复杂劳动和创造性劳动至关重要。

6.4.1　学习概述

1. 学习的含义

学习有广义和狭义之分。广义的学习是指人和动物通过获得经验而产生的行为，或行为潜能的相对持久的适应性变化。也即，个体在特别情境下，由于练习或反复经验而产生的行为、能力或倾向上的比较持久的变化及其过程。狭义的学习，有的认为是指人类的学习，即人在实践活动中，以语言为中介，积极主动地获得社会及个体经验的过程；也有的认为是学生的学习，即在各类学校环境中，在教师的指导下，有目的、有计划、有组织地获得知识，是在较短的时间内系统地接受前人积累的文化经验，以发展个人的知识技能，形成符合社会期望的道德品质的过程。

学习是一种适应性的活动。任何生物为了生存，必须在生理上和心理上适应客观环境的变化，与环境保持动态平衡。学习行为越多，个体的适应能力就越强。生物与环境的相互作用是这种适应性活动得以发生的客观基础。

学习是通过相应的行为变化而体现的，并且引起个体行为变化的原因是个体经验的习得，而不是本能、疲劳、成熟等引起的。个体在与环境相互作用的基础上，获得了相关经验，建立了相应的心理结构，用以调节自己的行动。新的行为体现了学习的结果，更加适应个体生存。

学习是相对持久的行为变化。学习是个体经历，既非主观自生的产物，也不是来源于基因改变或种族遗传，学习存在于个体与环境之中。学习所造成的行为变化，在行为品质上表现为行为水平的提升和持久稳定。

2. 学习的意义

学习是任何动物生存中普遍存在的、贯穿生命全过程的现象，是有机体生存和发展不可缺少的条件。学习是获得知识、形成技能、培养聪明才智的过程。虚心好学、放下成见是吸取知识的重要态度。只有不断地学习，才能进步。学习的意义有以下三点：

1）学习是生存的必要手段

一位教育学家说过：人类之所以能成为万物之灵、先进于动物，最大的区别就在于人类拥有自主学习的能力。人类婴儿与初生的动物相比独立能力低，天生的适应能力也低。可以说，离开父母的培育，婴儿是无法生存下去的。但是人类却有动物不可比拟的学习能力，可以迅速而广泛地通过学习适应环境。人能够成为万物之灵，靠的就是学习。我们只有通过学习知识和技能，才能在社会上立足生存。

2）学习可以提高人的综合素质

随着年龄的增长，人们会通过学习来提升自己的科学文化知识和心理素质。人类在社会历史发展过程中创造了大量的物质文化与精神文化，特别是精神文化，如文学、艺术、教育、科学等方面的成果，尤其需要我们通过学习去获得，以提高自己的文化素质。面对日新月异、复杂多变的社会，学习调整心态，正确处理挫折与压力、挑战与机遇，提升自己的心理素质，也是非常重要的。正如萨克雷所言："读书能够开导灵魂，提高和强化人格，激发人们的美好志向，读书能够增长才智和陶冶心灵。"

3）学习能使我们在竞争中立于不败之地

当今世界最具有竞争力的就是那些积极学习的人和组织。谁停止学习，谁就会停止进步，进而将远离优秀。信息社会时代的核心竞争压力，已经发展成为学习力的竞争。信息更新周期已经缩短至不到五年，危机每天都会伴随我们左右。一个杰出的成员，需要有自觉地持续学习的意识与习惯。

拒绝学习，就是拒绝成长。不学习的人是21世纪被淘汰的首选。胡适先生说："人与人的区别就在于八小时以外如何运用。八小时之内决定现在，八小时之外决定将来。"

【小故事】

施瓦伯的机会

施瓦伯出生于美国乡村，只受过很短的学校教育，他的家庭一贫如洗。15岁那年，迫于生计，他到一个山村做了马夫。3年后，他来到钢铁大王卡耐基的一个建筑工地打工，此时的施瓦伯就抱定了要做同事中最优秀者的决心。当其他人抱怨时，施瓦伯默默地积累着工作经验，并自学建筑知识。一天晚上，同伴们在闲聊，唯独施瓦伯躲在角落里看书。恰巧那天公司经理到工地检查工作，看到了这一幕，便问施瓦伯："你学那些东西干什么?"施瓦伯回答："我想我们公司并不缺少一般的打工者，缺少的是既有工作经验又有专业知识的技术人员和管理者，对吗?"经理点了点头。不久，施瓦伯就升任为技师。从此，施瓦伯更加注重通过学习来提升自己。他有一个信念："我不只是在为老板打工，也是在为自己的梦想和远大前途打工。只有不断提升自己，使自己的工作所产生的价值远远超过自己所得的薪水，才能得到重用，才能获得机遇!"他坚信只有学习才能改变自己的命运。抱着这样的信念，他不断学习，一步步升到了总工程师的职位。25 岁那年，施瓦伯又做了这家建筑公司的总经理。再后来，施瓦伯被卡耐基任命为钢铁公司的董事长。

6.4.2 大学生应具备的学习能力

大学是人生中最宝贵、最值得珍惜的时期，或许对很多人而言也是最后的系统学习机会，因此每个人都应珍惜大学时光。对学生而言，最重要的就是学习。大学生的学习，不仅要学习知识，也要学习为人处世，学习关心社会，学习成为一个合格的社会栋梁之材。

学习能力是一个人的核心能力。日本学者提出了新学力观，把"学力"分为两种：一种是显性学力，就是读、写、算等能力；另一种是隐性学力，主要指学习的动机、愿望、持久性等品质。通常人们只看到显性学力，往往忽视隐性学力。实际上，隐性学力更为重要，可以说隐性学力是显性学力之母。隐性学力的本质是愿景和意志，一个人要有远大的理想，具有坚强的意志，才能具有强烈的学习动机和学习愿望，才能做到持续地学习。

大学生应具备的学习能力一般是指获取知识和技能的能力，它包括自学能力、研究能力、获取和运用知识的能力、创新能力、思维能力、表达能力等。

1. 自学能力

在大学里，课堂教学时间有限，而且教师也不可能讲授教材中的全部内容，留有较多的参考书及思考题。这就要求学生培养自学能力，确定学习内容、安排时间，查阅有关的专业资料，做笔记、写综述，独立自主地获取知识。

在教学时，由于大部分时间是留给学生自己学的，所以，自主学习成为大学生的基本学习方式，并贯穿大学学习的全过程。大学生要自主安排学习时间、学习内容，自主选择学习方法。有的学生可能还会根据个人兴趣和职业方向去选择专业外的课程学习。这些都有助于学生在自学方面发挥其自觉性、积极性和主动性。

2. 研究能力

研究能力体现在许多方面，如思维、理解、领悟、表达、钻研、协作、预算、决策、实践等。在大学里通过参加课题辩论、科研小组、优秀科技成果评选以及利用学术自由等途径，可以激发学生的研究兴趣，培养研究能力。研究能力包括发现问题能力、研究问题能力、分析和解决问题能力。

发现问题，是指通过实践与调查或者网络与文献搜索，利用常规突破、变换情景、多项思维等方法去发现问题，了解问题的产生背景、现状、“瓶颈”、研究方向、创新点。发现问题是问题解决的开端，也是问题解决的动力。只有发现问题，才能激励和推动人们去分析问题、解决问题。

研究问题，必须提出要解决什么问题，定位要解决的问题，缩小聚焦研究的范围，确定指导的理论及其要素体现，设计研究方案，选择研究方法，收集有关数据，进行统计监测和研究。

分析和解决问题，就是要在研究的基础上考虑各种因素，分析统计数据，全面评估事物的优缺点，预测可能发生的后果及其连锁反应，确定优选方案，得出结论，即要做到用事实说话，实现研究目标。

3. 获得、运用知识和信息的能力

在大学里，按照专业培养目标和教学计划，学生要获得和运用的知识在框架上已经基本确定。同学们通过借书、找资料、研究课题、编程序、进行毕业设计等基本训练，逐渐培养了一定的获得、运用知识和信息的能力。

大学毕业生在就业之后，如果独当一面地展开工作，那就必然会遇到许多自己不曾熟悉和经历的新任务、新问题。为了推进工作，固然也可以向行家请教，但更多的情况却是需要自己想办法，获得和运用所需要的知识信息，解决面临的问题。

获得知识和信息的能力，是根据个人学习、工作的需要，通过大量收集资料的活动逐渐养成的，它依靠知识和经验的积累。这种能力可以帮助一个人开阔眼界，发现解决各种问题的途径，推动工作发展。学以致用，把学得的知识用来解决个人在生活、学习、工作中遇到的问题，不断加强实践，就会提高这种能力，提升工作效率，展现自我价值。

4. 创新能力

学习本身就有创新性。因为人们通过学习而学会和掌握了新的知识技能，学习能力的提高往往又加强了学习创造性成分，使人进入一个更高的学习境界，这种创造性体现在将已知的知识重新组合，进而获取新的、具有一定价值的学习结果的过程中。

一个人成才的标志不在于他具备多少知识，而在于他是否具有利用知识进行创新的能力。知识的积累为培养和发挥能力奠定了基础，而良好的能力又反过来促进了知识的掌握。一个人的创造力与他具备知识的多少并没有正相关关系，创新能力的关键在于如何发挥想象力和活用知识。培养创新能力，就要发挥想象力，想象力是科学研究的重要因素。培养创新能力，就要摒弃那种墨守成规、步人后尘、亦步亦趋的风格，在工作中多动脑筋，将理论与实践相结合，灵活地运用相关知识和经验来寻找新概念、新方案、新创意和新办法。

小贴士

孔子有关“学习”的思想

6.4.3 提升学习管理能力

在新时代，个体要生存、发展和享受，就必须成为一个成功的学习者。未来属于那些有准备的学习者。人与人之间，社会竞争越来越激烈，尤其是人才的竞争，已达到白热化态势。一个不善学习的人，早晚会被社会所淘汰。因此，我们每个人都应对自己的学习能力进行提升和管理，学习管理的好坏强弱，对于个人和组织而言，都是具有极其重要的意义和作用的。

1. 学习管理的作用和意义

1）组织与个人的成功奥秘为学习能力强

当代被《财富》杂志列为世界500强的大公司，是全球竞争力最强的企业。然而，在20世纪70年代的500强，到20世纪80年代已有1/3消亡，到20世纪末则所剩无几。在中国也有类似情况，20世纪八九十年代兴起来的企业和风云人物，到了今天，也都一个个倒闭或衰弱，当年叱咤风云的企业领袖人物也一个个“翻船落马”。这一嬗变，一方面，反映了高科技革命风起云涌，新经济迅速淘汰传统产业已成不可逆转趋势；另一方面，也反映了企业的学习能力或个人的学习能力越来越弱，不善于与时俱进，跟不上信息时代的急促变化，满足于已有的成绩、沾沾自喜、骄傲自满，甚至把自己视为“皇帝”，这实际上早就在组织内部和自己生命体中埋下了失败的种子，直到有一天宣布灭亡。

实践证明，企业或个人如果具备很强的不断学习的能力，都能够取得成功，创造辉煌。其成功奥秘在于：一是能以最快速度、最短时间学到新知识、获得新信息；二是企业组织领导层或个人能不断提高学习能力，成为学习型组织或个人；三是加强集体学习能力，集思广益，调动和发挥大家的积极性；四是以最快速度，最短时间把学习到的新知识、新信息、新技术应用于企业和个人的变革与创新，满足市场和客户的需要，取得成功。

2）掌握学习管理可终身受益

网易首任CEO丁磊结合他自己的经历指出：寒窗苦读表面上看学的是些“无用之学”，实则是获取知识信息和能力的过程。“在大学里能够学到的知识显然是有限的，但是，养成一种好的学习习惯、获取学习的能力，却可以让人一生受益。我早在1993年就开始接触有关互联网的一些概念，那时候，我到哪里去找老师呢？我在开发免费邮件系统软件的时候，又有谁能告诉我Hotmail的分布式系统是如何架构的？现在，知识更新这么快，同学们将要遇到的挑战，只会比我经历过的更严重。怎么办？互联网本身就是一个浩瀚的知识海洋，就是一个‘老师’，自学将是互联网时代学习的主要途径。”

这说明了一个道理：在大学时代，大学生重要的是养成良好的学习习惯，热爱学习，学会学习、学会生存、学会生活、学会工作、学会思考、学会创新。一句话，训练和提升你的学习能力比什么都重要，会让你的一生受益无穷。

3）学习已成为第一竞争资本

学习是第一竞争资本，因此要不断学习、终身学习。谁的学习能力强，谁就能在同等条件下赶在竞争对手前面，成为第一赢家。这里的学习能力不是简单的课本知识和技术技能的学习，而是多方面知识技能，如专业知识技能、非专业知识技能、生活知识技能等的学习。而且要能够学以致用，学了能够创新，学了能够执行，执行能够产生良好效益。

现代社会竞争越来越激烈，大家越来越达成一个共识：科学技术是第一生产力，而人才是组织发展的第一资本。一个企业即使有设备、有资金、有技术、有普通劳动力，但如果没有人才，没有关键岗位上的关键人才，这个企业的发展不可能取得成功。那如何成为一个组织的核心人才呢？最重要的是学习能力。因为创新能力、组织协调能力、领导能力等多种能力的掌握和训练，都离不开学习，都要在学习的基础上掌握和发展。没有哪个人才天生就有那么多的能力，都是靠后天学习而获得的。在今天，一个不善于学习的人是缺乏竞争力的人，是会被社会淘汰的，因此要不断学习、终身学习。

小案例

不甘平庸的张强

张强是一个学历不高却志气不小的人，18 岁从技校毕业的他就来到了汉口一家国企做了一名技术人员。由于对工作的高度热情和期望，表现突出的他很快成为企业中的模范。他在这个企业一干就是八年，默默坚守着自己的岗位职责。

后来，张强经人推荐去了一家合资企业。他满心欢喜地来到企业一看，才发现自己最擅长的岗位根本不需要人，只能跟那些刚毕业的学生一样，从最基层的工作开始做起。但是张强与其他员工的差别在于，他并不甘于平庸，在做最基础的后勤工作的同时，他还会在下班后留下来，一个人摸索、学习机器操作和工作流程。

张强的这一举动，被企业领导看在了眼里，他很快便从一名普通的技工变成一名技术员，为了胜任自己的工作，他还报名参加了相关的培训班。

再后来，张强又偶然得知一家著名外企正在筹建工厂，急需人才。张强不惧挑战，毫不犹豫地去企业应聘。当他发现竞争对手大多是年轻的高学历人才时，他并没有感到自卑，也没有轻易放弃应聘机会。他坚定地对考官说："我没有他们的学历，但是他们没有我的实力。"

如今，张强在这家外企不断得到重用，但是年近四十的他并不满足，他还在继续着自己的自主学习道路，向更高的目标发起冲击。

2. 学习管理的方法

1）树立终身学习的意识

根据对学习的态度，将现实生活中的人们大致分为三类：不愿学习者、悠闲学习者和终身学习者。不愿学习者当一天和尚撞一天钟，拒绝学习任何新生事物，不思进取，知识处于停滞状态，这类人面对大的变革或转型时只能被淘汰；悠闲学习者只会按照他人要求去做，不愿为将来储蓄知识和技能，无法成为组织发展中的关键型、核心人才；而终身学习者把学习当成自己生存的第一需要，对学习怀有深深的渴望，关注未来的发展趋势，通过学习重新塑造自己，拓展自己的创造能力，进行有目的学习和准备。美国学者凯文·保罗研究了当今世界成功人士所具备的特征后指出，要想成功必须成为一个成功的学习者。而成功的学习者需要不断地训练自己的学习能力，让它永远处于最佳状态。因此，应树立终身学习的意识，并付诸行动。

2）学会学习是最实用的技能

从某种角度上说，学习是通过读书、听课、研究、进行教学实践等方式，以学得知识和技能。学习，包括两个方面：一个是"学"；一个是"习"（练习）。一个人找一本书翻翻，找一张报纸读读，找一本杂志翻阅一下，这些一般称不上是严格意义的学习，只能是消遣。真正意义上的学习，是为了一定的目的，以提高自己的知识结构和能力结构，进而提升竞争力。那么，我们如何学习呢？

（1）培养兴趣。克服学习障碍，"兴趣是最好的老师"。兴趣是学习入门的向导，有了兴趣才能孜孜以求。要培养兴趣，首先，就要克服各种学习障碍，如对学习的恐惧、没有计划、外部的干扰等，只有战胜这些障碍才能进入学习状态。其次，要树立使命感、责任感和紧迫感，不能凭自己的好恶对待学习。学会怎么学习是当今社会最有价值的技能，每位大学生都应激发自己的学习兴趣，对自己的学习进行科学管理、学会学习。

（2）有目的地读书。我国著名科普作家叶永烈，创作了几十部科普作品，如《空气》《燃烧以后》《塑料的世界》《化学元素漫语》《化学纤维一家》等，有不少作品都拍成电影，被中国科协和文化部授予“全国先进科普工作者”光荣称号。他取得这些成就的重要原因：一是靠勤奋，他进入良好创作状态时，几乎每天都工作到深夜；二是有目的地读书。为了创作《电影的秘密》一书，他借阅了电影史、摄影、特技、表演等方面的资料达数百本。他还是上海图书馆、上海科技图书馆和徐江图书馆的常客，有一个借书卡上三个月就借了 75 本书。

美国匹兹堡大学语言学教授斯托娜夫人对自己的女儿维尼进行早期教育，她女儿四岁时，就开始用世界语言写剧本，从四岁开始她的诗和故事不断在报刊上发表，其中有些作品汇编成集出版。斯托娜夫人谈到对女儿的教育时说：“我让女儿维尼养成有目的读书的习惯。无论是读书或工作，无目的性，对精神和身体都不利。她在写《和圣诞节的仙女一起旅行》一书时，阅读了 30 多种参考书，研究了各国圣诞节的风俗习惯；在写《和复活节的兔子一起旅行》一书时，为了研究各国复活节的风俗习惯，几乎跑遍了匹兹堡的所有图书馆；在写《我的动物园里的朋友们》一书时，除了每天到动物园去观察动物，还利用一切办法阅读了大量的书。”由此可见，有目的地读书对提高学习能力是很重要的。

（3）制订切实可行的学习计划。学习计划是学习的保证，有了计划就不会三天打鱼两天晒网。要根据自己的实际情况制订长期、中期、短期和近期的计划：长期计划是学习的梦想和动力，长期计划一定是与职业目标联系在一起的。职业目标不同，是做一个医生，做一个企业家，或做一个老师，它的知识结构和能力结构是不一样的，一定要明确。中期目标是指三年到五年的目标，是长期目标的一环。短期目标是指半年到两年的目标，一系列短期目标才能保证中期目标的实现。近期目标是指近期要做的，把短期目标分解为若干小目标，采用各个击破的方法，就容易控制学习进度。

（4）学会做学习笔记。古人云，“不动笔墨不读书”，即所谓手到心到。要让学习内容成为自己知识结构和生命的一部分，最重要的是要学会做笔记。读书时做好笔记，既便于日后反复学习，也可以使我们温故知新，作为继续钻研的参考。要做好学习笔记：第一，要按学科或专题做笔记，如人力资源或市场营销专题，如健康管理、时间管理等，这样便于积累和查找；第二，记笔记不是单纯摘抄原文、在笔记本上随便记，而是经过认真思考，用自己的话写出简要总结，记下发现的新鲜的观点和看法，根据对所学内容的理解画出简单的示意图（严格来说，称为思维导图）；第三，这些笔记如何与其他笔记和学习内容相联系。同时，要注重做卡片、札记、思想火花速记、资料剪辑等。特别是一些感悟、灵感需要立即记下来，否则很快就会忘记。这样，不但可以加深对知识的理解，而且在应用时可以得心应手按程序调出来使用，提高学习使用效率。

（5）从严务实，循序渐进。学习是扎扎实实的功夫，来不得半点虚伪和骄傲。学习要从严要求，扎扎实实，才能真正掌握并融会贯通、触类旁通。学习不能幻想一口吃个胖子，不能急于求成，必须循序渐进，一步一个脚印地完成，逐步地实现“三个转变”，即从非学习状态向学习状态转变，从单一化学习向立体化学习转变，从阶段性学习向终身学习转变。英国作家赫胥黎说过：“知道如何学习的人，可以提高自身能力，提高生存技巧，让生命变得更现实、更有意义。”当一个人掌握了整个学习过程，成为学习的主人时，他的学习热情、学习潜能就会得到极大的开发，学习的效果也会得到极大的提高。人生的学习过程，就是一个生理上、心理上逐渐成熟的过程，这个过程是一个自我认知的过程，是一个经验积累的过程，是一个行为和习惯改变的过程。

3）培养创新思维

学习能力的成熟不是一种标准，而是一种状态，即一个人能否最大限度地、灵活地针对变化的客观现实，进行自觉的、有效的适应性学习。要想实现自觉学习、自主学习、快乐学习，就需要积蓄能量，提高创新思维。那如何培养创新学习思维呢？

（1）对所学习或研究的事物要有好奇心。牛顿少年时期就有很强的好奇心，他常常在夜晚仰望天上的星星和月亮。星星和月亮为什么挂在天上？星星和月亮都在天空运转着，它们为什么不相撞呢？这些疑问激发着他的探索欲望。后来，他经过专心研究，终于发现了万有引力定律。能提出问题，说明在思考问题。在学习过程中，自己如果提不出问题，那才是最大的问题。好奇心包含着强烈的求知欲和追根究底的探索精神，谁想在茫茫学海获取成功，就必须有强烈的好奇心。我们有任务以后，就要对任务充满好奇，积极参与。

（2）对所学习或研究的事务要有怀疑态度。不要认为别人讲的都是对的，许多科学家对旧知识的扬弃，对谬误的否定，无不自怀疑开始。伽利略则始于对亚里士多德“物体依本身的轻重而下落有快有慢”的结论的怀疑，发现了自由落体规律。怀疑是发自内在的创造潜能，它激发人们去钻研、去探索。尽信书则不如无书，我们对待学习或研究的事物应该做到：不要迷信任何权威，应大胆地怀疑。这是我们创新的出发点。

（3）对所学习或研究的事物要有追求创新的欲望。如果没有强烈的追求创新的欲望，那么无论怎样谦虚和好学，最终都是模仿或抄袭，只能在别人划定的圈子里周旋。要创新，我们就要坚持不懈的努力，勇敢面对困难，要有克服困难的决心，不要怕失败，相信一点：失败乃成功之母。

（4）对所学习或研究的事物要有求异的观念，不要人云亦云。创新不是简单模仿，要有创新精神或创新成果，必须有求异的观念。求异实质上就是换个角度思考，从多个角度思考，并把结果进行比较。求异者往往要比常人看问题更深刻、更全面。

（5）对所学习或研究的事物要做到永不自满。一个有很多创造性思想的人如果就此停止，害怕去想另一种可能比这种思想更好的思想，或已经习惯了一种成功的思想而不能产生新思想，这个人就会变得自满，停止了创造。

小案例

能人杨建华的自我学习

杨建华是一名鼓风机厂的普通工人。年少时的他为了实现自己的理想，初中毕业后就投身到了他热爱的事业中，成为鼓风机厂的工人。进入工厂后，他开始利用一切时间和机会学技术，晚上自己在家学展开、放样等基本功，一大清早就到工厂练习电焊、铆工等技术。借来的专业书都快被他翻破了，他依照书上图形制作出的纸模型已经装了好几麻袋。

几年下来，杨建华的铆工技术已经到了炉火纯青的境界。在工厂里举行的技术理论大赛上，杨建华也总是获得满分的那一个。

除了在专业技术方面有着强烈的自我学习的兴趣，杨建华在平日的工作和生活中，也保持着超乎常人的学习心。他总是随身带着一个笔记本，里面详细记录着他所遇到的一些细节问题和解决方法，并且每隔一段时间就会把它们系统地总结、整理出来。多年下来，他整理的笔记有近百万字。

工作中的杨建华总是处于一种不断学习、不断总结和提高的状态，他的自我学习精神不仅让他成了“中国焊接机壳拼装第一人”，也让他蜚声国际。有人统计过，在过去的一年当中，杨建华所做的工艺革新足有数百次。杨建华自主学习、爱岗敬业的精神也鼓舞了企业中的其他员工。

任务 6.5　时间管理

人生有两项最宝贵的资产：一项是头脑，一项是时间。无论我们做什么事情，即使不用脑子，也要花费时间。因此，管理时间的水平高低会决定我们事业和生活的成败。

6.5.1　时间的本质

1. 时间是什么

时间是一个较为抽象的概念，爱因斯坦在相对论中提出：不能把时间、空间、物质三者分开解释，“时”是对物质运动过程的描述，“间”是指人为的划分。时间是思维对物质运动过程的分割、划分。

时间是物理学中的七个基本量纲之一。哲学上，时间是抽象概念，表达事物的生生灭灭。其内涵是无尽永前，其外延是一切事件过程长短和发生顺序的度量。“无尽”指时间没有起始和终结，“永前”指时间的增量总是正数。时间无法加速、倒退、静止、变慢、变快。

世界上最快而又最慢，最长而又最短，最平凡而又最珍贵，最容易被忽视而又最令人后悔的就是时间。时间对于个人、组织和社会都是重要资源，没有什么东西可以取代它的位置。一旦划过之后，时间就永远消失。

2. 时间的特质

时间无法像商品那样被储藏，也无法像金钱那样从银行借贷，即便是世界上知名的瑞士银行，也没有资格储存它。同样，我们也无法将他人的时间拿来替代自己的时间，可以用这样的话来总结时间的特点：你见或不见，时间就在那里，不增不减；你珍惜或不珍惜，时间就在那里，不来不去。

1）时间是公平的

这体现在同样的一天，不会因为你是富人、穷人，白人、黑人而有所不同。每个人每天只拥有精确的 24 小时，不管你怎样想留住它，时间还是转瞬即逝。因此，西方有句格言：“比人更公平的是上帝，比上帝更公平的是时间。”时间无声无形、无色无味，但正因为它这种“无”的属性，才决定其拥有的公平特质。

时间不会因为一个人能力突出或者品性优良就给他以厚爱，这意味着，即使你能力平庸或者浪子回头，一旦开始认真管理时间，时间就会给你以相应的回报，它不会戴着有色眼镜看你，相反，它会采取最公平的态度来体现出你管理的成果。

国外有一项调查研究：如果一个正常人能活到70岁，那么在他的一生中工作的时间有多少？

结果显示，在18岁成年以前和步入老年后的10年——这28年中，人们都无法正常投入工作中。剩下的42年，其中将有1/3的时间用来睡眠，而接打电话、看书、吃喝玩乐等也会消耗我们1/3的时间。也就是说，如果你能活到70岁，那么即使你付出全部的精力去工作，一生中处于工作状态的时间也就只有14年。

14年，人生又能有几个14年？看到这样的结论后，你是否还觉得自己离退休之日遥遥无期？你是否还觉得完不成的任务可以无限拖延？在这有限的时间内，如何取得最大的成果，就要看时间管理能力的高低。

2）时间是相对的

从机会成本的角度看，相同的时间做了一件事情就没办法做另一件事情，所谓鱼和熊掌不可兼得也。假如现在有10分钟你能做什么？如果听一首美妙的音乐，这10分钟将过得何其之快，如果将手放在滚烫的开水壶上，这10分钟又将是何等痛苦的煎熬。爱因斯坦说过，“时间没有绝对的定义，谁想要妄图定义时间的长短，谁就与真理无缘”。在相同的时间内，看电影的人和背单词的人最能理解时间的差异，虽然他们同样经历了物理意义上的“时间间距”，分秒不差，但是认知与个人体验却差之千里。

时间银行的赢利法则向我们揭示了时间的奥秘，即选择决定时间的成本质量。“穷忙族”总是浪费依附在时间之上的机会成本。记住，时间是相对概念，“相对”意味着不确定，你要做的就是仔细权衡花费时间所获得的相对价值，在不确定性中作出选择，从而利用好时间资产。

例如你是一家公司的经理，需要在上午9:00—11:00解决人力资源规划的预案。可是工作不到一会儿电话进来了，你们围绕薪资问题谈论了半小时。当你放下电话，再花费10分钟重新集中精神时，秘书走进来等待你对文件进行批示，你无奈阅读完各种文件、报告以及建议书后已经到了11时。这时候你已经累了，却猛然想起你的人力资源预案还没有做完，回过头才发现，电话可以不打那么久，文件可以过一会儿再签，无形中做了太多无用功，唯独最重要的工作未完成。

3）时间是有限的

现代著名作家朱自清在散文《匆匆》中说过：“你洗手的时候，时间从你的水盆中过去；吃饭的时候，时间从你的饭碗里过去；你默默时，时间从你凝然的双眼过去……”时间是有限的，但未必人人都能做出正确决定，效率决定你的时间盈利率！“穷忙族”常常抱怨事情多、没时间，实际上是没效率。美国著名的职业顾问詹姆·维尼顿将没效率的“穷忙族”称为橡皮人。

橡皮人症状一：工作时间热爱网上冲浪。此类型人群对工作没激情，美其名曰“不以物喜，不以己悲”，他们的时间充沛，没有紧张感，常常滥用时间，失去了大量机会成本，丧失了人生可以变得更好的可能性。如果这类人能用富余的时间学门外语，积累管理知识，为职场晋升添砖加瓦，无疑将拥有更光明的前途。

橡皮人症状二：大练“龟缩功”，疲于做自己。此类型人群是职场中的“拖拉机”，他们每天的事情很多，时间本来就很紧张，但却故意拖沓，总是等到最后时刻“绝地反攻”。职场拖延人群其实很清楚什么时间该做什么事情，但他们的自律性不强，往往在被动的应激状态下调动超常能量，用20%的时间做80%的事情，这类人群一般都具有较强能力素养，也正因如此，他们更令人惋惜，因为对时间缺乏管理，时间利用率低，工作效率低下，失去了开拓事业局面、提升人生层次的重大机遇。由此可见，“穷忙族”不是没有时间花，而是乱花时间。

唯有将有限的时间合理分配、高效利用，才是利用时间为自己赢得机会成本的不二选择。

3. 时间的价值

时间有价值吗？当然有。试想，你如果几年前已经在北京买了住房，现在的价格是否已经翻倍？如果你有几百年前的一个盘子，现在是否已经成了文物？同样的欧洲三国九日游，旅游旺季与淡季的价格是否有差别？同样时间出团的线路，有的是11 000元，有的是14 000元，就是因为前者需要转机，旅客在来回路上需要多耽误十几个小时。

房子还是那个房子，盘子还是那个盘子，景点还是那些景点，所不同的只有时间，价值却已经不可同日而语了。

想想看，如果每天都有86 400元汇入你的银行户头，而你必须当天用光，你会怎样花呢？

有的人说要买车，有的人说要去旅游，有的人说有这么多钱自己就不用去工作了。其实，你真的有这样一个户头，那就是“时间”，每天都会有新的86 400秒进账，你打算怎样用每秒对人生进行投资呢？请见表6-2。

表6-2 时间价值对比表

工作职位	时薪
普通企业工人	15元或以下
公务员、城市在编教师、大型国企员工	24元
大城市咨询顾问	37元
外企中层领导	135元
垄断国企中层领导	230元或以上

统计范畴被特别控制在“工薪阶层”中，从最低的15元，到最高的230元，虽然他们都可以被归类到靠上班工作而赚取工资的同一阶层，但很明显，他们手中时间创造出的价值是不同的。因此，反映在他们的收入情况也就是“价格”上明显不同。

懂得了不同人有不同的时间价值，我们就明白，有时候，下属哪怕花更多的时间来做一件事，也比上级花少量时间更划算，因为时间价值不一样。

举例来说，假定领导的薪酬是你的3倍。一件事情领导做需要1小时，你做需要2小时，从组织的利益考虑，谁做更合适？显然是你做更合适。

另外，需要考虑的是，一个人的时间价值不完全能够通过上述方法得以验证。例如，如果将上述表中各种人的业余收入并入合计然后列出来，很可能展现出的是另一种结果。

当然，如果考虑到每个人面对的工作压力和家庭情感需要，那么，时间的价值会更加复杂，因为陪伴家人度过愉悦时光，或者在工作忙碌后休息一小时看看无聊的电视剧，个体所体会到的价值感觉，是完全不能用钱这样的“价格”来衡量的。

但是，在很多情况下，人们还是应该用更理性甚至更商业的眼光来看待自己的时间价值，因为毕竟我们身处的时代是一个商业时代，绝大部分人实际上没有能力和资格拒绝采取投资和收获的商业模式眼光来管理自己的时间。毕竟周围的环境需要我们用更现实的态度和方法来提升自我、战胜压力。更不用说，在计算和提升“我的时间究竟值多少钱”的过程中，人们获得的不仅仅是时间价格和价值的上升，还会品味到责任感的形成、收获到成就感的增长，丰富人生经验和阅历，最终拥有更高的幸福指数。

小案例

30 秒电梯理论

有一次，麦肯锡公司为某家重要客户做咨询，当咨询将要结束时，麦肯锡派出的项目负责人同对方的主管道别，并踏入了电梯。在电梯里，他偶然遇见了这家客户的董事长。

因为对项目的关心，也可能是想要打破一下电梯里的尴尬，董事长貌似随口对项目负责人说：“你好，能不能请你说一下现在的结果呢?”

由于项目负责人没有任何思想准备——事实上他也从来没有试过在电梯运行的 30 秒内把项目说清楚——结果，对方的董事长相当不满，麦肯锡公司最终失去了这个重要客户。

从此，麦肯锡公司要求从高管到员工，凡事要在最短的时间内把意图或者结果表述清楚，无论是讨论或者沟通，都要直奔主题和结果。另外，通过这件事情，麦肯锡公司总结出，一般情况下，普通人在短时间的接触内，最多记住 3 件重点事情或表述，而 3 件以上的数量则会让人们难以记住，因此对事务的重点归纳一定要控制在 3 条以内。这一理论就是如今在商界流传甚广的“30 秒电梯理论”。

6.5.2 时间管理的内涵及意义

1. 什么是时间管理

时间管理就是为了提高时间的利用率和有效性，对时间进行合理计划和控制，有效安排与运用的管理过程。

Britton 和 Glynn 把时间管理分为宏观、中间和微观三个水平的成分。宏观水平的成分包括选择目标和子目标，排列目标的优先级；中间水平的成分包括产生任务和子任务，并排列任务的优先级；微观水平的成分包括安排和执行任务。

我国心理学家黄希庭、张志杰认为人们的时间管理行为，反映了个体时间维度上的人格特征。从时间管理整个过程来看，时间管理倾向包括三个因素，即时间价值感、时间监控观和时间效能感。时间价值感是指个体对时间意义和价值的态度和观念，对个体运用时间的方式具有导向作用，是个体时间管理的基础。时间监控观是利用和运筹时间的观念和能力，它是通过一系列外显活动来体现的，例如，目标设定、计划、确定优先级、时间分配和反馈等一系列监控活动；时间效能感是个体对时间管理的信心以及对时间管理行为能力的估计，它是制约时间监控的一个重要因素。

2. 时间管理的意义

1）让自己更成功

时间管理让自己更成功的短期表现就是效益与效率的提升。同样的时间，你可以做更多的事或做得更好；同样的事情与结果，你会花更少的时间。

时间管理让自己更成功的长期表现，就是决定未来的结果和成就。

例如，管理好时间，才能为我们将来的结果和成就铺垫下良好的“因”，因为一切事物往往发生相互联系，没有好的时间因素介入，很难指望单纯靠其他方面的努力收获成功。又如，对时间管理的学习，是“修身”即全面提高个人修养的一部分，只有善于管理好自我的人，才能谈得上去管理家庭事务、团队事务，为整个社会作出贡献。

2）让自己更幸福

我们一般用幸福指数来衡量一个人是否幸福，那幸福指数主要来自心理体验，而无法用准确的数字加以衡量，它包括对生活客观条件和状态的事实判断，但更多地来自在生活主观意义和满足上的自我价值取舍。幸福指数的表现，来自心理感受，相较于收入有多高、房子有多大、汽车有多新这些可触摸的事实，幸福指数更倾向于本人内心的体验。

因此，怎样让自己更幸福？答案毋庸讳言，是提升自己的幸福心理体验。而如何提升心理体验，则跟我们怎样度过时间有相当密切的关系。

首先，幸福感和劳逸结合的正确时间分配有关系。据统计，大城市的居民幸福感指数往往没有二线城市的居民高，甚至没有内地县城的居民高。这并非因为大城市居民缺乏收入或者成就感，而是因为他们在时间管理上需要更高的能力来应付周围的压力，而大多数人因为缺乏学习和训练，又无法具备如此高的能力，因此，失败的时间管理导致他们的劳逸失调。要么长期加班、马不停蹄，要么夜夜笙歌、处处游玩，这种状态下，时间没有得到有效的管理，因此，或者是忙碌带来的压力，或者是狂欢后带来的空虚，离高幸福感总是有一步之遥。

其次，幸福感还和高效工作带来的成就感有关系。值得注意的是，不少学者、科技工作者所从事的工作在外人眼中并不有趣，甚至枯燥乏味，但他们自己却乐此不疲。除了对专业的热爱，更多的原因恐怕在于这样的人群往往最重视时间管理，而良好的时间管理带给他们高效工作后的成果，这种过程和最后体会到的成就感能够带给人心理上的极大满足，刺激人脑中主宰快乐的多巴胺激素分泌，往往是那些低效工作的人无从体会和想象的。

当然，幸福感还受到自由感的影响。一个擅长时间管理的人，必然会将时间安排得更加适合自己的特点。这样，他会拥有更多的主宰感和自由感，当一个人明确时间都在自己的手中掌握，而不需要被一个个外界因素强迫着去运用时，这种独立的感受也能帮助他获取更多的幸福体验。

小故事
从文盲到作家

总之，幸福体验虽然关乎每个人的内心，但它并非完全主观的，通过理念的改变、方法的提升和控制力度的加强，幸福感提高不再是一个梦想，而时间管理，显然是推进这个梦想的利器。

6.5.3 时间管理的方法

人的生命是用时间来衡量的，从这个意义上说，时间就是生命。时间是组成生命的基本计算元素，如果你想在有限的生命中取得更多的成功，拥有更多的快乐，那么你就要掌握时间管理的方法，管理好自己的时间。

1. 确立目标

目标是衡量一个人行为的尺度。目标使你明确你为什么做事，你将要从中获得什么。没有目标，即使时间计划和工作方法再完美无缺也无济于事，这是因为如果你不是先确定每种行为的终极目标，那么你眼前就只有混沌一片，一般体现在以下“四不”：包括不了解怎样才能去完成任务、不懂得如何进行具体操作、不清楚完成时间、不知道怎样的程度才算合格完成。

要改变这种状况，首先应该做到自我明确目标。把每个项目的终极目标告知自己，同时，在确定时不需要过多的文字表达，加以简明扼要地说明，从而保证自己随时能够清晰明确即将要做的事情。而如果作为管理者，更需要能够在了解员工特点的基础上，准确分配目标任务，综合考虑员工的个人特点，从而将目标任务细化到具体时间点，保证他们能够面面俱到地了解工作目标。

可以根据实际情况设置目标管理卡，把自己的目标任务按照其不同特点，在管理卡上加以记录，并标注出其特点，同时时刻追踪任务进度。当你能够在自我限定的时间内对目标加以充分完成时，就可以在目标卡上加以明确而个性的标注，而在规定时间之前如果能完成任务，就可以在管理卡上标注出醒目的标记，从而加以自我鼓励。

另外，当自我能够达成目标，出色完成任务后，要及时给予奖励。这里的奖励包括自我物质奖励，例如，给自己购买一件衣服，或者看一场电影，也包括精神上的奖励，如在日记中写下激励自我的话，或者对自身提出更高要求，都属于较好的奖励方式。

2. 列出清单

好记性不如烂笔头。通过列出清单来有效地管理时间，可以保证我们对工作和生活任务的充分控制。由此，我们不仅能够轻松掌握工作的进度，也可以弥补记忆上的不足。在一般人的习惯中，人们选择将大脑作为自身的记忆工具。例如，无论是会议的安排、业绩的要求、公司的规定或者客户的联系方式，也无论是家里缺少的物品、孩子学校的要求又或者是银行卡账户的密码等，统统分放在大脑不同区间进行记忆。然而，人类大脑的开发程度，实际上并没有你希望的那么高，单纯利用大脑来记忆，不仅会产生遗忘效应，也导致过大的压力而无法轻松工作。因此，一张时间清单的重要性毋庸置疑，这也正是时下职场中“便利贴女孩”走俏的原因。

其实，便利贴是日常工作和生活中的常见物品，价格低廉、方便获取，同时还不占用场地。我们甚至可以自己将普通的打印纸对折，然后等分以后合成小记事本，并且专门用它来记录工作和生活的各种事务。这种便利贴简单小巧，同时便于携带，放在皮包内或者钱包中都显得游刃有余。但便利贴扮演的清单角色，却相当重要。

除了便利贴，小型笔记本也很实用。便利贴的缺点是容易丢，且不易保存。而一个小小的笔记本，则可以轻松记下自己的事情。

运用电子化记录也是常用的方法，包括电脑、手机及其他电子工具。对于经常使用电脑的人，可以在电脑桌面建立一个文件，定期梳理自己的工作清单。此外，如果在外面，可以用手机记录，因为手机一般都会随身携带。手机的备忘录功能，或者你哪怕用短信的草稿功能，都可以记下一些临时想起的重要事情。

清单可以记录很多事情，但实际上，使用清单的重点不仅在于其办公工具层面上的意义，而是能够充分培养将事情随时记录、保证从脑到手顺利转换的习惯。其中最大的收益是，当本来一团乱麻的事情通过记录而清楚地从脑海中移出后，我们可以获得轻松而无压的工作状态，从而更好、更快地工作和生活，而这正是我们开列清单的目的。

时间清单的制订，并非简单记事的流水账，其内容需要做到条理清晰、轻重急缓，对事务的分工明确，同时具有明确的可行性，能够保证你对其尽可能地予以完成。另外，时间清单还需要日复一日、不厌其烦地制订、执行、坚持、完成，在这个过程中，清单的作用将会越来越明显。

3. 急重排序

根据事情的重要紧急程度排列是时间管理的重要方法。

随着工作和生活节奏的加快，人们发现自己越来越忙碌。看似紧张的工作中，人们不仅要全力以赴完成本职工作，有时还不得不为了职场间的人际关系，而违心地去做一些并非分内的工作，例如帮忙接待、复印材料、跑腿送东西之类，甚至还包括打扫环境卫生等。然而，这么做的结果呢？你并没有因为这些事情而获取想要的利益和荣誉，反而因为杂事太多，分不清重点，甚至还会因此遗忘和忽略重要的本职工作，让自己的关键性表现越来越糟糕，甚至将原有的工作努力成果也全部归零。

其实，很多类似的错误工作方法中都能找到相同特点。例如，手边明明是一堆意义不大的琐碎小事，工作者却非要固执地认为每件事情都相当重要，一定要将手头工作完成，才能开始新的工作，这种近乎强迫症的工作习惯将导致效率的不断下降。

为此，你应该学会通过下面的四象限管理原则来确定工作顺序。

根据事情的重要性与紧急性，我们可以将事情分为四类：重要紧急、重要不紧急、紧急不重要、不重要不紧急（见图 6-2）。

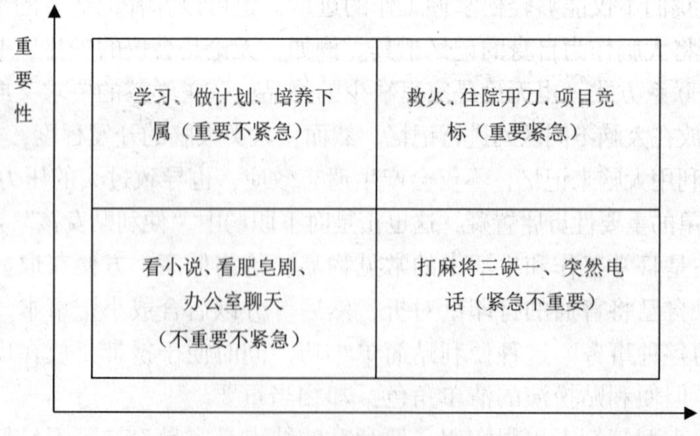

图 6-2 根据重要性与紧急性划分事件

●“重要紧急”任务，比如救火、客户投诉、危机公关或者家人生病住院、贷款到期等事项。这类事情，必须马上做。

●“重要不紧急”任务，比如学习、做计划、培育下属、思考、问题的发掘与预防、参加培训、向上级提出问题处理的建议、健康保养、子女简化步骤教育等事项。只要没有前一类事的压力，你应该当成紧急的事去做，而不是拖延。

●“紧急不重要”任务，比如有人因为打麻将、打扑克“三缺一”而紧急召唤你、电话、会议、突来访客、办公用品告罄等事项。只有在优先考虑了重要的事后，再来考虑这类事。人们常犯的毛病是把“紧急”当成优先原则，而不是把“重要”当成优先原则。其实，许多看似很紧急的事，拖一拖，甚至不办，也无关大局。

●“不重要不紧急”任务，比如阅读令人上瘾的无聊小说、毫无内容的电视节目、办公室聊天。这些事情有闲工夫再说吧，或者干脆不做。

对这四类事情的偏重不同，就会成为不同的人。

如果你老是做“重要紧急”的事情（假定有这么多事情），表面上看似乎你很充实，到处救火，哪儿少了你都不行，但久了你会疲惫不堪，成为“压力人”。一个人可以100米冲刺，但可以马拉松始终冲刺吗？

如果你老是做“紧急不重要”的事情，你会成为“无聊人”。短视近利，缺乏自制力，人际关系浮泛。

如果你老是做“不重要不紧急”的事情，你会成为“无用人”。无责任感，工作不保，依赖他人或社会为生。这种人，要么是宅在家里依靠父母，要么在大街上乞讨，或者等待国家救助。

我们提倡做得最多的应该是“重要不紧急”的事情，你会成为“从容人”。这样的人有远见，能取得事业家庭健康等各方面平衡，少有危机。因为重要的事情在还不紧急的时候就处理了，所以很少有“重要紧急”（见图6-3）。

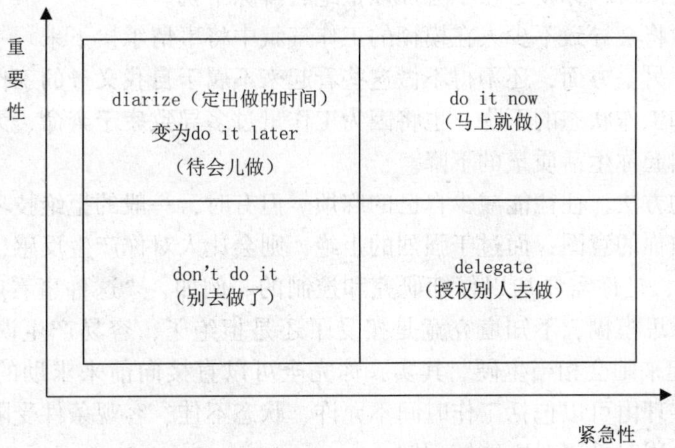

图6-3 对四类事情的不同选择

这里要特别提醒几点：

重要不紧急，优先于紧急不重要。这意味着一件事情即使紧急，但如果不重要，你可以不处理。

对于管理者，先做提醒、督促、追踪别人的事（可以授权助理秘书），对下属的请示要及时反馈，再做自己的工作。如果下属已经做完了所有工作，没事可做了，领导还不知道，还在自己忙得热火朝天，或者对下属的请示既不发表任何意见又不授权，这样的领导是不合格的领导。

做不完所有事情可以理解，先做重要的事情。明白了这一点，就可以减缓很多压力。

紧急重要可能随时间改变（见图 6-4）。

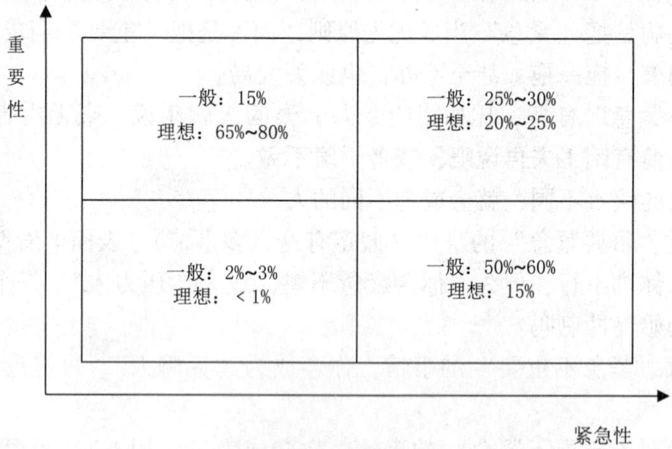

图 6-4　明智的时间配置

4. 排除干扰

虽然对时间的管理责任大多在每个人自己，但不可忽视的是，无端浪费时间的某些责任也来自外界环境，更准确地说，来自某些特定的人和事。无论这些人和事的来由怎样，一旦他们形成对时间的浪费，你就必须学会加以拒绝，排除干扰。

若羞于拒绝，将会导致不少人在模糊的工作气氛中将事情承接下来。一方面，自己手头的工作没有完成；另一方面，还不得不做这些看起来不属于自我义务的工作，这样不仅导致工作激情的消退和工作状态的下降，也将因为工作量过多导致疲于奔命、无法应付，带来休息时间的缩短，引起你生活质量的下降。

掌握好拒绝的方法，往往能减少自己的麻烦。但有时，一般的拒绝技巧不足以让那些经常来求助的人明白你的意图；而过于强烈的拒绝，则会让人对你产生反感，在这两个极端中如何掌握好“度”，是你需要加以仔细研究和控制的。例如，“这件事看起来有相当难度”这样拒绝听上去意思模糊，不知道究竟是接受了还是拒绝了，容易产生误会。而“我没时间，做不了”听起来则会相当生硬。其实，你完全可以直接向前来求助的人陈述关于拒绝的客观理由，这些理由可以包括工作时间不允许、状态不佳、客观条件受限等，以此表示自己不能提供帮助，同时希望对方能够理解。

另外你还可以巧妙转移对方的注意力，例如，采用对上司意图的描述，或者转移话题，又或者采取激励对方、相信他可以完成工作的方法等。

当然，你还可以不用开口就巧妙拒绝对方。例如，采用沉吟不语、思考问题、翻看日程表或者身体倾斜等来暗示对方，如果对方足够聪明，相信他们会理解这些无声语言的含义。

另外，在互联网时代，我们更多的工作时间会被其他因素所干扰，往往一件事情还没做好，来自其他方面的干扰就出现了。尤其值得注意的是，当今的工作环境中，会有更多的意外情况出现：

首先来自电话。权威数据统计显示，当年全美国通过电话传递的信息一共等于17 000 000 TB，这个数字是相当惊人的，等于上亿台电脑储藏的信息。然而，谁能保证这些电话中的信息完全就是有实际意义的呢？这些电话中包括各种各样的推销信息、会被你忘记的八卦、让你想拒绝的聚会邀请等。真正牵涉你工作和利益的恐怕只占其中一半，而等到你明白过来电话带来方便的同时又带来了干扰时，可能已经浪费了相当多的时间。

其次来自电邮和论坛。比起电话，电邮能够更加方便自如地对你的时间进行“抢劫”，无论是外部邮件还是内部邮件，其中不少传递的同样也是垃圾信息。更重要的是，发邮件的便利感，往往会让我们自以为这是忙碌工作的象征，并由此产生一种在紧张工作的错觉。而实际上，如果你从事的不是销售或者高级管理工作，职场上大量发邮件并没有什么好处，更不用说那些充满笑话、抱怨、段子的微博或者论坛，会给你的时间资源带来怎样的影响了。

正如哲学家威廉·詹姆斯所言：“聪明的艺术，就是懂得忽略的艺术。”在工作中，不少人都喜欢让自己看起来三头六臂，而老板所需要的真正优秀员工其实不仅如此，他应该是能够知道在正确的时间做正确事情的。换言之，你如果不知道自己在做什么，就无法真正集中注意力来处理好手头的工作。这种情况甚至可以反映在工作中——一边打电话，一边处理微波炉；或者一边照顾小孩，一边又往洗衣机里面塞进衣服，都会带来出现麻烦的风险。最终，你将得到这样的结论，很多情况下，“一心一意”才是最重要的。

小案例

上海滩第一的哥

上海滩第一的哥臧勤具有独特而良好的时间管理方法，同其他司机将油费当成出租车的成本不同，臧勤早就发现，出租车的成本主要体现在时间成本上，因此，他总是用分钟作为单位来核算自己运行出租车的成本，也用时间花费的多少来判断乘客的价值。

某次，一位乘客打车去火车站，如果按照他的路线，需要花50分钟，而按照臧勤的路线，则只需要25分钟，但是，后一种路线需要多绕远4千米。臧勤告诉乘客，绕远的4千米不用付钱，这样，臧勤也就等于多付出了1元多的油钱，用这1元钱，他换来了25分钟的时间，而这25分钟，足够给他带来另一笔生意了。

臧勤的时间管理意识，还体现在他的“和乘客谈恋爱”理论上。一般的出租车司机在载客的时间段内，都会单纯地听音乐或者沉默，又或者偶尔随便聊上几句。但臧勤则非常精明地把这段和乘客共处的时间利用上，用来提供增值服务，留下良好印象。曾经有家法国公司让臧勤接一位从中国香港来的客人，一路上，臧勤主动给客人讲解上海的历史传统和风土人情，从如何挑选小吃，到怎样选择路线都介绍得面面俱到。客人感觉这样的司机很有意思，于是在下车之前，就和臧勤约定，之后的几天，请他专门负责接送，并做接待导游，费用是每小时100元。其实，这样在他人看来幸运的事情，在臧勤看来已经习以为常，早在五年前，就已经有5家外资企业将他列为长期接送客户的第一选择，不为别的，就是看中了他的增值服务。

臧勤还将时间管理用到了生活中，他到菜市场买菜从不讲价，甚至比一般的价格高出一些也接受，但需要按他的要求做一些工作。例如，买土豆要求刮好皮，这样节约了回家去皮的时间。

【小训练】

回想一下，你在劳动过程中是如何进行时间管理的？

任务 6.6 目标管理

【小故事】

马拉松运动员的故事

山田本一是日本著名的马拉松运动员，他曾在 1984 年和 1986 年的国际马拉松比赛中分别夺得世界冠军。记者问他凭什么取得如此惊人的成绩，山田本一总是回答："凭智慧战胜对手！"

马拉松比赛主要是运动员体力和耐力的较量，爆发力、速度和技巧都在其次。因此，对山田本一的回答，许多人觉得他是在故弄玄虚。

10 年后，这个谜底被揭开了。山田本一在自传中这样写道："每次比赛之前，我都要乘车把比赛的路线仔细地看一遍，并把沿途比较醒目的标志画下来，比如第一标志是银行；第二标志是一颗古怪的大树；第三标志是一座高楼……这样一直画到赛程的结束。比赛开始后，我就以百米的速度奋力地向第一个目标冲去，到达第一个目标后，我又以同样的速度向第二个目标冲去。40 多千米的赛程，被我分解成几个小目标，跑起来就轻松多了。开始我把目标定在终点线的旗帜上，结果当我跑到十几千米的时候就疲惫不堪了，因为我被前面那段遥远的路吓倒了。"

山田本一具有非凡的目标管理能力。他将目标清晰地分解，使目标的激励作用充分显现。当他实现了一个小目标的时候，就及时地得到了一个正面激励，从而挑战夺冠目标的信心就越来越大。

目标管理的思想最早是由管理大师彼得·德鲁克提出来的，核心内容就是组织首先要有大目标，目标要进行分解，最终转化成为员工的目标，形成一个自我控制体系。

6.6.1 目标概述

目标是计划的核心要素，计划就是确立目标并筹划如何实现目标的过程。科学地编制计划，首先就必须正确地制定目标。目标是管理活动的起点，也是实施目标管理的基础和出发点。

【小故事】

有没有目标大不相同

唐贞观年间，长安城西的一家磨坊里，有一匹马和一头驴，它们是好朋友。马在外面拉车，驴在屋里拉磨。贞观三年，马被玄奘大师选中，出发经西域前往印度取经。17 年后，这匹马驮着佛经回到长安。它重到磨坊会见它那位驴老弟，马谈起旅途的经历，让驴目瞪口呆，惊叹道：“你有那么多的见闻啊，那么遥远的道路，我想都不敢想。”马说：“其实，我们走的路程都差不多，不同的是，我同玄奘大师有一个远大的目标，并始终如一地朝着目标前进，所以取得了较好的成绩；而你却被蒙住了眼睛，年复一年围着磨盘转，所以始终走不出这个狭隘的天地。”

1. 目标的概念

目标是组织在一定时期内通过努力争取达到的理想状态或期望获得的成果。心有多大，目标就有多高。只要坚持不懈就能实现自己的理想。每天庸庸碌碌，将一事无成。任何一个目标的制定都必须符合以下五个方面的要求：

1）目标必须是明确具体的（specific）

与任职者的工作职责或部门的职能相对应，目标的工作量、达成日期、责任人、资源等都是一定的，可以明确的。要简明扼要、易懂易记，目标越容易理解，就越容易起作用。

2）目标值必须是可衡量的（measurable）

如果目标无法衡量，就无法检查实际与期望之间的差异，从而无法指导组织成员不断改进工作，无法使目标的作用落到实处。目标值要尽可能用数字或程度、状态、时间等准确客观的表述，衡量方法不应是主观判断而应是客观评价。

3）目标值必须是能实现的（attainable）

目标值过高或过低都会影响目标作用的发挥。

4）目标内容必须相关联（relevant）

目标内容的确定必须与组织的宗旨和远景相关联，必须与员工的职责相关联。

5）目标必须有时限（time-bound）

目标应有起点、终点和固定的时间段，否则就无法检验，容易被拖延。

以上五个方面，简称为 SMART 原则。

小案例

目标不是凭空想象的

有人说：“老师，我的目标是想在一年内赚 100 万元！”

老师问：“你相不相信你能达成？”

他说：“我相信！”

老师又问：“那你知不知道要通过哪些行业来达成？”

他说：“我现在从事保险行业。”

老师接着问他：“你认为保险业能不能帮你达成这个目标？”

他说：“只要我努力，就一定能达成。”

老师说：“我们来看看你要为自己的目标作出多大的努力，根据提成比例，100 万元佣金大概需要做 300 万元业绩。一年 300 万元业绩，一个月 25 元万业绩，每天 8 300 元业绩。大概要拜访多少客户？”

他说："大概50个人。"

老师说："一天50人，一个月1 500人，一年就需要拜访18 000个客户。请问你现在有没有18 000个A类客户？"

他说没有。

老师说："如果没有的话，就要靠陌生拜访。你平均一个人要谈上多长时间呢？"

他说："至少20分钟。"

老师说："每个人要谈20分钟，一天要谈50个人，也就是说你每天要花16个多小时在与客户交谈上，还不算路途时间。请问你能不能做到？"

他说："不能。老师，我懂了。目标不是凭空想象的。"

2. 目标的作用

1）指向作用

管理的起点是制定和选择目标，管理的终点是实现目标。没有明确的目标，管理就是杂乱无章的。因此，目标为管理工作指明了方向。

小故事
游泳的故事

2）激励作用

组织的总目标通过层层分解，使组织内每个成员都了解具体目标。当组织目标充分体现了组织成员的需要时，就会成为成员努力实现组织目标的巨大动力。

小贴士

摸高试验

管理学家曾经专门做过一次摸高试验。试验内容是把20个学生分成两组进行摸高比赛，看哪一组摸得更高。第一组10个学生，不规定任何目标，由他们自己随意确定摸高的高度；第二组规定每个人制定一个标准，比如要摸到1.60米或1.80米。试验结束后，把两组的成绩全部统计出来进行评比，结果发现规定目标的第二组的平均成绩要高于没有制定目标的第一组。

摸高试验证明了一个道理：目标对激发人的潜力有很大作用。

3）凝聚作用

组织的凝聚力会受到诸多因素的影响，组织目标就是其中之一。

当组织目标与组织成员的共同利益一致时，组织成员就会心往一处想，力往一处使，拧成一股绳，使组织成为生机勃勃、团结互助的集体。

4）考核作用

目标是评价、考核组织成员工作绩效的重要客观标准。组织成员绩效的高低是根据其业绩是否符合组织目标及其对目标实现程度的估价。

3. 目标的特性

1）多样性

企业在经营过程中要涉及各种不同的机构和人员，如政府、消费者、竞争对手、员工、股东、社会公众等，这些机构和人员对企业的经营活动产生影响，同时也受企业经营活动的影响，通常被称为利益相关者。为了满足不同利益相关者的要求，企业仅设定利润目标是不够的，企业的目标已经呈现出多元性的特点。一般来说，每个企业都必须考虑到股东利润最大化的要求、满足顾客的需求、保证债权人的债务安全性、与竞争对手进行公平竞争。同时，遵纪守法，促进社会进步，提高社会公众的生活水平。

著名管理学者彼得·德鲁克曾提出，一个成功的企业应该确定8个方面的目标：市场地位、创新性、生产率、物质资源和财务资源、利润率、管理者的绩效与发展状况、态度与工作表现、社会责任等。

我国管理学界结合我国社会主义企业根本目的和两个文明建设的基本任务，提出了企业必须确定的四个方面的具体目标：社会贡献目标、市场目标、利润目标、自身发展目标等。

2）层次性

目标的层次性与组织的层次性有关。组织一般可以划分为四个大层次：高层、中层、基层和基层工作层。这是组织纵向分工的结果。组织有了层次，组织成员有各自的岗位，组织成员的分工合作就能围绕组织目标的实现进行。但通常组织目标，尤其是总目标，对于单个成员来说，往往过于抽象。这就需要将组织目标逐步分解成一个与组织层次、组织分工相适应的层次体系，让组织的每个层次、每个部门、每个成员都具有相应的目标，成为他们的行为方向和激励手段，这些目标又是组织目标具体化层次的展开。在组织目标中，最高、最抽象的是组织目标，它是组织共同愿景、总任务的具体化。将组织总目标具体化，如销售目标、人力资源开发目标、生产指标和财务状况等目标等，这对应的是高层次的管理者任务。这些具体目标再分解成下属部门和单位的目标，最终目标被具体化为每个成员的目标，这样就形成了一个完整的目标层次体系，如图6-5所示。

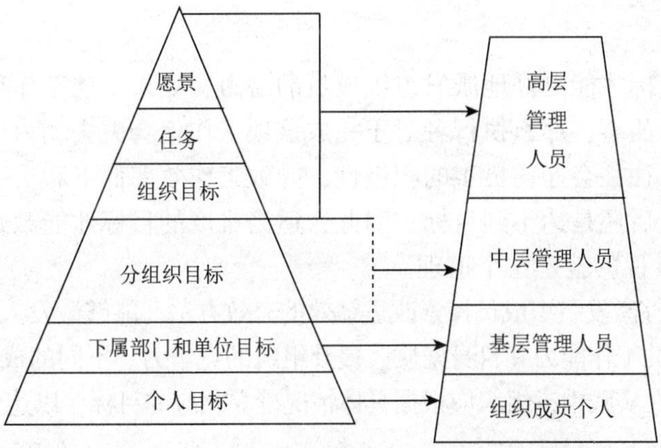

图6-5 目标层次体系与组织层次体系

3）网络性

一个组织的目标通常是通过个别活动的相互联系、相互促进来实现的。所以，目标和具体计划通常构成一个网络，因而它们的关系也不是简单的线性的，即目标之间左右关联、上下连通、彼此呼应，融汇成一个整体。正因如此，更要保证各个目标彼此协调、相互支援和相互连接。

4）时间性

按时间的长度可以将目标分为短期目标和长期目标，这二者的区别是相对的。一方面，短期目标是长期目标的基础，任何长期计划的实现都是由近及远的；另一方面，短期目标必须体现长期目标，必须是为实现长期目标服务的。为使长期计划和短期计划形成一个有机整体，长期目标和短期目标就必须是有机整体。因此应该根据各个目标编制计划，并将这些计划汇集成总计划，以检查它们是否符合逻辑、是否协调一致，以及是否切实可行。

5）可考核性

目标考核的途径是将目标量化，目标应尽可能用数量表示。如增加5%的销售额、减少1%的废品率等。定量目标对于组织成员的绩效考核比定性目标更明确，大大减少了组织内存在的不公平或误认为不公平的现象。但有些目标却不适合用数字表示，硬把这些目标量化、简单化是不可取的，它可能会将管理工作引入歧途，如关于中学是否以升学率作为主要目标的争论。因此，在组织活动中，定性目标也是不可缺少的，管理人员所处的层次越高，其定性目标可能就越多，如树立良好的企业形象、提高员工士气等。

小贴士

计划为目标服务

计划工作为目标服务。在计划工作开始之前，目标是不具体的，计划就是起始于这种不具体的目标，在计划工作之初就要制定具体明确的目标。

某家电信公司的老总希望明年的业务收入和利润额有较大的增长，这是一种不明确的目标，为此就要制订计划，根据过去的情况和现在的条件采用科学的预测确定一个可行的目标。比如业务收入增长30%，利润增长20%。这种具体的目标不能凭空想象，必须建立在科学的分析与预测的基础上。

6）挑战性

富有挑战性的目标才能更好地激发组织成员的潜力，如果一项工作很容易完成，对执行者而言是件轻而易举的事，那么执行者对于完成该项工作就会失去动力。相反，如果目标定得过高、不切实际，往往会挫伤员工的积极性，导致工作效率低下和员工士气低落，因为不管多么努力地干，最后还是达不到目标。因此，适当难度的目标才能激励目标接受者，所谓“跳一跳，摘桃子”，说的就是这个道理。

挑战性的目标能够激发组织成员探索改进绩效的有效方法，能够激发人的潜能，给人以成就感，而且能提高员工的工作能力和自身素质，提升组织的竞争力。不同的成员或群体对目标挑战性的认识可能不同，在实践中，组织应根据具体情况确立相应的目标，以达到更佳的激励效果。

6.6.2 目标管理的概念和实质

【小故事】

青年与智者

一位满怀烦恼的青年去找一位智者，他大学毕业后，曾豪情万丈地为自己树立许多目标，可是几年下来，依然一事无成。

他找到智者。智者微笑着听完青年的倾诉，对他说：“来，你先帮我烧壶开水！”

青年看见墙角放着一把极大的水壶，旁边是一个小火灶，可是没发现柴，于是便出去找。

他在外面拾了一些枯枝回来，装满一壶水，便烧了起来，可是由于壶太大，那捆柴烧尽了，水也没烧开。于是他跑出去继续找柴，回来的时候那壶水已经凉得差不多了。这回他学聪明了，没有急于点火，而是再次出去找了些柴，由于柴准备充足，水不一会就烧开了。

智者忽然问他：“如果没有足够的柴你该怎样把水烧开？”

青年想了一会儿，摇了摇头。

智者说：“如果那样，就把水壶里的水倒掉一些！”

青年若有所思地点了点头。

智者接着说：“你开始踌躇满志，树立了太多的目标，就像这个大水壶装了太多水一样，而你又没有足够的柴，所以不能把水烧开。要想把水烧开，你或者倒出一些水，或者先去准备柴！”

青年恍然大悟。回去后，他把计划中所列的目标去掉了许多，只留下最可能实现的几个，同时利用业余时间学习各种专业知识。几年后，他的目标基本上都实现了。

可见，千里之行，始于足下，从最近的目标开始，不断迈进，才能一步步走向成功。万事挂怀，只会半途而废。

1. 目标管理的概念

既然计划是为确定和实现目标所做出的相应的安排，那么围绕目标而进行的管理就显得非常重要了。

目标管理的概念是美国管理专家彼得·德鲁克于1954年在其名著《管理实践》中最先提出来的。其后他又提出“目标管理和自我控制”的主张。德鲁克认为，并不是有了工作才有目标，而是有了目标才能确定每个人的工作。所以，“企业的使命和任务，必须转化为目标”。如果一个领域没有目标，这个领域的工作必然被忽视。因此，管理者应该通过目标对下级进行管理，当组织最高层管理者确定了组织目标后，必须对其进行有效分解，转变成各个部门以及每个人的分目标。管理者根据分目标的完成情况对下级进行考核、评价和奖惩。

1954年，美国通用电气公司为了进行改组而拟订的计划中，提出了目标管理的诸要素。该公司指出：“管理决策的分散进行，要求用具体的客观目标和对目标实施进程的客观计量来代替主观的评价和个人的监督。通过实行一种客观的计量，有助于主管人员集中精力去注意有关趋势问题及前途问题。”该公司主张用定量的、客观的标准去衡量管理绩效和进行工作评价，这也是目标管理的一个重要内容。

美国学者爱德华·施莱（Edward Schlel）在其专著《成果管理》一书中，也强调目标管理的重要性。他认为：“管理目标规定了每个人在一个特定的时期内预期完成的具体任务，从而使整个管理部门的工作能在特定的时刻内充分地融为一体。”他强调，应当为企业各级机构的所有人员，从上到下，直到每个工长、推销员以及诸如会计员、工艺师、化学师等规定目标。他还建议对员工按预期取得的成果授权，并以同一个标准给予评价。

目标管理的理论和方法建立在古典管理理论及新古典管理理论的基础上。古典管理理论强调以工作为中心，忽视了人的重要性；而新古典管理理论强调以人为中心，忽视了人同工作的结合。目标管理的理论和方法把古典管理理论和新古典管理的思想结合起来，即把实现组织目标所要做的工作以及做这些工作的人结合起来。一方面，管理人员与员工共同制定目标，让员工参与管理，强调人的作用；另一方面，以所制定的目标来指导、评价和控制员工的工作，强调工作的作用，注重工作业绩。因此，目标管理的理论和方法很快在世界各地被广泛地应用于管理过程中，成为一种有效的、系统的管理方法。

虽然现在目标管理已被广泛地应用于管理的各个方面，但对目标管理的定义还没有统一的看法。有些人认为它是一种评价工具，有些人认为它是一种激励技术，也有些人认为它是一种计划和控制的手段，还有些人认为它是一个全面的管理系统。从目标管理理论的形成和发展过程来看，目标管理本身是一个不断发展的概念，不同的发展时期其含义不同。

综上所述，目标管理是指组织内部各级管理人员及员工通过共同制定目标，使组织目标与个人目标协调起来，并以所制定的目标为标准来指导、控制组织的各项活动以及对组织的各项活动成果进行考核和评价的一种管理方法。目标管理理论在指导思想上是以 Y 理论为基础的，即认为在目标明确的条件下，人们能够对自己负责；在具体方法上是泰勒科学管理的进一步发展。

【小故事】

石匠寓言

有个人经过一个建筑工地，问那里的石匠们在干什么，3 个石匠有 3 个不同的回答。

第一个石匠回答："我在做养家糊口的事，混口饭吃。"

第二个石匠回答："我在做最棒的石匠工作。"

第三个石匠回答："我正在盖一座教堂。"

如果我们用"自我期望"、"自我启发"和"自我发展"3 个指标来衡量这 3 个石匠，我们会发现第一个石匠的自我期望值太低，在职场上，此人缺乏自我启发的自觉和自我发展的动力。第二个石匠的自我期望值过高，在团队中，此人很可能是个特立独行、"笑傲江湖"式的人物。第三个石匠的目标才真正与工程目标、团队目标高度吻合，他的自我启发意愿与自我发展行为才会与组织目标的追求形成和谐的合力。

2. 目标管理的实质

1）重视人的因素

目标管理是一种参与的、民主的、自我控制的管理制度，也是一种把个人需求与组织目标结合起来的管理制度。实行这种制度能使员工发现工作的兴趣和价值，享受工作的满足感和成就感。上下级关系是平等、尊重、依赖、支持的，下级在承诺目标和被授权之后是自觉、自主和自治的。

2）建立目标锁链与层次体系

按照目标的层次性要求，主要目标与分目标、各部门目标之间要相互配合、方向一致，形成一个目标锁链与层次体系。每个管理人员和员工的分目标就是组织总目标对他的要求，同时也是他对总目标的贡献。只有每个人都完成了自己的分目标，组织总目标才有完成的希望。

3）重视成果

目标管理以制定目标为起点，以目标完成情况的考核为终结。工作成果是评定目标完成程度的标准，也是人事考核和奖评的依据，成为评价管理工作绩效的唯一标志。至于完成目标的具体过程、途径和方法，上级并不过多干预。因此，在目标管理制度下，监督的成分很少，而控制目标实现的能力却很强。

传统管理与目标管理的区别如表 6-3 所示。

表 6-3 传统管理与目标管理的区别

比较项目	传统管理法	目标管理法
设置目标的方法	一般是上级部门作为任务下达，下级没有自主权	上下级共同制定目标，下级有充分的自主权
员工参与程度	部门和员工作为“执行者”没有多少发言权	企业各部门和员工充分发表意见
个人目标与企业目标的关系	部门和个人利益容易与整体规划发生冲突	强调个人目标与组织目标的有机统一，个人利益与集体利益的统一
管理方式	往往采用命令式，下级只有责任，没有完成任务所需的权力	采用自我方式，员工可以确定工作方法
管理导向	过程导向，不要求部门和员工了解自己做的工作对整体目标的意义	结果导向，部门和员工清楚自己做的工作对整体目标的意义
绩效评估方式	根据上级制定的评价标准，由考核部门评价成果，易掺杂主观因素	根据上下级结合制定的评价标准，由员工自我评价工作成果并做出相应改进

6.6.3 目标管理的实施过程、原则和评价

1. 目标管理的实施过程

1）制定总目标

目标管理一般开始于组织的高层管理者，高层管理者首先要根据组织的远景和使命，分析客观环境带来的机会和挑战，正确认识优势和劣势，制定组织的目标和战略，选择适合自己的竞争战略，这是确定计划的前提。

制定目标时，定量目标更容易引起关注，表现在管理指标体系设立上，可能会更多地追求量化指标，无论目标大小，统统要求量化，以致出现为了量化而量化，损害了目标管理的科学性。因此，在强调定量目标的同时，要特别注意定性目标的制定，如提高管理水平、提高员工的满意度、企业社会责任等。

2）将总目标层层分解

将总目标层层分解，明确组织的规划和目标，制定下级的分目标。在分解过程中，上下级进行充分沟通共同商定下级的目标，下级必须根据计划的前提条件以及组织的总目标和上

级建议的目标提出自己的目标设想，而不是盲目服从上级的目标。上级管理者要指导下级发展一致性和支持性目标，有最后的审批权。下级的目标确定之后，将对上级的目标产生影响，会促进上级部门调整自己的目标，从而形成目标制定的自上而下和自下而上的循环过程。每个员工和部门的分目标要具体量化，和其他的分目标协调一致，便于考核，具有挑战性，使员工经过努力有实现的可能，从而激发员工不断学习，提高技能和能力，实现本部门和组织的目标。

3）目标的具体实施

在目标的实施过程中，强调员工的自我控制，上级管理者要进行定期检查，双方经常沟通、互相协调，下级要主动汇报任务进展，上级要向下级通报进度，帮助下级解决工作中出现的困难，当环境变化影响组织目标实现时，可以通过一定的程序调整原定的目标。

4）总结反馈

应对整个过程进行总结和评估，既是对某一阶段组织活动及员工业绩的总结、考评，也是为下一阶段目标管理提供参考和借鉴，为组织成员及其各个层次、部门的活动制定新的目标并组织实施，开始新一轮循环。

【小故事】

狐狸撑竿跳、非洲豹追羚羊

在一个葡萄园内，一串串饱满的大葡萄让人垂涎欲滴。一只狐狸来到葡萄架下，馋得直流口水，于是它使劲儿地往上跳，想咬葡萄一饱口福。但葡萄架太高了，狐狸第一次试跳没有成功，狐狸想这串葡萄不好，瞧它长得那个样子，外面看着挺好，里面肯定是去年的陈瓤。想到这里，狐狸瞄准另外一串葡萄跳了上去，可惜这一次又没扑着。狐狸想，这串葡萄也不好，肯定使用过化肥，绝对不是绿色食品，要不然就是注水葡萄。第二次试跳狐狸依然以失败而告终，这时传来了稀稀拉拉的掌声——原来是树上落着几只前来看热闹的乌鸦。狐狸向它们拱拱手，表示谢意。两次试跳后，狐狸有点儿累了，蹲下来呼哧呼哧地喘气。狐狸转动着狡猾的眼睛，四下寻找，终于找到了一根长竹竿。狐狸抓住竹竿，后退了几步，并向周围示意，请乌鸦们给予掌声鼓励。有支持就有力量，得到鼓励后的狐狸，信心倍增，只见它提竿快步向葡萄藤奔去，竹竿头准确地插入了地面，竹竿将狐狸高高撑起，然后是漂亮的抛竿动作，自由下坠，狐狸成功地跃过了高高的葡萄架，安全地落到了松软的草地上。“啊！姿势真优美，动作真漂亮！”乌鸦们大声夸奖狐狸。一只年轻的母乌鸦从树上飞了下来，向狐狸献上了一束野花。狐狸手捧着野花，心情非常激动，但短暂的喜悦过后，狐狸冷静下来了，它想：我是来吃葡萄的，葡萄没吃着，跳得再高又怎样！

一望无际的非洲草原，一群群羚羊在那儿欢快地觅食，悠闲地散着步。就在这时，突然，一只非洲豹向羊群扑去，羚羊受到惊吓，开始拼命地四散奔逃。非洲豹的眼睛盯着一只未成年的羚羊，穷追不舍。在追与逃的过程中，非洲豹超过了一只又一只羚羊，但它只是一个劲儿地向那只未成年的羚羊拼命地追去。真是奇怪，那些和它挨得很近的羚羊却像未被它看见一样，一次次放过它们。终于，那只未成年的羚羊被凶悍的非洲豹扑倒了，挣扎着倒在了血泊中。

在追赶的过程中，那只豹子为什么不放弃先前那只羚羊而改追其他离得更近的羚羊呢？

那样，岂不是更容易捕捉到猎物？原来非洲豹的体力和被追赶的羚羊的体力在不断地消耗，如果它不紧紧地盯住一只，中途改变目标，就无法保持自己体力上的优势。因此，豹子始终不放弃已经被自己追赶累了的羚羊，最终的目标是让它成为自己口中的猎物。而狐狸陶醉于乌鸦对它撑竿跳优美的赞美，忘记了它的目标是吃葡萄，最终没有达成目标。因此，在奔向目标的过程中，不要贪恋路边的风景与掌声。具体到工作上，要时刻记住：你的工作目标是什么？你要达到什么样的结果？当然，在此过程中，有激励与认可是值得高兴的，但千万别忘记你的目标，并时刻校正自己的努力方向。

2. 目标管理的实施原则

目标管理是现代企业管理模式中比较流行、比较实用的管理方式之一。它的最大特征就是方向明确，非常有利于把整个团队的思想、行动统一到同一个目标、同一个理想上来，是企业提高工作效率、实现快速发展的有效手段之一。

做好目标管理并非一般人想象的那么简单，必须遵循以下四个原则：

1）目标制定必须科学合理

目标管理能不能产生理想的效果、取得预期的成效，首先就取决于目标的制定。科学合理的目标是目标管理的前提和基础，脱离了实际的工作目标，轻则影响工作进程和成效，重则使目标管理失去实际意义，影响企业发展大局。

2）督促检查必须贯穿始终

目标管理，关键在管理。在目标管理的过程中，丝毫的懈怠和放任自流都可能贻害巨大。作为管理者，必须随时跟踪每个目标的进展，发现问题及时协商、及时处理、及时采取正确的补救措施，确保目标运行方向正确、进展顺利。

3）成本控制必须严肃认真

目标管理以目标的达成为最终目的，考核评估也是重结果轻过程。这很容易让目标责任人重视目标的实现、轻视成本的核算，特别是当目标运行遇到困难可能影响目标的适时实现时，责任人往往会采取一些应急的手段或方法，这必然导致实现目标的成本不断上升。作为管理者，在督促检查的过程中，必须对运行成本作严格控制，既要保证目标的顺利实现，又要把成本控制在合理的范围内。因为，任何目标的实现都不是不计成本的。

4）考核评估必须执行到位

任何一个目标的达成、项目的完成，都必须有一个严格的考核评估。考核、评估、验收工作必须选择执行力很强的人员进行，必须严格按照目标管理方案或项目管理目标，逐项进行考核并做出结论。对目标完成度高、成效显著、成绩突出的团队或个人按章奖励；对失误多、成本高、影响整体工作的团队或个人按章处罚，以真正达到表彰先进、鞭策落后的目的。

【小故事】

短尾猴

位于日本宫崎县的幸岛是短尾猴的故乡。日本科学家对幸岛短尾猴的研究已有半个世纪之久，研究过程中最著名的发现是猴子会清洗红薯。1952 年，日本京都大学的一位教授带着几名学生对短尾猴进行了观察研究，在研究的过程中，他们在沙土里种植了一些红薯，走的时候就把这些红薯留下了。后来，猴子发现了红薯，就开始作为食物来吃。由于红薯上经常沾着一些沙子，比较牙碜，有一只聪明的猴子发现，把红薯放到水里洗一下，然后再吃，就不会牙碜了，于是它把这个发现告诉了身边的猴子，猴子们都开始用水洗红薯吃。

可见，一个人在小范围内做正确的事情的时候，他的行为可以影响身边的人，而这种影响可以产生一种聚合效应。在目标管理中，上级带头谈目标、定目标、回顾目标就是在做正确的事情，而上级的这种行为可以影响到中层和员工，使大家逐渐培养一种目标管理行为，最终形成自我控制。目标管理如果没有高层领导的支持和推动，没有高层领导的以身作则和示范作用，很难推行。

3. 目标管理的评价

实践表明，目标管理的确是很有必要的，但由于相关具体情况往往比较复杂，它一方面显示出许多优点，另一方面也难免存在某些缺点。

1）目标管理的优点

这主要表现为以下6个方面：

（1）明确组织的目标和任务。目标管理能够使管理人员明确组织的目标和任务，明确各自的职责范围及奋斗目标，使组织结构与组织的目标体系相协调。

（2）有助于分权管理。目标管理能使管理者按完成目标所需要的职权授权，有助于组织采用分权管理。

（3）改进管理。目标管理本身就是一种系统的管理方法，它以目标为指导方针，使各级管理人员的注意力都集中于组织的目标，把组织的目标应用于管理的全过程，并注重目标的成效。因此，目标管理的实施，有助于改进管理。

（4）有助于提高士气。目标管理从目标的制定与实施到目标的成果评价，都强调下属的参与。下属可以提出自己的建议和设想，把个人目标与组织目标结合起来；下属对自己所承诺的目标能够发挥主动性和创造力，能够信守自己的承诺，自己负责、自己检查、自己控制，以确保目标的实现。这一过程鼓动了组织成员的热情，激发了组织成员的积极性，有助于提高士气。

（5）有利于意见沟通，建立良好的组织关系。实行目标管理使上级与下属在共同制定目标的过程中相互交流意见，加深相互了解，有利于改进计划工作，有利于目标的实现，也有利于对评价系统产生更积极的态度，建立良好的组织关系，协调组织工作。

（6）有利于控制和业绩评估。目标管理通过建立明确的目标体系和可考核的标准，强调目标的客观性和可行性，使客观地评估管理人员的业绩成为可能，从而能够以可考核的目标来评价员工及管理者的工作业绩。

2）目标管理的缺点

尽管目标管理有许多优点，但也存在一些缺点。这些缺点是目标管理过程中可能存在的，在运用目标管理时应引起注意。其主要缺点有：

（1）对目标管理认识不够。目标管理是一种系统的管理方法，在推行时有一定的困难，一般要经过3~5年的实践，要经过长期的努力，使组织上下对目标管理的原理和方法都比较熟悉，才能产生良好的效果。

(2) 设置目标的困难。由于环境条件迅速变化，使得目标的前提条件的确定较为困难，也使得目标的制定较为困难。目标管理强调建立可考核的、定量的目标，但有些目标较难考核，或耗时较长或很难定量，这些都增加了设置目标的困难。特别是当各利益群体的目标差异较大时，协调起来就比较困难。

(3) 短期目标与长期目标的冲突。组织的长期目标是生存和发展的基础，短期目标应服务于长期目标，为长期目标作贡献。但组织的具体目标常常是短期的，为了短期的利益有时会损害长期的利益。

(4) 目标不够完善。目标管理所确定的目标无法把组织必需的工作都包括在其中，未被包括在目标里的工作容易被忽视。特别是每个责任单位和个人都把注意力集中于自己的目标上，忽视工作之间的相互关系。

(5) 绩效衡量困难。人们常常只强调可考核指标的业绩，而忽视了那些不易考核的工作业绩。管理者的工作绩效有许多是受客观因素影响的，这给客观地、合理地衡量管理人员及员工的绩效带来了困难。

小案例

王勇的目标管理

王勇曾经在一家有名的外商独资企业中担任过销售部经理，成绩卓著，几年前，他离开了这家企业，自己开设了一家建材贸易公司，由于有以前的底子，因此生意很不错。有一年年初，他准备进一步扩大业务，在若干个城市设立经销处，同时，准备扩大经营范围，增加花色品种。面对众多要处理的问题，王勇决定将部分权力授予下属的各部门经理。他逐一与经理们谈话，一一落实要达到的目标。其中，他给采购部经理定下的目标：保证每个经销处所需货物的及时供应；所采购到的货物的合格率需保持在98%以上；采购成本保持在采购额的5%以内。采购部经理当即提出异议，认为有的指标不合理。王勇回答说："你尽力就是了。"年终考核时发现，采购部达到了王勇给他们规定的前两个目标，但采购成本大大超出计划，约占当年采购额的8%。王勇问采购部经理，采购部经理解释说："有的事情只能如此，就目前而言，保证及时供应和货物质量比采购时花掉多少钱更重要。"

思考题：你认为王勇在实施目标管理中存在什么问题？目标管理的关键是什么？结合案例，谈谈你给王勇的建议。

【小训练】

回想一下，你在劳动过程中是如何进行目标管理的？

任务6.7 自我激励

激励有激发和鼓励的意思，是管理过程中不可或缺的环节与活动。有效的激励可以成为组织发展的动力保证，有助于实现组织目标。自我激励能力是成功人士必备的一项重要能力。

6.7.1 自我激励的概念及过程

1. 激励与自我激励的概念

激励是指激发人的行为动机的心理过程，是一个不断朝着期望的目标前进的循环的动态过程。简言之，就是在工作中调动人的积极性的过程。激励是对人的一种刺激，是促进和改变人的行为的一种有效的手段。激励的过程就是管理者引导并促进工作群体或个人产生有利于管理目标行为的过程。每个人都需要激励，在一般情况下，激励表现为外界所施加的推动力或吸引力，转化为自身的动力，使得组织的目标变为个人的行为目标。

自我激励，简单而言，就是通过自我约束和自我鞭策，使自己能够持续努力地工作，以实现工作目标和工作追求。自我激励能力相较于其他激励能力而言，主要强调“自我”在激励中的作用。一个人要想成为优秀的管理者或员工就必须成为有效自我激励的高手。不善利用自我激励的人很难实现自己事业的追求或目标。

一位著名作家，童年时家境贫寒，父母以卖豆腐维持生计。每天早上天未破晓时，他便与弟弟起身工作，两人沿街叫卖。他告诉弟弟说：“我们把卖豆腐所赚的钱拿回家给母亲，帮助家人过活。我们给自己的奖励品是你我共享一块豆腐，你一半，我一半。”

那块共享的豆腐是他们辛勤劳动后换来的报偿，是他们努力劳动的动力。在面对工作中缺乏动力但却需要去做的事情时，恰当地运用自我激励，可以使工作变得轻松和有趣。

在企业管理实践中，员工的行为是由他们自己控制的。因此，营造使员工不断进行自我激励的工作环境，能够引导员工的行为朝着有利于组织目标的方向努力。

2. 自我激励的过程

自我激励是一个非常复杂的过程，它从个人的需要出发，引发欲望并使内心紧张（未得到满足的欲求），然后引起实现目标的行为，最后在通过努力后使欲望达到满足。自我激励过程如图 6-6 所示。

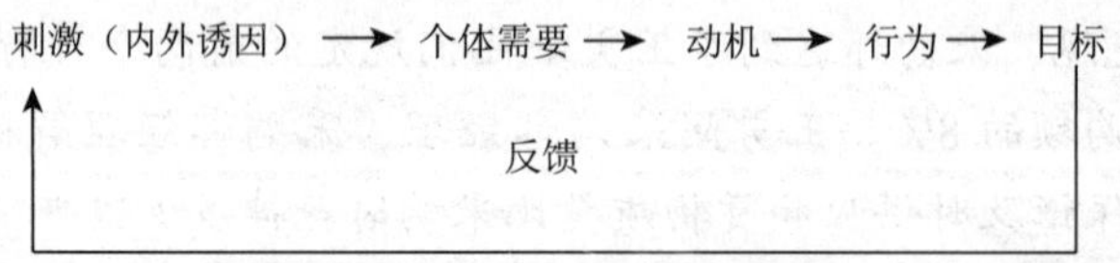

图 6-6　自我激励过程示意图

1）需要

自我激励的实质就是一种心理力量，首先要了解自我的需要。需要是人的一种主观体验，是人们在社会生活中对某种目标的渴求和欲望，是人们行为积极性的源泉。人的需要一旦被人们所意识，它就会以动机的形式表现出来，从而驱使人们朝着一定的方向努力，以达到自身的满足。需要越强烈，它的推动力就越强。人的需要有三个方面：一是生理状态的变化引起的需要，如饥饿时对食物的需要；二是外部因素影响诱发的需要，如对某种新款商品的需要；三是心理活动引起的需要，如对事业的追求等。

2）动机

动机是建立在需要的基础上的。当人们有了某种需要而又未能满足时，心理上便会产生一种紧张和不安，这种紧张和不安就成为一种内在的驱动力，促使个体采取某种行动。从某种意义上说，需要和动机没有严格的区别。需要体现一种主观感受，动机则是内心活动。实际上一个人会同时具有许多种动机，动机之间不但有强弱之分，而且会有矛盾。一般来说，只有最强烈的动机才可以引发行为，这种动机称为优势动机。

3）行为

行为就是人的活动，指人或动物表现的和生理、心理活动紧密相连的外显运动、动作或活动。行为由一连串的动作组成，基本单元是动作。

人们在动机的推动下，向目标前进，目标达到后，需要得到满足，紧张不安的心理状态就会消除。随后，又会产生新的需要，引起新的动机和行为，这是一个循环往复、连续不断的过程。

【小故事】

鸡能啄死大蟒蛇

动物园里，饲养员每天都要喂一大盆肉给大蟒蛇吃。

这一天，为训练大蟒蛇的野性，饲养员准备用火鸡来喂大蟒蛇。于是，他就扔了一只鸡到大蟒蛇的笼子里。

这只鸡突然遭遇这飞来横祸，可又没有什么办法，因为现在已被关进大蟒蛇的笼子里了。可它一想，反正是一死，干吗要坐着等死呀，也许搏斗一番还有活命的机会呢。这样想着，它就使劲地飞起来，狠狠地对着大蟒蛇猛啄起来，大蟒蛇被这突如其来的猛攻弄得措手不及，被啄得眼睛都睁不开了，根本没有还手之力。一个小时以后，大蟒蛇竟然被这只鸡啄死了。

饲养员看到这样的情景，很吃惊，也被鸡的勇敢行为震撼了。最后，这只鸡逃脱了死亡的命运。

6.7.2　动机的概念、产生条件及功能

1. 动机的概念

动机是为实现一定目的而行动的原因。动机是个体的内在过程，行为是这种内在过程的表现。人从事任何活动都有一定的原因，这个原因就是人的行为动机，动机可以是有意识的，也可能是无意识的。它能产生一股动力，引起人们的行动，维持这种行动朝向一定目标，并且能强化人的行动，因此在国外也被称为驱动力。

2. 动机产生的条件

1）内在条件

内在条件就是需要，动机是在需要的基础上产生的，离开需要的动机是不存在的。而且只有需要的愿望很强烈、满足需要的对象存在时，才能引起动机。例如，求职需要学历，而且学历越高，求职的难度就越小些。所以，为了能找到合适的工作，人们就需要一定层次的

学历，这种需要就会引起人们再学习、再深造的动机。

2）外在条件

外在条件就是能够引起个体动机并满足个体需要的外在刺激，称为诱因。例如，对于饥饿的人，食物是诱因；对于应届高中毕业生来说，考上名牌大学是诱因；对于要求进步的学生来说，学校的奖励和老师的表扬是诱因。诱因可能是物质的，也可能是精神的。

个体的内在条件——需要、个体的外在条件——诱因是产生动机的主要因素。在个体强烈需要、又有诱因的条件下，就能引起个体强烈的动机，并且决定他的行为。

3. 动机的功能

1）引发和始动性功能

没有动机，就不可能有行动，动机是人的行动动力。如人们为了使居住条件得以改善，就会产生装修居室的行动；中学生为了政治上的进步，就得写入团申请书，就得在行动上严格要求自己。

2）方向和目标性功能

个性所产生的动机都是有一定的方向和目的，他的行动总是按照这样的方向和目标去实现的。例如，在班级卫生评比中，某班的卫生委员想使本班在全年级评第一，这个“第一”，就是方向、就是目标。为了实现这个目标，他就得以身作则，带领全班同学认真打扫教室。

3）强化和激励性功能

个性的动机对其行动还起着维持、强化和激励的作用，以使其最终达到目标。动机产生目标，目标总是促使、激励人们不断地进取，获得成功。一般来说，动机越明显、越强烈，这种强化和激励性功能也就越大。例如，对于一些大学生而言，认为考研很重要，只有学历高了，才能找到更好的工作。这种动机及目标会激励他们、强化他们不断努力，提高自己的学习水平。

一个人一旦产生一种动机，就会努力去实现由动机指引的目标。然而在实现目标的活动中，常常因主客观条件的限制而受到阻碍，使个体心中产生挫折和冲突。这种情况的出现既有内在原因，也有外在原因。内在原因可能是由于自己的生理条件、能力不适应；外在原因可能是环境因素、经济因素、人际关系因素不利。

在这种情况下，一是要考虑自己的动机和目标是否切合实际、切实可行，如果通过自己的努力达不到的要适当调整；二是如果通过自己努力，甚至艰苦、长期努力能够达到，但困难不少、不利条件也不少，就需要不怕挫折、不怕暂时的失败，要勇往直前，刻苦忍耐，直到成功。

小案例
金发换金牌

6.7.3 自我激励的方法

1. 正确认识自我，具备积极心态

苏霍姆林斯基说：“自我教育从自我认识开始。”“人，只有当他了解自己时，才能教育自己。”自我认识的意义重大，通过他人的评价及自我的审视，正确地评判自我，并具备积极的心态是进行自我激励的基石。所谓自我认识是指自己对自身心理特点、生理特征、性

格、品质等方面的了解，是人们对自我的确认。实施有效的自我激励，必须建立在对自我正确认识的基础上，这样才能确立完善的评价标准和体系。正确地认识自我是自我激励的重要前提，学生必须通过他人的评价及自我的审视，了解自己、认清自我，清楚自己有哪些优点并能最大限度发扬这些优点，更应当认清自己有哪些不足以便更好发展自己。针对大学生的现状及存在的问题，我们更应当通过讨论与引导的方式让大学生肯定自己，做好情绪管理，用积极的心态为自我激励铺垫基础。正确认识自我，必须由大学生自己去完成。

首先，可以通过与他人的比较或自我的比较来认识自我。心理学家菲斯格指出："一个人对自己价值的认识，是通过与他人的能力和条件的比较而实现的。"他把这称为"社会比较过程"。针对大学生，要积极地引导他们在与他人的比较过程中，借鉴他人成功的经验及过程，对比中，找出自己存在的不足，以及自己需要发展的方向、实现的目标。社会实践、生活体验是获得感性认识的重要途径。应把目标主要放在自我比较上，通过过去的"我"与现在的"我"的比较，找出这一过程中自己哪些方面进步了，哪些方面还存在不足，哪些方面需要坚持，哪些方面需要改进等问题，并予以较好地解决。其次，要重视他人对自己的客观评价。要善于听取他人对自己的评价，特别是对自己客观公正的评价，要学会去积极地面对，这对于自身的不断完善与发展有积极的作用。通过他人的评价与自我的了解，分析和综合研究，找出存在的问题，作为自我评价的参考。最后，实践是检验真理的唯一标准，大学生可以借助于自己实践过程中获得的一些成绩和成果来客观地评价自我，通过对自身成果成绩的审视，以事实为依据，客观公正地自我评价。

2. 明确目标，制定职业生涯发展规划

职业生涯规划设计是进行自我激励的最大动力。它包括学习规划、生活规划、爱情规划和职业规划等。职业生涯规划设计直接关系到人未来走向社会的发展。有调查表明，大学生生涯规划意识凸显。近九成的大学生进行过自我探索，其中1/3的大学生对自己的兴趣和特长、气质和性格以及综合能力的强弱项都非常了解；近八成的大学生对未来有清晰的目标，只有不到5%的大学生并不了解自己，暂时没有考虑过未来。调查同时发现，80%左右的大学生了解自己所学专业的行业前景和就业方向，更有超过半数的大学生关注过自己目标职业的行业环境。

对大学生开展职业生涯规划教育不应只是在课堂上对他们灌输思想，还可以通过丰富校园文化生活、开展职业生涯规划大赛、举办优秀毕业生讲座等丰富多彩的活动、寓教育于文化活动之中，加深他们对职业生涯规划含义的理解，进而引导他们根据自身的特点制定相应的目标。同时针对当前的大学生多是伴随着新媒体成长起来的一代的实际，加大网络职业生涯规划信息内容的建设，丰富校园网络内容，加强大学生职业生涯规划教育。在具体的职业生涯发展规划策略上，大学生可以用六个问题进行归零思考：①What am I（我是什么样的人）？②What I want（我想要什么）？③What I can do（我能做什么）？④What can support I（me）（我的职业支撑点是什么）？⑤What fit I（me）most（最适合我的是什么）？⑥What I can choose in the end（最后我能够选择什么）？

小案例

小树长高靠什么

森林里有一群小树苗，它们都想茁壮地成长，可是，周围的大树太高了，把阳光遮住了，把土地占住了，把水分吸走了，小树苗们想要长高好困难啊。慢慢地，大家都不怎么在意长多高了，每天就是随随便便地就过去了。

只有一棵小树还在努力地成长，拼命地吸收每束阳光、每滴水、每点养料。其他小树都嘲笑它："你怎么可能长得过那些大树呢，我们是不可能找到足够的水分和阳光的。"小树对这些话不理不睬，继续专心地做自己的事。有一天，它长得和周围的大树一般高了，原来的那帮小伙伴很吃惊，但也为它高兴，就说道："没想到你真的长这么高了啊，看来你的人生目标算达到了。"已经长大的小树摇摇头，说："远处还有很多比我高的树呢，我要长得和它们一样高大。"下面的小伙伴们因为看不到那些树，根本不知道它在说什么。

时间一年一年地过去了，小树不断地发现新的目标，不断地努力追赶、超越，终于有一天，它长成了这片森林里最高大的一棵树。现在，所有想要长大的小树都以它为目标了。

3. 树立自信心，强化成功的意识

《心理学大辞典》给出了"自信"的定义："自信是自我意识的重要成分，个体由对自己的能力、品格和力量等的肯定评价而产生的信任自己的情感。"作为一种个人素质，自信是个体成长和成才不可缺少的。自信心强的个体，能对自己所知所能及的各方面的特性做出积极评价，坚信自己的判断而很少从众，其获取成功的可能性较自信心弱的个体高。不过也可能在其面临的问题超出其认知范围而难以判断时自信减弱，乃至发生从众行为。具有自信心是自我意识成熟的一种表现。自信是力量的源泉，是成功的保证，它代表着一种优秀的心理品质和积极的人生态度。对大学生进行自信教育，其目标是帮助大学生获取自信和提升自信，对自己持认可、肯定、接受和支持的态度，以形成相对稳定的自信习惯。为此，大学生要积累丰富的知识，树立积极向上的自我形象，客观认识和评价自己，制定自己力所能及的生活目标，看到自己的长处和力量，努力提高和发展自己，积极乐观地与人相处。

4. 持续行动，养成自我激励习惯

外在的教育激励与内在的自我激励是一个有机的统一体。只有外在的教育激励与内在的自我激励有机结合，才能充分发挥其效用，否则其效果非常有限。成长，从内在角度看，是自我建构的过程；从外在角度看，是教育、经历影响下丰富阅历、调整自我的过程。外在环境的日益变化，人们在这种变化中获得了宝贵的经验，他们也在这些日益变化的环境中获得了诸多的机遇。但是，只有这些外在的条件与内在的需求及认识通过合理的组织、结合，形成有机的整体，才能实现人的全面、有效发展。一个人一旦学会了自我激励，自我塑造的过程也就随即开始。因此，我们可以用以下方法来加强大学生的自我塑造，养成自我激励的良好习惯，并坚持到底。一是有意识培养大学生积极的自我意向，把自己的关注点集中到成功机制上；二是端正人生态度，迎接各种挑战；三是融入团队，敢于竞争，努力帮助别人，借

助外力的激励建立起自己强大的内心世界和外在形象；四是以各种方式积极肯定自我，积蓄迎接挑战和坚持自我的勇气；五是克服自信心不足、焦虑、负面消息太多等反激励因素的影响，提高认知能力。

5. 培养自我控制能力

自我控制是自我意识的一个重要组成部分，是指在实践过程中，通过对实践结果的反馈、他人的评价，及时调整自身情绪和行为的过程。自我控制行为的多次重复就可形成良好的习惯，从而降低自控行为引起的紧张感，使自控行为容易完成和保持。针对目前大学生遇到的各种问题，且在一段时间内相对难以解决的实际，要求大学生在实行自我激励时，能自觉地选择目标，在没有外界监督的情况下，适当地调控自己的行为，调动自己的积极情感，为自己创造良好的心理环境，抑制冲动、抵制诱惑，以自己最大的能力克服遇到的困难，以达到目标的实现。同时也应不断地对激励的效果进行反馈与检验，针对有效的情况进行肯定，对无效的情况进行修正。怎样培养自我控制能力呢？有以下一些建议可供参考：一是要稳定自己的情绪，通过转移注意力，充分利用体育运动、音乐等良性办法合理发泄自己的不良情绪，将内心的不良冲动和愤懑情绪宣泄和释放出来，以保持良好的心态，达到合理的自我控制；二是要积极参加社会实践活动，提高自己对社会环境、对社会群体的适应；三是要加强自己的意志培养，提高自己对挫折的承受能力，培养坚强的心理品质，对于自己选择的正确发展道路，要坚定不移地走下去，以达到成功为目标；四是要调整好自己的需求结构，当二者不能同时达到的时候，要舍弃不可能的需要；五是要强化积极性思维，凡事预则立，不预则废，要坚信自己通过努力能到达成功的彼岸。

小贴士

自我激励的宣言

（1）成功宣言

如果你的心中想到失败，你就失败了！
如果你没有必胜的决心，绝无任何成就！
纵使你想要得到胜利，只要浮现失败的字眼，胜利不会向你微笑！
如果你不认真行事，你就失败了！
我们在大自然宇宙中发现：
成功起源于人类的意志力，
一切皆由人类的精神状态而决定。
如果你想到落后，你就落后了！
如果你想要晋升到最高地位，
在胜利到手之前，
必定要拥有“我一定做得到”的信念。
人生的战果，并非强势和快速就能得到，
所有最后获得胜利的人，
都是坚信“我一定做得到”的人。

(2) 财富宣言

我具有创造自我的特殊力量，这种力量使我能随心所欲地创造。

我完全开放地接受世界赋予我的充足的财富。

所有我需要和期望的，

我还没有提出要求就已经使我获得。

我被指引着、保护着，我选择对我最好的。

我为他人的成功而高兴。

我知道有足够的财富和成功分给我们每个人。

我经常丰富我的思想，

这使我的收入也随之增加，

我的收入可能来自任何渠道。

我的世界里一切都好。

(3) 自控宣言

沮丧时，我引吭高歌。

悲伤时，我开怀大笑。

病痛时，我加倍工作。

恐惧时，我勇往直前。

自卑时，我换上新装。

不安时，我提高嗓音。

穷困潦倒时，我想象未来的富有。

力不从心时，我回想过去的成功。

自轻自贱时，我想想自己的目标。

我要学会控制自己的情绪。

(4) 智慧宣言

自高自大时，我要追寻失败的记忆。

纵情享受时，我要记得挨饿的日子。

扬扬得意时，我要想想竞争的对手。

沾沾自喜时，不要忘了那忍辱的时刻。

自以为是时，看看自己能否让风驻步。

腰缠万贯时，想想那些食不果腹的人。

骄傲自满时，要想到自己怯懦的时候。

不可一世时，让我抬头，仰望群星。

(5) 努力宣言

我不想听失意者的哭泣，

抱怨者的牢骚，

这是羊群中的瘟疫，

我不能被他传染。

我要尽量避免绝望，

辛勤耕耘、忍受苦楚。

我一试再试，争取每天的成功，
避免以失败收场。
在别人停滞不前时，
我继续拼搏，奋勇直前。
坚持不懈，直到成功。

任务 6.8　有效沟通

沟通在我们的身边无处不在，而有效的沟通对提升和促进我们的劳动成效、工作水平、生活质量有着不可替代的作用。这里我们从人际沟通和团队沟通两方面进行有效沟通的探讨。

6.8.1　人际沟通

统计资料表明，良好的人际关系，可使工作成功率与个人幸福达成率达到85%以上。某地被解雇的4 000人中，人际关系不好者占90%，不称职者占10%；大学毕业生中人际关系处理得好的人平均年薪比优等生高15%，比普通生高33%。而要建立良好的人际关系，必须以人际沟通这一方式来实现，由此可见，人际沟通对一个人获得成功是非常重要的。

1. 人际沟通的含义

所谓人际沟通，就是指人与人之间进行信息传递和情感交流的过程。通过人际沟通，人们彼此交流思想、观点、情感、态度和意见，从而达到交流信息、调节情绪、增进友谊、加强团结的目的。在现代社会中，人际沟通的广度和深度不仅是人们生活质量的重要体现，而且也是组织沟通、团队沟通的前提和基础。可以说，有效的管理沟通都是通过有效的人际沟通来实现的。

人际沟通的含义包括以下三个方面。

第一，人际沟通是一种历程。在一段时间之内，有目的地进行一系列信息交流的行为，此种行为就是人际沟通。与亲人饭后闲聊，或和好友电话聊天，甚至使用网络与网友们交流等都是人际沟通的例子。而在每个沟通的历程里，都会产生意义。

第二，人际沟通的重点在于它是一种有意义的沟通历程。在沟通的过程中，其内容表现出的是“什么”，其意图所传达的是“为何”，其价值对应出此沟通“有多重要”。

第三，双方在沟通历程中表现出的是一种互动，对沟通中和沟通后所产生的意义都负有责任。在尚未沟通之前，无法预测沟通互动后的结果，例如，孩子跟父母要钱，说：“我没有钱了，能不能给我1 000元零用钱?”此时，在还未形成互动前，无法知晓结果为何。其结果可能是“可以”，也可能是“不可以”，而且“可以”或“不可以”的结果又存在许许多多语气、态度等方面的差别。

小案例

王总经理的一天

王伟是一家公司的经理，下面看一下他一天的工作情况。

早晨 8:00 来到办公室，打开计算机开始处理、收发邮件。

8:20 开始批阅文件，然后开始撰写年度工作报告的提纲。

9:00 浏览了一个地区经理提交的关于改变某项工作流程的备忘录，于是决定要为这件事召开一次会议。

按照约定，他在 10:00 就新招聘员工的相关事宜听取了人力资源部经理小宋的汇报。

11:00 亲自去机场迎接来自美国的客户，并与其共进午餐。

下午 1:30 引导美国客商去公司参观，并就进一步合作事宜进行了磋商。

下午 3:30 接受了一名记者的采访。

下午 4:00 就与美国合作事宜召集各部门经理召开了一个紧急会议。

……

他一天中的事情都可称为是一种“人际沟通”。

2. 人际沟通的特点

由于人是有思想、有感情的高级动物，所以人际沟通与其他形式的沟通相比，具有下述几个特点。

1）沟通双方都是交流活动的积极参与者

沟通双方积极地参与交流，其前提是人际沟通的双方有共同的动机。在人际沟通过程中，每个参与者都是积极的主体——人。双方之间的沟通是一个相互作用的互动过程。

2）人际沟通受到人际关系的影响

俗话说“酒逢知己千杯少，话不投机半句多”，人际沟通总是在一定的人际关系下进行的，人际关系的状况直接影响人际沟通的深度、广度，影响着人际交流的方向。这样的特点在中国文化背景下显得尤为突出，中国俗语所说的：“逢人只说三分话，未可全抛一片心”，说的就是人际关系对人际沟通的影响。

3）人际沟通会出现障碍

在人际沟通过程中，沟通双方的社会文化因素和心理因素，包括沟通双方的社会地位、文化水平、风俗习惯和社会传统以及个人的需要、动机、情绪、兴趣、价值观、个性、经验与知识结构等，都会造成人际沟通的障碍，产生信息的过滤和曲解，从而妨碍人际沟通的正常进行，这是人际沟通过程中特有的一种现象。

4）人际沟通的主要工具是语言

除了书面语言，人际沟通还经常通过口头语言进行。在口头沟通过程中，除了语言符号系统，语音、语调、停顿、重音以及语速等辅助语言符号系统也会传递大量的信息和丰富的情感。同时，表情、姿态、手势等非语言符号系统在沟通过程中也起到很大的作用。因此，在口头沟通时常常出现言外之意和弦外之音。

5）信息传递迅速，交流形式与内容随意性较大

人际沟通是人与人之间直接进行信息传递，中间不经过第三者，因此信息传递速度比较快，信息传递的数量也不受限制。特别是当人际沟通只限于两人之间时，其传递效果往往是比较好的。但是人际沟通也有另一方面的特点，就是人际沟通的形式与内容随意性较大，双方可以根据具体情景对人际沟通的形式和内容进行调整和改变，如果人际沟通的链条过长，其信息传递效果呈明显下降趋势。有关研究显示，第一个信息传播者将信息传递给第二个人时，信息量只有原来的70%，第二个人将信息传递给第三个人时，信息量只有原来的55%，第三个人将信息传递给第四个人时，信息量只有原来的30%。

【小训练】

问题出在哪儿？

图 6-7　有关团队合作的漫画

问题：

1. 该幅漫画（如图6-7所示）说明了什么问题？
2. 如何避免以上问题的发生？
3. 在生活中你有没有遇到过类似的情形，你是如何处理的？

3. 人际沟通的作用

人际沟通除了包括信息的传递，还包括情感、思想、知识和经验等多方面的交流，它对于改善人际关系、调整和转变人的行为都具有十分重要的意义和作用。具体来说，人际沟通的作用主要表现在下述几个方面：

1）开阔视野，丰富经验

人际沟通有助于增长知识，开阔视野，丰富经验。在人际沟通过程中，个体可从对方那里吸取对自己工作、学习和生活有意义、有价值的知识与经验，以别人的长处弥补自己的短处，借鉴别人的优势来改变自己的劣势，学习他人的成功经验，吸取他人的失败教训，以此扩充自己的知识积累，更好地提高自己对环境的适应能力。

2）联络情感，改善关系

有效的人际沟通可以把沟通双方的思想、感情、信息进行充分的、全方位的交换，从而达到增加共识、增进了解、联络感情的效果，有效地改善人际关系。世界上最美的东西就是人与人之间的情感联结，而人与人之间的情感联结就是通过人际沟通来实现的。沟通的过程使积极的情感体验加深，使消极的情感体验减弱，从而使人际关系不断得以改善。

3）认识他人，自我定位

唐太宗说："以铜为镜，可以正衣冠；以古为镜，可以知兴替；以人为镜，可以明得失。"这句话，道出了人际沟通有助于认识自我并进行自我定位的作用和功能。因为人在与他人沟通的过程中，理解了别人，也认识了别人眼中的自己。人们从他人对自己的反映、态度和评价中，发现自己的长处和短处，找到自己恰当的社会位置，为自我的设计、发展、完善创造了有利条件。离开了人际沟通，人就永远无法客观地认识他人，也无法真正地了解

自己。

4）心理健康，满足需求

沟通与交往是人类最基本的社会需要之一。根据美国管理学家马斯洛的需求层次理论，每个人都有归属和社交的需要，通过彼此间的相互沟通和交往，可以诉说个人的喜怒哀乐，这样就增进了成员之间思想和情感的交流，促使其产生依恋之情。人际沟通有助于人的心理健康，正如有人所说的那样："当我们快乐时，把我们的快乐告诉自己的朋友，会使快乐加倍；当我们痛苦时，把我们的痛苦告诉自己的朋友，会使我们的痛苦减半。"

5）高效团队，实现目标

人际沟通是组织管理的基础，离开了人际沟通，是不可能发挥管理功能和实现管理目标的。良好的人际沟通能够把每个人的知识、专长和经验融合在一起，更好地与他人合作，从而组建一个高效的工作团队，取得事业的成功。

小贴士

通用的"全员决策"

通用汽车公司（GM）是全球最大的汽车公司，其核心汽车业务及子公司遍及全球，共拥有325 000名员工。1981年杰克·韦尔奇接任总裁后，认为公司管得太多，而领导得太少，"工人对自己的工作比老板清楚得多，经理们最好不要横加干涉"。为此，他实行了"全员决策"制度，使那些平时没有机会互相交流的职工、中层管理人员都能出席决策讨论会。杰克·韦尔奇开展的"全员决策"，消除了公司中官僚主义的弊端，减少了烦琐程序。实行"全员决策"后，通用公司在经济不景气的情况下取得了巨大成功。杰克·韦尔奇本人被誉为全美最优秀的企业家之一。当企业的运行或管理出现了新问题时，管理者与被管理者以及管理者与管理者、被管理者与被管理者之间必须通过良好有效地商务沟通与交流，才能找准症结，通过分析、讨论、决策，及时将管理问题解决。

4. 人际沟通的影响因素

人际沟通是一个连续、动态的变化过程，始终受到沟通者生理、心理和社会等多重因素的影响。因此，正确地认识这些复杂的因素及其对人际沟通产生的各种作用，对激发沟通动力、去除沟通障碍具有积极的意义。这些影响因素主要是：

1）移情效应

所谓移情，是指沟通者从对方的角度来感受、理解和分享其感情的过程。它是人际沟通的一个最重要的影响因素，对理解对方可发挥关键作用。实际上，站在对方的角度理解对方，并及时地向他们表达这种理解，既是移情的具体表现，又是有效人际沟通的基本前提，在沟通时我们应当充分重视并恰当地应用。

2）信任程度

人际沟通效果还取决于沟通双方的信任程度。在现实生活中，自己信任的人所传递的信息比其他渠道的信息更容易被相信和认同。对沟通者的信任程度，主要与对方的权威性、信誉、领导才华、语言魅力以及目的一致性（判断是否与自己的目的和价值观一致）等因素有关。

3）控制能力

控制能力，是指一个人引导和确定与沟通对象的某种人际关系的支配力度。它所建立的关系包括互补关系、对称关系和平等关系 3 种。在互补关系中，由于沟通双方地位不平等，一方常以支配方式要求一方顺从，显然，此时支配方的控制能力最强；在对称关系中，沟通双方因地位平等，导致以竞争方式争夺控制权，结果是谁也不能控制谁，两者的控制能力呈动态平衡状；在平等关系中，沟通双方的控制能力介于上述两种关系之间，任何一方能否取得控制地位，则需机动灵活地根据当时的沟通状况来确定。

4）自我显示

在人际沟通过程中，自我显示是沟通者有意地向他人叙述自己真实情况的一种沟通行为，它有利于沟通双方增进对彼此的了解，促进和发展两者逐渐形成的人际关系，常以主动性、有意性、真实性和独特性等特点，来影响人际沟通的效果。

5）沟通者状况

沟通者状况主要是指沟通者自身的影响因素。

（1）生理因素。如沟通者过度疲劳、身患疾病或聋哑、失语等，均会直接妨碍人际沟通。

（2）情绪因素。由于情绪是一种具有感染力的感情因素，因而它对沟通的有效性可产生直接影响。一般轻松愉快的情绪，能增强一个人的沟通能力。而紧张忧虑的情绪，会干扰一个人传递或接收信息的能力。故交际双方应注意始终保持平和、良好的情绪，这对有效沟通是尤为重要的。

（3）智力因素。若沟通双方接受教育的程度、知识水平、使用的语言和对事物的理解等均存在明显差异，则会造成明显的沟通障碍。

（4）性格因素。通常，性格内向的人因经常独思单处，孤身只影，与其他人沟通的动机不强，不善于人际沟通，但有时可与少数知心人建立稳定、有效的沟通渠道，从而形成深厚的情感和友谊。性格外向的人由于机敏活泼，乐于表现，与其他人沟通的动机强烈，往往善于沟通，并易获得社会信息，在公共社交场合中可能产生较大的影响，但其沟通程度并不一定很深。

小故事
土著人的最高礼节

（5）感觉和态度因素。首先，沟通时，传送者因需保密或对接收者缺乏信任而将信息删掉、更改或保留，常会导致接收者拒收或无法理解所传信息，造成沟通困难。其次，当沟通双方因生活经验、社会阅历、价值观念、理解方式存在较大差别时，往往对传送的信息难以达成准确、恰当的共识，进而使沟通无法继续进行。

5. 人际沟通障碍

人际沟通的过程也就是人与人之间的信息沟通、思想感情交流和行为互动的过程。在现代社会中，人际沟通的范围不断扩大，人际沟通的频率不断增加，人际沟通的水准不断提高，因而人际沟通的障碍因素也比以往更复杂。分析和研究人际沟通的障碍因素，对于调节人们的沟通行为，搬掉沟通过程中的“绊脚石”，克服障碍，具有重要意义。

1）心理障碍

人际沟通中有很多因素会成为人际沟通的障碍。在这些障碍中，表现最为突出的是人际间的心理障碍。人的兴趣、态度、情绪、思想、性格、价值等因人而异，这些差异使人们在沟通中很容易带上主观成分，自觉或不自觉地用自己的观点对信息加以“过滤”，从而有意无意地使信息产生歪曲，给人际沟通造成不同程度的危害。

（1）知觉障碍。人际沟通中，我们认知对象时，经常会出现不同的心理障碍，最常见的有第一印象、晕轮效应和刻板印象。

①第一印象。心理学家做过这样一个试验，让被试者看两种性格类型：

性格 A：聪明—勤奋—易冲动—爱批评—顽固—嫉妒心强。

性格 B：嫉妒心强—顽固—爱批评—易冲动—勤奋—聪明。

试验结果表明，人们对性格 A 有好印象。其实性格 A 和性格 B 的内容完全一样，只是顺序不同罢了。这表明：当不同信息结合在一起时，我们总是倾向于注意前面的信息，而忽视后面的信息；即使人们同样也注意后面的信息，但也会认为后面的信息是非“本质的”“偶然的”。这就是第一印象。所谓第一印象，是指在人际沟通中，人们对第一次经历的事件，往往留下深刻的印象，成为一种心理定式而难以改变。

第一印象是有层次的。当人们在商店受到某个营业员的热情服务时，他所形成的第一印象不仅是对这个营业员的印象，还包括对整个商店的印象；当人们千挑万选地购回一台洗衣机，刚一使用就发现有毛病，他对这台洗衣机、这一品牌的不良印象也许就再也无法挽回了。第一印象有层次性、广泛性、拖延性，因此难免以偏概全，妨碍人们准确地、全面地认识事物。当然，第一印象也不是不能改变的。随着人与人相互交往的加深，还可以修正第一印象，最后给予对方客观的、公正的评价。

②晕轮效应。所谓晕轮效应，是指从对象的某种特征推及对象的总体特征，从而美化或丑化对对象的印象的一种心理定式。称其为“晕轮效应”，是因为它像月晕一样，会在真实的现象周围产生一个更大的假象：人们隔着云雾看月时，在月亮周围有时还能看到一个光环，这个光环是虚幻的，只是月亮的光通过云层中的冰晶时折射所产生的光现象，事实上并不是真的。晕轮效应也和第一印象一样普遍。人们走进礼品店，选购的往往是包装精美、价格偏高的礼品。因为精美的包装、偏高的价格往往使人产生晕轮效应，认为里面的东西会像精美的包装一样好，会和偏高的价格相一致。在人际关系中，名片越印越精致、花式品种越来越多，出现了所谓“名片效应”，有些人甚至对它产生了迷信，这其实是晕轮效应的典型范例。

晕轮效应是一种以偏概全的主观心理臆测，其错误在于：第一，它容易抓住事物的个别特征，习惯以个别推及一般，就像盲人摸象一样，以一点代替全面；第二，它把并无内在联系的一些个性或外貌特征联系在一起，断言这种特征必然会有另一种特例；第三，它说好就全面肯定，说坏就全面否定，这是一种受主观心理影响很大的认识障碍。

③刻板印象。所谓刻板印象，是指在人际沟通中，人们对某个群体或事物形成的一种概括而固定的看法。生活在同一地域和同一文化背景中的人们，常常表现出许多的相似性，如同一民族和国家的人有着大致相同的风俗习惯。职业、年龄、性别、党派一样的人，在思想、行为等方面也都较为接近。例如：商人大多是较为精明的；知识分子一般是文质彬彬的；山东人直爽、乐于助人，而上海人灵活、善于应酬……以上这些相似的特点被概括地反映到人们的认识当中，并被固定化，便产生了刻板印象。

刻板印象一旦形成，具有非常高的稳定性，很难被改变。即使碰到与其相反的事实，人们也倾向于坚持它，而去否定或“修改”事实。刻板印象具有一定的消极作用，它使人们的认识僵化和停滞，阻碍人们接近新事物、开阔视野。持有刻板印象的人在判断他人时把群体所具有的特征都附加到他身上，也常常导致过度概括的错误。显然知识分子未必人人都文质彬彬，上海人也不见得个个都善于应酬。

（2）心理品质障碍。这包括自卑心理、害羞心理、嫉妒心理等。

①自卑心理。自卑是指个人由于某些生理或心理缺陷及其他原因（如智力、记忆力、判断力、气质、性格、技能等欠佳）而产生的轻视自己，认为自己在某个方面或几个方面不如他人的心理。有自卑心理的人往往缺乏自信，自己看轻自己，在交往活动中想象成功的经验少，想象失败的体验多。这种情绪在与权威人士、长者、名人交往时，表现得更为突出。自卑是一种消极的心理状态，它在人与人的交往中起着严重的阻碍作用，往往使沟通双方难以形成一种平等的对话，进而影响彼此真情实感的交流；严重者，会失去交往的愿望，成为一个孤独者。

自卑心理一般表现为一种自我否定的心理定式，包括对自身的否定和对社会组织的否定，认为样样比不过别人，自暴自弃，不能正确地评估、判定自己所代表的社会组织。对人际沟通的期望值很低，把需要沟通的对象限定在狭小的范围里，只与熟悉的公众交往就感到满足，而不想去开辟新的交往渠道、建立新的交往空间、扩充新的公众队伍。

自卑心理形成的原因是多方面的。从主观方面讲，有两个原因：一是自己的期望值不高，把自己的交往局限在小圈子里，行动上畏缩不前，当遇到新的交往情境时，总是害怕失败，担心遭到别人的耻笑和拒绝；二是某些生理上的短处容易导致自卑，如残疾、长相不佳等。从客观方面来讲，家庭背景、社会地位较差，四处碰壁挫伤了积极性，进而产生自卑心理。

怎样克服自卑心理呢？一要正确认识、恰当评论自己和组织的优势，树立自己代表社会组织所特有的自豪感和自信心。要善于发现自己的长处，肯定自己的成绩，不要把别人看得十全十美，把自己看得一无是处，应认识到他人也有不足；经常回忆那些经过努力而成功的事情，对一些做得不好的事情进行自我暗示——不要紧，别人也不见得就能做好，自己再努努力也许就能将事情做好。另外，注意发现他人对自己的好的评价。每个人总是以他人为镜子来认识自己的，不是所有的人都对自己做较低的评价，赏识、理解和了解自己的人总是有的，关键是要自己去捕捉，用捕捉到的好的评价来提高自我评价系数，以增强自信心，克服自卑心理。二要磨炼自己坚强的性格。一个人被自卑心理所困扰，丧失进取心，通常与其性格怯懦、意志薄弱有关，而那些自信心强、勇于进取的人，往往性格比较开朗、大胆、意志坚强。对于已露出自卑苗头的人来说，要注意通过锻炼、自我教育等方法，磨炼自己坚强的性格，增强性格的独立性，摆脱人们尤其是权威人士对自己的成见，使自己在交往中日益成熟起来。三要积极诱导沟通对象给予必要的反馈信息，从反馈中体验成功。

②害羞心理。害羞是常见的心理障碍之一。虽然未必人人都像古诗中说的那样“千呼万唤始出来，犹抱琵琶半遮面”，但对于初涉人际沟通领域的人来说，害羞是家常便饭。这种心理会产生腼腆的感觉，感到紧张不安、扭扭捏捏，丧失认识公众的良机。

为什么会害羞呢？从心理学角度分析，有三个方面的原因：一是认识性害羞。这是由于人们认识自己时过分注重“自我”，总是担心和怀疑自己的言行是否能得到别人的承认，生怕自己的言行不对而被人耻笑。这种心理状态加上缺乏临场经验，就使得一些人在人际沟通中，特别是在自己不熟悉的环境中往往表现出害羞、胆怯。二是挫折性害羞。有的人以前并不害羞，他们活泼、开朗、善于交际，但由于种种主客观原因，连遭挫折，结果变得害羞、胆怯、消极被动。三是气质性害羞。害羞还与个人的气质类型有关。一般来说，属于内向性格和抑郁气质的人，较容易害羞。

怎样克服害羞心理呢？一要多一些自信心。一个人一旦失去了自信，在沟通中便会显得手足无措。因此，要克服害羞心理，就要找回丢掉的自信心。在沟通中，即使遇到比自己强的人，也不要缩手缩脚，不敢将自己的能量释放出来。尺有所短，寸有所长，你的长处可能正是别人的短处。如果你能对自己有一个全面客观的评价，提高自信心，你在公众面前就会落落大方、潇洒自如。二要锻炼解决复杂问题的能力。怕沟通，主要是自己缺乏处理棘手问题的能力。因此，不妨主动地寻求外部刺激，鼓起勇气，向自己提出挑战，敢说第一句话，敢于迈出第一步，在沟通实践中提高自己的交往技能，把可交往的沟通对象视为自己的重要工作对象。当迈出第一步后，你就会感到这道障碍不过如此，很容易跨越。三要注意成功的积累。要善于从小事做起，总结成功的经验。哪怕是小小的成功，对克服自卑心理也是十分有益的。为此，要不断地分析、总结以往沟通工作中的经验教训，挖掘出富有积极意义的正面材料，激发成功的愉快体验，从而强化自身的沟通意识，增强沟通的勇气和信心。四要做好沟通前的充分准备。由于自卑心理的作用，人在沟通过程中，自己应该说什么、做什么等社交行为没有形成简明清晰的印象，导致焦虑、恐慌随之产生。克服的根本办法是：准备充分，不断收集社会组织与公众两方面的信息；在沟通过程开始之前，将如何开场、如何发问、发问的具体内容、解决的核心问题、可能出现的障碍、解决的办法等一系列问题，在心里预演一遍，直至滚瓜烂熟、如数家珍。另外，在与陌生人接触之前，可以阅读有关材料，听介绍，看影片、录像等，这样“知己知彼”，与公众交谈时就会踏实、自然、轻松自如、情绪稳定、侃侃而谈了。

③嫉妒心理。古人把嫉妒这一消极心理状态视若“灾星”。嫉妒古已有之，“既生瑜，何生亮”的故事就是突出的一则。三国时期，周瑜面对诸葛亮的足智多谋和超人的军事才能，没有把嫉妒之情化为自己奋起的雄心，而是将熊熊的妒火喷射出来，伤害他人，屡屡失策，终于在“既生瑜，何生亮”的悲鸣中倒下。简单地说，嫉妒心理就是当个人的愿望得不到满足时，对造成愿望得不到满足的原因的一种怨恨行为。嫉妒心理是社交的大敌，它打击别人，贻误自己，腐蚀风气，以损人开始，以害己告终。由于嫉妒心理作祟，一定范围内的人际关系可能因此而失去和谐，变得紧张起来。

在人际沟通过程中，嫉妒心理主要表现在三个方面：一是嫉妒他人利益上的满足；二是嫉妒他人各方面的进步；三是嫉妒他人的独创与改革。在嫉妒心理作用下，唯恐对方超过自己，因此，采用消极保守的方法对待对方，人为地阻止了相互之间关系的发展。

怎样克服嫉妒心理呢？一要心胸开阔。加强个人思想品德的修养，驱除以自我为中心的个人主义，努力使自己成为胸怀宽广、心底无私的人，“大肚能容，容天下难容之事”，显现出具有“大家风度”的社交风范，以胸阔之海淹没嫉妒之舟。二要端正认识。嫉妒心理的产生常常是因为一种错误的认识造成的，即你取得了成绩，便是说明我没有成绩；你成功了便是对我的威胁、对我利益的侵占。要注意摒弃这一不良认识。三要学会比较。善于从比较中学习别人的长处，从而克服自己的短处，而不是以己之短比人之长。四要自我反省。嫉妒时常在不知不觉中产生，故时常反省一下，看看自己是否带有不良情绪，是大有好处的。如果你能够意识到自己在嫉妒，你就会控制或消除这种处于萌芽状态的情绪。

2）文化障碍

它是人们由于言语谈话、举止行为、风俗习惯等不同，在相互沟通时所产生的各种分歧和冲突。随着世界性市场的形成，人们在沟通中十分重视文化因素，正如美国的《公共关系手册》中所指出的那样："对外关系的交恶，十有八九不是出于利益的冲突，而是语言文化、传统等方面的隔阂。"文化障碍包括以下几个方面。

（1）语言障碍。人与人之间的信息沟通主要是借助语言来进行的（包括口头语言和书面语言），而语言只是作为交流思想的工具，它并不是思想本身，它只是用以表达思想的符号系统。由于人们的语言修养不同、表达能力不同，对同一种思想观念或事物，有的表达得很清楚，有的表达得不清楚。同样，对同一组信息，有人听后马上理解了，有人听来听去不知其所以然；有人听后作这样的解释，有人听后又做那样的解释。用语言，特别是用各种不同的语言或者文字表达思想、表达事物，往往产生听不懂、曲解或断章取义的现象，形成语言障碍。例如，一位非洲国家的朋友来中国民航的一家宾馆，用法语要求住一个单间客房，并说"我是部长"。我们的服务员只懂几句常用的法语，对"我是部长"这一关键的词语不熟悉，因而闹得很不愉快。可见，不同国度、不同民族之间的沟通会遇到语言上的障碍。实际上，在同一国度里的同一民族，也会因地区不同造成的语音、语义不同，使人备尝语音、语言不通之苦。侯宝林说的相声中有过这样的描述：外地人到上海理发店理发，理发师说要"打打头"（理发的意思），把顾客弄得莫名其妙，从而闹出笑话。

要克服语言障碍，必须注意"三忌"：一忌夸夸其谈。不分对象、不分场合的夸夸其谈，极易造成语言障碍。二忌涉及敏感话题。对男士不问收入，对女士不问年龄。向公众提出敏感话题，极易造成对方的不快，甚至中止交谈。三忌一知半解。特别是外国语，例如，法国巴黎某服装店在门口用英文写道"Have a fit"（请进来大发脾气），其实，他不过是想请顾客进店试穿一下，但由于不懂英语短语的特殊用法，生造了"Have a fit"这样的词句，就变成"大发脾气"了。

（2）观念障碍。观念属于思想范畴，由一定的经验和知识积累演化而成，是一定社会条件下人们接受、信奉并用以指导自己行动的理论和观点。不同年龄、不同阅历、不同社会背景的人，会有不同的观念，这种观念上的差异会成为他们之间沟通的障碍。例如，青年人认为老年人保守僵化，老年人认为青年人幼稚轻浮；售货员认为自己的职业是"伺候"顾客、低人三分，顾客认为拿钱买货理应被"伺候"。

怎样克服观念障碍呢？一要了解他人的思想观念，正视分歧，然后再设法加强沟通，改变公众的思想观念；二要从自身角度消除一些消极的跟不上时代潮流的旧的思想观念，如封闭观念、极端观念等；三要克服思想僵化、故步自封的毛病，善于接纳进步的新观念；四要多站在沟通对象的立场上考虑问题，如要消除组织公共关系人员在与公众沟通时报喜不报忧、夸大成绩、缩小缺点、维护组织利益的偏狭观念，如可开展"假如我是一名顾客（公众）"的活动，通过角色互换来消除双方的交往障碍。

（3）习俗障碍。习俗即风俗习惯，是在一定文化历史背景下形成的，具有固定特点的调整人际关系的社会因素，如礼节方式、审美传统等。习俗世代相传，是经过长期重复出现而约定俗成的习惯和方法，虽然不具有法律的强制力，但对人们的行为和思想有相当大的约束和影响作用，不可忽视。

忽视习俗因素往往会造成误解，导致沟通失败，甚至会伤害沟通对象，再也不愿发生往来。曾有这样一件事：一天，六位外国海员来北京某饭店用餐。海员们胃口很好，如风卷残云一般，将一盘盘菜肴一扫而空。唯有那条大黄鱼，只吃了上面的一半，下面的一半却没动。笑盈盈的服务员小姐见此情景，便热情地拿起公筷，把鱼翻了过来。想不到这几位海员勃然大怒，把筷子一摔，离席而去，这位服务员小姐一片好心，为什么反而触怒了海员呢？原来，海员长年在海上工作，最担心的就是翻船，而把鱼翻个身，"翻"这个动作是他们最忌讳的。"忌讳"也是风俗习惯的一个部分。

怎样克服习俗障碍呢？一要知俗。在与各类沟通对象，尤其是同外国人打交道时要注意了解他们的社会文化环境，了解其民情风俗、生活习惯、兴趣爱好、忌讳、节日等，掌握沟通对象的这些信息，使自己成为适应不同风俗的行家里手。二要随俗。当与沟通对象，特别是与外地人、外国人交往时，要尊重其特有的风俗习惯，做到入乡随俗，切不可把自己的习俗作为通行标准，强加于人。入乡随俗是对沟通对象的尊重，一定会赢得其好感。

（4）文化程度障碍。沟通双方的受教育程度、经验水平、文化素质和文明程度差距过大，信息接收者对信息的内涵不理解或不接受，也会造成沟通障碍。例如，有一个秀才去买柴，他对卖柴的人说："荷薪者过来!"卖柴的人听不懂"荷薪者（担柴的人）"三个字，但是听得懂过来两个字，于是把柴担到秀才面前。秀才问他："其价如何?"卖柴的人没听懂这句话，但是听得懂"价"这个字，于是告诉秀才价钱。秀才接着说："外实而内虚，烟多而焰少，请损之。（你的木柴质量不好，燃烧起来会浓烟多而火焰小，请减些价钱吧。）"卖柴的人因为听不懂秀才的话，于是担着柴就走了。

3）社会障碍

社会系统方面的沟通障碍因素有很多，这里主要探讨一下空间距离障碍、组织结构障碍和社会角色障碍，因为它们在诸多社会系统方面的沟通障碍因素中是最主要的。

（1）空间距离障碍。发送者与接收者空间距离过远、中间环节过多，就有可能使信息失真或被歪曲；传递工具不灵，通信设备落后，造成接收者不了解信息内容；信息在传递过程中还会受到自然界各种物理噪声的干扰，更加重了沟通障碍。

怎样消除空间距离障碍呢？一要缩短距离。一方面，从缩短物理距离入手，尽可能地与沟通对象面对面地沟通，从而减少空间距离障碍；另一方面，从心理距离入手，运用各种媒介，表达情意，打动沟通对象，如有的企业公关人员每到新年或客户过生日时都寄贺卡或者小礼物，以示祝贺，这就缩短了双方的心理距离。二要改善信息交流工具，实现信息传递的现代化。随着社会的发展，人们会不断地改善交流工具，开辟新的沟通渠道，如对讲机、声像电话、录音邮件、各种信息机构的建立以及航空、航海、铁路、公路交通事业的发展，为人们进行远距离交往提供了方便。

（2）组织结构障碍。其主要表现在以下几个方面：

①传递层次过多造成信息失真。让我们看一则故事：据说历史上某部队一次命令的传递过程是这样的：

——少校对值班军官：今晚8点左右，在这个地区将可能看见哈雷彗星，这种彗星每隔76年才能看见一次。命令所有士兵穿野战服在操场上集合，我将向他们解释这一罕见的现象。如果下雨就在礼堂集合，我会给他们放一部关于哈雷彗星的影片。

——值班军官对上尉：根据少校的命令，今晚8点，76年出现一次的哈雷彗星将在操场上空出现。如果下雨，就让士兵穿着野战服列队前往礼堂，这一罕见现象将在那里出现。

——上尉对中尉：根据少校的命令，今晚8点，非凡的哈雷彗星将身穿野战服在礼堂出现。如果操场上有雨，少校将下达另一个命令，这种命令每隔76年才出现一次。

——中尉对上士：今晚8点，少校将带着哈雷彗星在礼堂出现，这是每隔76年才有的事。如果下雨，少校将命令哈雷彗星穿上野战服到操场上去。

——上士对士兵：在今晚8点下雨的时候，著名的76岁的哈雷彗星将军将在少校的陪同下，身着野战服，开着他那“彗星”牌汽车，经过操场前往礼堂。

经过五次传递，少校的命令已经变得面目全非，信息失真率达到90%以上。同理，如果组织结构庞杂、内部层次过多，每经过一个层次，往往都会产生差异，使信息失真或流失，积累起来，便会对沟通效果带来很大影响。

②沟通渠道单一造成信息量不足。这种沟通中的组织结构障碍主要是指信息的传递基本上是单向的——上情下达。组织结构的安排不大便于从下往上提建议、商讨问题，因而送到决策层的信息量明显不足。

③机构臃肿造成沟通缓慢。市场竞争要求组织迅速决策，迅速占领市场，而机构臃肿却造成组织与沟通对象沟通慢，极不适应市场经济的要求。

消除组织结构方面的沟通障碍，对于形成健康的社会舆论和风尚具有重要作用。我们应从自身做起，从每件小事做起，为消除组织结构方面的障碍做出实实在在的努力。

（3）社会角色障碍。这包括社会地位不同造成的障碍、社会角色不同造成的障碍、年龄差异造成的障碍和性别差异造成的障碍。

①社会地位不同造成的障碍。居高位、掌实权的人物如果官僚主义作风严重，下属就会敬而远之，由此便阻塞了上下沟通的渠道。克服社会地位障碍的有效方法是发扬民主，干群广泛接触，经常对话，相互听取意见。

②社会角色不同造成的障碍。在管理过程中，如果管理者不能以平等的态度对待下属和同事，总喜欢用教训人的口吻与下属和同事说话，那么他与下属和同事之间就会产生隔阂，导致管理沟通的障碍。解决的办法是管理者发扬民主作风，对下属和同事要尊重，有事一起商量，共同寻求解决问题的途径，这样才能达到有效沟通。

小贴士

老板的不当沟通

老板：这项工作到现在都还没有完成！

雇员：我一直都在想办法，只是……

老板：不要强调客观原因，耽误工作造成的损失，从你这月的薪水中扣除！

雇员：是，对不起，老板，我尽快吧。

这里老板借助他的社会地位优势在交流中貌似占据了有利地位，但实际上这次武断专横的交流，使双方都失去了开诚布公地探讨工作中出现的问题障碍和寻求更佳解决方案的机会。老板最后以扣薪水作为威胁，从完工时效上可能会有一定的督导效果，但从人性化管理的角度看，却大大打击了雇员的积极性和忠诚度，很可能导致这项工作仓促敷衍了事，影响了工作的内在质量和实际效果。

③年龄差异造成的障碍。年龄是人的阅历的体现和反映，是时代的年轮和缩影。不同年龄的人所处的时代不同、环境不同，因此每个年龄段的人无不带着所处时代的烙印，其思想观点、行为习惯甚至世界观也有所差别，这正是人们所说的“代沟”。可以说，在不同的年龄阶段，代沟是人际沟通的主要障碍。

④性别差异造成的障碍。由于性别的差异，男性和女性有不同的语言表达方式和习惯。有研究表明：男性通过交谈来强调自己的身份，而女性通过交谈来改善人际关系。也就是说，男性的说和听是一种表达独立意识的行为，而女性的说和听是一种表示亲密的行为。因此，对于许多男性而言，交谈主要是为了保持个体独立和维持社会等级秩序与身份；而对于许多女性来说，交谈则是为了亲近而进行的活动，女性通过交谈寻求认同和支持。例如，男性经常会抱怨女性一遍又一遍地谈论她们的困难，女性则批评男性没有耐心地听她们说。实际情况是，当男性听女性谈到问题和困难时，他们总是希望通过提供解决方案来表现他们的独立和对问题的控制；相反，女性则将谈论困难看作拉近彼此距离的一种方法。女性谈到困难是为了获得支持和理解，而不是想听取男性的建议。

6. 人际沟通障碍的克服

尽管在人际沟通中会遇到各种各样的障碍，但只要人们树立正确的沟通理念，采用科学的沟通渠道和方法，就能克服沟通中的障碍，实现有效沟通。具体来说，克服人际沟通障碍的总体策略与技巧主要有以下几种：

1）明确沟通目的

沟通双方在沟通之前必须弄清楚沟通的真正目的是什么，动机是什么，要对方理解什么。确定沟通目标，沟通内容就容易理解和规划了。

2）保持积极的态度

态度对人的行为具有非常重要的影响。在人际沟通中要尽可能保持乐观、积极、向上的态度，避免消极、悲观的态度，在沟通中保持平和的心态，这样才能达到沟通的预期效果。

3）尊重别人的观点和意见

在沟通中，无论自己是否同意对方的意见和观点，都要学会尊重对方，给对方说出意见的权利，同时将自己的观点更有效地与对方进行交换。

4）坚持实事求是，以理服人

在人际沟通过程中，说话办事要实事求是，言论行为要符合社会规范，相处交往要体谅他人。与人交往发生矛盾时，最好的办法是避开对方最有力的攻击，寻找对方薄弱环节有理、有力地进行反击，以理服人。如果与人交往中发现自己确实错了，切不可强词夺理，不妨主动认错、赔礼道歉，这样显得诚恳而豁达，更易赢得别人的谅解、同情和赞许。

5）以情动人

在人际沟通中要善于控制自己的感情，根据不同的人、事以及环境、气氛，恰当地、情真意切地表达自己的喜、怒、哀、乐以打动对方。只有真实的感情才具有力量，才能够感染和打动人。

6）正确地运用语言

在人际沟通过程中，语言是必不可少的工具。正确地运用语言，选词造句准确恰当，中心鲜明突出，逻辑思维严密，语言流畅，语气语调依人依事合理选择，恰到好处，就能够保证人际沟通获得更大的成功。

7）保持积极健康的心态，进行换位思考

在人际交往过程中，做到“己所不欲，勿施于人”，经常进行心理换位。同时，还要保持良好的心态，积极主动地与他人进行沟通，做到不卑不亢、平等真诚，这样才能避免自卑和自负造成的沟通障碍，赢得他人的尊重。

8）用非语言信息打动人

非语言信息往往比语言信息更能打动人。因此，如果你是发送者，你必须确保你发出的非语言信息能够强化语言的作用。如果你是接收者，你则要密切注意对方的非语言信息的提示，以便全面理解对方的意思、情感。

9）选择恰当的时间和地点进行沟通

一定要选择对方清醒的时间传递信息，并且传递信息时要有张有弛、疏密得当，让接收信息的人感到轻松愉快；在地点上，要尽量减少干扰因素，使沟通双方感到轻松自然。

10）针对沟通对象进行沟通

发送者要根据接收者的心理特征、知识背景等状况，调整自己的谈话方式和措辞，要避免以自己的职务、地位、身份为基础进行沟通。

【小训练】

请同学们自我检查一下，你在与同学、老师或朋友的沟通过程中，自身存在的沟通问题有哪些？与同桌交流，并互相商讨一下解决的策略。

6.8.2 团队沟通

小案例

关于蚂蚁的实验

英国科学家做过一个有趣的实验，他们把一盘点燃的蚊香放进一个蚁巢里。蚊香的火光与烟雾使惊恐的蚂蚁乱作一团，但片刻之后，蚁群开始变得镇定起来，开始有蚂蚁向火光冲去，并向燃烧的蚊香喷出蚁酸。随即，越来越多的蚂蚁冲向火光，喷出蚁酸。一只小小的蚂蚁喷出的蚁酸是有限的，因此，许多冲锋的“勇士”葬身在了火光中。但更多的蚂蚁踏着死去蚂蚁的尸身冲向了火光。过了不到一分钟的时间，蚊香的火被扑灭了。在这场灾难中存活下来的蚂蚁们立即将献身火海的“战友”的尸体转运到附近的空地摆放好，在上面盖上一层薄土，以示安葬和哀悼。

过了一个月，这位科学家又将一支点燃的蜡烛，放进了上次实验的那个蚁巢里。面对更大的火情，蚁群并没有慌乱，而是在以自己的方式迅速传递信息之后，开始有条不紊地调兵遣将。大家协同作战，不到一分钟烛火即被扑灭，而蚂蚁们几乎无一死亡。

科学家对弱小的蚂蚁面临灭顶之灾时所创造出的奇迹惊叹不已。

思考题：

1. 关于蚂蚁的实验说明了什么？

2. 蚂蚁的成功来自什么？

良好的团队沟通是促进团队和谐发展的重要手段。团队沟通是团队成员合理利用个人或团队现有资源，沟通协调处理团队内部各种人员与事务，激发调动团队成员的积极性，实现团队的共同目标和促进团队的和谐发展的一种沟通方式。

1. 团队沟通概述

1）团队基本分析

（1）团队范畴的产生及其定义。说到团队在中国古已有之，只不过古代的团队重点在政治方面，是一种政治团队。中国历史上最典型、最为人熟知的两大团队是在秦朝末年楚汉争霸中的刘邦团队和项羽团体。作为刘邦团队的领导人，也是汉朝开国皇帝的刘邦，在当上皇帝后曾说："运筹帷幄，决胜千里他不如张良；治理国家，保障供给他不如萧何；领军打仗、攻城略地他不如韩信。"刘邦的这番话道出了他们成功的奥秘。他们是一个组成合理、富有战斗力的团队，在这个团队中刘邦是领袖，负责统帅全局，决定战略。萧何负责管理、保障供给。张良负责出谋划策、进行创新。韩信负责执行战略、领兵打仗。这是一个很完美的团队，仅从刘邦团队的组成上，就知道刘邦团队会取得最终胜利。反观项羽团队，严格来说它不叫团队，因为它不具有团队所需要的角色组成，再加上项羽的性格，使项羽的团队中仅有两类角色。项羽既是领导者又是具体执行者，其他的人其实都是服从者。从团队组成来看项羽团队的失败是必然的，因为无论你的力量有多大，你也不可能把所有的事情全干完。

另外三个非常著名的政治团队是三国时期的曹操团队、孙权团队与刘备团队。曹操团队与孙权团队就不需多说，他们都有比较完备的团队组合，角色分配合理，使他们分别完成了魏国和吴国的霸业。而刘备团队最有意思，刘备团队在开始时团队组成不完备，缺少执行者和策划者。虽然刘备拥有三国时最有名、最有本事的战将，如关羽、张飞、赵云，他们是三国时最有本事的将领，读三国时给人的感觉是，似乎只有吕布可以打败他们，而吕布早死。就算如此，刘备团队照样居无定所，土无尺寸，过着寄人篱下的日子。在诸葛亮加入了他们的团队以后，刘备团队才真正成为角色完备的团队，才具有了争夺天下的资本，最终建立了蜀国。

20 世纪 60 年代初至 70 年代中期，日本经济迅速崛起，成为世界经济大国，日本企业国际竞争力跃居世界前列。日本经济的迅速发展和"经济奇迹"，使以美国为首的西方国家对日本企业展开了多方面的、深入地研究，以探求日本经济奇迹的秘密。其中，有的研究把日本最优秀的员工与欧美最优秀的员工放在一起进行比较，结果是：如果是个体之间的一对一的对抗赛，日本的员工多半不能取胜；但是，如果以班组和部门为单位进行比赛，日本的员工总是能够取胜。这是因为，在欧美，社会文化奉行个人主义和鼓励个人奋斗，在企业内也是由少数人来主导，由上级对下级发布命令，难以形成团体协作力，反倒可能时常产生内耗。而在日本的企业中，有着一种"家庭"式的文化（日本的这种家族主义被看作经济奇迹的三大神器之一），由于员工对企业有着强烈的归属感，因而不但个人工作时勤奋认真，而且还能够发挥出集体智慧和力量，大家精诚合作，结成了力量巨大的团队，从而产生了

“1+1>2”的效应，由此也就有了强大的竞争力。进一步来说，日本经济优势也正是源于此，即日本企业中团结奋斗的团队精神，是日本实现经济倍增的最重要因素之一。这就成为管理学关注的新范畴。

“团队”一词，英文名为“team”，直译的最常用词汇是“小组”，但该词往往也称工作团队，即“work team”，其含义是通过其成员的共同努力能够产生积极协同作用的最低层次的组织。在管理科学和管理实践中，人们有着基本一致的看法，即“团队”一词的概念是：一个组织在特定的可操作范围内，为实现特定目标而建立的相互合作、一致努力的由若干成员组成的共同体。作为一个共同体，其成员们努力的结果，能够使该组织的目标较好地达到，且可能使绩效水平远大于个体成员绩效的总和。实际上，人们的观点也有一些小的差异，如美国学者罗宾斯更强调成员们协同合作后的巨大绩效，章义伍更强调对每个成员知识技能的合理利用，贾硕林、颜寒松更强调“其成员的行为之间相互依存、相互影响”和“追求集体的成功”。由此也可见，我们应多方位和全面理解团队含义。为了深入理解团队性质，我们必须把团队与一般群体进行比较。

团队是一种特定的正式群体。比较小的组织，整个组织可能成为一个团队。但在大型社会组织中，如大型公司中，由于职能分工的缘故，可以存在多个团队。

团队属于正式群体的一种特定类型，具有一般正式群体的特征。那么，团队与一般正式群体的区别又是什么？

一般群体与团队有共同性，因为前者也需要合作和协调才能实现群体目标和业绩。团队具有任何正式群体的一些共性，尤其是合作程度较高的群体非常类似于团队。但是团队作为一种特别的群体，与其他的一般工作群体又有重大的区别。在许多方面，团队都表现出与一般的工作群体的区别。这些区别，有的主要是“有”与“无”的区别，有的则是程度上的差别，如表 6-4 所示。

表 6-4 团队与一般工作群体的比较

因素	团队	一般工作群体
目标认同	有明确的共同目标	认同共同目标的程度比较低或没有明确的共同目标
奉献意识	有高度自觉的奉献意识	奉献意识比较低下
合作的程度	自觉合作	更多依靠管理层的压力维持合作
对群体目标的评价标准	团队目标高于个人目标	强调个人目标
个人业绩与群体业绩的关系	强调群体业绩	强调个人业绩
相互信任	高度相互信任	相互信任程度比较低
个人利益与群体的一致性	利益高度一致，个人利益和群体利益高度整合	利益一致性程度比较低，有时内部有利益冲突
沟通质量	信息高度分享，较多分享个人深层次信息	低度分享信息，只在别人需要时提供信息；个人深层次信息很少交流

续表

因素	团队	一般工作群体
矛盾性质	主要是方法的分歧，通过公开争论来解决	不仅存在方法的分歧，也存在目标和利益的分歧；经常不能公开争论，职位权力对争议的问题有决定性影响
决策权力分配	分散，授权多，集体决策	集中，授权少，少数人决策
分工	灵活的分工，但强调相互支持，能力互补	强调完成本分工作
凝聚力	个人对人际关系满意度高，对群体的归属感很强	个人对人际关系满意度一般，对群体的归属感一般；有的人想离开群体

团队和组织的区别与联系。团队和组织是有差别的，其差别不在于规模大小，而是组织强调的是一定的职权分工与合作，而团队强调的是心理上的联系和作用。从团队的作用上看，它强调各成员相互依赖，在心理上延续此意识到双方的存在，各成员之间在行为上相互作用，延续此影响，有明显的认同感，只有这样的组织才能称得上团队。不能把所有的组织都称为团队，但大量的团队都是由组织发展而来，它们的区别是相对动态的，处于不断的变换之中。

（2）团队的要素。管理学家把团队的要素总结为“5P”。

①目标（purpose）。每个团队都应该有一个既定的目标，这可以为团队成员们导航，使其知道向何处去。没有目标的团队是没有存在意义的。

②人员（people）。个人是构成团队的细胞，一般来说，三个人以上就能构成团队。团队目标是通过其成员来实现的，因此，人员的选择是团队建设与管理中非常重要的部分。

③团队定位（place）。团队的定位包含两层意思：一是团队整体的定位，包括团队在组织中处于什么位置，由谁选择和决定团队的成员，团队最终应该对谁负责，团队采取什么方式激励下属等；二是团队中个体的定位，包括各个成员在团队中扮演什么角色，是指导成员制订计划，还是具体实施某项工作任务等。

④职权（power）。团队的职权取决于两个方面：一是整个团队在组织中拥有什么样的决定权；二是组织的基本特征，如组织的规模有多大、业务是什么等。

⑤计划（plan）。从团队的角度看，计划包括两层含义：一是由于目标的最终实现需要一系列具体的行动方案，因此，可以把计划理解成目标的具体工作程序；二是按计划进行可以保证团队的工作顺利，只有在计划的规范下，团队才会一步步地贴近目标，从而最终实现目标。

（3）团队的构成。在团队中，起主导作用的是团队成员之间的相互配合与成员之间能够进行有效的团结与协作，从而能够产生个体功能相加之和的效果；反之，若团队成员之间相互摩擦掣肘，能量相互抵消，团队则会一事无成。因此，加强团队成员之间的相互协作与配合，就成为团队建设与管理的核心问题。一般来说，团队的构成主要包括以下几个方面。

①团队大小。团队有一定的人数限制。国外对小型团队的规模问题曾做过大量研究。有人提出小型团队的规模最好是3~9人，而有人则主张为20~40人。一般来说，小型团队的

人数应以 8～10 人为绝对标准。一个小型团队的人数应根据它的性质而定：第一，小型团队人数的下限要能保证一般地完成任务；第二，人数应以保证团队工作效率达到最佳程度为准；第三，超过了上限人数，工作效率就会下降，出现人浮于事的现象。所以，团队人数有一个最佳值的问题，过少或过多都会影响团队的能力。

②团队结构。团队的结构是指团队成员的组成，包括年龄结构、专业结构、能力结构、性格结构、知识结构等。一个团队的构成应是这些结构因素的有机结合，这也是团队成员的搭配问题。各种人员搭配协调一致、取长补短、紧密团结能提高工作效率，激发团队的创新力；反之，则会使团队产生内耗甚至冲突，降低团队的效率，使团队失去应有的创新力。

③团队搭配。所谓团队搭配，就是指团队成员在团队中的不同地位和不同作用的安排分配。团队角色有固定角色和流动角色之分。固定角色是个性特征显著并在团队活动中地位稳定的主要人物；流动角色是围绕某一具体项目组合起来的发挥一定作用的人物。固定角色与流动角色必须合理搭配，团队才能如同一架由不同部件严密组成的机器一样高效运转。

团队始终是组织内部的一个“任务的接收者”“问题的发现者和解决者”“发明的创造者”。一个高效的团队除了要有适度的团队规模、合理的成员能力结构、共同的愿景和目标、强烈的团队意识、良好的行为规范，还要有高质量的团队沟通。

课堂互动

全班同学分成若干小组，请与本组成员一起讨论团队中哪些是受欢迎的行为，哪些是不受欢迎的行为？

2）团队沟通的概念和特点

（1）团队沟通的概念。团队由一群能够共同承担领导职能的成员组成，他们共同努力，以各自独特的方式在所处的环境中，共同完成预先设定的目标。团队中每个成员都很关心大家共同设定的目标。为了达到目标，成员之间必须进行协作沟通，他们既要完成任务，又必须维持关系。成员之间和谐的关系有利于团队任务的完成，而他们之间的沟通有利于关系的建立和维持。

团队沟通是指组织中以团队为基础单位进行信息交流和传递的方式，是团队领导与团队个体成员之间、团队个体成员之间、团队个体成员与团队之间、团队与团队之间进行信息交流和传递的过程。

研究表明，人们在团队中的各种工作，有大量时间是花在沟通上。美国的一项调查表明，在企业中，生产工人每小时进行 16～46 分钟的沟通信息活动；对于团队领导者，他们工作时间的 20%～50%用于同各种人进行语言沟通，如果加上各种方式的文字性沟通，诸如写报告等，最高可达 64%；而经理人员在工作时间内则有 66%～89%的时间用于语言沟通。

一个好的团队绝不仅仅是简单的一群人的组合。一个团队的沟通力是指成员之间互相吸引的程度。这是一个团队引以为豪的一种整体感，包括忠诚、投入、志趣相投以及为团队作牺牲、奉献的意愿，它是将每个成员聚集在一起的纽带。团队成员在一起合作的时候，他们的智慧和力量都融合在一起，沟通力便成为整个团队前进的一种特殊力量。这是所有成员的动机、需求、驱动力和耐力的结合体。当所有成员都忠诚于团队以及团队的愿景目标，都努力为团队目标的实现而奋斗时，团队内部的沟通就会产生一种协同力，从而使得团队能够成为一个真正的战斗团体。一个团队的绩效和其沟通力密切相关。

（2）团队沟通的特点。团队沟通有其特点，但这些特点是比较而言的。概括来说，团队沟通的特点如下：

①具有平等的沟通网络。在团队内部，团队成员之间的沟通关系是平等的，是一种任务的协作与分工，而不是管理与被管理的关系。因此，团队形成了内部平等的沟通网络，团队成员之间是平等的沟通关系。另外，在团队内部既有正式的沟通渠道，也有非正式的沟通渠道，信息传递高效、直接，中间环节少。

②规范的沟通。与非正式团队相比，由于团队是一种工作的协作方式，团队成员为着同一个目的工作，有共同的目标，团队中的每个成员共同对团队所要达到的目标负责任，同样也对团队采用的工作方法负责。所以，在这种情况下，团队的沟通是以任务为导向的，并且有一定的群体规范和路径。

③具有融洽的沟通气氛。在团队内部，团队成员之间不仅能有效地进行工作任务方面的沟通，而且能进行情感上的沟通，充满了健康、坦诚的沟通气氛。团队成员之间能做到有效地倾听他人意见，并清楚地表达自己的观点。

④良好的外部沟通。团队要有效地实现自己的目标，必须处理好各方面的关系。团队要与组织内处于垂直关系的部门建立良好的关系，使信息和资金流动通畅。团队要与水平层次上的其他团队及企业的职能部门关系融洽，从而能方便地获得技术支持和职能部门的帮助。团队要处理好与外部顾客的关系、与社会公众的关系以及与团队制度、作风、文化和整个组织制度、文化之间的关系。只有处理好这些关系，才能实现自身团队与其他团队之间的配合和协调，并最终更好地实现团队目标。

⑤团队领导沟通技巧高超。善于沟通的团队领导者：首先，能够将团队的目标和对成员的期望有效地传达给成员，扮演好“牧师”的角色；其次，在团队的实际运作中，有效的领导者能充分倾听成员的心声，根据实际情况适当放权，调动成员的积极性，共同决策并参与计划的制订，当好“教练员”的角色。也就是说，作为领导者，应了解和理解团队成员的心理，尊重他们的要求，通过自己的组织协调能力以及令人拥戴的领袖魅力，去影响和引导团队成员按照既定的方向完成组织目标，而不是监管、控制他们。

3）团队沟通的目的和主体

（1）团队沟通的目的。团队沟通的目的，就是要搞好团队领导、团队成员、其他团队以及团队所在的组织之间的联系，以使团队能够顺利完成任务目标。团队具有目的性、集合性、相关性和对环境的适应性，团队要生存并持续卓越发展，需要时刻注意上述各方面的联系与协调。团队的建立、发展和解散，往往根据工作任务的进展来决定。团队沟通就是为了提高团队绩效，顺利完成团队目标，进而为企业业绩增长贡献价值。

（2）团队沟通的主体。团队领导和团队内个体成员构成团队沟通的主体。

①团队领导。在各种类型的企业团队中，团队管理者主要包括团队上层的高级管理人员和直接管理团队的管理人员。同时，这两个群体还要和其他一些团队的管理者相互沟通，比如，团队客户所在团队的管理者、为团队提供产品和服务的其他组织的管理者、团队外部相关社会关系的管理者。团队领导者当然需要非常优秀的专业知识技能，但同时，沟通能力对于团队领导而言也显得尤为重要。

②团队内个体成员。团队目标和任务的完成依赖于团队成员，团队成员在完成目标过程中是相互合作、相互补充的。一般情况下，团队成员需要接触团队主管、团队内其他成员、其他团队主管、合作团队的团队成员、团队服务的客户、为团队提供产品和服务的其他组织。作为团队成员，如果不具备一定的沟通技能，将影响团队任务的完成，甚至对团队工作造成破坏性影响。

4）团队沟通的作用

任何一个企业都知道，团队沟通对于企业正常运转的重要性，没有沟通就没有企业。

（1）传递和收集信息。沟通过程实际上是一定的组织或者个人信息双向的交流过程。这个“双向”有两层含义：其一，是这个组织、这个团队、这个个人与其他组织、团队、个人之间的“彼此”交流的关系；其二，是这个组织、这个团队、这个个人，既对外传递信息，又从外部收集信息。对于团队来说，考虑到这两个“双向”是非常重要的。

通过团队组织及其领导者与外部直接的沟通，可能获得有关外部环境中各种变化的信息，如市场动态、供需变化、原料供应情况、政治经济政策的改变等。只有掌握了这样的信息，才能保证企业在瞬息万变的社会中灵活应变，立于不败之地。

通过组织内部的沟通，尤其是团队之间的沟通，可以了解成员们的工作满意度、价值观、工作绩效，了解成员积极性的源泉和需要，了解和把握各部门间的人际关系、管理效率等，以作为组织决策的参考。

（2）改善人际关系。沟通是人际交往，它可以解除人们内心的紧张和怨恨，使人们感到精神舒畅，而且在相互沟通中易使双方产生共鸣和同情，增进彼此间的了解，改善相互间的关系，减少人与人之间不必要的冲突。

有个“狮虎之争”的小故事，说的是狮子和老虎之间爆发了一场激烈的冲突，到最后，两败俱伤。狮子快要断气时，对老虎说：“如果不是你非要抢我的地盘，我们也不会弄成现在这样。”老虎吃惊地说：“我从未想过要抢你的地盘，我一直以为是你要侵略我。”这说明，有了沟通，从消极的角度看，至少可以避免很多无谓的冲突；从积极的角度看，沟通可以大大增强团队成员的理解和协同力。

（3）改变成员态度和行为。有效的沟通过程，兼顾信息的发送者、沟通过程和接收者，最大限度地保证信息传递的真实性。即发出者传递的信息和接收者收到并理解的信息是一致的。这样的沟通，往往能够改变沟通对象原有的态度，继而改变沟通对象的行为。

美国心理学家墨菲（Murphy）用实验室研究，证明了沟通对态度形成与改变的影响。他让实验组看宣传黑人成就的电影、电视或画报，如放映黑人在世界运动会上取得成绩的电影、放映黑人在科学技术上取得成就的电影等，控制组的人则不参加此类活动。结果发现，实验组对黑人的态度有明显的改变，而控制组对黑人的态度没有变化。以此为基础，墨菲提出了沟通改变态度的理论。该理论认为，人容易受到周围环境和一些媒介的影响和鼓动。通过沟通，可以显著地改变对某些事物和人的态度与看法。

（4）带来创意与新路径。在人际沟通中，沟通者相互讨论、启发、共同思考、探索，往往能迸发出创意的火花。专家座谈法和头脑风暴法（brain storm）就是利用群体之中的沟通机制来研究问题、集思广益的最明显的例子。有研究证明，一个领导者要想把企业重新凝聚起来，最有效的方法就是促使大家对公司存在的弊病畅所欲言。企业的管理者与员工对组织有着深刻的理解，他们往往能最先发现潜在的问题和症结所在，沟通能够让他们把发现的问题坦率真诚地反映出来，并通过群体的智慧，提出最适合解决组织自身问题的新路径、新方法。团队成员更是如此。

（5）促进参与管理。在企业管理中，管理者的知识、经验和观念往往影响着员工的知觉、思维和态度，进而改变他们的行为。尤其是当管理者要进行改革时，他的首要任务就是通过信息沟通和情感沟通转变成员原有的抵触情绪，改变其行为，这样才能实现他们之间的合作，搞好管理工作。因此，充分沟通，既可以促进管理者改进管理，又可以激励团队成员的工作热情和参与管理的积极性，使他们提高信心，积极主动地为企业和团队的发展献计献策，增强主人翁责任感，从而增强企业内部凝聚力。

（6）推进团队建设。团队的建设一般分为几个阶段：成立期、动荡期、稳定期、高产期、调整期。下面从几个方面来分别说明团队沟通在不同阶段的作用：

第一阶段（成立期），这个阶段团队成员有这样的特点：对团队的管理制度和行为规范不了解、对自己的定位不明确、对自己的工作任务不明确或者信心不够、对其他成员不了解、不能游刃有余地交际、对领导和权威比较依赖。这个阶段就需要进行团队沟通，以减少团队成员初期的困惑和不安全感。通过团队沟通，能够使团队成员快速地了解团队的管理制度和行为规范，能够对自己的定位更清晰，能够使其对工作任务的认识更准确，能够和其他成员从陌生变为熟悉，从而培养一定的认识和感情，能够大大减少团队成立初期“新人”的种种疑虑和不确定感。

第二阶段（动荡期），这个阶段团队成员有这样的特点：期望与现实可能脱节、隐藏的问题逐渐暴露、与其他人合作时产生一定的冲突、对领导方式产生不适应或者不满、与优秀的人比较从而产生对自我的不信任、因工作效果与预期有差距而产生失落感。这个阶段需要团队沟通，以解决在第一阶段因为不了解而暂时隐藏起来的问题。通过团队沟通，能够使成员调整自己的期望，能够了解其他成员的性格和行为方式以减少冲突，能够了解团队领导的方式并适应，能够重新认识自己的优势与劣势，给自己找到一个恰当的定位。

第三阶段（稳定期），这个阶段团队成员有这样的特点：成员之间的关系由冲突转向协作，工作技能得到提升，对团队的管理制度与工作流程已经熟悉。这个阶段加强团队沟通，以使团队里这种好的气氛得到持续，工作绩效得到提升。通过团队沟通，能够进一步加强团队成员之间的信任感，能够使团队成员理解团队的管理制度，也能够使团队领导进一步了解个体的差异性，能使团队行为更加规范。

第四阶段（高产期），这一阶段团队成员有这样的特点：团队信心大增，具备多种技巧、协作能力加强，能够执行其工作角色，能用标准的流程和方式进行资源配置，能够建设性地分享观点与信息，能够分享一定的领导决策权，对团队有使命感。这一阶段加强团队沟通，能够最大限度地激发成员的工作热情、创造最大价值。通过团队沟通，能够进一步塑造团队精神，能够增强成员的主人翁责任感，能够打造卓越的高效团队。

第五阶段（调整期），这一阶段团队或者解散或者休整。团队成员有这样的特点：团队成员关注工作结果，关注绩效考核，并且也关注团队的未来走向。这个阶段加强团队沟通，能够减少成员调整期的观望心态，能够对自己和团队的未来做出更理想的判断。通过团队沟通，能够合理根据工作结果对成员进行分析判断，能够使团队和成员都找到更正确的未来。

（7）考核团队绩效。团队成员之间信息的交流是通过团队沟通来实现的，团队沟通涵盖的性质广泛，从宏观到微观无处不在。其中，团队沟通对团队的绩效管理显得尤为重要。

优秀的团队是通过团队成员的努力来实现的，只有团队成员的绩效提升了，才会有团队绩效的提升。团队沟通强调的是满足成员对于所需要信息的需求，避免由于信息的缺失和错误的理解而威胁到组织的正常成长。绩效考核标准的制定、实施和完善，步步都需要团队沟通来实现，只有充分进行团队沟通，才能解决由于信息的不对称造成的绩效管理中的重重矛盾冲突，才能让绩效管理真正发挥作用。

小案例

希丁克的故事

足球比赛是团队的活动，其中团队沟通对比赛结果有重要的影响。2002 年的世界杯足球赛，韩国队打入四强，震惊世界，一鸣惊人。韩国队的球员成了国家英雄，韩国队的荷兰教练希丁克成为韩国人的偶像。取得如此辉煌成绩的一个重要原因就在于，希丁克打破了韩国年轻队员不敢和长辈辩解、遇到问题也不敢越级沟通的规矩，创造了一种年轻队员与老队员之间、队员与教练之间能够顺畅沟通的环境和气氛。

上任初期，希丁克发现韩国队球员速度快，组织力不错，训练也积极认真，态度诚恳，但缺乏沟通。队员无论做什么事情，都按年龄排出顺序，相互之间不习惯主动沟通，甚至人与人之间有长幼级别的沟通障碍。

“有一天早上训练结束后，我看他们按年龄顺序分坐了三个桌子，年龄小的球员和年长的球员之间不说一句话；拿饭菜时，也按年龄顺序排队，一直到吃完饭，互相没说过一句话！”希丁克认为，像这样没有一点沟通的球员，是不能在一个队参加比赛的。

这种“年龄排序法”在赛场上也同样如此，球员在赛场上几乎没有什么沟通。他们从来不在场上交流“往哪儿传球”“盯住对手的哪个人”“谁负责那个位置”……甚至在最关键射门前的传球中，即使年轻的球员站在比较好的射门位置，传球的球员也会把球传给年长的球员去射门。希丁克找出以前比赛的录像，发现了同样的问题。大家知道，足球进球率很低，一场比赛往往一个球就决定胜负。如果在最好的时机错失机会，是非常令人痛心的。

希丁克认为，长幼顺序是团队沟通和发挥团队威力的绊脚石。为了解决队员间沟通不足的状况，希丁克提出了一系列要求：不许球员间再使用“大哥”这样的称呼，也不许使用任何尊称；年轻球员不论是在战术训练，还是在比赛中，都要经常开口和前辈说话；吃饭时，要前辈和年轻队员穿插坐在一起，随意地交谈；按摩时也不要前辈先做按摩，谁先到房间谁先做按摩；安排宿舍时故意把前辈和年轻球员安排在一起，让他们相互了解。

通过一系列的沟通训练，希丁克顺利地把球员与球员之间、球员与教练之间的自上而下的“垂直式沟通”“金字塔式沟通”转化为双向的“水平式沟通”“矩阵式沟通”。

当顺畅的双向沟通成为一种习惯后，训练场上的气氛马上活跃起来，韩国队的成绩也取得了大幅提高，并于 2002 年世界杯足球赛上取得了进入四强的好成绩。

思考题：

希丁克带领韩国足球队的成功给了我们什么样的启示？

2. 团队沟通的策略

1）建立共识

团队管理尽管是运行效率比较高的一种管理活动形式，但作为一个由人组成的群体，团队在运行过程中经常会出现诸如此类的问题，如人气不旺、人际信任危机、意见得不到统一、扯皮、冲突、低效、成员不得力、难以协作、因循守旧、目标不清晰、手段与目标不一致等。要有效地解决此类问题，加强沟通，建立团队共识是一种有效的方法。

在第二次世界大战期间的一次战斗之前，巴顿将军作了一次战前演讲。他对士兵们说："你们到这里来，有三个目的：一是保卫家乡和亲人；二是为了荣誉；三是真正的男子汉都喜欢打仗，既然参战，就要赢。""不要怕死。每个人终究都会死。没错，第一次上战场，每个人都会胆怯。如果有人说他不害怕，那是撒谎。你们不会全部牺牲。每次主要战斗下来，你们当中只可能牺牲百分之二。真正的英雄，是即使胆怯也照样勇敢作战的男子汉。有的战士在火线上不到一分钟，便会克服恐惧。""大家要记住，敌人和你们一样害怕，很可能更害怕。""凯旋回家后，今天在座的弟兄们都会获得一种值得夸耀的资格。20年后，你会庆幸自己参加了此次世界大战。到那时，当你在壁炉边，孙子坐在你的膝盖上，问你：'爷爷你在第二次世界大战时干什么呢？'你不用尴尬地干咳一声，把孙子移到另一个膝盖上，吞吞吐吐地说：'啊……爷爷我当时在路易斯安那铲粪。'与此相反，弟兄们，你可以直盯着他的眼睛，理直气壮地说：'孙子，爷爷我当年在第三集团军和乔治·巴顿并肩作战！'""军中每个战士都扮演一个重要角色。千万不要吊儿郎当，以为自己的任务无足轻重。每个人都有自己的任务，而且必须做好。每个人都是一条长链上必不可少的环节。""每个人都应完成他的任务。每个人都应对集体负责。每个部门、每个战斗团队，对整个战争的宏伟篇章，都是重要的。"巴顿将军的战前演讲收到了达成共识的作用。

如果你想成为团队的成员，就必须接受团队的文化，尤其是团队的价值理念、愿景、使命、目标和计划等。团队领导也必须认识到建立共识的重要性，否则便失去了合作的基础，也很难能够达成团队的目标。

2）角色定位

不同类型的团队，成员的角色各不相同，只有明确角色，分工合作，才能弘扬团队精神。通常在团队中可把成员分成三种类型：领导者、管理者、操作者或员工。在团队中，任何一个人的角色都很重要，但只凭个人力量难以成功，团队作业中不应执着于个性表现，应试着改变自己的意见和态度，互相妥协认同，合作才能弥补不足，必须通过不同角色的组合来达至完美；每个角色都是优点和缺点相伴相生，要学会用人之长、容人之短；要尊重角色差异，发挥个性特征，将合适的人安排在适当的岗位上；要尊重彼此的价值判断基准，学会欣赏对方的立场，换位思考。

3）营造氛围

成功谈话的氛围是宽松的、相互信任的，比如，在家里与父母的亲切谈话。在宽松氛围中，一定感到自在愉快、充满信任，有话敢说，也愿意说。因此，能和谈话对方坦率交流和分享内心的感受、情感和思想。营造良好的沟通氛围必须在善意和宽容的团队环境下，人们才会相互信任，才有平等的人格，每个成员才有充分的发言权。因此，相互信任和平等是坦率沟通的基础，坦率沟通才能做到信息公开和信息分享。

4）建立制度

要将团队中的沟通当作一项长期性的工作，最好能够建立一种沟通的制度，以确保团队成员能够及时沟通。

沟通的好坏直接影响着团队成员的工作效率和工作业绩，因此，许多知名企业都把沟通列入企业文化建设的重要组成部分，并加以制度保证。

小贴士
某公司的团队沟通制度范例

5）双向交流

管理学家肯·布莱查特，阐述过“海鸥经理”现象。他说的“海鸥经理”就是平常很少和员工交往，但有时突然来到工作场所和大家见上一面又走了。这样就会导致团队成员之间没有交流的愿望，不会了解工作的真正进展情况。实际上真诚的交流，真正做起来要比想象的容易。只要你从办公桌后走出来，走出办公室让大家看到你，让大家有机会直接看到你的反馈。对双向交流，不单单是希望，而是要真正实现它。如果有人不愿意，也别急，要继续找他谈，直到他的脸上改变表情。团队成员之间的双向交流，更有助于促进他们之间的了解，便于更好地合作。

6）及时反馈

团队中成员之间交流的信息要反馈，当员工们未能及时得到反馈时，他们往往会向最坏处设想，从而影响他们的工作情绪和工作积极性。不及时反馈情况还会产生谣言。谣言往往由于不能得到准确消息，由此产生不全面的猜想。及时反馈就能把谣言减少到最低限度，缓和由于谣言产生的紧张关系。

7）方式多样

团队中的领导人常常认为他们把最新的决策告诉团队成员时，他们的任务就完成了。他们应该做的就是这些。只要发出通知，而且发给每个应该发的人，就算完成。但内部沟通的方式绝不仅限于此，目前的员工来自许多不同方面，要和他们联系，团队领导人必须利用多种多样的通信技能。小型和大型会议、专业小组和工作小组、录像和录音带、电子邮件、电视屏幕、计算机屏幕、内部通信、公文函件、通告等都可以用作有效交流工具。

8）积极倾听

沟通，说简单点，就是让他人懂得自己的本意，自己明白他人的意思。只有达成了共识才可以认为是有效的沟通。在团队中，团队成员越多样化，就越会有差异，也就越需要队员进行有效的沟通。而在团队沟通中，言谈是最直接、最重要和最常见的一种途径，有效的言谈沟通很大程度上取决于倾听。作为团体，成员的倾听能力是保持团队有效沟通和旺盛生命力的必要条件；作为个体，要想在团队中获得成功，倾听是基本要求。在工作中，倾听已被看作获得初始职位、管理能力、工作成功、事业有成、工作出色的重要必备技能之一。

9）学会诉说

诉说即陈述和说服。陈述事实和观点，影响听者，是诉说的目的。

有效沟通不仅要求有效倾听，而且要求沟通者有效诉说。有效的诉说取决于三方面的因素：诉说者、倾听者和谈话的情境。有效诉说应符合如下基本要求：一是适应倾听者的特点。说话要看对象，说什么和说话的方式都要考虑对象是否能够理解，沟通对象的接受能力、需要、情感、已有的相关经验都在考虑范围之内。二是适应沟通情境。讯息的含义是在具体情境中被理解的，情境条件改变，对同样的讯息的含义的理解也会发生变化。三是表达清晰。发出明确的信息，避免含糊。四是传递实情。传递实情应当成为沟通的基本原则。五是双向沟通。注意倾听者的反馈，最后被传播的信息是倾听者所理解的信息，从倾听者的反馈信息中可校验自己的讯息是否得到对方准确的理解。

沟通的效果最终体现在，发出的信息与被接收和理解的信息的一致性方面。真正被传播的不是发送出去的信息，而是被接收到并且被理解的信息。这说明了传播效果最终体现在接收者这一端。有效的诉说者当然应适应倾听者的特点。

诉说的基本策略和辅助性技巧见表 6-5 所示。

表 6-5 诉说的基本策略和辅助性技巧

策略或技巧	诉说的行为方式
分析环境因素	诉说之前花时间分析听者和谈话的情景因素
确定讲话目标	确定自己的目标和听众的目标。明确自己为什么要讲，听众为什么要听。简短地告诉听众这两种目标
提出最核心的观点	用一句话明确表达最核心的观点，用最核心的观点把诉说的其他次要标题串起来
开场白引起听众兴趣	提出能引起兴趣或好奇的事实或问题，直接告诉听众你的主题或主要观点。不要作无谓的道歉
使用论据支持观点	引用统计数据、专家的观点、亲身的经历、实际的案例
使用譬喻和图解	用熟悉的事物来比喻抽象高深的概念和道理，用图解的视觉方式来解释它们
总结要点	最后用简短的语句总结主要观点和最重要的论据。必要的话，请听众采取行动
使用视觉辅助工具	一张幻灯片只呈现一个主要观点和少数要点（最好不多于 5 点）；不能照念幻灯片的文字，应该解释内容；留够时间让听众观看幻灯片
使用目光交流	讲话前先用目光缓缓扫视全场，回答问题前先短暂注视一下提问者
处理提问	听清楚问题和能够回答才回答。场地大时，回答问题前先重复一下问题。简明扼要地回答问题，不要借题发挥

【小训练】

团队游戏

唐僧、孙悟空、猪八戒、沙僧、白龙马共同组成了西天取经的团队。现在，由于经费紧张，需要从这个取经团队中裁掉一个人，你会裁谁呢？请据此进行一个团队游戏，要求如下：

1）将全班同学分成若干小组，以组为单位召开会议，与本组成员共同商定裁员名单，并说明裁与不裁的原因；

2）在班级内分享裁员的最终结果；

3）推荐本组一名代表谈一谈裁员的体会。

小贴士

知名企业的团队沟通技巧

1. 民主决策

美国的福特公司，每年都要制订一个全年的“员工参与计划”，动员员工参与企业管理。这个举动引发了职工对企业的“知遇之恩”，使得员工的投入感和合作性不断提高，合理化建议也越来越多，生产成本大大减少。兰吉尔载重汽车和布朗尔轿车的成功就是很好的例子，在投产前，公司大胆打破了那种“工人只能按图施工”的常规，把设计方案摆出来，请工人们“评头论足”，提意见。工人们提出的各种合理化建议一共有749项，经过筛选，采纳了542项，其中有两项意见的效果非常显著。以前装配车架和车身，工人得站在一个槽沟里，手拿沉重的扳手，低着头将螺栓拧到螺母上。由于工作十分吃力，因而往往干得马马虎虎，影响了汽车质量。工人格莱姆说：“为什么不能把螺母先装在车架上，让工人站在地上就能拧螺母呢？”这个建议被采纳以后，既减轻了劳动强度，又使质量和效率大为提高；另一位工人建议，在把车身放到底盘上去时，可使装配线先暂停片刻，这样既可以使车身和底盘两部分的工作容易做好，又能避免发生意外伤害。此建议被采纳后果然达到了预期效果。

2. 及时表扬赞美

表扬不但被认为是当今企业中最有效的激励办法，事实上也是团队中一种有效的沟通方法。日本松下集团很注意表扬人，创始人松下幸之助，如果当面碰上进步或表现好的员工，他会立即给予口头表扬，如果不在现场，松下还会亲自打电话表扬下属。

3. 讲故事

波音公司在1994年以前遇到一些困难，总裁康迪上任后，经常邀请高级经理到自己的家里共进晚餐，然后在屋外围着一个大火炉，讲述有关波音的故事。康迪请这些经理把不好的故事写下来扔到火炉烧掉，用来埋葬波音历史上的“阴暗”面，只保留那些振奋人心的故事，极大地鼓舞了士气。

4. 鼓励越级报告

在惠普公司，总裁的办公室从来没有门，员工受到顶头上司的不公正待遇，或者看到公司的什么问题，都可以直接提出，还可以越级反映。这种企业文化使得人与人之间相处时，彼此都能做到互相尊重，消除了对抗和内讧。

5. 建立自豪感

美国的思科公司，在创业时员工的工资并不高，但员工都很自豪。该公司经常购进些小物品如帽子，给参与某些项目的员工每人发一顶，使他们觉得工作有附加值。当外人问公司的员工，你在思科公司的工作怎么样时，员工都会自豪地说，工资很低但经常会发些东西。

6. 聊天

奥田是丰田公司第一位家族成员之外的总裁，在长期的职业生涯中，奥田赢得了公司内部许多人士的爱戴。他有1/3的时间在丰田公司里度过，常常和公司里的多名工程师聊天，聊最近的工作，聊生活上的困难；另外，有1/3的时间用来走访5 000名经销商，和他们聊业务，听取他们的意见。

7. 返聘被辞退的员工

日本三洋公司曾经购买美国弗里斯特市电视机厂，日本管理人员到达弗里斯特市后，不去社会上公开招聘年轻力壮的青年工人，而是聘用那些以前曾在本厂工作过而眼下仍失业的工人。只要工作态度好、技术上没问题，厂方都欢迎他们回来应聘。

8. 动员员工参与决策

福特公司每年都要制订一个全年的“员工参与计划”，动员员工参与企业管理。此举激发了员工对企业的“知遇之恩”，使员工的投入感、合作性不断提高，合理化建议也越来越多，生产成本大大降低。

9. 帮助员工制订发展计划

爱立信是一个百年老店，每年公司的员工都会有一次与人力资源部经理或主管经理的单独面谈机会，并在上级的帮助下制订个人发展计划，以跟上公司业务的发展，甚至超越公司发展的步伐。

【小训练】

回想一下，你在劳动过程中是如何进行有效沟通的？

任务6.9　健康管理

我国自古就重视健康问题，诸如“三分治病，七分调养”“心安病自除”等论述，至今为人们所奉行。随着社会进步、医疗技术的不断发展，人们的健康水平也在不断提高，对健康的认识也更加科学。常言道“身体是革命的本钱”，“只有身体好才能学习好、工作好，才能均衡地发展”。处于人生发展起步阶段的大学生，需要有健康的体魄、良好的心理素质，才能铸就成功。因此，寻求自我的健康发展是大学生最为重要的人生课题之一。

6.9.1　大学生的身心健康

1. 什么是健康

健康是人类恒久的话题，人人都想拥有健康。古希腊哲学家苏格拉底曾说过：“健康是人生最为可贵的。”那什么是健康呢？是不是身体没有疾病、没有缺陷、不虚弱就是健康呢？

1989年，世界卫生组织（WHO）对健康做出了新的定义：“健康不仅仅是没有疾病，而且包括身体健康、心理健康、社会适应良好和道德健康。”并进一步指出了健康的细则：①充沛的精力，能从容不迫地担负日常生活和繁重的工作而不感到过分紧张和疲劳；②处世乐观，态度积极，乐于承担责任，事无大小，不挑剔；③善于休息，睡眠良好；④应变能力强，适应外界环境中的各种变化；⑤能够抵抗一般性感冒和传染病；⑥体重适当，身材匀称，站立时头、肩、臂的位置协调；⑦眼睛明亮，反应敏捷，眼睑不发炎；⑧牙齿清洁，无龋齿，不疼痛，齿龈颜色正常，无出血现象；⑨头发有光泽，无头屑；⑩肌肉丰满，皮肤有弹性，走路轻松有力。

由此可见，人的健康是生理健康与心理健康的统一，二者是彼此联系、相互制约、相互影响的。既然心理健康是健康的一个重要组成部分，那什么是心理健康呢？

从广义上讲，心理健康是指一种高效而满意的、持久的心理状态；从狭义上讲，心理健康是指人的基本心理活动的过程内容完整、协调一致，即认识、情感、意志、行为、人格完整和协调，能适应社会，与社会保持同步。

心理健康同样是有标准的，但由于心理健康是相对于心理不健康而言的，是一个动态的过程，心理健康与不健康之间又没有明显的界线，因此关于心理健康的标准尚没有统一定论，只达成了一些基本共识。

归纳各学派心理学家的界定，心理健康具有如下特征：①智力正常：这是人们生活、学习、工作、劳动的最基本的心理条件；②自我认知：能对自我做出客观分析，从而对自己的能力、感情、需要等做出正确的判断和认知；③自我调控：行为协调统一，对来自外界的刺激和压力能保持自我相对稳定，并具有自我判断和决定能力，善于调节自己的情绪；④良好的人际关系：善于与人友好相处，助人为乐，能建立良好的人际关系；⑤良好的适应能力：不受环境的支配和控制，能适应环境，同时可改造和变革环境，使之更好地适合人的生存。

小贴士

身心健康的标准

健康的概念随着时代的发展而发展，关于身心健康的标准，世界卫生组织提出了身心健康八大标准，即“五快三良”。

1. “五快”

(1) 食得快。进食时有很好的胃口，能快速吃完一餐饭而不挑剔食物，证明内脏功能正常。

(2) 便得快。一旦有便意时，能很快排泄大小便，且感觉轻松自如，在精神上有一种良好的感觉，证明胃肠功能良好。

(3) 睡得快。上床能很快入睡，且睡得深，醒后精神饱满，头脑清醒。

(4) 说得快。语言表达正确，说话流利。说明头脑清楚，思维敏捷，中气充足，心、肺功能正常。

(5) 走得快。行动自如，转体敏捷，证明精力充沛旺盛。

2. “三良”

(1) 良好的人格。性格温和，意志坚强，感情丰富，具有坦荡胸怀与达观心境。

(2) 良好的处世能力。看问题客观现实，具有自我控制能力，适应复杂的社会环境，对事物的变迁能始终保持良好的情绪，能保持对社会外环境与机体内环境的平衡。

(3) 良好的人际关系。待人接物大度和善，不过分计较，能助人为乐、与人为善。

2. 大学生的身心健康标准

当今社会，青少年的健康问题，尤其是心理健康问题已经成为全球共同的公共卫生问题。大学生作为青少年群体的一部分，在社会转型、经济转轨、改革开放不断深化发展的大背景下，他们在学习、就业、人际、恋爱等诸多方面的压力冲击下，造成了不同程度的心理问题，而且心理问题的发生率呈逐年上升的趋势，已成为影响大学生健康成才的一个重要因素。因此，身心健康教育问题也成了高校培养高素质人才不可或缺的内容，应引起每位大学生的积极关注。

迄今为止心理健康还没有形成统一的标准，心理健康标准的复杂性，既有文化差异，也有个体差异。对于大学生心理健康的标准，更是众说纷纭。

如樊富珉提出大学生心理健康的 7 个标准：①能保持对学习较浓厚的兴趣和求知欲望；②能保持正确的自我意识，接纳自我；③能协调与控制情绪，保持良好的心境；④能保持和谐的人际关系，乐于交往；⑤能保持完整统一的人格品质；⑥能保持良好的环境适应能力；⑦心理行为符合年龄特征。

郑日昌认为心理健康包括：①正视现实；②了解自己；③善与人处；④情绪乐观；⑤自尊自制；⑥乐于工作。

王登峰、张伯源在其主编的《大学生心理卫生与咨询》一书中提出了 8 条大学生心理健康标准：①了解自我，悦纳自我；②接受他人，善与人处；③正视现实，接受现实；④热爱生活，乐于工作；⑤能协调与控制情绪，心境良好；⑥人格完整和谐；⑦智力正常，智商在 80 以上；⑧心理行为符合年龄特征。

由此可见，尽管不同心理学者对大学生心理健康的标准有不同的观点，但是以上几位研究者所提出的心理健康标准均是从大学生的认知、情绪情感、意志、适应能力等方面来加以考察的。心理学家、教育家一般认为，我国大学生心理健康水平应从以下几个方面进行评估。

1）智力正常

这是大学生学习、生活与工作的基本心理条件，也是适应周围环境变化所必需的心理保证，因此衡量时，关键在于是否正常地、充分地发挥了效能：即有强烈的求知欲，乐于学习，能够积极参与学习活动。

2）情绪健康

其标志是情绪稳定和心情愉快。包括的内容有：愉快情绪多于负性情绪，乐观开朗，富有朝气，对生活充满希望；情绪较稳定，善于控制与调节自己的情绪，既能克制情绪又能合理宣泄；情绪反应与环境相适应。

3）意志健全

意志健全者在行动的自觉性、果断性、顽强性和自制力等方面都表现出较高的水平。他们在各种活动中都有自觉的目的性，能适时地做出决定，并运用切实有效的方式解决所遇到的问题，在困难和挫折面前，能采取合理的反应方式，能在行动中控制情绪和言行，而不是行动盲目、畏惧困难，顽固执拗。

4）人格完整

人格完整要求人格结构的各要素完整统一，具有正确的自我意识，不产生自我同一性混乱，以积极进取的人生观作为人格的核心，并以此为中心把自己的需要、目标和行动统一起来。简言之，人格完整就是有健全统一的人格，即个人的所思、所想、所说、所做都协调一致。

5）自我评价正确

正确的自我评价乃是大学生心理健康的重要条件。要有自知之明，能恰如其分地认识自己、评价自己，摆正自己的位置，既不以自己在某些方面高于别人而自傲，也不以某些方面低于别人而自惭。能够悦纳自我，自尊、自强、自信、自爱，正视现实，积极进取。

6）人际关系和谐

良好而深厚的人际关系，是事业成功与生活幸福的前提。其表现为：乐于与人交往，既有广泛而深厚的人际关系，又有知心朋友；在交往中保持独立而完整的人格，不卑不亢，宽以待人，助人为乐；交往动机端正，积极的交往态度多于消极态度。

7）社会适应强

能正确认识客观环境，以积极的态度应对环境中的种种困难，不畏惧、不退缩。此外，还要根据环境的特点和自我意识的情况努力进行协调，或改变、塑造环境以适应个体需要。

8）心理行为符合大学生的年龄特征

大学生是处于特定年龄阶段的特殊群体，大学生应具有与年龄和角色相应的心理行为特征。

3. 大学生身心健康的意义

大学阶段是一个人的生理和心理都迅速发展的阶段，他们思维活跃、追求发展、渴望成功。没有健康的身心素质，大学生就难以获得健康的自我发展。因此，正确认识大学生的身心健康问题，并进行有效的疏导和调整，对他们今后的成长、发展都将产生重要作用。

1）身心健康有助于大学生正确面对自己

人在成长过程中，往往是围绕着个体对自己的认同来进行的，如“我是谁”“我是一个什么样的人”“我能做些什么”等问题都要在生活中慢慢寻找到恰当的答案。身心健康的人，能客观地审视自己、相信自己，既不盲目自大，也不轻言放弃或逃避现实。

2）身心健康有助于大学生更加珍惜机会、珍爱生命

智者善于把握机会，成功者往往创造机会，机会总是留给有准备的人。身心健康的人一般都是开放的、乐观的，他们总是积极锻炼身体，对社会充满热忱，珍惜每个机会去学习、去面对新事物并乐于同他人分享。同时，面对挫折时，他们能坦然面对，不自暴自弃，积极发挥自己的聪明才智，懂得欣赏生命里的磨难与玄机，能够珍惜和享受生命的过程。

3）身心健康有助于大学生的全面发展

身心健康的人能正视自己，提早进行职业生涯规划，找到自己的发展方向和社会定位，为全面健康发展奠定坚实的基础。身心健康可以帮助我们建立和谐的人际关系，完善人格，促进个人学业、事业的发展，提高生命质量和生活满意程度。

4. 大学生常见的身心健康问题

除了常见的锻炼少、体质弱等身体健康问题，根据调查，大学生生活适应、人际关系、学业、情绪、焦虑、情感和择业等心理问题是目前较为普遍存在的心理问题。

1）生活适应问题

刚刚进入大学校园的新生，往往会对陌生的校园环境产生各种不适应。例如，远离熟悉的父母和家乡、陌生的校园和同学、需要自己动手解决生活中的种种问题、南北方饮食、文

化和生活习惯的差异等容易使其产生不适应感。但只要大学生能适应客观环境、人际关系、学习生活、自我评价的变化，就能相对较好地适应大学生活。

2）学习问题

学习问题一直是影响大学生身心健康的常见问题之一。例如，学习动机不足、学习压力大、学习成绩不理想、考试不及格、学业困难等问题始终困扰着大学生。面对"尖子"云集的大学，若不及时调整自己的心态和定位，找到合适的学习方法，做好学习和职业生涯规划，则有可能疲于应付，学习毫无目标和乐趣可言。

3）人际关系问题

面对新的人际关系，部分大学生处理起来显得力不从心，甚至有人感慨"在大学，没有一个可以谈得来的朋友，心里感到很孤独"。大学本是一个锻炼的好机会，但由于缺乏在公共场合表达自己思想的勇气和机会，不懂与人交往的艺术与技巧，有些大学生在人际关系上遭受了挫折，心情郁闷，身心受损。

4）情绪情感问题

大学生的情绪具有矛盾性和波动性，很容易大起大落，产生紧张、焦虑、抑郁、恐惧、嫉妒、愤怒等不良情绪，有损其身心健康。亲情、爱情、友情是人们情感方面的三个重要维度，但在处理个人感情问题上，有人分不清爱情和友情，有人把握不好异性交往的尺度，还有人由于代沟和父母的感情越来越疏离。

5）就业问题

大学生就业难是社会上经常讨论的话题之一。面对日益激烈的就业竞争，很多大学生在访谈中表示就业压力很大，"毕业即失业"说法在大学生群体中的广泛流传也反映出很多大学生对就业的悲观情绪。大学生一般对职业期望很高，而理想与实现之间的差距往往又会使他们产生巨大的失落感，容易引发各种心理问题。

6）网络依赖问题

很多大学生一方面由于现实中人际交往的困难转而在虚拟网络中寻求心理安慰与满足，另一方面受虚拟网络本身新鲜、刺激的吸引而难以自拔。因此，有些大学生对网络的依赖性越来越强，甚至患上网络依赖综合征，沉溺于网络世界，自我封闭，造成学业成绩不良，日常生活中行为举止失常，精神恍惚等。

6.9.2 身心健康管理

1. 大学生亟须身心健康管理

大学生是我国社会文化程度较高的群体，被认为是最健康、最活跃的群体。如果仅仅从身体疾病的观点来看，在青春期的大学生，患有各种严重的身体疾病的比率确实是小，但从心理健康的角度来分析，可能情况会完全不同。

最近的统计和研究表明，大学生心理上存在各种各样的不良反应和适应障碍，并有相当数量的大学生存在不同程度的心理障碍，有的甚至已经十分严重了。因此，大学生的心理健康问题一直是一个普遍关注的焦点。近年来出现了许多大学生因心理问题而导致的案件。大学生的身心健康水平与大学生的成人、成才、成功密切相关，加强大学生的身心健康管理已成为当务之急。

2. 身心健康的维护

影响大学生身心健康的因素来自生理、心理、家庭环境、学校环境、社会文化等多方面，大学生身心健康的维护也需要引起学生、学校、家庭和社会的共同关注。

1）学校层面

心理健康教育是高校教育工作和学生思想教育工作的重要组成部分，是实施素质教育、促进大学生全面发展、提高人才培养质量的重要途径和手段。具体做法包括以下方面。

（1）重视大学生的身体素质。国家国民体质监测中心发布的《第五次国民体质监测公报》显示，2020年，我国国民体质合格率超九成，成年人超重率、肥胖率分别为35.0%和14.6%。从实际情况来看，大学生的身体素质呈现缓慢下降趋势。大学生爆发力、力量、耐力等反映身体素质的指标下降，可能会令他们没有足够的体力来适应未来社会的竞争和压力，也更关系到未来我国人口的总体身体素质。因此，学校要重视大学生的身体素质，合理安排体育课的设置、加强运动场地和体育设施的建设、增强大学生的健身意识，引导他们主动锻炼，提高身体素质。

（2）加强身心健康知识宣传，广泛开展心理健康教育活动。可以充分利用学生社团、学校广播、网络、校报、板报等资源，广泛宣传，普及身心健康知识，培养大学生正确的健康观，提高大学生的参与意识和参与程度。可以“5·25大学生心理健康日”为契机，进行心理影片展播、心理健康板报（手抄报）、心理剧比赛、心理知识讲座等形式，满足不同大学生的心理需求，促进大学生的身心健康水平。

（3）开展心理普查，建立大学生心理健康档案。通过心理测试、问卷等方法，了解大学生的心理健康水平，将其成长经历和心理现状、存在问题记录下来，建立动态的大学生心理健康档案，以便及时掌握他们的心理健康状态。做到针对心理问题及早发现、及早治疗，防患于未然。

（4）健全学校心理咨询机构，有效开展心理咨询活动。目前，很多高校都成立了专门的大学生心理咨询中心。建立一支专兼结合、相对稳定的心理健康教育工作队伍，积极开展心理咨询活动，对于消除大学生的心理困扰、提高其身心健康水平是很有必要的。

（5）开设心理健康课程。心理健康课程的开设是高校心理健康教育的重要载体。高校应把大学生心理健康内容纳入课堂教学体系，有针对性地开设心理健康必修课、选修课，使大学生可以系统地了解心理知识、提高健康意识，能及时发现自身心理健康方面的问题并积极进行心理调适，提高自己的身心健康水平。

（6）建立大学生心理危机干预系统。一般大学生的心理危机干预系统分为班级、分院和学校三级预防网络。在班级一级预防中，充分发挥学生班团干部的骨干作用，关心同学，一旦发现异常，及时汇报。在分院二级预防中，主管学生工作的分院书记、辅导员要以大学生发展为本，关心大学生的身心健康，了解学校危机干预流程，及时发现及时汇报，若有必要需做好大学生家长的沟通工作。在学校三级预防中，要根据大学生实际身心健康状况，由学校心理健康教育专门机构，制定切实可行的教育与预防措施，帮助有需要的大学生做好心理教育工作，建立动态的大学生心理健康档案。

小案例

走进心理咨询中心

丽丽是一名大四女生，性格比较内向，平时生活比较单一。现在她面临就业，看着身边的同学神采奕奕地去单位面试，她却没有自信推销自己，并且对即将离开校园步入社会感到无所适从。因为在校园中看到心理咨询中心的宣传海报，她走进了咨询中心的大门。经过心理老师的引导和启发，丽丽挖掘出了自身的优点，认真进行了职业和人生规划，对于未来，她不再迷茫。

2）个人层面

对于大学生而言最重要的还是自我教育，因此每个大学生都应该增强自身的身心健康知识，学会进行自我调节。具体做法包括以下几个方面。

（1）掌握科学的身心健康知识。了解大学生身心健康知识，就等于掌握了通往健康的钥匙，可以提高自身对健康状态的觉察力，必要时还可以进行自我调节。因此，要多方面、多途径地丰富自己的健康知识，形成正确的健康观。健康不但是没有疾病和虚弱状态，而且是生命的自我创造。

（2）制订科学的健康计划，坚持有效的锻炼。健康是一种积极的选择，是一个过程。罗恩·考利使用缩写字母 REDS（休息-Rest，运动-Exercise，饮食-Diet，精神-Spirituality）说明了生活均衡的要素，这些要素正是我们通向健康的关键。要想保持身心健康就需要按照这些要素制订科学合理的健康计划，为自己的身心负责，坚持有效的锻炼。列宁曾说过“不会休息的人就不会工作”，因此为了更好、更有效地工作，需要我们学会休息。运动是减少压力消极作用的一个自然方法，它有助于预防疾病、延年益寿。我们的日常饮食对健康的长期影响比其他任何因素都要大，因此要学习如何吃得明智、如何控制体重、如何保持健康，这样就可以获得长久的健康。同样地，精神也是均衡生活、保持健康的一个重要因素。对于整体健康来说，满足精神和满足身体一样重要。

（3）建立健康合理的生活方式。健康的身体和心理与健康的生活方式密不可分。对于大学生而言，健康的生活方式包括：合理作息，起居有常，早睡早起，保证充足的睡眠；平衡膳食，坚持“早餐要好，午餐要饱，晚餐要少”的三餐原则；体重保持在正常水平；科学用脑，实行时间管理，提高学习、生活效率；劳逸结合，张弛有度；积极休闲，娱乐身心；适量运动，积极参加体育锻炼。此外，大学生健康文明的生活方式还包括：不吸烟、不喝酒；不沉溺网络；不暴饮暴食；不做危险动作等。

（4）塑造健康人格。大学期间应塑造健康完善的人格。首先，应加强意志磨炼，自觉控制自己的行为，提高挫折承受能力，始终保持积极乐观的生活态度。其次，要优化自己的性格，自觉修正性格中的不足，培养健康的性格模式。再次，培养良好的心理品质，以及独立分析问题、解决问题的能力。最后，积极开展自我认知、自我评价和自我教育。

（5）保持愉快健康的情绪。愉悦稳定的情绪使人心情开朗、精力充沛，对生活充满信心和乐趣。相反，若情绪波动大、不稳定，患得患失、喜怒无常，则会导致心理失衡，出现心理危机，甚至会产生心理或精神疾病，严重影响个体的身心健康。

（6）积极参加社会实践。大学生应积极参加各种社会实践活动，在活动中全面提高自己的综合素质。通过活动的锻炼，可以开阔视野，学会与人沟通，从而增强自信心和力量，最大限度地减少心理危机。

（7）建立良好的社会支持系统。有调查发现，在出现心理问题的人群当中，相当一部分人都缺乏良好的社会支持系统。当我们面临挫折、困难、压力和误解的时候，有朋友支持是非常重要的。有了朋友的陪伴、安慰与鼓励，可以帮助我们走出心理的沼泽，走向开满鲜花的芳草地。

（8）养成谦虚、感恩、幽默等良好心态。在生活中，养成良好的心态对于大学生的身心健康也是十分重要的。谦虚是一种美德，“虚心竹有低头叶，傲骨梅无仰面花”，大千世界，人外有人，天外有天，我们每个人都不能自以为是，坐井观天。拥有感恩的人才能拥有健康的心理。因此，我们要有一颗感恩的心，生活在感恩的世界里，会使你得到真正的幸福和快乐。幽默是一种乐观的心态，在生活中充满幽默的人，是不会缺少朋友的。

小故事
别盯着杯子

课堂活动

1. 认知管理能力训练

心理活动：我是谁？

这是一种对自我定性的测量方法——我是谁。这种方法简便易行，要求被试者在七八分钟内写出 20 个“我是谁”，这仅仅是个测验，为自己写而不是为了别人。按照思考的顺序，不必考虑重要性和逻辑性。首先以“我是……”开头完成 20 个句子，记录在下面：

（1）__________

（2）__________

（3）__________

（4）__________

（5）__________

（6）__________

（7）__________

（8）__________

（9）__________

（10）__________

（11）__________

（12）__________

（13）__________

（14）__________

（15）__________

（16）__________

（17）__________

（18）__________

（19）__________

（20）____________________

完成后，用以下七个维度作为判断自我认识是否清晰的标准，如表 6–6 所示。例如，有这样一个句子："我是一个高个子的男生。"这个句子中的"高个子"符合维度 1 中的"外表"特征，就在"外表"这一栏中加一分。此外，这句话中"男生"符合维度 2 中的"共性"特征，此项也加一分。20 个句子都评定完之后，依据表 6–7 自我评价表算出总分。左列总分高表示自我意识不稳定、不清晰；右列总分高则相反。

表 6–6　评分举例

维度	左列	举例	右列	举例
1	外表	"我是一个高个子。"	内在	"我是一个热爱篮球运动的人。"
2	共性	"我是南方人。"	个性	"我是性格细腻敏感的人。"
3	抽象	"我是好人，我是天才。"	具体	"我是乐于助人的人。"
4	消极	"我是粗心的人。"	积极	"我是学习能力很强的人。"
5	虚幻	"我是蜘蛛侠，我是神。"	现实	"我是蜘蛛侠的超级 fans。"
6	未来	"我是经理。"	现在	"我是某某协会的会长。"
7	矛盾	前后句子意思有出入	肯定	前后句子意思没有出入
	总分		总分	

表 6–7　自我评价

维度	左列	得分	右列	得分
1	外表		内在	
2	共性		个性	
3	抽象		具体	
4	消极		积极	
5	虚幻		现实	
6	未来		现在	
7	矛盾		肯定	
	总分		总分	

2. 情绪管理能力训练

心理训练：如何控制自己的情绪

（1）活动目的。

①能辨认自己的各种情绪并了解其发生的原因。

②知道各种情绪反应对身心行为的影响。

③学习控制情绪、发泄情绪的正确方法。

（2）活动时间：20 分钟。

(3) 活动准备。

①准备好训练用的题目、个案和誓词。

②桌椅安排成小组讨论式。

(4) 活动步骤。

①设情境:

· 有人弄坏了你的自行车。

· 有个同学告诉你,放学后他要找几个人一起来揍你一顿。

· 当你正在看自己喜欢的电视节目时,有人把电视调到了别的节目。

· 你把妈妈省吃俭用给你买书的100元钱弄丢了。

· 你在公共汽车上被人踩了一脚。

· 同学们喊你的绰号。

· 在某次竞赛考试中你获得了第一名。

②讨论:在碰到以上各情境时,你会有何种情绪产生?你如果有不适当的情绪反应,会有什么结果?(每组讨论一个情境)

③能就自己在日常生活中,因不适当的情绪反应造成不良后果的情形举例吗?

④训练控制自己情绪的方案。

个案:班主任王老师告诉大家,过几天就要去郊游了,其间还要搞一些娱乐活动比赛。听到这个消息后,同学们各有不同的反应和情绪。

a) 积极参加集体活动,并做好准备。

b) 无所谓,搞不搞这次活动都行,去郊游肯定会遇到许多麻烦,没准还会出点事呢。

c) 手舞足蹈,兴奋不已,期望马上去郊游。

请同学用个案的素材进行心理剧表演。

⑤结束语:同学们,当你遇到困难时,可能会一时情绪低落,但相信每个人都能尽快适应并调整好。一起满怀激情地朗读一段誓词:

我有明确的奋斗目标,决不放弃!

我将百折不挠,主动迎战困难!

我必须勤奋学习,提高效率,珍惜时间!

我要积极行动,勇敢实践!

我乐观、自信、自强!

我将不断超越自我,走向辉煌!

(教师领读一遍,学生读两遍,达到暗示作用)

3. 压力管理能力训练

松鼠与大树游戏

1) 游戏目的

(1) 使学生感到压力无时无刻不在身边。

(2) 环境在变化,要做好自我调节来适应环境。

(3) 在看似复杂的环境中寻找规律,冷静沉着处理变化、分析变化、从而解决问题。

2) 游戏人数:10人以上

3) 游戏场地:无障碍物

4）游戏时间：10~20 分钟

5）游戏步骤：

（1）事先分组，一二三报数，二为松鼠，其他为大树，三人一组：二人扮大树，面对对方，伸出双手搭成一个圆圈；一人扮松鼠，并站在圆圈中间；教师或其他没成对的学生担任临时人员。

（2）猎人来了。扮演“松鼠”的人就必须离开原来的大树，重新选择其他的大树；教师或临时人员就临时扮演松鼠并插到大树当中，落单的人应表演节目。

（3）着火了，扮演“大树”的人就必须离开原先的同伴重新组合成一对大树，并圈住松鼠，教师或临时人员就应临时扮演大树，落单的人应表演节目。

（4）喊“地震”，扮演大树和松鼠的人全部打散并重新组合，扮演大树的人也可扮演松鼠，松鼠也可扮演大树，教师或其他没成对的人插入队伍当中，落单的人表演节目。

6）问题思考

（1）在游戏中扮演松鼠或扮演大树，学员的心理感受如何？

（2）我们应采取什么措施争取不落单？在现实生活中我们又该怎样做？

4. 学习管理能力训练

学习管理实施

1）实训目的

（1）通过实训理解学习管理在团队合作中的重要性。

（2）将学习管理运用到团队运作之中，提升团队绩效。

（3）养成良好的合作习惯和风格，形成得体的合作综合能力。

2）实训情景

日本有一位禅宗大师，名叫难因（由同学 A 扮演），在禅学方面造诣深厚。日本早稻田大学的历史学教授山本先生（由同学 B 扮演）在研究历史时，需要这方面的知识，欲向难因请教。

这一天，山本先生来到寺庙门口，脸上略带着一点傲慢的神情，对值班的小和尚（由 C 同学扮演）说：“本人是早稻田大学的历史学教授，想见一见难因。”小和尚问山本先生，“教授先生，您事先与难因预约过吗？”山本说：“没有。”小和尚道：“难因特别忙，如果您事先没有预约，恐怕他现在没有时间会见您。”山本先生很生气，拿出自己的名片递给小和尚，对小和尚说道：“请您把我的名片转交给难因，他自然会见我的。”小和尚拿着山本的名片向难因请示。难因一看名片，竟欣然同意在百忙之中抽出时间去会见山本先生。

小和尚把山本先生引领到难因的会客室，两人略微寒暄一番之后，难因请他喝茶。难因拿起茶壶给山本倒茶，不一会儿，茶杯中的茶水就要溢出来了，只见难因还在往茶杯中倒茶水，茶水就沿着杯壁流到了八仙桌上，八仙桌的茶水又流到了地板上，山本先生的脚前也有茶水。

山本先生感到非常惊讶，问难因：“师傅，水已经满了，倒不进去了。”难因说：“你就像这个杯子，早已装满了你自己的意见、判断、思维。如果你不把你的杯子倒空，我又如何能告诉你禅的道理呢？”

3）实训内容

根据实训情景，模拟演示几个角色对话过程。

4）实训要求

（1）本实训可在教室或情景实训室进行。

（2）先分组讨论，再进行角色模拟演示。

（3）分组进行，每组3人，一人扮演山本，一人扮演难因，一人扮演小和尚。分角色轮流演示，每组分别演示以上情景。

（4）要求编写演示角色的台词与情节，用语规范，表达到位。

（5）重点讨论情景中交流的问题出现在哪里。

5）实训提示

（1）注意学习的功能作用。

（2）注重合作的目的与策略。

6）实训总结

个人畅谈沟通体会，教师总评。

5. 时间管理能力训练

撕纸游戏

1）游戏目的

让游戏者体会到时间的宝贵。生命是由分分秒秒的时间所组成，时间管理的实质就是生命管理，应把握眼前，有效管理时间。

2）游戏人数

不限。

3）游戏场地

不限。

4）游戏用具

长条纸，笔（纸和笔的数量根据人数而定）。

5）游戏步骤

（1）将长条纸用笔划分成10等份，假如现在你个人的生命处于0~100岁，从左至右每份代表人生的10年。

（2）请问你现在多少岁？（把相应的部分从前面撕掉）过去的生命是再也回不来了！请彻底撕干净！

（3）请问你想活到多少岁？（如果不想活到100岁的话就从后面把那部分撕掉）

（4）请问你想多少岁退休？（请把相应的退休以后的部分从后面撕下来，不用撕碎，放在桌子上）

（5）一天24小时，一般人通常是睡觉8小时占了1/3；吃饭、休息、聊天、摸鱼、看电视、游玩等又占了1/3，真正可以工作有生产力的约8小时，只剩1/3。请将剩下来的折成三等份，并把2/3撕下来，放在桌子上。

（6）请用左手拿起剩下的1/3，用右手把退休那一段和刚才撕下的2/3加在一起。

6）问题思考

（1）请思考一下你如何用左手的1/3工作赚钱，提供自己另外2/3的吃喝玩乐及退休后的生活。

（2）想想你要赚多少钱、存多少钱才能养活自己上述的生活，这还不包括给父母、子女、配偶。

(3) 你珍惜生命吗？你想在有生之年有所作为吗？你能进行有效的时间管理吗？

6. 目标管理能力训练

目标动机测试

【测试导语】

目标动机是追求成功的动力。在成功人士中，目标动机最强的人往往最具有工作动力，他们会一心一意地追求既定的目标。本测试将衡量你在追求成功时的努力和自我牺牲的程度，请选择与你情况相似的答案。

(1) 尽可能有效地把每分钟用在工作上。

A. 完全不符合我　B. 不太符合我　C. 无法确定
D. 基本符合我　E. 完全符合我

(2) 每天要做的事情太多了，就算用上一整天都不够。

A. 完全不符合我　B. 不太符合我　C. 无法确定
D. 基本符合我　E. 完全符合我

(3) 经常利用零碎时间工作，如在塞车时阅读。

A. 完全不符合我　B. 不太符合我　C. 无法确定
D. 基本符合我　E. 完全符合我

(4) 如果熬夜有助于按时完成工作，那么可以彻夜不眠。

A. 完全不符合我　B. 不太符合我　C. 无法确定
D. 基本符合我　E. 完全符合我

(5) 喜欢同一时间做很多工作。

A. 完全不符合我　B. 不太符合我　C. 无法确定
D. 基本符合我　E. 完全符合我

(6) 经常周末加班。

A. 完全不符合我　B. 不太符合我　C. 无法确定
D. 基本符合我　E. 完全符合我

(7) 你比任何同时来的人做了更多工作。

A. 完全不符合我　B. 不太符合我　C. 无法确定
D. 基本符合我　E. 完全符合我

(8) 朋友说你工作像拼命。

A. 完全不符合我　B. 不太符合我　C. 无法确定
D. 基本符合我　E. 完全符合我

(9) 总是有一些事务和约会等待你处理。

A. 完全不符合我　B. 不太符合我　C. 无法确定
D. 基本符合我　E. 完全符合我

(10) 一刻不工作就令你忧心如焚。

A. 完全不符合我　B. 不太符合我　C. 无法确定
D. 基本符合我　E. 完全符合我

(11) 经常设定超出能力所及的工作。

A. 完全不符合我　　B. 不太符合我　　C. 无法确定

D. 基本符合我　　E. 完全符合我

(12) 认真工作时，与工作无关的一切都抛在脑后，即使是重要的私事。

A. 完全不符合我　　B. 不太符合我　　C. 无法确定

D. 基本符合我　　E. 完全符合我

(13) 很少把工作带回家。

A. 完全不符合我　　B. 不太符合我　　C. 无法确定

D. 基本符合我　　E. 完全符合我

(14) 尽可能减少工作时间。

A. 完全不符合我　　B. 不太符合我　　C. 无法确定

D. 基本符合我　　E. 完全符合我

(15) 把工作交给别人时，总是担心别人不能胜任。

A. 完全不符合我　　B. 不太符合我　　C. 无法确定

D. 基本符合我　　E. 完全符合我

(16) 对于你而言，工作只是生活中的极小部分。

A. 完全不符合我　　B. 不太符合我　　C. 无法确定

D. 基本符合我　　E. 完全符合我

(17) 你经常觉得"多做无益"。

A. 完全不符合我　　B. 不太符合我　　C. 无法确定

D. 基本符合我　　E. 完全符合我

(18) 如果可能，根本不想工作。

A. 完全不符合我　　B. 不太符合我　　C. 无法确定

D. 基本符合我　　E. 完全符合我

(19) 你的职位可以更上一层楼，但你不想卷入职位竞争中。

A. 完全不符合我　　B. 不太符合我　　C. 无法确定

D. 基本符合我　　E. 完全符合我

(20) 如果打打零工可以糊口，就是最好不过了。

A. 完全不符合我　　B. 不太符合我　　C. 无法确定

D. 基本符合我　　E. 完全符合我

(21) 你觉得休假很轻松，你喜欢心情享受、什么事也不做。

A. 完全不符合我　　B. 不太符合我　　C. 无法确定

D. 基本符合我　　E. 完全符合我

(22) 碰到好天气，偶尔你会放下工作，到郊外去玩。

A. 完全不符合我　　B. 不太符合我　　C. 无法确定

D. 基本符合我　　E. 完全符合我

(23) 相信"爬得越高，跌得越重"。

A. 完全不符合我　　B. 不太符合我　　C. 无法确定

D. 基本符合我　　E. 完全符合我

(24) 相信懂得花钱就可以不必辛苦工作。

A. 完全不符合我　　B. 不太符合我　　C. 无法确定

D. 基本符合我　　E. 完全符合我

(25) 认为整天工作的人令人乏味，不把工作看得太重要的人大都比较有趣。

A. 完全不符合我　　B. 不太符合我　　C. 无法确定

D. 基本符合我　　E. 完全符合我

【评分标准】

第 1~12 题，选择 A 不得分，B 得 1 分，C 得 2 分，D 得 3 分，E 得 4 分。

第 13~25 题，选择 A 得 4 分，B 得 3 分，C 得 2 分，D 得 1 分，E 不得分。然后将各题所得的分数相加。

【测试结果】

(1) 总得分为 0~30 分。这种人要成功会面临两难的困境，要成功，却不想工作。如果想成功，就要克服这种缺乏工作动机的毛病，否则成功的机会微乎其微。

(2) 总得分为 31~35 分，追求成功的动机稍高，但是还不到可以为成功而打算加倍努力的程度，存在“守株待兔”——坐等成功的想法。这类人只适合在公司基层工作。

(3) 总得分为 56~70 分。秉承“有多少做多少”的哲学，不会为了成功而过度努力，会在容易做到的范围内尽量去做，是个实用主义者，依照形势来决定动机的强弱程度。这类人只有在有压力或者成功非常有诱惑力时，才会通过努力获得成功。

(4) 总得分为 71~85 分。会利用对自己有利的形势，并鞭策自己去创造机会。他们事业心强，并清楚自己的方向，工作态度认真，会做长期计划。他们的自信和精力来自不变的目标和对本行业基本知识的了解。

(5) 总得分为 86~100 分。小心你已沦为“工作狂”。获得成功不是你的问题。这类人应注意处理好人际关系，成功将会更完美，否则容易成为孤家寡人。

7. 自我激励能力训练

将梦想变成目标

1) 游戏目的

让游戏者学会为自己设定目标并认识到自己需要目标激励。

2) 游戏人数

不限。

3) 游戏场地

室内。

4) 游戏时间

45 分钟。

5) 游戏用具

每人一个表格。表格如下。

姓名：	年龄：
你未来的梦想：	
1. 2. 3. ……	
你的目标：	
1. 2. 3. ……	
其中，你现在的目标：	
其中，你长期的目标：	
你的行动方案（简要叙述）：	

6）游戏步骤

（1）教师首先将“目标设定表格”发给全体学生。

（2）学生要在25分钟内填好自己的表格（见上表），其中的项数不限。

（3）与他人交流一下，你可能会得到帮助、受到启发。

（4）教师组织学生进行问题讨论。

7）问题讨论

（1）梦想和目标有怎样的区别和联系？如何通过目标来实现自己的梦想？

（2）你所设定的目标是否具有相关性？哪些目标是可以剔除的？

（3）你会为达成目标做哪些必要的准备？他人的建议对你的行动计划有何帮助？

（4）设定的目标是否能让你找到方向并激发你的热情？如何对自己进行激励？

8）游戏提示

（1）教师一定要让学生清楚梦想和目标的本质区别。

（2）学生的目标应该符合SMART原则，即目标是具体的、可衡量的、可达成的、具有相关性和时限性。

8. 有效沟通能力训练

人际沟通游戏：找到合适的距离

1）游戏目的

让游戏者知道沟通需要合适的距离；使双方通过沟通确定他们的最佳距离。

2）游戏人数

10人。

3）游戏场地

不限。

4）游戏时间

30分钟。

5）游戏用具

无。

6）游戏步骤：

（1）两人一组，让其面对面站着，间隔 2 米。让两个人一起向对方走去，直到其中有一方，如 A，认为是比较合适的距离（再往前走，他会觉得不舒服）再停下。

（2）让小组中的另一个，如 B，继续往前走，直到他认为不舒服为止。

（3）现在每个小组都至少有一个人觉得不舒服，也许事实上两个人都不舒服，因为 B 觉得他侵入了 A 的舒适区，没有人愿意这样。

（4）现在请所有人回到座位上去，给大家讲解四级自信模式（见后面）。

（5）将所有的小组重新召集起来，让他们按照刚才的站法站好，然后告诉 A 们（不舒服的那一位），现在他们进入自信模式的第一阶段，即很有礼貌地劝他的同伴离开他，例如："请你稍微站远一点好吗？这样让我觉得很不舒服！"注意，要尽可能地礼貌，面带微笑。

（6）告诉 B 们，他们的任务就是对 A 们笑一笑，然后继续保持那个姿势，原地不动。

（7）A 们中现在有很多人已经对他的搭档感到恼火了，他们进入第二级，有礼貌地重申他的界限，例如："很抱歉，但是我确实需要大一点的空间。"

（8）B 们仍然微笑不动。

（9）现在告诉 A 们，他们下面可以自由选择怎么做来达成目的，但是一定要依照四级自信模式。要有原则，但是要控制你的不满，尽量达成沟通和妥协。

（10）如果你们已经完成了劝服的过程，就回到座位上。

7）问题讨论

（1）当别人跨越到你的区域时，你是否会觉得很不舒服？如果别人不接受你的建议，你会有什么感觉？

（2）是不是每组的 B 都退到了让 A 满意的地步，是不是有些是 A 和 B 妥协以后的结果？

（3）有多少人采用了全部的四级自信模式？有没有人只采用了一级，对方就让步了？有没有人直接使用了第四级或直接转身离开？

8）教师语录

只要大家心平气和地沟通，总会找到双方的合适距离。

人与人之间要保持合适的沟通距离，距离太远，不利于及时沟通和深入沟通；距离太近，会让人产生紧张和压迫感，影响沟通效果。

附：四级自信模式：

第一级：通过有礼貌地提出请求，设定你个人的界限。你可以使用下面的表述："你介意往后退一步吗？""我觉得我们的距离有点近。"

第二级：有礼貌地再次重申你的界限或边界。你可以使用下面的表达："很抱歉，我真的需要远一点的距离。"

第三级：描述不尊重你的界限的后果。你可以使用下面的表述："这对我很重要，如果你不能往后退一点，我就不得不离开。"

第四级：实施结果。你可以使用下面的表述："我明白，你选择不接受，正如我刚刚所说的，这意味着我将不得不离开。”

团队沟通游戏：驿站传书

1. 项目性质

团队合作沟通能力训练项目。

2. 项目目的

（1）沟通机制的重要性。

（2）学习突破思维定式，能不断地进行创新，强化对风险的意识。

（3）如何灵活地面对环境的变化，同时遵守规则、规范、工作流程。

（4）提高分析、解决问题的能力和决策能力。

3. 器材

白板、白板笔、数字卡片。

4. 场地

普通教室。

5. 人员要求

40 人左右。

6. 项目时间

项目完成时间：50 ~ 60 分钟；项目布课时间：10 分钟；项目挑战时间：20 ~ 25 分钟；回顾总结时间：20~25 分钟。

7. 项目概述

这是一个以团队合作为主的项目，考验团队成员如何进行有效沟通，在最短的时间内准确地完成任务。

8. 项目布置

（1）所有队员嘴里不允许发出任何声音。

（2）从最后一名队员依次传递到最前面的队员。

（3）所有队员的肢体不能超越自己前后队友身体中心的平行线（以两肩轴为基点）。

（4）指导教师在实施项目过程中监督队员传递信息的方式不可以用在下一轮。

（5）所有队员严禁扭转身体以及回头。

（6）最前面队员得到信息后第一时间写到白板上后不得再进行更改。

（7）以信息到达最前面队员最快并且最准确的队得 5 分，其余以此类推。

注意事项：项目实施的过程中，每轮组织队员分享一次，每轮结束后团队成员利用3 ~ 5 分钟时间进行讨论总结。

9. 安全控制

（1）任何人不能讲话（包括有规律地发出声音）、移动。

（2）任何人不能使用纸、笔及手机短信等工具。

（3）前面的人不能往后看。

（4）后面的人不能把手伸到前面的人的眼前比画。

10. 项目分享

（1）只有在行动的过程中不断修正自己的错误，发现更好的工作方法，才能使团队朝着完美的目标前进。

（2）这个项目考验的就是全队信息传递的密切配合，如果只注意速度而不注意信息的准确性，传得再快也等于前功尽弃。

（3）一个优秀的团队能很好地进行沟通，好的沟通包括清晰地发送信息和准确地接收信息。

（4）揭示培训中的沟通技巧、方法的重要性。

（5）如何克服心理沟通障碍，及时进入角色，进行传递？

（6）怎样才能进行有效沟通？沟通中最重要的环节是什么？

（7）怎样才能成为一名好的传递者与接收者？

（8）在日常工作、学习、生活中如何学会善于沟通？（假如给你 3 分钟，你怎样与客户沟通）

（9）作为队员，你有没有意识到充分沟通对团队目标实现的重要意义？

（10）制度规则的建立与修正。

（11）怎样才能实现有效沟通，并迅速形成有效决议？

（12）在行动过程中，你的博弈对手是谁？

（13）在此次团队行动中，领袖的作用力体现在哪些方面？

9. 健康管理能力训练

心理测试：大学生身心健康状况问卷（UPI）

指导语：以下问题是为了了解并增进你的身心健康而设计的调查，请你按照题号顺序阅读，在你最近一年中，常常感觉到、体验到的项目的题号上选择“是”，没有感觉过的项目的题号上画“否”，如下表所示。注意只有两种选择。请认真地填写。

大学生身心健康状况问卷（UPI）

1. 食欲缺乏	是	否
2. 恶心、胃口难受、肚子疼	是	否
3. 容易拉肚子或便秘	是	否
4. 关注心悸和脉搏	是	否
5. 身体健康状况良好	是	否
6. 牢骚和不满多	是	否
7. 父母期望过高	是	否
8. 自己的过去和家庭是不幸的	是	否
9. 过于担心将来的事情	是	否
10. 不想见人	是	否
11. 觉得自己不是自己	是	否
12. 缺乏热情和积极性	是	否
13. 悲观	是	否
14. 思想不集中	是	否

续表

15. 情绪起伏过大	是	否
16. 常常失眠	是	否
17. 头疼	是	否
18. 脖子、肩膀酸痛	是	否
19. 胸疼憋闷	是	否
20. 总是朝气蓬勃的	是	否
21. 气量小	是	否
22. 爱操心	是	否
23. 焦躁不安	是	否
24. 容易动怒	是	否
25. 活着没意思	是	否
26. 对任何事都没有兴趣	是	否
27. 记忆力减退	是	否
28. 缺乏耐力	是	否
29. 缺乏决断能力	是	否
30. 过于依赖别人	是	否
31. 为脸红而苦恼	是	否
32. 口吃，声音发颤	是	否
33. 身体忽冷忽热	是	否
34. 注意排尿和性器官	是	否
35. 心情开朗	是	否
36. 莫名其妙地不安	是	否
37. 一个人独处时感到不安	是	否
38. 缺乏自信心	是	否
39. 办事畏首畏尾	是	否
40. 容易被人误解	是	否
41. 不相信别人	是	否
42. 过于猜疑	是	否
43. 厌恶交往	是	否
44. 感到自卑	是	否
45. 杞人忧天	是	否
46. 身体倦乏	是	否
47. 一着急就出冷汗	是	否

续表

48. 站起来就头晕	是	否
49. 有过失去意识，抽筋	是	否
50. 人缘好受欢迎	是	否
51. 过于拘泥	是	否
52. 为犹豫不决而苦恼	是	否
53. 对脏很在乎	是	否
54. 摆脱不了毫无意义的想法	是	否
55. 觉得自己有异味	是	否
56. 别人在自己背后说坏话	是	否
57. 总注意周围的人	是	否
58. 在乎别人眼光	是	否
59. 觉得别人轻视自己	是	否
60. 情绪容易被破坏	是	否
61. 至今为止，你感到在自身健康方面有问题吗？	是	否
62. 你曾经觉得心理卫生方面有问题吗？	是	否
63. 迄今为止，你曾经接受过心理卫生的咨询和治疗吗？	是	否
64. 如果你有健康或心理卫生方面想要咨询的问题，请写在下面的文本框内	是	否

UPI是university personality inventory的缩写，是为发现早期治疗有心理问题的学生而编制的大学生精神卫生、人格健康调查表。该表1966年由日本大学的心理咨询专家与精神科医生集体编制而成。为我国高校应用最早也最为广泛的心理普查量表之一，主要以大学新生为对象，入学时作为心理健康调查而使用。有利于有心理问题的学生的早期发现，并提供及时的帮助和必要的治疗，同时起到心理卫生的宣传作用，有助于大学生了解心理问题的表现，增强心理保健的意识。

UPI测验完成后，需要计算的只有一个指标，即总分。UPI问卷采用是非式选择，肯定选择的题记1分，否定选择的题记0分，UPI总分的计算规则是将除测伪题（第5、20、35、50题）以外的其他56个题的得分求和。因此，UPI总分最高为56分，最低为0分。

UPI的筛选标准如下所示：

第一类筛选标准：满足下列条件之一者应归为第一类。

（1）UPI总分在25分（包括25分）以上者；

（2）第25题做肯定选择者；

（3）辅助题中同时至少有两题做肯定选择者；

（4）明确提出咨询要求者（由于此条选择人数较多，有时不用）。

第二类筛选标准：满足下列条件之一者应归为第二类。

（1）UPI总分在20分至25分（包括20分，不包括25分）之间者；

（2）第8、16、26题中有一题做肯定选择者；

（3）辅助题中只有一题做肯定选择者。

第三类筛选标准：不属于第一类和第二类者应归为第三类。

其中第一类为可能有明显心理问题的学生，应尽快到学校心理咨询中心进行咨询、筛查。第二类学生可作为咨询机构今后关注的对象。

课后练习

1. 认知管理

1）完成下列陈述。看看自己完成时是否存在困难，你是否真的了解自己。

（1）最了解我的人是________

（2）我的人生梦想是________

（3）可以很好地描述我的三个形容词是________

（4）我最喜欢自己的是________

（5）我最不喜欢自己的是________

（6）我擅长________

（7）我不擅长________

（8）我喜欢________

（9）我厌恶________

（10）吸引我的三个职业是________

（11）我的人生目标是________

2）自画像：每位同学为自己画一幅带有文字说明的自画像，并解释画的含义。

3）通过分析自己现在的优势与不足，提出详细的完善自我的计划，给10年后的自己写一封信。

2. 情绪管理

1）自我暗示又称自我肯定，是对某种事物积极的叙述。用一些更积极的思想和概念来替代我们过去否定的思维模式。自我暗示可以在心中默念，也可以大声说出来，还可以写在纸上，更可以唱出来。

每天用10分钟时间对自己说下列语句或你自己设定的句子，进行自我暗示训练。

（1）我是最棒的！

（2）我具有强大的行动力！

（3）我越来越勤奋，越来越能干！

（4）我设定的目标一定会实现。

（5）莫生气，生气伤身体。

（6）忍耐，我这时不可以发火，否则会把事情搞砸的。

2）如果你有一位好朋友工作中遇到了挫折，情绪很低落，认为自己不适合从事这一行，想辞职又拿不定主意，心中很苦恼。你将如何利用所学帮助这位朋友调节情绪？

3）仔细回想最近一周你的情绪变化，按照天气预报的方式写出来，然后仔细分析自己的情绪状态。

4）试着用合理情绪疗法，帮助一位情绪不良的同学进行情绪调节。

5）如果有人在同学面前说你坏话，恰好被你发现了，你的第一情绪反应是什么？你会怎么处理？

6）假如你突然接到通知，要你明天去心仪很久的某企业面试，你会如何调整自己的情绪状态？

3. 压力管理

1）回忆自己曾经有过的压力以及它们给你带来的影响，从正面和负面两个方面分析，并填写表6-8。

表6-8 压力“双刃剑”

发生时间	压力经历	负面影响	正面影响
1			
2			
3			
……			

2）缓解压力的九条方法。请对照这九条看看你能做到几条，如果还不能完全做到，应训练自己往这九个方向努力。

（1）善于整体规划；

（2）困惑时及早倾诉；

（3）尽量保持乐观；

（4）从不耽搁延迟；

（5）善于分配任务；

（6）每天都做深呼吸；

（7）经常幻想美好前景；

（8）知道适时说“不”；

（9）拥有自己的娱乐方式。

3）学做减压操。

（1）挑高眉毛，尽量把眼睛睁到最大，同时张大嘴，舌头伸出，保持5~10秒，重复3~5次。

（2）端正坐好，头尽量向后贴（做出双下巴的感觉）保持5~10秒，重复3~5次。

（3）端正坐好，缓慢低头，让头部的重量缓缓压在颈部，保持5~10秒，还原放松，缓慢抬头，慢慢张合嘴，保持5~10秒，重复3~5次（防止长期低头颈部出现细纹的好办法）。

（4）端正坐好，缓慢将头部倒向左侧，左耳尽可能够左肩（保持肩部放松，不用抬肩膀够耳朵），保持5~10秒，重复3~5次，换右侧。

（5）端正坐好，缓慢把头转向左侧，直到颈部感受到拉伸，保持5~10秒，重复3~5次，换右侧。

（6）抬肩，直至颈部和肩部之间感到轻微挤压，保持5~10秒，缓慢还原，重复3~5次。

（7）缓慢向后转动肩关节，重复5次，再缓慢向前转动肩关节，重复5次。

（8）十指交叉，手掌翻上，举过头顶，手臂伸直，头部与手臂处于同一平面，拉伸5~10秒，重复3~5次。

（9）十指交叉于背后，伸直双臂的同时肘部缓慢向内侧旋转，保持5~10秒，重复3~5次。

（10）十指交叉，手掌向外，手臂在体前伸直，保持5~10秒，重复3~5次。

（11）十指交叉于头后，肘关节尽量向后打开，使两肩胛骨靠近。

（12）右手握住左肘关节，缓慢向后移动头，直至感觉到轻微的拉伸，保持5~10秒，重复3~5次，做反方向动作。

（13）左手放于右肩，轻轻拉动左肘关节至胸前，直至感觉轻微拉伸，保持5~10秒，重复3~5次，做反方向动作。

（14）双手交叉于体前，缓慢吸气，两手臂缓慢交叉于头上，向后拉伸，缓慢呼气，双手还原，尝试每次重复时伸展扩大双手画圆的范围，重复3~5次。

（15）身体直立，两膝向后打直，反叉腰，双手缓慢向前推，身体后倾，保持5~10秒，重复3~5次（长时间坐姿后一定要经常做这个动作）。

（16）直立站好，左腿放置在高出地面的物体上（与膝盖同高或略低于膝盖）头部与背部成弓形，缓慢向前倒，直至感觉膝盖后侧轻微拉伸，保持5~10秒，重复3~5次，换腿。

（17）面向墙站好，成右弓步，左脚脚跟着地，身体前倾，左小腿后侧感觉伸展，保持5~10秒，重复3~5次，换腿。

（18）端正坐好，左腿抬离地面，伸直，脚趾上下运动，保持5~10秒，还原，重复3~5次，换腿。

4. 学习管理

1）运用语言沟通的知识和技巧，由3~4名同学自由组成小组，其中一人为讨论组织者，任选以下问题进行讨论，5~8分钟完成讨论，并派一人当众综述沟通结果。

（1）你平时如何学习？有何学习方法。

（2）假如你要修读一门全新的课程，你将如何制订学习计划？

2）结合实际分析如何成功地做好有效的学习管理？

3）分享一次你的学习管理经验，谈谈成功与不足之处。

4）谈谈你在学习管理中遇到最大的困难，以及解决办法。

5）著名科学家贝尔纳说：“构成我们学习的最大障碍是已知的东西，而不是未知的东西。”请谈谈你对这句话的理解。

5. 时间管理

1）陈安之认为时间管理的十个关键：

第一关键：要有明确的目标；

第二关键：你必须有一张“个人清单”；

第三关键：20%的时间可以产生80%成果的定律；

第四关键：每天至少要有半小时到1小时的“不被干扰的时间”；

第五关键：你的目标和你的价值观要吻合，不可以相互矛盾；

第六关键：每天静坐1小时；

第七关键：所有的事情开始就把它做对；

第八关键：你必须控制你的电话时间；

第九关键：同一类的事情最好一次把它做完；

第十关键：做“时间日志”。

（1）对照上述 10 项反思自身做得如何？

（2）谈谈对未做好的项目如何加以改进？

2）时间管理排序

假如现在是周一的晚上，面前是近五天要做的事情：

（1）你从昨天早晨开始牙疼，想去看医生。

（2）星期六是一个好朋友的生日——你还没有买生日礼物和生日卡。

（3）你有好几个月没有回家，也没有打电话或写信。

（4）有一份夜间兼职不错，但你必须在周二或周三晚上去面试（19:00 以前），估计要花 1 小时。

（5）明天晚上有 1 个 1 小时长的电视节目，与你的工作有密切关系。

（6）明晚有一场演唱会。

（7）你在图书馆借的书明天到期。

（8）外地一个朋友邀请你周末去他那儿玩，你需要整理行李。

（9）你要在周五交计划书前把它复印一份。

（10）明天 14:00—16:00 你有一个会议。

（11）你欠某人 200 元钱，他明天也要参加那个会议。

（12）你明天从 9:00—11:00 要听一场讲座。

（13）你的上级留下一张便条，要你尽快与他见面。

（14）你没有干净的内衣，一大堆脏衣服没有洗。

（15）你要好好洗个澡。

（16）你负责的项目小组将在明天 18:00 开会，预计 1 小时。

（17）你身上只有 5 元钱，需要取钱。

（18）大家明晚聚餐。

（19）你错过了周一的例会，要在下周一前复印一份会议记录。

（20）这个星期有些材料没有整理完，要在下周一前整理好，约 2 小时。

（21）你收到一个朋友的信一个月了，没有回信，也没有打电话给他。

（22）星期天早晨要出一份简报，预计准备简报要花费 15 小时而且只能用业余时间。

（23）你邀请恋人后天晚上来你家烛光晚餐，但家里什么吃的也没有。

（24）下周二你要参加一个业务考试。

讨论题：

（1）对上述事件你如何分类？

A = 重要、紧急　B = 重要、不紧急　C = 不重要、紧急　D = 不重要、不紧急

（2）请为你未来一周的工作做一个计划表，把相应的题号填在空格内：

时间		A	B	C	D
周一	上午				
	下午				
周二	上午				
	下午				
周三	上午				
	下午				
周四	上午				
	下午				
周五	上午				
	下午				
周六	上午				
	下午				
周日	上午				
	下午				

（3）对于不重要的事情你打算怎样处理？

3）以下是高效时间管理表，请按照你的一天认真填写。

序号	目标完成内容	星级	优先顺序
工作	A：今天最重要的一件事： B：今天最重要的两件事： C：今天最重要的三件事：		
学习	学习时间是指我们用来学习专业知识，提升技能，练习能力的时间。这个概念很重要，我们现在很多人都没有学习时间这个概念，但事实上越成功的人士，越重视不断地学习		
休息	就是用来睡觉和休息的时间，包括晚上睡觉，中午午休及其他用于休息的时间		
其他	其他时间，指的是我们用于吃饭、洗澡、洗衣服、赶路、上厕所等生活上的时间，我们陪家人朋友一起聚会、娱乐的时间也可以算在内		
7:00		16:00	
8:00		17:00	
9:00		18:00	

续表

序号	目标完成内容	星级	优先顺序
10:00		19:00	
11:00		20:00	
12:00		21:00	
13:00		22:00	
14:00		23:00	
15:00		24:00	
主要工作内容	完成情况	未完成情况	
A：		原因？何时完成？	
B：		原因？何时完成？	
C：		原因？何时完成？	
今日进步：			
今日反省：			

6. 目标管理

1）管理者们经常因为过于重视短期目标而受到批评。在你看来，应当如何在短期和长期目标之间分配精力？当两者出现冲突时，哪一个应当更加优先？解释你的理由。

2）访问你所在专业的系主任。本系和本系成员的目标是什么？向全班报告你的发现。

3）找出组织无法同时实现其所有目标的例子。为什么会出现这种情况？是否任何一个组织都可能实现其全部目标？为什么？

4）从互联网上寻找关于某公司使命和目标的信息。列出其使命和战略目标、战术目标、作业目标。解释这些不同层次目标之间的关系。

7. 自我激励

1）每天早晨起床大声说“我行，我能行，该干的事，我一定干完！”坚持一周看看自己有什么变化。

2）在学校或者在工作单位，主动微笑与同学、同事、领导、老师打招呼，说出心中的感受。

3）找几首振奋人心的音乐听听，看看自己的心情是否有变化。

4）把过去获得的奖章和荣誉证书拿出来，回忆一下曾经的辉煌，体会一下现在的心情。

5）请根据下面三种力量以小组为单位展开讨论，说说他们在自我激励中的作用。

（1）笑的力量。

我要笑遍世界。
我用笑声点缀今天，
让歌声照亮黑夜，
以笑容感染别人。
只要我能笑，
就永远不会贫穷。
微笑可以换来财富，

善言可以筑起一座城堡。

我要使生活保持平衡。

(2) 态度的力量。

环境不能造就我，

我之所以成为自己是我选择的结果。

即使我手无缚鸡之力，

让他人控制了我的环境，

但他人不能控制我的态度。

我的态度决定我的选择，

我的选择创造我的生活，

并塑造出我是谁和能成为一个怎样的人。

态度，是决定我们命运的养母。

(3) 相信的力量。

我相信我自己。

我相信我自己所售的商品。

我相信我所在的公司。

我相信我的同事和助手。

我相信我的商业方式。

我相信生产者、创造者、制造者、销售者以及世界上所有正在努力工作的人们。

我相信真理是就是价值。

我相信愉快的心情，也相信健康。

我相信成功的关键并不是赚钱，而是创造价值。

我相信工作的双手、思考的大脑和爱的心灵。

8. 有效沟通

1）据你的理解，谈谈什么是人际沟通？

2）请联系自身实际，谈谈人际沟通的作用。

3）试列举出影响人际沟通的因素。

4）团队沟通的特点和作用是什么？

5）如何进行团队沟通以增强团队凝聚力？

6）阅读以下文字然后回答问题。

黑色幽默

有三个人要被关进监狱三年，监狱长允许他们三个人每人提一个要求。

美国人爱抽雪茄，要了三箱雪茄。

法国人最浪漫，要一个美丽的女子相伴。

而犹太人说，他要一部与外界沟通的电话。

三年过后，第一个冲出来的是美国人，嘴里鼻孔里塞满了雪茄，大喊道：“给我火，给我火！”原来他忘了要火了。

接着出来的是法国人。只见他手里抱着一个小孩，那个美丽的女子手里搀扶着一个小孩，肚子里还怀着第三个。

最后出来的是犹太人，他紧紧握住监狱长的手说："这三年来我每天与外界联系，我的生意不但没有停顿，反而增长200%，为了表示感谢，我送你一辆劳斯莱斯！"

思考与讨论：三个囚犯的不同结果说明了什么？

正确的沟通方式

某团队有两位IT工程师。在解决某个问题的过程中，他们的意见出现了分歧。其中一位认为，目前正是检修系统的好时机，提议立即进行系统大检修，以避免同样的问题再次发生。另一位则认为，为了取悦客户，应该先进行小范围修正，不应该着急做大规模检修。

在讨论过程中，一位工程师生气了，说道："应该用我的方法，长远来看这样做更经济。"另一位工程师很快反驳道："如果问题不马上解决，客户就会和我们解约，还谈什么经济！"两个人都坚持自己的观点，越说越生气，不作任何妥协。

一位工程师最后说道："咱们让所有团队成员来决定，看看大家认为谁的计划更好。"这两个人之间的冲突已经开始变味，有点演化成同事之间的矛盾了。于是，另一位成员说道："这不是你们两个人之间的冲突，而是你们两个人观点不同。两种提议都有道理，只不过是短期收益和长期收益的区别。"随后，团队的探讨始终围绕着两种方法各自的优劣进行，没有一个人把冲突个人化。团队还回顾了自己核心价值，尤其是关于"客户满意度"和"长期稳固关系"两方面的价值观。

最后，团队达成一致意见。他们结合二者之长，决定立即进行小型修正，又成立一个任务管理小组（包括客户方代表），以探讨大型系统检修一事。

思考与讨论：

（1）案例中的团队沟通有哪些可取之处？

（2）本案例对你有何启示？

9. 健康管理

1）利用所学知识，自己出一期心理手抄报来向同学们宣传心理健康知识。

2）设计一个以自信、合作为主题的团体心理拓展方案，并实施。

3）要求同学课后去采访一个自己不认识的人，可以是老师，可以是学生社团的风云人物，也可以是社会人士。请同学注意，在采访中可能会遇到一些困难，但要尽一切努力去克服困难，实现自我突破。完成之后要交流各自采访的情况，谈一谈自己的心理感受。

4）以下幸福生活的建议——你能做到多少？

（1）拥有一两个知心朋友。

（2）犯错误后不过度内疚。

（3）有委屈时不妨向知心人诉说一番。

（4）对一些琐碎小事不妨任其自然。

（5）不怠慢至爱亲朋。

（6）大度地接受他人的批评。

（7）学会理智地待人接物。

（8）将挫折或失败当作人生经历中不可避免的有机组成部分。

（9）常常拥抱亲人。

（10）参加一项感兴趣的体育运动。

劳动实践电子活页：职场劳动

一、职场劳动的含义

二、职场劳动实践的意义

三、做好职场角色的转变

四、尽快适应职场环境

五、拥有工作到位的心态

六、做到执行力到位

七、具备责任意识

八、提升职业发展力

学生工作页

职场适应认知与实践训练					
任务一	做好职场角色的转变				
任务二	尽快适应职场环境				
任务三	拥有工作到位的五种心态				
任务四	做到执行力到位				
任务五	具备责任意识				
任务六	提升职业发展力				
任务七	拟订访谈提纲，对本专业优秀毕业生进行职业发展访谈，并形成访谈报告				
班　级		学　号		姓　名	

学生自评

我的心得：

建议或提出问题：

教师评价

参考文献

[1] 杨小燕，肖珊．职业院校劳动教育实践教程［M］．北京：高等教育出版社，2023.
[2] 李莉．劳动教育［M］．北京：北京理工大学出版社，2022.
[3] 孙锐，杨彬楠，纳佳．劳动教育导论［M］．北京：高等教育出版社，2022.
[4] 陈行．大学生劳动教育理论与实践［M］．北京：高等教育出版社，2022.
[5] 李平．黄文秀：谱写新时代的青春之歌［J］．党建，2022（13）：67.
[6] 王开淮．劳动教育［M］．北京：清华大学出版社，2021.
[7] 党印．职业与劳动：大学生劳动教育十讲［M］．北京：人民交通出版社，2021.
[8] 韩剑颖．大学生劳动教育教程［M］．北京：清华大学出版社，2021.
[9] 徐国庆．劳动教育［M］．2 版．北京：高等教育出版社，2021.
[10] 侯守军，张道平．新时代劳动教育教程［M］．北京：机械工业出版社，2021.
[11] 教育部职业技术教育中心研究所．劳动教育读本：高职版［M］．北京：高等教育出版社，2021.
[12] 周利生．劳动教育概论［M］．北京：高等教育出版社，2021.
[13] 孙家学，耿艳丽，邵珠平．新时代高校劳动教育通论［M］．北京：高等教育出版社，2021.
[14] 徐静娜，孙文莉，柳子东．草根专家　最美工匠［J］．中国公路，2021（8）：86-87.
[15] 朱忠义．劳动教育与实践［M］．北京：北京理工大学出版社，2020.
[16] 刘培胜，张世荃，张志祥．劳动教育理论与实践教程［M］．哈尔滨：哈尔滨工程大学出版社，2020.
[17] 安鸿章．劳动实务：高等职业院校劳动教育读本［M］．北京：北京理工大学出版社，2020.
[18] 卢璐，刘杨林，钟磊．用双手创造未来：大学生劳动教育教程［M］．北京：航空工业出版社，2020.
[19] 王作辉，肖强，田曼．新时代劳动教育理论与实践［M］．北京：中国言实出版社，2020.
[20] 周万才，周丽妲，王潇伟．劳动教育理论与实践教程［M］．上海：上海交通大学出版社，2020.
[21] 陈国维．大学生劳动教育［M］．北京：高等教育出版社，2020.
[22] 何光明，张华敏．高职学生劳动教育教程［M］．北京：高等教育出版社，2020.
[23] 李琦，鲍鹏，刘强．劳动教育实践活动手册［M］．北京：电子工业出版社，2020.
[24] 梁辉，刘良军，钟国文．新时代劳动教育读本［M］．北京：电子工业出版社，2020.
[25] 郑少忠．甘祖昌　龚全珍：扎根农村　一心为民［J］．共产党员（河北），2020（Z1）：103-104.
[26] 银川市公共交通有限公司．最美劳动者“王牌驾驶员”：李晓鹏［J］．城市公共交通，2022（5）：67.
[27] 乔栋．申纪兰：妇女模范 人民代表［J］．共产党员（河北），2020（Z1）：104.
[28] 彭六生．争做现代鲁班：高职高专大学生劳动教育［M］．长沙：湖南人民出版社，2019.
[29] 梁辉，李晓．有效沟通实务［M］．3 版．北京：中国人民大学出版社，2019.
[30] 钟芳．古文中的劳动美［J］．新湘评论，2017（10）：1.
[31] 莫林虎．商务交流［M］．3 版．北京：中国人民大学出版社，2018.
[32] 童富勇．德智体美劳的历史沿革［N］．浙江教育报，2018-11-02.

[33] 龚鸣．张能瑜：大山深处守护光明［N］．人民日报，2016-01-19：17.
[34] 袁健萍．创新劳动技能教育践行实践育人理念：以中山职业技术学院为例［J］．科技风，2016（13）：75.
[35] 王琳雪．管理学：原理、方法与技能［M］．西安：西安电子科技大学出版社，2014.
[36] 任莉，方旭．管理学基础［M］．大连：大连理工大学出版社，2014.
[37] 卢绪文．时间管理改变命运［M］．北京：中国财富出版社，2013.
[38] 张国才．团队建设与领导［M］．3 版．厦门：厦门大学出版社，2013.
[39] 樊富珉．大学生心理健康教育十六讲［M］．北京：高等教育出版社，2013.
[40] 吴静，朱蓓．心理健康教育［M］．北京：清华大学出版社，2013.
[41] 张玉臣，万玉环．心理健康指导［M］．北京：机械工业出版社，2013.
[42]《团队合作能力训练》编委会．团队合作能力训练［M］．北京：中国书籍出版社，2014.
[43] 邹晓春．沟通能力培训全案［M］．3 版．北京：人民邮电出版社，2014.
[44] 邹玉龙．大学生认知偏差的调查与分析［J］．长春理工大学学报，2012（4）：111-112.
[45] 王晓燕．大学生角色多元化与职业心理变迁［J］．当代青年研究，2012（4）：51-57.
[46] 丁新胜．大学生心理健康教育［M］．郑州：河南大学出版社，2012.
[47] 孙智凭，陈斯祁，白托娅．大学生心理健康教育与拓展［M］．北京：中国传媒大学出版社，2013.
[48] 宁焰，虞筠．职业素养提升［M］．西安：西北工业大学出版社，2012.
[49] 吴永生，刘伟．自我学习［M］．北京：中国工人出版社，2012.
[50] 张皓．大学生自我激励策略探析［J］．教育与职业，2012（20）：174-175.
[51] 刘勇．人际沟通［M］．西安：第四军医大学出版社，2012.
[52] 杨红玲，徐广．职业素养提升与训练［M］．大连：大连理工大学出版社，2012.
[53] 谢平楼．管理能力基础［M］．2 版．北京：北京邮电大学出版社，2012.
[54] 刘峰，蔡迎春．大学生心理健康：心灵成长之旅［M］．北京：清华大学出版社，2011.
[55] 乐国安，韩振华．认知心理学［M］．天津：南开大学出版社，2011.
[56] 王晓木．“管理力”密码［M］．武汉：湖北人民出版社，2011.
[57] 周鸿．激励能力培训全案［M］．2 版．北京：人民邮电出版社，2011.
[58] 许湘岳．团队合作教程［M］．北京：人民出版社，2011.
[59] 陶金．团队建设与管理［M］．广州：暨南大学出版社，2010.
[60] 胡月．大学生心理发展辅导与实践［M］．大连：大连理工大学出版社，2010.
[61] 佚名．林肯制止斯坦顿寄信．中国电力企业管理，2009（2）：51.
[62] 成梅，肖曙辉．大学生心理健康教育［M］．湘潭：湘潭大学出版社，2009.
[63] 刘恩恩．大学生角色定位教育初探［J］．中国电力教育，2009（18）：174-176.
[64] 刘欣．组织行为管理［M］．北京：高等教育出版社，2008.
[65] 叶素贞，曾振华．情绪管理与心理健康［M］．北京：北京大学出版社，2007.
[66] 王萍涛，肖红伟，徐晓东，等．地方高校大学生就业指导［M］．北京：北京大学出版社，2007.
[67] 易生龙．浅析劳动的本质［J］．科技资讯，2007（18）：231.
[68] 白羽．改变心力：团体心理训练与潜能激发［M］．杭州：浙江文艺出版社，2006.
[69] 余文钊．现代教育激励理论与应用［M］．大连：东北财经大学出版社，2006.
[70] 徐颂陶．行政职业能力测验［M］．北京：人民出版社，2003.
[71] 管林初．生理心理学辞典［M］．上海：上海教育出版社，2005.
[72] 郑杭生．社会学概论新修［M］．北京：中国人民大学出版社，2003.
[73] 顾明远．教育大辞典［M］．上海：上海教育出版社，1998.
[74] 中国青年报客户端．杭州：一 95 后“快递小哥”成高层次人才［EB/OL］．（2020-07-02）［2023-

05-03]. https://baijiahao. baidu. com/s? id=1671077837462762295&wfr=spider&for=pc.

[75] 田傲云."95后"人大代表邹彬：一手砌墙绝活拿下世界大奖 [EB/OL]. [2023-03-02]. https://www. 163. com/dy/article/HUQL2P9205352LE9. html.

[76] 佚名. 焊花绽放激扬青春 [EB/OL]. (2019-10-12) [2023-05-21]. https://www. sohu. com/a/346620492_ 120206847.

[77] 孙志文. 全国劳模尹星 [EB/OL]. (2020-11-25) [2023-05-21]. https://baijiahao. baidu. com/s? id=16843416358
75068587&wfr=spider&for=pc.

[78] 佚名. 曾国藩家训"八字诀" [EB/OL]. (2018-06-14) [2023-05-21]. http://www. 360doc. com/content/18/0614/14/13915668_ 762368186. shtml.

[79] 佚名. 朱德、毛泽东延安种菜记 [EB/OL]. (2017-03-23) [2023-05-21]. http://www. dangjian. com/djw2016sy/djw2016dsgs/201703/t20170323_ 4136052. shtml.

[80] 石进. 王顺友：一生写就一条路 [EB/OL]. (2022-08-17) [2023-05-21]. http://www. lsz. gov. cn/ztzl/rdzt/70zn/70n70r/202210/t20221030_ 2353486. html.

[81] 李楠. 这些新兴职业了解一下 [EB/OL]. (2020-05-01) [2023-05-21]. https://www. sohu. com/a/392421248_ 148698.

[82] 教育发展基金会. 傅向东：全国最美志愿者《雷锋》杂志封面人物 [EB/OL]. (2021-10-13) [2023-05-21]. http://jjh. sumhs. edu. cn/d0/2f/c4417a249903/page. htm.

[83] 占悦."纺织姐妹的事就是我的事!" [EB/OL]. (2022-02-10) [2023-05-21]. https://baijiahao. baidu. com/s? id=1724357333013325643&wfr=spider&for=pc.

[84] 佚名. 郭明义 [EB/OL]. (2023-03-03) [2023-05-21]. http://liaoning. chinatax. gov. cn/art/2023/3/3/art_ 6682_ 98648. html.

[85] 刘世峰，李承霞. 代表：以匠心成就事业、用实心为民代言 [EB/OL]. (2021-03-07) [2023-05-21]. http://www. jsrd. gov. cn/hyzl/qgrdh/d_ 10477/dbfc/202103/t20210311_ 528924. shtml.

[86] 康劲，马玉洁. 锻造工业重器"创新大脑" [EB/OL]. (2020-11-20) [2023-05-21]. http://acftu. people. com. cn/n1/2020/1130/c67502-31949745. html.

[87] 王少伟，邹太平、侯颗. 袁隆平：不曾停歇的"90后" [EB/OL]. (2019-09-20) [2023-05-21]. https://baijiahao. baidu. com/s? id=1645161124863888151&wfr=spider&for=pc.

[88] 于力，白涌泉."倔强"的柴油机医生：记全国劳动模范鹿新弟 [EB/OL]. (2019-08-13) [2023-05-21]. https://baijiahao. baidu. com/s? id=1641754519620381691&wfr=spider&for=pc.

[89] 吴凯，徐虎. 辛苦我一人，方便千万家 [EB/OL]. (2019-09-29) [2023-05-21]. https://baijiahao. baidu. com/s? id=1645984017305583037&wfr=spider&for=pc.

[90] 央视财经. 从农民工到国家技能大师 [EB/OL]. (2019-05-13) [2023-05-21]. https://baijiahao. baidu. com/s? id=1633395389020522566&wfr=spider&for=pc.

[91] 佚名. 李菊兰事迹 [EB/OL]. (2020-11-16) [2023-05-21]. https://www. thepaper. cn/newsDetail_forward_ 10017540.

[92] 佚名. 小发明解决大难题 [EB/OL]. (2014-09-09) [2023-05-21]. https://weibo. com/p/1001603752944842456869.

[93] 天津日报评论员. 淡泊名利 甘于奉献 [EB/OL]. (2017-06-18) [2023-05-21]. http://theory. people. com. cn/n1/2017/0618/c40531-29346230. html.

[94] 子不歇. 有一种工作境界，叫做全国劳模 [EB/OL]. (2020-05-03) [2023-05-21]. https://baijiahao. baidu. com/s? id=1665665631966269474&wfr=spider&for=pc.

[95] 訾谦. 窦铁成：工人教授是怎么炼成的? [EB/OL]. (2019-10-14) [2023-05-21]. https://

baijiahao. baidu. com/s? id=1647342966455713803&wfr=spider&for=pc.

［96］王佳．周东红："捞纸高手"传承古法工艺［EB/OL］.（2018-08-09）［2023-05-21］. https://baijiahao. baidu. com/s? id=1608308120375507761&wfr=spider&for=pc.

［97］李平．地勘行业"大国工匠"：朱恒银［EB/OL］.（2019-01-21）［2023-05-21］. https://www. mnr. gov. cn/dt/ywbb/201901/t20190121_ 2388906. html.

［98］河北省总工会．用双手打磨"中国精度"的大国工匠［EB/OL］.（2023-05-10）［2023-05-21］. https://cpu. baidu. com/pc/1022/275122716/detail/77706354889969984/news? chk=1.

［99］黎萌．敬业、责任和技术的组合就是工匠精神［EB/OL］.（2016-12-02）［2023-05-21］. http://news. cctv. com/2016/12/02/ARTIjM81G6CTVLAxNefeeo18161202. shtml.

［100］王薇．航天火箭的"心外科医生"［EB/OL］.（2018-12-06）［2023-05-21］. https://news. sina. cn/gn/2018-12-06/detail-ihprknvt2932902. d. html.

［101］于建．张景宇：小面点里藏着大世界［EB/OL］.（2018-05-01）［2023-05-21］. https://www. sohu. com/a/230048818_ 161623.

［102］佚名．14 起钢厂典型事故案例分析［EB/OL］.（2020-02-23）［2023-05-21］. http://www. isa-hsse. com/index. php? a=show&catid=209&id=128.

［103］南方都市报．36 岁猝死 IT 男考勤记录曝光：连续 5 天凌晨打卡［EB/OL］.（2015-04-14）［2023-05-21］. http://www. jjmmw. com/news/detail/973756/.

［104］佚名．工作压力太大怎么办［EB/OL］.（2019-08-30）［2023-05-21］. https://www. docin. com/p-2248899795. html.

［105］顾威．孟泰：一座永远矗立在职工心中的雕像［EB/OL］.（2016-10-21）［2023-05-21］. http://dangjian. people. com. cn/n1/2016/1021/c117092-28797653. html.

［106］江南．包起帆．用智慧创造性地劳动［J］. 共产党员，2020（Z1）：121-122.